陳垣全集

CHEN YUAN QUANJI

『十一五』國家重點出版規劃項目

第二十册

鮚埼亭集批注（下）

主編　陳智超

北京师范大学出版集团
BEIJING NORMAL UNIVERSITY PUBLISHING GROUP
安徽大学出版社

圖書在版編目(CIP)數據

陳垣全集. 第20册,鮚埼亭集批注. 下/陳垣著. —合肥:安徽大學出版社,2009. 8(2021. 3 重印)

ISBN 978-7-81110-388-5

Ⅰ. ①陳… Ⅱ. ①陳… Ⅲ. ①陳垣(1880～1971)—全集 ②古典詩歌—注釋—中國—清代 ③古典散文—注釋—中國—清代 Ⅳ. ①C52 ②I214. 92

中國版本圖書館 CIP 數據核字(2009)第 155424 號

陳垣全集　第二十册

鮚埼亭集批注(下)

(清)全祖望 著　陳　垣 批注　陳智超 主編

安徽大學出版社出版發行

(合肥市肥西路 3 號 郵編 230039 電話 0551-65107716

網址 www. ahupress. com. cn)

合肥遠東印務有限責任公司印製

責任總編輯 楊應芹　彭君華

本册編輯 鮑家全　　封面設計 孟獻輝

開本 880×1230　1/32　　印張 22. 75　　字數 443 千

2009 年 12 月第 1 版　2021 年 3 月第 3 次印刷

ISBN 978-7-81110-388-5

定價 2480. 00 圓(全二十三册)

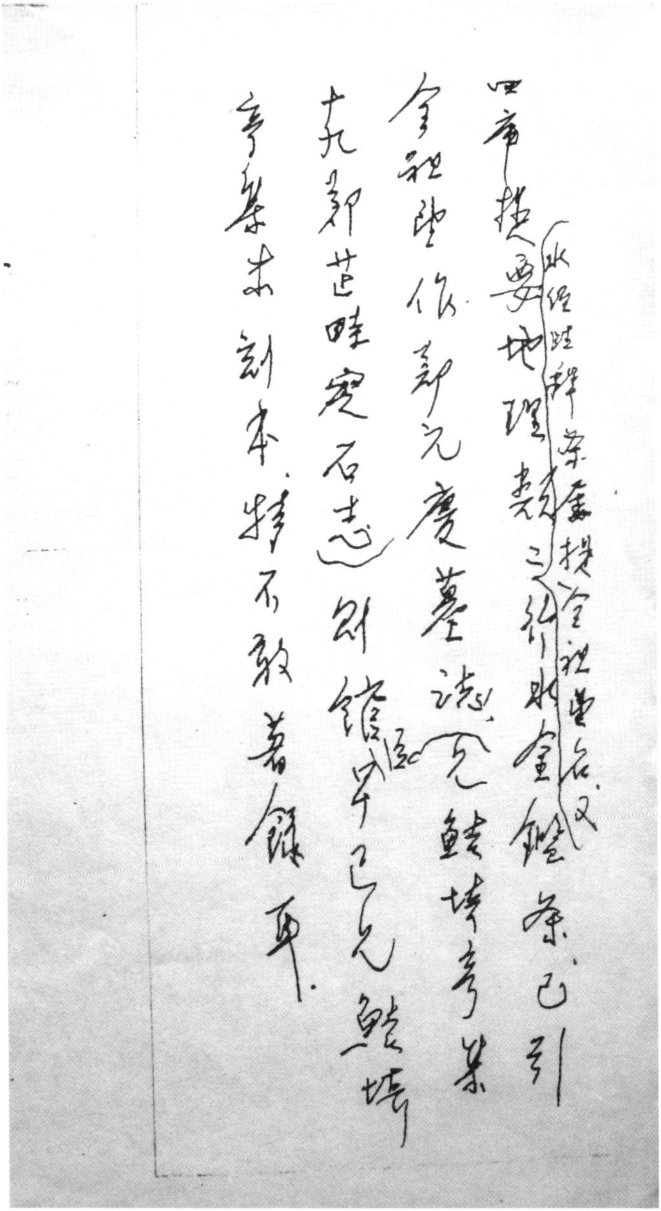

四库提要地理类二水经注释条屡提全祖望名，又行水金鉴条已引全祖望作郑元庆墓志，见鲒埼亭集十九，郑芷畦窆石志则馆臣已见鲒埼亭集未刻本，特不敢著录耳。

《鲒埼亭集批注》稿

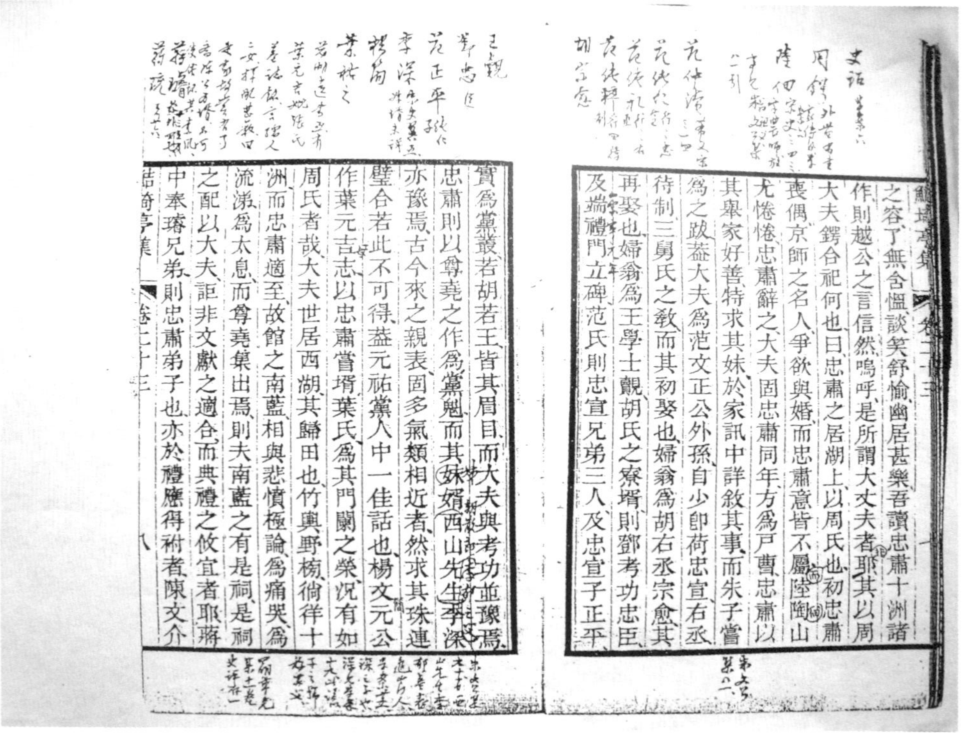

鮚埼亭集 卷二十三

之容了無含慍談笑舒愉幽居甚樂吾讀忠肅十洲諸作則越公之言信然嗚呼是所謂大丈夫者耶其以周大夫鍔合祀何也曰忠肅之居湖上以周氏也初忠肅喪偶京師之名人爭欲與婚而忠肅意皆不屬陸陶山尤惓惓忠肅辭之大夫固忠肅同年方爲戶曹忠肅以其舉家好善特求其妹於家訊中詳敍其事而朱子嘗爲之跋葢大夫爲范文正公外孫自少卽荷忠宣右丞待制三舅氏之敎而其初娶也婦翁爲胡右丞宗愈其再娶也婦翁爲王學士覿胡氏之寮壻則鄧考功忠臣及端禮門立碑范氏則忠宣兄弟三人及忠宣子正平實爲黨叢若胡若王皆其眉目而大夫與考功並豫焉忠肅則以尊堯之作爲黨魁而其妹壻西山先生李深亦豫焉古今來之親表固多氣類相近者然求其珠連璧合若此不可得葢元祐黨人中一佳話也楊文元公作葉元吉志以忠肅嘗壻葉氏爲其門閥之榮況有如周氏者哉大夫世居西湖其歸田也竹輿野榜徜徉十洲而忠肅適至故館之南藍相與悲憤極論爲痛哭爲流涕爲太息而尊堯集出焉則夫南藍之有是祠是祠之配以大夫詎非文獻之適合而典禮之攸宜者耶蔣中丞璿兄弟則忠肅弟子也亦於禮應得祔者陳文介

鮚埼亭集 卷二十三 八

《鲒埼亭集批注》稿

陳垣全集之三十

鮚埼亭集批注（下）

安徽大學出版社

鮚埼亭集批注　外編卷十一

行狀三

明故都督張公行狀

都督張公諱廷綬，字雲衢，浙之寧波府鄞縣人也。曾祖某，祖某，父某。都督少時喜讀兵法，時天下多事，益思以功名自見。又善挽强弓，舞大刀，兼喜壬遁之術，故其補諸生也，在武學中。

錢忠介公起兵，以驍勇署總統，會於越中，方議所立，聞台州已有監國，遣都督迎奉，從之江上。時台州之起兵者陳公函輝，及義兵諸營，分汛江上。而陳公以會推留中調度，其兵莫屬。陳公訪於錢公曰：「麾下有將材乎？」錢公曰：「前日以迎奉來者，其人可使也。」陳公奏授都督僉事，統所部還鎮台之海門。江上諸營束手不思有所經畫，但爭分地，爭分餉，日無寧晷，海門稍遠得不預。然台軍遥受陳公節度，而都督爲錢公將，幸兩家皆忠悃無嫌忌。都督時時以餘餉饟錢軍，或曰幸無若田弘正〔一〕之結怨於鎮人也。而都督未嘗有所强取於軍，故陳公聞而彌善之。

〔一〕田弘正，舊唐一四一，新一四八。

浙東八府，方氏之軍最横，王氏次之〔一〕。兩家老營，一在嚴陵，一在寧波，居民爲之罷困。其以客軍駐台者，爲谷文元，宗室常淩、李礎，暴横頗學兩家。而竭力支拄籠絡，使不至大逞者，都督之力爲多。

〔一〕方國安、王之仁。

已而閩中大將李公唐禧至，監國以其宿將，使共治軍於台。唐禧故金山衛官，起兵不克，入閩，由閩入浙。都督讓之，凡署銜列座，必使居己上。而唐禧自以客將，每事皆咨都督而行。兩人和衷共濟，日練兵以輸江上。大兵入台，唐禧謂都督曰：「公當俟陳公消息，然兵已逼，不如偕我早死，徒殺士卒無爲也。」都督曰：「諾。」各遣其麾下，袖笏兀坐營門。大兵過都督營，諭降，不屈，殺之。唐禧亦被殺。而都督眷屬之從軍者，皆死無一存。嗚呼！乙酉而後，吾浙東諸公，蓋亦厓山三丞相之流，如都督者，則蘇劉義一輩人物也。先曾王父兄弟在江上，嘗爲方國安部將所恨，幾致不測，都督救之得免。故先贈公嘗欲爲都督作傳，而未就也。高兵部雪交亭集載其名，未詳其事。今已百年，杞、宋之文獻，日不足徵。而都督家門已絶，莫可搜索。恐遂無知者，聊據所聞以述之，使因國之史有參考焉。謹狀。

明兵科都給事中前知慈溪縣江都王公事略〔一〕

王公諱玉藻，字螺山，南直隸揚州府江都縣人也。司勳郎納諫之子，崇禎癸未進士，釋褐知浙之慈谿縣事。子良和平，民不擾而事集。未期年，北都亡，殉難翰林檢討汪公偉，前慈令也。公帥官吏士民哭臨畢，哭臨，謂哭崇禎也。爲位哭之三日。已而故少詹項煜〔二〕以從逆亡命來，慈之馮公元飂〔三〕與公皆出其門，馮氏匿之夾田橋之別業；公雖致之餼，顧甚非。及慈之義民不容，撲而淹之橋下，公不問。明人最重闈誼，或以公爲過。公曰：「吾不能爲向雄之待鍾會哉〔四〕？顧懼負前日大臨一哭耳。夫君臣之與師友果孰重？」聞者聳然。

〔一〕王玉藻，類徵隱逸二。
〔二〕項煜，號水心，吴縣人，見北略廿二從逆諸臣。
〔三〕馮元飂，外集五有闕銘。
〔四〕向雄，晉書四八；鍾會，魏志二八。

乙酉夏，大江以南盡附。浙中百城守令，或棄官去，否則降。而公與沈公宸荃起兵，晉御史，仍知縣事。公募義勇，請赴江上自効，乃解縣事，以兵科都給事中往軍前。公任事邁往，壯氣勃勃，而江上諸帥惡之，先不予以餉。公曰：「是將剚刃於我也。」乃力請還朝。其在垣中，雅持正議，又不爲諸臣所喜，乃力求罷，莊太常元辰留之。

丙戌〔一〕夏，浙東再破，公黄冠行遯於剡溪，不肯歸。久而資糧俱盡，慈民及浙東之義士時時周之，妻收遺秉，子拾墮樵，不以爲苦。壯心至老不衰，每臨流讀所作詩，激厲慷慨，仰天起舞。

〔一〕順三。

庚寅〔一〕，先大父嘗訪之，相與語島上事。公曰：「今日當猶在靖康、建炎之際耳，君以祥興擬之，下矣。」蓋其崛强如此。辛卯〔二〕以後，始歸故鄉，卒以窮死。

〔一〕順七。
〔二〕順八。

嗚呼！明末吾鄉多賢吏，而其後以死報國者九人：前寧波府推官則儀部黄公端伯、駕部林公之蕃，知鄞縣則尚書沈公猶龍、侍郎張公伯鯨、御史王公章，知慈溪縣則巡道陳公瓚、檢討汪公偉，知奉化縣則給事胡公夢泰。其以乙酉受鄞縣之命，不久即去，卒死國者，駕部王公之栻，即王公章子。而公以首陽之節參之，其耿耿之心未嘗於諸公有媿也。乃文獻淪胥，問之揚人，無知公者；問之寧人，亦無知公者。悲夫！

前此寧之父老，其於王、汪二公蓋嘗爲之祀，今亦廢矣。予思於寧之湖上築祠，合祀黄公以下，而以公終焉。是亦扶忠義以勖長吏之一助也，乃序公之事而表之。

李杲堂先生軼事狀〔一〕

梨洲黄公所作杲堂先生墓誌〔二〕，於其大節卓行，略有表見，而事不備。去今七十年，知者鮮矣。先生仲孫世法以爲未慊，予少得之先大父贈公〔三〕所述者，蓋稍足具十之三四，乃詮次而復之。

〔一〕李鄴嗣，續甬詩五三。
〔二〕文約一、續文案四、文定前集七。
〔三〕全吾騏。

先生以戊子〔一〕正月預於「五君子」之禍，甫得脱，而尊人儀部公〔二〕之喪自杭歸。殯畢，是年七月再下府獄，蓋夫已氏〔三〕餘患未已也。聞者以爲必死，而先生在囚中，其所居即華公嘿農、楊公楚石〔四〕故地，方作招魂之詞以酹之。已而終得不死。自先生蒙難後，蓬藋滿三徑，又時時善病，或疑其壯心已盡，不知其逐日焦原，左執太行之獶，右搏雕虎〔五〕，蓋如故也。而不大聲色，以泯其相。

〔一〕順五。
〔二〕李桐，卷五有阡表。
〔三〕謝三賓。
〔四〕華夏、楊文琦。
〔五〕「焦原」三句，見後漢書八十九張衡傳思玄賦注引尸子，又文選十五思玄賦注引。

庚寅〔一〕，馮侍郎躋仲〔二〕之難，其監軍爲姚江黄宗炎，刑有日矣。時傾家救之〔三〕者爲馮公子道濟〔四〕，奔走其間者爲董農部次公、天鑑〔五〕，卒成其事者爲萬農部履安〔六〕，而先生之力亞於道濟，遂出之劍铓之中。

〔一〕順七。

〔二〕馮京第，續甬詩十二。

〔三〕黄宗炎。

〔四〕馮愷愈，元飈子，慈溪人。

〔五〕次公，董守諭，續甬詩二十及廿三皆作「户部」，「農部」誤。天鑑，董德偁。

〔六〕萬泰。

癸巳〔一〕，黄岡萬僉事允康〔二〕來吾鄉，及别去，先生餞之。座客爲僉事筮易，得「睽之三：見輿曳，其牛掣，其人天〔三〕且劓」。皆大駴。先生因固請僉事且潛身甬上，僉事不可。行至吴中，楊崑之變作〔四〕，先生終身痛之。

〔一〕順十。

〔二〕萬若吉，續甬詩卅二，並附楊崑事。
〔三〕天，髡刑。
〔四〕楊崑，以滇中勅存問舊臣，被獲。

甲辰〔一〕，南屏之難，大帥搜得其所與中土薦紳往還箋札〔二〕，欲按籍殺之。先生以奇計使中止，其所保護尤多。其餘蓋不能以畢傳。嘗有客以故宮什器求售者，先生一見其題識，流涕汍瀾，不能自勝，其人亦泫然而去。燕人梁職方公狄〔三〕嘗曰：「鄞嗣將無使勾甬一片地盡化爲碧血蒼燐，大是可畏。」

〔一〕康三。
〔二〕張煌言，居南田被逮，前集九，參外集廿五張尚書集序。
〔三〕梁以樟。

康熙戊午〔一〕，浙之大吏皆欲以先生應詞科之薦，以死力辭。已而萬徵君季野亦有史館之招，先生送之，歎曰：「嗟乎！鄭次都能招郅君章同隱弋陽山中，不能禁其喟然而別〔二〕。從此出處之事，且有操之者。」徵君以是終不受館職，幕府以重幣乞先生課其子，爲詩謝遣之。

〔一〕戊午，康十七。按恒例，此「康熙」應在「甲辰」上。

〔二〕鄭敬，見後漢郅惲傳。郅惲，後漢五九。「其」謂郅惲。

以予竊窺先生之才甚長，故能側身憂患之中，九死不死。其所以不死者，蓋欲留身有待，而卒不克。故其詩曰：「采薇硜硜，是爲末節；臣靡猶在〔一〕，復興夏室。」是則先生之志也。所圖莫遂，故垂死而喟然以不得從「五君子」爲恨，是非先生之志也。然則此九死不死者，已足扶九鼎之一絲矣。嘗謂先生一身流離國難，則宋之謝翺、鄭思肖；委蛇家禍，則晉之王裒、唐之甄逢〔二〕；周旋忠義之間，則漢之云敞、閻子直〔三〕。前此先生遺文未敢盡出，或有弗能知其詳者，今世法既悉表而出之，讀其書得其行矣。

〔一〕靡，少康臣。左襄四及夏本紀索隱、正義。

〔二〕王裒，晉八八；甄逢，舊一八七下、新一九四。

〔三〕云敞，前漢六十七；閻子直，後漢七一第五種傳。

先生私淑蕺山之學於梨洲，私淑漳浦之學於大滌山人何羲兆、吕漢崽〔一〕，顧終身未嘗開講，然其忠孝自持，則所謂真學者，其人也。

〔一〕何瑞圖、吕叔倫，見前集卷卅三大滌山房祠石齋先生議。

錢蟄庵徵君述〔一〕

六世祖奐，進士，以侍郎管江西布政司使。

〔一〕錢光繡，續甬詩五十。

五世祖瓚，進士，廣西按察司副使〔一〕。

〔一〕曾祖鳳午，封禮部主事。

祖若賡，進士，江西臨江府知府。

父敬忠，進士，直隸寧國府知府。

本貫浙江寧波府鄞縣芍藥沚人。

公諱光繡，字聖月，晚號蟄庵。錢氏世有名德，詳見明史及諸前輩集中碑志，不具述。

先生少負異才，隨侍其父僑居硤石，因盡交浙西諸名士。已而隨侍遊吴中、宛中、南中，因盡交江左諸名士。是時社會方殷，四方豪傑俱遊江、浙間，因盡交天下諸名士。先生年甫及冠也，而宿老俱重之。硤中則有澹鳴社、萍社、彝社，吴中有遥通社，杭之湖上有介社，海昌有觀社，禾中有廣敬社，語溪有澄社，龍山有經社，先生皆預焉。又雅好釋氏，故其講學則師漳浦，談禪則師木叔、海岸，論文則師牧齋〔一〕。友朋所嚴事者：夏瑗公、楊維斗、姜如農、陳卧子〔二〕、林茂之、薛更生；所契好者：陳玄倩、陸鯤庭〔三〕、翁坦人、黄九煙、萬允康〔四〕、祝月隱、徐闇公、麻孟璿、沈景山、耕巖、吴次尾、沈崑銅〔五〕、沈君牧、顧子方〔六〕、顧星源、孫克咸、錢開少〔七〕、張沁水、李叔則、陳定生、閻古古〔八〕、查方舟、巢端明、金道隱、張仁庵、徐蘭生、談仲木、徐元歎、余澹心、周子佩、方爾止、陸冰修〔九〕，皆魁傑不羣之選。方外則參禮密雲、雪嶠。蓋其師友之梗概也。

〔一〕黄道周、陳函輝、黄端伯、錢謙益。

〔二〕夏允彝、楊建樞、姜埰、陳子龍。

〔三〕陳朱明、陸培。
〔四〕黄周星、萬曰吉。
〔五〕徐孚遠、麻三衡、沈壽嶤、壽民、吴應箕、沈士柱。
〔六〕顧杲。
〔七〕孫臨、錢邦芑。
〔八〕陳貞慧、閻爾梅。
〔九〕巢鳴盛、金堡、張岐然、徐之瑞、談遷、徐波、余懷、周茂蘭、方文、陸嘉淑。

先生本用世才，寧國分符出守，不甚諳吏事，簿書山積，一出先生之手，老胥無所用其奸。硤中土豪吴中彦凶暴絶倫，先生廣爲布置，卒令有司擒而戮之。常勸漳浦，以爲太剛，不如用晦以參之。漳浦感其言，贈以法廬二銘。法廬，先生硤中齋名也。流寇逼京師，上書南樞史公，請急引兵勤王，以救京師之困，而先以飛騎追還漕艘，弗賫盜糧。史公答以具曉忠懷，即圖進發。赧王稱制，先生累言於當道，深以立馬量江爲憂。玄倩方按河南，乃檄先生知舞陽，以親老辭之，而力經營周仲馭於獄中。俄而南都又破，從兄忠介公方舉兵江上，先生居硤中，隔一水耳，亦不赴。硤中舉兵以應吴中，先生亦不預。蓋先生雖爲故國抱杞人之憂，而逆知時事之難以犯手，故置身局外，卒無不如其所料者。

丙戌以後，頹然自放。生平師友大半死劍鋩，所之有山陽之痛，不堪回首，遂以佞佛之癖，決波倒瀾，儼然宗門人物矣，其別署曰寒灰道人。先生居吴中久，因習吴中況味，談諧四出，必有名理。一茗一粥，非其手製，無可意者，故不輕過人食。雖皈依釋氏，而旦旦啖黿羹，作牛心炙，飲醇酒不置。以是知先生之逃儒入墨，固其宿根所近，然亦半觸於時之所激，故未嘗不呈露本色。梨洲黄氏申明蕺山之學，先生與談儒釋異同，兩不相下。歸而爲諸子作復性之會，汎濫西竺，娓娓不倦。然其與浮屠法幢〔一〕論素位，以爲必如蘇武、洪皓，方爲素乎夷狄而行，並非隨波逐流之謂，此則儒門之偉論也。

〔一〕林增志。

先生於出處之際最嚴：沈宫坊延嘉被薦，先生貽之書曰：「聞之梵語，修羅每膳，必嘗千種兼珍，末後一口化爲青泥。玉堂清夢，非復昔日兼珍，青泥滋味，恐所不免。吾兄其慎之。」宫坊故不肯出山，得先生書，謝爲益友。葛學士世振被薦得辭，先生踵門以詩賀之。招撫嚴我公招先生，時忠介家方被籍，先生欲紓錢氏家難，往見之。及欲授以贊畫，固辭得免。又有薦修玉牒者，亦拒之。幾社雲間宋徵輿，故人也，以中書舍人隨大將軍宜爾德幕，欲與先生一見，託疾不往。崑山朱應鯤，亦故人也，及宰上虞，頗魚肉故國遺民，先生面斥之。或爲新通守樹碑，列先生名，亟往削去之。忠介之殉也，諸弟遠出未歸，先生修其祭祀，祝版之詞，悽愴感動行路，又訪其弟婦鮑安人之爲尼於吴者。每歲三月十九日祭王忠烈公父子〔一〕於天封塔寺，九月初七祭張尚書〔二〕於城西。從兄江寧推官肅凱〔三〕與先生始睦終疏，及其罹刑，懼家門不保，以幼子爲託，先生力任之。故人吴余常有難，力救之。

〔一〕王章，卷十四稱節愍；王之栻。

〔二〕張煌言。

〔三〕錢肅凱，順十五進士。

其自硤中返甬上也，搆莖薔庵，闢裓園，築歸來閣，與董户部守諭、德偁、王太常玉書、高武部宇泰輩，往還酬和。晚年與宇泰爲耆社，慎選遺民，九人而已，其後又增其二，山、王之徒〔一〕，不得與也。吴越諸野老，多以不仕養高，而牧守干謁仍不廢。先生長謡曰：「昔日夷齊以餓死，今日夷齊以飽死，只有吾鄉夷齊猶昔日，何怪枵腹死今日。」聞者惕然。

〔一〕山濤、王戎。

先生平日風流自喜，蘊藉得之性成，雖遭厄運，不爲少減。然感懷家國，漸以蕉萃，遂成心疾，竟以憤懣失意自裁，戊午〔一〕四月十二日也。生於萬曆甲寅五月初七日。孺人曹氏，副室鮑氏，子璜恭。葬於皋前山之陽。

〔一〕康十七，年六十五。

先生自十六歲有詩集，其後或隔年一付梓人，或每年有之。曰告情草、漱玉集、香醉軒集、澹鳴集、述祖德詩、秋雨删、萍社詩選、停雲草、水鹽集、獨寐寤歌、白門詩、蕢草。三十歲始重定之，曰删後詩。以後曰紀年集，曰有聲淚，曰歸來吟。其文曰學古集，其談禪曰耳耳目目集。五十一歲又合定之，曰從慕堂詩文，内集則乙酉以前，外集則乙酉以後也。忠介子濬恭以先生集來，予又爲沙汰其繁，存其精者，得十六卷。濬恭因請爲之狀，予乃述其大略如右。

江陰楊文定公行述〔一〕

司馬温公居洛十九年，田父野老皆知其爲司馬相公，而眉山之稱之曰「誠」，曰「一」，吾

嘗歎其善言温公之德行，即孟子所云「大人不失赤子之心」者也。其在今日，江陰楊文定公庶其人耶？而所遭遇亦略同。（下略）

〔一〕楊名時。

雍正三年晉兵部尚書，總督雲、貴二省，仍兼雲撫。明年，晉吏部尚書，京察自陳，奉温旨，有「和平安静，端莊廉潔」之譽。公之在南也，以忠信篤敬率其下，熙然爲國家養元氣，土司、洞主皆曰：「楊公，吾父也。」而是時直省督撫中，有爲武健嚴酷之政以爲能者〔一〕，公曰：「是所謂『訐以爲直，徼以爲知，不孫以爲勇』者也。」聞之者恨公。公時時於奏中爲世宗言存誠主敬之學，以證明聖德之法天不息者。世宗手批答之，以爲吾君臣萬里談道，不亦樂乎？於是忌者益甚。有屬吏者〔二〕，才而佻，其於吏務誠有過人，而不學無術，多自用。公諄諄教之，屬吏以公爲老儒，迂其言。公惜其才，言之不已。屬吏反憾，適其入覲，言公姑息以要名，且耄，百務俱弛。（下略）

〔一〕田文鏡。

〔二〕李衛。

先太孺人行述

先太孺人姓蔣氏，係出北宋給事中邦彦之後，自諸暨遷鄞，世居城中西湖之曲。外曾大父諱維衡，外大父諱芬，俱諸生，贈翰林院庶吉士。

蔣氏在鄞稱詩禮世家，顧弗甚達。舅氏蓼厓先生〔一〕，生四歲而孤，同産惟太孺人，祇二歲。外大母陳夫人寡居，貧甚，以紡織支門户，上奉君舅。嘗撫二孤而泣曰：「是藐然者，能驟及婚嫁之日，以見其成耶？」會有婦人善相者過之，則曰：「夫人一子一女，俱鍾清氣，異日當爲夫人苦節之光，抑又皆貴。」稍長，外大母自課之。太孺人肩隨舅氏讀書，一燈相對熒熒。讀畢，舅氏習算，太孺人習女紅。

〔一〕蔣拭之。

年十九，歸於先公。予家自喪亂以來，久已消落。大父贈公老而多病，又喪大母，性素峻，不輕言笑，子姓見之多匿影不敢前。而太孺人以婉娩善承之，温凉飢飽，以及藥茗之屬，無失時者，一夜或四五起，未嘗敢熟睡。贈公歎曰：「新婦賢孝，天必昌汝後以爲報。」

從大父老而寠，太孺人推贈公友愛之誼，苟有酒肉，必分貽之。以不逮事先姑，推其誼於從大母。贈公喜曰：「此真養志也。」而閫政甚肅，古人所謂不識廳屏，不聞笑語者，蓋允蹈之。

乃自贈公殁，又喪長兄祖謙，而太孺人始大病。長兄之生也，慧甚，又加以端慤，四歲而諸經略能上口，六歲而遍習之，脱口皆成文采。里黨中遂有聖童之目，以爲先司空宗伯〔一〕而後，當重大其門者也。一日誤以小刀削牘，傷其將指，中風而殤。太孺人素清弱，既以侍養贈公〔二〕，積勞之後，居喪哀毁，已不能支，至是愛子夭折，朝夕涕洟，遂成心疾。久而日不能食，夜不能寢。外大母輿致其家親視之，奄奄日甚。或曰是非大下以紫團參，不足振其神氣之涸，先公從之，盡一斤而疾退。然心疾如故，又十年始痊可，乃舉不肖。（下略）

〔一〕全元立。
〔二〕全天叙。

鮚埼亭集批注　外編卷十二

傳

吴職方傳〔一〕

吴職方祖錫，字佩遠，别號稽田，晚年亡命，更名鉏，浙之嘉興縣人也。吏部文選郎昌時子〔二〕，而爲世父貴州按察使昌期後。

〔一〕吴祖錫，更名鉏。

〔二〕吴昌時，南雷徐忠襄神道碑、黄復仲墓表所謂竹亭，即昌時。

職方既貴公子，婦翁則少詹事徐汧也。資地鼎盛，才具尤軼羣，顧瞻咳吐，令人自廢。尤喜結納豪俊，爲友朋謀急難，一麾千金，曾無吝色。時中原大亂，東事又急，職方思有所以自見，劍客土豪，無不攬結，講求出奇應變之學。又料京城必危，而思預儲勤王之旅，欲身任浙西，以浙東屬之許都，然約未定，其父吏部之禍作。吏部故東林、復社中眉目，而首揆周延儒門下士也。居吏部要地時，昕夕出入首揆門，頗任喜怒以持銓事，遂爲祁公彪佳所糾。適延儒寵衰，思宗震怒，親訊於中左門，嚴刑拷訊，論死，資産入官。時許都以亂死，忌吏部者，欲并陷職方於其内以盡之，徐尚書石麒力持之，得止。

職方家既落，痛心父難，思所以幹蠱，而廟社旋亡，益不自得。江南建國，甫一年又破。時職方資産四萬在嘉興庫中，令其客經營出之。降將陳洪範方下江南，參預軍事。職方舊與善，洪範謬爲矢天，言其降出於不得已，倘得間，必不肯負故國。職方大喜，曰：「將軍能爲姜伯約，吾當任餉。」即以四萬資産與之。洪範既得金，實無意易轍也。而開薙之令下，職方跳身去，於是狂走，南抵滇中，東之海上，以及諸山寨水舶中，如醉如魔，總求一得當以自慰。而不知天命已去，空爲愚公之移山而已。未幾，當道刊章名捕，四出蹤跡，一子瘐死獄中，妻徐氏挈家轉徙無寧日。

然職方展轉柳車複壁之間，既以好義知名，故亦多出大力以護之者。浙江提督馮源淮爲故相馮銓子，以所親爲都將，職方深結之。一日，遇華亭徐副院孚遠於蘆中，與之偕歸。副院故完髮，居然前代衣冠也，閭巷人稍籍籍。源淮聞之驚懼，即遣都將至職方家緝之。職方迎謂曰：「有一偉人在此，足下願見之乎？」都將曰：「吾故以是而來，莫妄言。」乃故談他事，良久，徐屏左右入密室，都將見副院再拜曰：「幕府有危機，公宜速去。」是夕都將以舟送副院，而告源淮曰：「無有。」蓋職方之受欺罔，如洪範輩雖多，而時或以獲濟。滇之亡也，鄖陽十三營尚保殘寨，職方重跰赴，勸其出師撓楚以救滇，十三營已衰困不能用。職方思入緬甸，道阻乃還。天下大定，遂無所往，然終不肯歸老。南康宋之盛，亦遺民也，歎曰：「斯人東西南北，所至栖栖，孰知其胸中大志，有百折不衰者。」己未〔一〕，卒於山東膠州，遺命不必歸附，即葬於大竹山中。其在滇時，嘗任職方郎中云。

〔一〕康熙十八。

婦弟徐徵君枋，以父死誓不入城，居山房者四十年。其與職方形跡不同，然交相重。徵君每語及之，則曰：「劉越石之流也。」嗚呼！職方遭君父之變，流離顛沛，一飯不忘，事雖不成，君子傷之。

徐都御史傳〔一〕

徐都御史孚遠，字闇公，明南直隸松江府華亭縣人。太師文貞公〔二〕之族孫，而達齋侍郎裔也，崇禎壬午貢士。方明之季，社事最盛於江左，而松江幾社以經濟見，夏公彝仲、陳公卧子、何公慤人〔三〕與公，又社中言經濟者之傑也。時寇禍亟，頗求健兒俠客，聯絡部署，欲爲勤王之備。陳公任紹興府推官，公引東陽許都見之，使其召募義勇，西行殺賊。又令何公上疏薦之，而東陽激變之事起。陳公心知都無他，乃許以不死，招降之。大吏持不可，竟殺都。既殺而何公疏下，已召之。公貽陳、何二公書曰：「彼以吾故降耳，今負之矣。」故陳公雖以功遷給事，而力辭不赴。馬、阮亂南都，尤惡幾社諸公，乃杜門不出。

〔一〕徐孚遠，明史二七七，小腆紀傳十一。

〔二〕徐階，明史二一三。

〔三〕夏允彝、陳子龍、何剛。

南都既亡，夏公起兵，公贊之，閩中授福州推官。已而以張公肯堂薦，晉兵科給事中。閩事不支，浮海入浙，而浙亦亡。錢忠介公方自浙奔閩，相見於永嘉，慟哭。忠介復拉公同行。會監國至，再出師，公周旋諸義旅間，欲令恊和共事，而悍帥如鄭彩、周瑞之徒不聽，公勸忠介以早去。時諸軍方下福寧，圍長樂，忠介望其成功，不用公言。公復返浙東，入蛟關，結寨於定海之柴樓。已而鄭彩弟兄累畔換，忠介貽書於公，服其先見，卒以憂死。然公雖告忠介以引身，而其栖栖海上，卒亦不能自割。特其來往風波之間，善於自全，則智有過人者。

監國自長垣至舟山，公入朝從之。時寧、紹、台諸府俱有山寨，以爲舟山接應。柴樓最與舟山聲息相近，以勸輸充貢賦，海濱避地之士多往依焉。遷左僉都御史。

辛卯，從亡入閩。時島上諸軍盡隸延平〔一〕，衣冠之避地者亦多。延平之少也，以肄業入南監，嘗欲學詩於公，及聞公至，親迎之。公以忠義爲鏃厲，延平聽之，娓娓竟夕。凡有大事，諮而後行。戊戌，滇中遣漳平伯周金湯間行至海上，晉諸勳爵，遷公左副都御史。是冬，隨金湯入覲，失道入安南，安南國王要以臣禮，公大罵之。或曰，且將以公爲相，公愈罵。國王歎曰：「此忠臣也。」厚資遣之，卒以完節還。公歸，有交行詩集。

〔一〕鄭成功。

明年，延平入白下不克，尋入臺灣。延平尋卒，公無復望，飭巾待盡，未幾卒於臺灣。而公閩中自無餘開國以來，臺灣不入版圖，及鄭氏啟疆，老成耆德之士皆以避地往歸之。而公以江左社盟祭酒爲之領袖，臺人爭從之遊。公自歎曰：「司馬相如入夜郎教盛覽，此平世之事也，而吾以亡國之大夫當之，傷何如矣。」至今臺人語及公，輒加額曰：「偉人也。」公一子，鄭氏内附，扶柩南還。未幾，其子餓死，故公海外集佚不傳。嗚呼！明季海外諸公，流離窮島，不食周粟以死，蓋又古來殉難之一變局也。幾社殉難者四：夏、陳、何三公死於二十年之前，公死於二十年之後，九原相見，不害其爲白首同歸也。

蛟門方修縣志，以公有柴樓山寨之遺，來訪公事。先贈公曾預公山寨中，知之最詳，予乃序次而傳之。

推官温公傳〔一〕

公名璜，字寶忠，浙之烏程人也。大學士體仁族弟，生二月而孤，太孺人陸氏撫之。破屋一間，無帷帳，君姑沈，老病且餓，同坐臥一板箱，種火煨粥以爲食，教公讀書。姑卒，哀毁如子，而公所業亦成。天啟七年，有司聞於朝，詔旌其門。又一十八年〔二〕，爲崇禎癸未，公成進士。

〔一〕温璜。

〔二〕應作「一十六年」。

方體仁之貴也，門生屬吏附之者如鶩。内而九列，外而開府、監司，指顧可得。而公夷然自守，反與東林諸公結契，名在復社第一集。其舉丙子〔一〕賢書，以侍母不上計。體仁死，其家有潤仁者，鄉舉拆糊名得之，相顧曰：「此烏程家也。」置之副科。而公無以此指之者，論者以比之史氏彌堅、彌鞏。然公於體仁落落，而閣訟事則頗不以復社之言爲當。方南都以防亂揭逐阮大鋮，公曰：「阮大鋮爲真小人，錢謙益則僞君子。真者易知，僞者難測，斯人得志，即小臣亦當裂麻爭之，況同僚耶？」時人不以其言爲然，而不知其言之中也。

〔一〕崇七。

其成進士也，年已六十，出吴給事甘來門，吴甚重之。釋褐得徽州府推官，甫之任而國難作，恒引佩刀歎曰：「此身終當付汝。」又一年，南京破，徽之紳士金侍郎聲起兵，公竭蹶助城守。而降人黄澍爲反間，引王師入。公與其孺人茅氏呼其十四歲女，則方熟睡，問曰：「何爲呼我？」茅曰：「死耳。」公與茅引以繩扼之而絶，孺人亦死，公拔刀自刎。

公初名以介，字於石〔一〕。祈夢於于忠肅公祠，忠肅入夢，爲之改名，遂從焉。陸孺人有家訓行於世。

〔一〕應作「于石」。

予嘗與明史局諸君言，謂明宰相中如江夏賀公、高陽孫公輩〔一〕，多子弟從死，不論。而以世臣死國事者：崑山顧文康公〔二〕曾孫延安推官咸正、錢塘知縣咸建暨弟舉人咸受，推官之子天逵、天遴；江陵張文忠公〔三〕孫侍郎同敞；蒲州韓公〔四〕從孫歷城知縣承宣、青州兵道昭宣；餘姚孫文恭公〔五〕孫相國嘉績；長山劉公〔六〕子都督孔和；嘉善錢公〔七〕子吏部棅，從子職方旃；長洲文文肅公〔八〕弟舍人震亨、子乘；嗚呼盛矣！烏程温氏有推官，非親支，要亦宰相家兒也。華亭徐文貞公〔九〕族孫中丞孚遠，亦以從亡完節，終於海上。而温之死，尤足爲其相君一洗門户之玷，是皆唐宰相世系表所遜也。方擬作明九相國世臣傳，以昭故國之喬木而未及，因先作推官傳。

〔一〕賀逢聖、孫承宗。
〔二〕顧鼎臣。
〔三〕張居正。
〔四〕韓爌。
〔五〕孫如游。

〔六〕劉鴻訓。
〔七〕錢士升。
〔八〕文震孟。
〔九〕徐階。

胡吉雲傳

胡守恒，字見可，别字吉雲，南直隸舒城人也。至孝，父遘厲疾，守恒匍匐五祀列祖前，願以身代。父恍惚中聞有告之曰：「爲汝子，解汝厄。」瞿然汗下而愈。成崇禎戊辰〔一〕進士，授湖州府推官。湖州於浙西俗最惡，守恒至，紳士不敢干以私。德清令貪而愎，巡按以私屬守恒，令乃納金於甕，詭稱食物以進，守恒發視，還之，卒令移病去。甲戌，新令以推知入選侍從，守恒治最，擢編修。乙亥〔二〕，詔令五品以上保任可知府者一人，翰林科道保任可知州、知縣者一人，而守恒以舒城學官孫士英上，得知深州。士英，上海人也，後以城守死節。

〔一〕崇元。
〔二〕崇八。

戊寅，充皇太子講讀官。上嘗召見太子，守恒從。因取章奏命以條析，稱旨，上曰：「髫講官有用才也。」既一年，當更直，上命勿易。

辛巳，以葬母歸。時流寇充斥，江北連歲不登，守恒請於漕督史公可法，以庫金告糴楚中，而令飢民結義旅以拒賊。會獻賊合五營兵大至。知縣王道光時已丁艱，幸謝事不復問；參將孔庭訓孱甚，麾下亦無兵；或勸守恒挈家入京，不可，集縣人議城守，衆推守恒主兵。舒城學官楊廷璧者，江都明經，奮然請助城守，且曰：「公爲張巡，吾爲許遠，萬一不濟，以死繼之。」壬午〔一〕正月，賊盡鋭攻，以洞車穴城，穿者數處，守恒輒堵塞之。以火油灑賊，賊多死，賊射書曰「不下，吾且掘爾先人墓」，亦不顧。賊購守恒甚急，而城中人心愈固，乃孔庭訓竟迎賊。城陷，或曰「薙髮可遁」，守恒斥之。被執不跪，賊以刀剜其膝，鏦以矛，罵不絶口，洞胸而死。弟守初，從兄守身、守素、守己、守懸，從子永禧、永躍、永翼、永祐同死。幼女許張氏，坐閨中痛哭，賊慰之，愈罵，亦被支解。永禧妻吴氏，守恒妹適金氏，從女適江氏者，皆死。舒民感守恒義，或匿其父走金陵，仍竊其尸，坎而埋之。漕督以聞，詔贈少詹，謚忠節。而廷璧亦與其子濟之同死。廷璧字荆璞。

〔一〕崇十五。

陸雪樵傳〔一〕

前代故家遺俗之盛，莫有過於吾鄉者也。星移物换之際，其爲喬木增重者，一姓之中，大率四五人不止，高曾規矩，可以想見。湖上陸氏，所稱四姓之一也。吾得殉國者二焉：大行文虎先生〔二〕死於刺，觀察周明先生〔三〕死於逮。得殉父者一焉，隱君雪樵先生死於兵。又得高士者一焉，則觀察之弟春明先生〔四〕也。嗚呼！百六之厄，乃反爲王、謝世譜之光。悲夫！

〔一〕陸崐，續甬詩五七。

〔二〕陸大符。

〔三〕陸宇爀。

〔四〕陸宇燝。

雪樵名崑，字萬原，鄞人，觀察之族孫也。其父淳古翁〔一〕，善畫，能得文章家三昧，而非屑屑繪事者流。雪樵幼而工詩，補諸生。丙戌以後，自以世受國恩，不肯復出試於布政司，淳古翁曰：「善。」乃放浪爲詩人。

〔一〕陸介阯。

時春明方舉汐社故事於湖上，故錦衣青神余公生生自燕來，黄山宗正庵、蛟川范香谷、同里董曉山、葉天益皆集焉〔一〕，而雪樵最少。觀日樓者，春明之居也，雪樵與五人者靡日不至，以大節古誼交相勖。語者，默者，流觀典册者，狂飲作白眼者，痛哭呼天不置者，皆見之詩。其時評雪樵之詩者，以爲吐棄一切，古穆如彝尊。雪樵之去春明，僅一巷，而與正庵爲比户，其唱酬爲尤多。桐城方子留〔二〕，畸士也，由春明以交雪樵，相得甚驩，遂居其湖樓中。已而奉其父僦居東臯之殷隘。

〔一〕余畲、宗誼、范兆芝、董劍鍔、葉謙。

〔二〕方授。

己亥，海上師大舉，游兵至於鄞之東鄙。四月，諸盜亦乘間並起。亂兵猝至，索餉，欲執淳古翁爲質，雪樵頓首請以身代，其父得釋，而餉終不副，雪樵死之，時年二十有七。嗚呼！雪樵束修厲行，力固逸民之操以養其父，而卒不克，蘭摧玉碎，可爲傷悼，然而忠孝足以不朽矣。

前輩董丈允瑫嘗欲爲作傳而不果，其既於今，湖上七子之風流已盡，而雪樵尤爲湮晦。予求其事亦有年矣，卒不能得其詳，聊識其大略，以俟世有杜清碧〔一〕其人者。

〔一〕杜本，元史一九九。嘗集宋末遺民詩題曰谷音，二卷，四庫總集三，元詩選初己。

李梅岑小傳〔一〕

李國標，字君龍，別號梅岑，浙之奉化縣人也。高材博學，顧耿介絶俗，雖前輩薦紳先生，非深知之者不往見。嘗客天台，陳公寒山〔二〕見其文，極賞之，及晤其人，喜曰：「李生胸中有奇氣，其足重者非徒以文。」累試布政司不售，晚以明經入太學，改步之際，始以鄉貢進士入官，而事遽去，累遭挫折，然終不屈，自此益不肯妄見一人。鄞都御史林公蠒庵〔三〕嘗訪之，麥飯葱湯，相對話故國事。次日，與共遊山，賦詩感慨。

〔一〕李國標，類徵隱逸九，續甬詩四九。

〔二〕陳函輝。

〔三〕林時對。

已而鄞高公宇泰仿汐社例，舉南湖耆舊之會，慎選遺民，稍有可議者輒弗得入，共得九人〔一〕。故户部徐公振庸最長，太常王公玉書次之，然皆曰：「安得梅岑來社中，吾輩當讓之爲祭酒。」乃相與迎之，以病辭不至。時往來六詔、三石山中，樵子牧豎皆知爲李先生也。以壽終，所著集，李鄴嗣爲之序。

〔一〕南湖九子見續甬詩四七。

論曰：先大父贈公論剡源人物，陳工部純來有綿上之節〔一〕，汪參軍涵有田島之義，梅岑有柴桑之風，今知之者稀矣。是爲傳。

〔一〕介之推，左僖廿四。

甬上桂國三忠傳〔一〕

殘明丙戌而後，甬上忠義之士，從魯藩死海上者，踵相接也。及桂藩在南中，以道梗，故寥寥，顧得三人焉：曰贈太常寺卿、吏部員外郎任公斗墟，曰廣東道御史佘公鯤起，曰督理興陵、工部員外郎陳公純來。

〔一〕任斗墟，續甬詩十四。佘鯤起，小腆紀傳二九。陳純來，小腆紀傳三二。

任公，字一齋，鄞人也。以明經起，夙遊瞿公式耜門下，薦之，以中書舍人直誥勑房，久次遷吏部。桂林失，從王展轉南中。王入安隆，孫可望不道，朝臣密謀召李定國迎王，時預其議者十八人，而公其一也。事洩，爲可望所逮拷，對簿，公曰：「死耳，大丈夫豈求免於賊臣者。」徐賦絶命詞而死。時諸家之僕合瘞其棺於安隆之馬場，題曰「十八先生成仁處」。而定國卒迎王出險，追賜卹典立祠，公得太常。今明史附見吴公貞毓傳〔一〕。

〔一〕卷二七九。

佘公，字南溟，鄞人也，亦以明經從何公騰蛟幕。累官以御史充監軍。何公出師湖南，與職方主事李公甲春復寶慶。會兵下長沙，已而寶慶將王進才棄城走，湖南盡失，何公死之。公重跰還桂林，復爲御史。桂林再破，逃入蕭寺，絶粒而卒。今明史附見何公傳〔一〕，特不詳其晚節爲可惜〔二〕。

〔一〕卷二八〇。
〔二〕殉節録七，蘇松兵備道參政余昆翔，辰溪人，與總督汪碩德等同在廣西被獲，死節，謚節愍。南疆繹史摭遺六作鯤起。小腆紀傳五六余鵾翔，辰溪人，天啟五年進士，當另一人。並見明詩綜七五。

陳公，字孝標，奉化人也，以監生起官工部。王既稱制，尊其父端王墓爲興陵，令公司之。王遣降臣佟養甲祭陵，密令公磔之。桂林失，公曰：「吾君尚在，當爲先王守陵，以待君之還，未敢死。」削髮爲浮屠，居陵下，護視惟謹。王入緬，公猶居陵下，其後不知所終。

嗚呼！是三人者，今皆無後，故其詳不可得聞。明史雖載任、余姓氏，亦不言其爲鄞人也，予故特表而出之，曰甬上桂國三忠傳。

七賢傳〔一〕

明萬曆、天啟之交，黨禍方熾，吾鄉以沈文恭〔二〕在揆席，故多爲所染。陵夷至於奄難，士氣益喪，至有列名爰書者。顧喜其家子弟多能出而雪父兄之恥，吾得七人焉。在昔邢恕之有居實〔三〕，章惇〔四〕之有援，趙挺之〔五〕之有明誠，坡、谷所亟許也。雖欲勿用，山川不舍，聖人言之。揆之諸公之意，深不欲人道其父兄之恥，以見其賢。然而是固百世孝慈所不能諱也，吾故特表而出之，使天下爲父兄者，弗爲敗行以貽子孫之戚，而子弟之不幸而罹此者能慎所趨，則幸矣。更附之以國難後謝氏兄弟，爲合傳。

〔一〕四姓。周昌會，續甬詩十六；周昌時，續甬詩卅一。邵似歐，邵似雍。姚胤昌，姚宇昌。陳自舜，續甬詩九八。

〔二〕沈一貫，明史二一八。

〔三〕邢恕，宋史四七一姦臣傳；邢居實，宋史附恕傳。

〔四〕章惇，宋史四七一。

〔五〕趙挺之，宋史三五一。

周侍御昌晉〔一〕有弟二：昌會字衷素，天啟辛酉舉人也；昌時字乘六，諸生。御史既入奄幕，陰鷙深賊，罷官後尚多所殘害。衷素不欲與同居，偕乘六還浮石故廬中，嘗歎曰：「先文穆公〔二〕已爲故相所累，然尚無大敗行，阿兄狓猖，何至於此！」衷素嘗知通城縣，遭寇棄官去。丙戌而後，薙髮爲僧，佯狂不守戒律，時人稱爲「顛和尚」，卒以困死。乘六於資序已應貢入太學，得官棄去，固守其志。其時御史尚在，亦太息曰：「是不可及。」先大父贈公〔三〕爲耆社，乘六其一也，所爲詩文皆悲憤之音。

〔一〕周昌晉，續甬詩四五。

〔二〕周應賓，明詩綜五四，雍正寧波志二十。

〔三〕全吾騏。

邵尚書輔忠〔一〕有子二：似歐，字之文，明經；似雍，字之堯，諸生，同産七人中稱最秀。時吾鄉於附奄諸家相疏斥之，并其子弟弗與還往。尚書尤爲清議所惡，而之文兄弟別具志節，不以家門見外。丙戌，之文兄弟侍尚書大雷山中，微言勸尚書殉國，以蓋前過，不能得。已而故王栖泊翁洲、石浦之間，兄弟竭力資其扉屨。其後求周公囊雲〔二〕銘尚書墓，囊雲直筆無所借，之文兄弟一慟而已。嗣是故國遺民至蛟關者，必登邵氏之堂。兄弟皆有集，傳於後。

〔一〕邵輔忠，定海人，附明史三〇六閹黨劉志選傳。

〔二〕周齊曾，續甬詩廿五。

姚學使宗文〔一〕有從子二：胤昌〔二〕，字元祚，崇禎癸酉舉人；宇昌，字仲熙，崇禎丙子舉人：參政之光〔三〕子也。初，浙黨以徐廷元〔四〕與學使爲魁。學使隔絕復社人物，不遺餘力，而元祚獨與馮都御史留仙〔五〕兄弟以氣節相砥礪，學使恨之，然無如之何。會遭改步，兄弟奔走山海間，遂以坎軻抑鬱而卒，君子哀之。

〔一〕姚宗文，萬曆卅五進士，明史稿附劉廷元傳，明史附三〇六閹黨閻鳴泰傳。姚宗文、劉廷元合稱，迭見明史二三六李朴及夏嘉遇傳，又見先撥志始。廷元，明史稿二二五有傳，又名見明史二四四王之寀傳。

〔二〕姚胤昌，養新餘録中卷有齊楚浙三黨條。

〔三〕姚之光，萬曆卅四舉人。

〔四〕「徐廷元」爲「劉廷元」之誤，平湖人，萬曆卅二進士。參姚宗文注。

〔五〕馮元颺，寧波志廿一，南雷文定前集五有馮留仙神道碑。姚、馮皆慈谿人。

陳御史朝輔〔一〕有子一，自舜字小同〔二〕，其年稍晚出。甚媿其父之所爲，以是頗不欲人稱爲公子。梨洲先生講學甬上，小同從之，終日輯㸃經學，兀兀不休。其人强毅方嚴，於名教所在，持之甚篤。生母沈氏不得於嫡，卒於杭〔三〕，小同尚少，長而補行三年之喪，致哀盡禮，隱居終身。一日，梨洲座上或言天啟時某官以某物贈奄〔四〕，即御史所爲也，小同爲之數日不食。喜購書，其儲藏爲范氏天一閣之亞。

〔一〕陳朝輔，續甬詩四五。
〔二〕陳自舜，續甬詩九八。
〔三〕南雷文案七有陳母沈孺人墓誌言此事。
〔四〕所云「某物」，乃蝦腦百斤，見南雷文案六李佩于墓誌，或即李佩于振玘也。

七賢之事如右，而丙戌而後，吾鄉所最不齒者，無如故太僕謝三賓〔一〕。其反覆無行，搆殺故國忠義之士無算。三賓一子早死，顧有四孫，曰爲輔、爲霖、爲憲、爲衡〔二〕，皆善讀書，聞其大父之事，黯然神傷。自是遇故國忠義子弟，則深墨其色，曲躬自卑，不敢均茵，以示屈抑。時三賓遺金尚不貲，兄弟日以哦詩爲事，一切不問。未幾蕩然，亦不以爲意也。於是故國子弟稍稍引而進之，謝氏復與簪纓之列。蓋吾鄉清議之重如此。爲憲以舉人知蓬萊縣。

〔一〕謝三賓，續甬詩八十。
〔二〕無爲輔，應云「三孫」，爲霖字孝輔，見續甬上詩百一。

嗚呼！吾嘗讀江右傅平叔〔一〕湘帆堂集，才子也。顧平叔之父御史〔二〕，墮奄黨中，此係不可湔洗之案。而平叔頗有遷怒東林諸公之意，力爲父白，妄言自艾東鄉〔三〕死後，莫能爲之辨誣者，則愚矣。東鄉即存，豈能爲奄黨作佞乎？如七賢者，絶口不敢白其家門之事，而但力爲君子以蓋之，是則可悲也已。嗚呼！彼爲父兄者其諒之哉。

〔一〕傅占衡，卷卅一末有跋。明詩紀事辛十四。

〔二〕傅槐，臨川人，萬曆四一進士。

〔三〕艾南英，字千子，東鄉人，明史二八八文苑傳。

明大興知縣宗公傳

宗公由宜興知縣遷秩大興，再遷南京都察院經歷，致仕。不稱院曹，而稱大興，重循吏也。漢魯峻官終屯騎校尉，而志墓仍稱司隸；馮緄官終廷尉，而志墓仍係車騎：蓋其例也。

宗公名顯，字必彰，浙之寧波府鄞縣人也。由鄉貢進士歷官縣令。其在宜興也，百姓感其介節，爲之謡曰：「二三萬户皆傳説，八九十年無此官。」時公尚無子，百姓爲聚禱於社，已而果得子，因名曰佑。其在大興也，爲赤縣首，苦豪貴之梗職，而廠衛官校皆服其清，秋毫無犯，輦下肅然。既受院曹之命，以丁艱去，不樂進取，遂致仕家居，一貧如布衣也。予考明之縣令，最稱慎重，其以考最加律者，例得不次登臺諫，否則亦授部郎，由是爲大僚者甚多。院曹雖階六品，然冗散之員，非所重，而南都院曹則尤閒。公以京縣擢用，乃置之無事之區，名爲京秩，實與前代之提點宮祠者等。斯蓋大臣忌公直節，不樂公之進，陽遷之而陰黜之，故公亦會其意，而臥家不出。乃前輩無爲之表微者，何也？

予讀明人所修圖志，皆目公以循吏，而所紀甚寥略。及見半湖陳公聞見漫録〔一〕，則於同里所服膺者：楊文懿公、刑科毛公、吉安太守陳公、應撫朱公、廣西布政錢公、四川副使張公、淮撫陳公、鞏昌太守戴公，及公而九。甚且謂自三原王公、華容劉公、泰和羅公而外，其始終一節，至老不變，同里祇錢公與公，其亦可以得公之概矣。

公之事既不甚傳，故明史亦闕，而數百年以來亦無復知公者。予因半湖之言而重爲之傳。

〔一〕陳槐。卷卅四有陳半湖聞見録跋。

錢唐龔隱君生傳〔一〕

予友西泠龔君明水〔二〕，以經術文章掉鞅海内，其造詣所至，擬諸劉原父、黄楚望〔三〕之流。顧予尤心企其門庭之行，深情至行，敦摯無間。竊以爲導山有脈，溯河有源，必多得於父兄之圭臬者，因蹤跡之不置。已乃聞其再傳以來，並以孝友起家，稱一鄉善士云。雍正庚戌，明水召對闕下，再拜貽書於予，請爲從父汝璞君生傳。

〔一〕龔茂城，字汝璞，一字省齋，卷七有壙志。

〔二〕龔鑑，内集十九有墓誌。

〔三〕劉敞，宋史三一九；黄澤，元史一八九。

予於隱君爲通家後輩，然嘗登明水之堂，識隱君之篤於親也。隱君髫年失怙，家無一瓦之覆，一壠之植，以資其緒，用是棄舉子業，就生計。不幸遭家難，伯兄歿於官，八口零丁無依。仲兄仗義勤施，徵逐日落，隱君竭蹶支吾，并經理其子女婚嫁之事。已而所入漸充，置七世祀産以公族人。明水束髮就塾，即有崢嶸頭角之譽，隱君歲給膏油，讀書無間。然而賓興六薦，濩落不售。明水自傷其以鵾鵬之羽困於藩籬，以致虬鬚鵠髮之親，尚未得具三簠之養，雖商歌出金石，而神思未免怏怏。乃隱君厚意纏綿，月有肉米，日有壺漿，繹絡繼至，常曰：「汝克守身自愛，長奉白華之潔，晨羞夕膳，吾當借助，以資孝思，可無憂也。」甲辰秋，明水復遭太君之變，隱君歎曰：「九宗七族之中，吾所敬事，莫嫂若耳。喪葬之需，苟有不敷，惟吾是問。」然隱君錙積銖累，僅及中人之産，身披大布之衣，居無別業之適，妻妾子女皆以勤儉自持，而棣蕚之誼，終身一日，傾筐倒庋，繾綣彌加。其他睦婣任卹之施，固有不能枚舉者矣。至若隱君行事，實有卓然不阿於世俗之見者，每言：「吾父子兄弟，生既爲一氣，終即當一邱。堪輿風水之説，昧者趨之，吾勿問也。」遂買地於南高峯之顛，傍考妣墓，約異日左昭右穆，以次並列，松楸碑碣之間，魂魄相依，兼使子孫祭祀，不以東西遼遠爲苦。蓋其友愛之中，能深得墓大夫、冢人禮意如此。

明水拔萃成均，徘徊不欲赴闕，隱君責以捧檄之意，且許爲任其家事。今膺特簡，莅百里矣。天南地北，徒爲高堂升斗之謀，即欲長依膝下，亦何可得。至於四壁蕭條，妻孥軟弱，其所恃而不恐，則以隱君在也。

隱君杖履沖容，容色醲粹。當此六橋旭日，徜徉梅柳之陰，鹿車對挽，樛木行吟，又有好學工文之子，斑斕進酒，蔗境之甘，天實佑之。而明水感懷白雲，推其明發之慕，爲隱君謀不朽，並可傳也。爰即以此復之。

蕭山毛檢討別傳〔一〕

歸安姚薏田秀才謂予曰：「西河目無今古。其謂自漢以來足稱大儒者祇七人：孔安國、劉向、鄭康成、王肅、杜預、賈公彦、孔穎達也。夫以二千餘年之久，而僅得七人，可謂難矣。吾姑不敢問此七人者果足掩蓋二千餘年以來之人物與否。但即以此七人之難，而何以毛氏同時，其所極口推崇者，則有張杉、徐思咸、蔡仲光、徐緘，與其二兄所謂『仲氏』及先教諭者。每述其緒論，幾如蓍蔡，是合西河而七，已自敵二千餘年之人物矣。抑西河論文，其自歐、蘇而下俱不屑，而其同時所推崇，自張、蔡、二徐外，尚有所謂包二先生與沈七者，不知其何許人也。竭二千餘年天下之人物，而不若越中一時所出之多，抑亦異哉？」予笑而答之曰：「是未聞吾先贈公之所以論西河也。」

〔一〕毛奇齡。南雷文定三集二有豐南禺别傳。

西河少善詞賦，兼工度曲，放浪人外。陳公大樽爲推官，嘗拔之冠童子，遂補諸生。顧其時蕺山先生方講學，西河亦嘗思往聽之，輒卻步不敢前。祁氏多藏書，西河求觀之，亦弗得入。已而國難，畫江而守，保定伯毛有倫方貴，西河兄弟以鼓琴進，托末族。保定將官之，而江上事去，遂亡匿。乃妄自謂曾預義師，辭監軍之命，又得罪方、馬二將，幾至殺身，又將應漳浦黄公召者，皆烏有也。已而江上之人有怨於保定者，其事連及西河，而西河平日亦素不持士節，多仇家，乃相與共發其殺人事於官，當抵死，愈益亡命。良久，其事不解，始爲僧，渡江而西，乃妄自謂選詩得罪王自超，撰連箱詞得罪張縉彦以致禍，皆事後强爲之詞者也。

乃其遊淮上，得交閻徵士百詩，始聞考索經史之説，多手記之。已而入施公愚山幕，始得聞講學之説。西河才素高，稍有所聞，即能穿穴其異同，至數萬言。於是由愚山以得通於鄉之先達姜公定庵，爲之言於學使者，復其衣巾。顧以不善爲科舉文，試下等者再。時蕭山司教者，吾鄉盧君函赤，名宜〔一〕，憐其才，保護之。然懼其復陷下等，卒令定庵爲之捐金入監。未幾得預詞科。

〔一〕盧宜，康五舉人，鄞志十七。

顧西河既爲史官，益自尊大，無忌憚。其初年所蹈襲，本不過空同、滄溟〔一〕之餘，謂唐以後書不必讀。而二李不談經，西河則談經，於是并漢以後人俱不得免。而其所最切齒者爲宋人，宋人之中所最切齒者爲朱子。其實朱子亦未嘗無可議，而西河則狂號怒駡，惟恐不竭其力，如市井無賴之叫囂者，一時駭之。於是自言得學統於關東之浮屠所謂高笠先生者，而平日請教於愚山者，不復及焉。其於百詩則力攻之，嘗與之爭不勝，至奮拳欲毆之。西河雅好毆人，其與人語，稍不合即罵，罵甚繼以毆。一日，與富平李檢討天生會於合肥閣學座，論韻學。天生主顧氏亭林韻說，西河斥以邪妄。天生秦人，故負氣，起而爭，西河罵之。天生奮拳毆西河重傷，合肥素以兄事天生，西河遂不敢校，聞者快之。若其文，則根柢六朝，而泛濫於明季華亭一派，遂亦高自誇詡，以爲無上。雖説部、院本，拉雜兼收以示博。

〔一〕李夢陽，明史二八六；李攀龍，二八七。

顧西河前亡命時，其婦因於杭者三年，其子瘐死。及西河貴，無以慰藉其婦，時時與歌童輩爲長夜之樂，於是其婦恨之如仇。及歸，不敢家居，僑寓杭之湖上。浙中學使者張希良，故西河門下也，行部過蕭山，其婦逆之西陵渡口，發其夫平生之醜，詈之至不可道，聞者掩耳疾趨而去。

先贈公之言如此。

顧先贈公在時，西河之集未盡出，及其出也，先君始舉遺言以教予，於是發其集細爲審正，各舉一條以爲例：則其中有造爲典故以欺人者，如謂大學、中庸在唐時已與論、孟並列於小經。有造爲師承以示人有本者，如所引釋文舊本，考之宋槧釋文亦並無有，蓋揑造也。有前人之誤已經辨正而尚襲其誤而不知者，如邯鄲淳寫魏石經，洪盤洲、胡梅磵已辨之，而反造爲陳壽魏志原有邯鄲寫經之文。有信口臆説者，如謂後唐曾立石經之類。有不考古而妄言者，如熹平石經，春秋並無左傳，而以爲有左傳。有前人之言本有出而妄斥爲無稽者，如伯牛有疾章，集注出於晉欒肇論語駁，而謂朱子自造，則并或問、語類亦似未見者〔一〕，此等甚多。有因一言之誤而誣其終身者，如胡文定公曾稱秦檜，而遂謂其父子俱附和議，則籍溪、致堂、五峯之大節，俱遭含沙之射矣。有貿然引證而不知其非者，如引周公「朝讀書百篇」以爲書百篇之證，周公及見冏命、甫刑耶？有改古書以就己者。如漢地理志回浦縣乃今台州以東，而謂在蕭山之江口，且本非縣名，其謬如此。先君皆口授之，予因推而盡之，葺爲蕭山毛氏糾謬十卷。

〔一〕方東樹謂語類無此説。

乃其集中最後有辨忠臣不死節文，則其有關名義，尤可驚愕〔一〕。其謂「夷齊亦不得爲忠臣，但可爲義士」，乖張已極。夫忠臣固不必皆死節，亦幾曾見忠臣之不應死節者。況西河自溯道統，得之高笠先生，而高笠之師凌臺賀氏，以布衣死明季，則是其師傳即已乖謬，西河之師之何也？及溯其本意，則專爲續表忠記而作，謂其以長平之卒，妄列國殤，而冒託其名以作叙，故辨之。續表忠記者，即吾鄉盧函赤所作，前曾保護西河者也。其所作記本不工，其所序事亦間有譌者，然謂以長平之卒妄列，則其記中所立傳，俱屬有名之人。而況是記俱經西河校定而後出以問世，其序文則直用西河手書雕入册中，其字畫皆可驗。且西河前在盧門，感其卵翼之恩，執弟子禮，不僅如世俗之稱門生者。雖既貴，寓杭猶時時遣人東渡問訊，而忽毁之於身後，并其序亦不肯認，且因此序而發爲背道傷義之論。及叩之函赤之子遠，則流涕曰：「是殆爲畏禍故也。前者西河固嘗有札來，謂『京師方有文字之禍，先師所著，勿以示人』，則是辨必其時所作無疑也。」予乃歎曰：「有是哉！畏禍而不難背師與賣友，則臨危而亦誠不難背君與賣國矣。忠臣不死節之言，宜其揚揚發之而不知自愧也。」

〔一〕本集卅三有此文書後。

抑聞西河晚年雕四書改錯，摹印未百部，聞朱子升祀殿上，遂斧其板。然則禦侮之功亦餒矣，其明哲保身亦甚矣。乃因述贈公之言而附入之，即以爲西河别傳。

雖然，西河之才，要非流輩所易幾。使其平心易氣以立言，其足以附翼儒苑無疑也。乃以狡獪行其暴横，雖未嘗無發明可采者，而敗闕繁多，得罪聖教，惜夫。

鮚埼亭集批注　外編卷十三

廟碑

大金夫人廟碑銘

今東越人盛傳所云「大金娘娘」之祀。里俗凡以巾幗成神者，即呼之曰「娘娘」，蓋前督師孫公碩膚〔一〕部將都督章公欽臣之夫人金氏，予故改稱之曰「大金夫人」。而其爲之碑也，則以友人陶燮之請。

〔一〕孫嘉績，卷四有碑。

初，孫公於改步之際，思爲即墨之守，駐師江干，與同里熊公汝霖、寧之錢公肅樂、沈公宸荃及觀察巡道于公穎，稱「五家軍」。都督，即侍郎正宸〔一〕之宗也，而在孫軍。孫公欲以火攻下錢唐，故有别營司火攻事，而以都督領之。已而江上破，都督散軍亡命，其後卒以起應山寨，軍敗見執，死之。夫人例應没入旗下。將發遣，夫人慢駡不屈。問官始恐之以斬，再恐之以磔，夫人曰：「死則死耳，吾不可辱。」問官大怒，竟磔之。而行刑者見夫人饒姿色，不無褻語，夫人駡愈甚，刑畢而其人暴死。夫人遂時時降神東越，居民尸祝之。余禮部若水爲之傳，王詹事遂東之女玉映爲之詩。

〔一〕章正宸。

吾聞都督被執時，問官憐其忠也，欲令巽詞求免，而已爲之道地。都督亦思留身有爲，將從問官之意，而夫人力爭之，遂死。嗚呼！都督良非愛死者，而留身有爲之説，常足以誤人，此張中丞所以戒南八也，夫人之見卓矣。顧都督之問官，仁人之有心者也；夫人之問官，則天下之妄人耳。然都督之問官，識者或憂其誤志士於一簣；而夫人之問官，適以成其烈，斯則天之所以有待而愈顯也。更爲之詩，當迎神之歌。其詩曰：

越水湯湯，曹江之瀨兮。越山峩峩，南鎮之寨兮。孝娥死家，烈婦死國兮。孝娥死於波臣，而烈婦死磔兮。二千年來，遥輝映兮。女星之墟，芒寒色正兮。孝娥烈婦，廟貌相望兮。祇慚黄絹，莫能相尚兮。

鮚埼亭集批注　外編卷十四

祠堂碑

淳熙四先生祠堂碑文〔一〕

吾鄉遠在海隅，隋、唐以前，儒林闕略。有宋奎婁告瑞，大儒之教遍天下，吾鄉翁南仲始從胡安定遊，高抑崇、趙庇民、童持之從楊文靖遊，沈公權從焦公路遊，四明之得登學録者，自此日多，然其道猶未大也。「淳熙四先生」者出，大昌聖學於句餘間，其道會通於朱子、張子、吕子，而歸宿於陸子。四明後進之士，方得瞭然於天人性命之旨。四先生之爲海邦開羣蒙者，其功爲何如哉。四先生立身居官，大節矯然，如峩眉天半，固無庸以多述，惟自後世紛綸於德性問學之門户，而所以論四先生者並失之。雖然，是乃世人不讀書之故耳。

〔一〕楊簡，敬仲，慈溪；袁燮，和叔，鄞；舒璘，元質，奉化；沈煥，叔晦，定海。宋元學案七四至七六。

予嘗觀朱子之學，出於龜山〔一〕。其教人以窮理爲始事，積集義理，久當自然有得。至其以所聞所知，必能見諸施行，乃不爲玩物喪志，是即陸子踐履之説也。陸子之學近於上蔡，此語本之黄氏日鈔。其教人以發明本心爲始事，此心有主，然後可以應天地萬物之變，至其戒束書不觀，遊談無根，是即朱子講明之説也。斯蓋其從入之途，各有所重，至於聖學之全，則未嘗得其一而遺其一也。是故中原文獻之傳聚於金華，而博雜之病，朱子嘗以之戒大愚，則詆窮理爲支離之末學者，陋矣。以讀書爲充塞仁義之階，陸子輒咎顯道之失言，則詆發明本心爲頓悟之禪宗者，過矣。夫讀書窮理，必其中有主宰而後不惑，固非可徒以泛濫爲事。故陸子教人以明其本心，在經則本於孟子擴充四端之教，同時則正與南軒察端倪之説相合。此語見朱子語録。心明則本立，而涵養省察之功於是有施行之地，原非若言頓悟者所云「百斤擔子，一齊落地」者也。是以廣平兄弟驟有所省，而廣平曰：「學非可以一蹴而至也，吾惟朝於斯，夕於斯，其亦可以弗畔矣。」則廣平方且以頓悟戒學者。定川晝觀諸妻子，夜卜諸夢寐，聞過自訟，不敢苟安，其刻厲如此，乃由艱苦而成者。慈湖齋明嚴恪，非禮不動，生平未嘗作一草字，固非恃扇訟一悟以爲究竟也。絜齋教人以自得，而謂吾心與天地相似，精思以得之，兢業以守之，則其全功可知矣。四先生中，慈湖稍近頓悟，特其立言之偏；至其制行則大醇，當略其言而觀其行。世之學者，未嘗窺見前輩之根柢，即其流傳之失實者，妄施議論，其惡乎可。

〔一〕學案五八。

朱子謂浙東學者，皆有爲己之功，持守過人，而微嫌其讀書窮理有未備，其實不然。慈湖於諸經皆有所著，垂老更欲修羣書以屏邪説而未就。絜齋謂爲學當通知古今，學者但慕高遠，不覽古今，最爲害事。廣平經術深於詩、禮，而尤爲吾鄉説詩大宗。定川與東萊兄弟極辨古今，閎覽博考，晚年雖病中不廢觀書。是四先生皆以持守爲本，而從事於擇識以輔之，其致功之次第，歷然可考也。

總之，古之爲學，其途徑所發軔或不能盡同，然究竟則必無相背而馳者。朱子嘗自言目前爲學，緩於反己，反以文字奪其精神，其惟恐流於口耳之弊如此，所以不墮於支離也。四明之學，正不敢於方寸澄然之後，怠其致知格物之務，此所以不流於頓悟也。然則其殊途而同歸者，總所以求至於聖人而已。

吾鄉湖上舊有四先生祠，明嘉靖中所立也。予嘗偕同學諸公舍奠其中，而爲講會焉。薛學使方山舊有碑，其文未足以發，乃更勒石以記之。

四先生祠堂碑陰文〔一〕

嘗讀宋史，於陸子傳中〔二〕，祇推「四先生」能傳其學，而凡槐堂之子弟不豫〔三〕，以四先生能得陸子之學統也。顧四先生皆導源於家學，其積力已非一日，及一見陸子，即達其高明廣大之境，相與神契而無間。

〔一〕楊、沈、舒、袁。
〔二〕四三四儒林傳。
〔三〕槐堂諸儒見宋元學案七七，皆象山弟子。

間嘗考之，慈湖〔一〕之父通奉公，諱庭顯〔二〕。以處士爲後進師。廣平〔三〕嘗自序其學曰：「南軒開端，象山洗滌，老楊先生琢磨。」老楊先生，即通奉也。廣平嘗切磋於晦翁，講貫文獻於東萊，而自序不及焉，直以通奉鼎足張、陸，則其學可知矣〔四〕。陸子銘通奉墓亦云：「年在耄耋，而學日進，當今所識，楊公一人而已。」融堂〔五〕謂通奉「與物最恕，一言之善，樵牧吾師；省過最嚴，毫髪不宥，至於泣下。」是慈湖過庭之教所自出也。

〔一〕楊簡。
〔二〕楊廷顯，學案五八。参卷四四答臨川先生問四君子世系帖子。
〔三〕舒璘。
〔四〕其學之「其」字指老楊。
〔五〕錢時。

定川〔一〕之父簽判公，諱銖。學於焦先生公路〔二〕，以傳程氏之學。史忠定王〔三〕稱其「忠信質直，容止莊敬，衣冠端嚴，造次必稽孔、孟之言，是是非非，無曲從苟止。孝修於家，行尊於鄉，面箴人失，退無後言。」其高弟舒烈作行狀，謂「簽判之事焦先生極恭，其後諸生所以事簽判一如之。雖已極貴，然莫敢隳簽判家法。」是定川過庭之教所自出也。

〔一〕沈煥。
〔二〕焦瑗。
〔三〕史浩。

廣平之父通直公，諱巘。最與童公持之〔一〕講學相睦。陸子銘其墓，謂其「温恭足以警傲惰之習，粹和足以消鄙吝之心」，蓋亦學有原本者。童公故龜山弟子也，遂爲廣平婦翁。

〔一〕童大定。

絜齋〔一〕之父通議公，諱文。予曾見其甕牖閒評一書，特説部耳。至其折節忘年，問道於定川，因使絜齋嚴事之，則知其從事於躬行之實，非徒洽聞者流也。

〔一〕袁燮。

然則四先生自其始志學之時，已早得門内之圭臬而由之，況又親師取友，徧講習於乾、淳〔一〕諸大儒，而去短集長，積有層累，及其摳衣陸子之門，遂登首座，固其所也。夫師明道〔二〕兄弟者，必推本於大中〔三〕；論康節〔四〕者，上及古叟〔五〕；宗建安〔六〕者，不遺韋齋〔七〕；則四先生之所自出，可以置之不問乎？爰語同學諸生，令別治栗主於後堂而祀之，而稍爲捃摭其言行之大略，鐫之碑文之陰，使後之人有考焉。

〔一〕乾道、淳熙，孝宗。
〔二〕程顥。
〔三〕程珦。
〔四〕邵雍。
〔五〕邵古。
〔六〕朱熹。
〔七〕朱松。

巾子山張太傅祠堂碑〔一〕

厓山三大忠臣祠，倡議於羅一峯，成於陳白沙，而任之者陶自强也〔二〕。吾鄉候濤山東巾子山，爲當時張太傅自臨安入海駐營之地，而未有祠，并志乘亦不載其事，何其闕也。況太傅之在是山，非偶一駐營於此，漫不足爲輕重者比。范文虎以伯顔軍至臯亭山，太傅請移三宮入海，而與文丞相合，背城一戰。陳丞相〔三〕以議和阻之，太傅遂提兵東渡，由慶元抵昌國，營於是山。其意蓋已辦閩、廣，再造一局。石國英遣都統卞彪説之使降。卞彪故降將，太傅以爲反正而來，從己俱南也，椎牛享之。酒半，彪從容致國英旨，太傅大怒，斷其舌磔之，山中軍士感憤泣下，誓共求宗室以謀恢復。於是太傅探得楊駙馬以二王至温，陳丞相出會之，陸侍郎、蘇統制〔四〕俱赴之。遂出蛟關，沿海入覲，共豫定策事，而二王之局以成。文丞相指南録雖於太傅不盡諧，然於閩、廣再造，則以爲太傅一人之功。蓋陳、陸諸公雖素秉忠赤，而非太傅以宿將重兵握其樞，則其事不可集。顧太傅之所以鼓三軍之氣，而扶九鼎之絲者，莫過於巾子山之一礫，能使爝火重照，死灰復然。當是時，趙孟傳以宗室子舉慶元，獻册籍，句餘城郭，黯然無色。豈知金鼇背上，尚有人焉，大聲一呼，白虹貫日。是丹山赤水所以洒辱，而二王一綫得延之自也。

〔一〕張世傑，宋史四五一忠義傳。
〔二〕羅倫，學案四十五；陳獻章，學案五；陶魯。
〔三〕陳宜中。
〔四〕陸秀夫、蘇劉義。

而袁清容〔一〕纂延祐志，以其父〔二〕爲元之降臣，於太傅之遺蹤略焉，至今未有及之者，謬矣。嗚呼！國家不能長存而不亡，忠臣志士，成者一而敗者九。顧其所以長存而不敗者，此配義與道之氣，塞乎天地之間。太傅之精魂，如行地之水，無所不至。而況厓山宮闕與是山塹寨，尤其神明之所惓惓者乎？予乃與蛟關父老議立祠以祀之，而勒文於石。巾子山者，與候濤山對，雙闕如門，障蔽洪濤。其下有洗馬池，宋高宗航海時，多葬侍衛軍卒於此者也。其銘曰：

桓桓太傅，來自臨安兮；手磔降人，投之蛟闕兮。展轉東甌，逐日維艱兮；侯官一隅，扶墜天兮。踉蹌東港，而淺灣兮；崎嶇謝峽，而硐川兮。沉香千兩，焚厓山兮；平章港口，瓣香殘兮。赤坎之村，埋血殷兮；忠魂騎鯨，任往還兮。時來此間，聞長歎兮。卞彪之骨，化爲老鰥兮；春網登之，薦豆籩兮。

〔一〕袁桷。

〔二〕袁洪。

謝高士祠堂碑

四明洞天之勝，自謝高士遺塵著，而山中未有遺塵瓣香之地。南宋時，史丞相直翁〔一〕歸老湖上，營真隱觀於竹洲，即摹九題之勝於觀中，而請御書「洞天」之額以寵之，乃特立遺塵之祠。（下略）

〔一〕史浩。

旌忠祠碑〔一〕

世祖章皇帝定鼎，褒卹前明甲申殉難文臣十有九人，浙中得其六，而吾鄉陳恭潔公其一也。禮臣遵奉明旨，各建祠於其里，春秋祀祭，特撥地七十畝贍之。於是有司即公之別業舊所稱娑羅園者爲祠，以時夫人祔，而麗牲之石，至今未備。予自髫年拜謁祠下，其後奔走風塵，久未過之。會罷官歸，諸陳多以碑銘見屬，又惡敢辭。

〔一〕陳良謨，前集六，續甬詩七。

陳氏爲宋元祐黨人文介公〔一〕裔，衣冠極盛，其最著者，四傳而爲文定公概，又數傳而爲大儒習庵先生塤，至明而爲漕運侍郎濂，至明亡而公出焉。甬上世家之盛，所未有也。公生平顛末已見於明史傳中〔二〕，予不復述。董户部守諭哭公之詩曰：「惟其不好名，殺身乃獨真。」旨哉言也，不特可以知公投繯之心事，并可以盡公歷官之心事者也。三垣筆記言公自川中反命歸里，將赴京，夜夢摳衣於文山祠下，文山趨而掖之曰：「公乃我輩中人也。」邀之同坐，公不敢當，文山固掖之，醒而以爲異事。時國事已不支，公戒行有日，忽延畫師寫真容，峩冠褒衣。客或問之曰：「何匆匆中作此？」公歎曰：「是叱馭而行之日也，生還其可望耶？」蓋公已知廟社之必亡，成仁取義，素定胸中，故志壹動氣，而文山之精爽臨之。其時，同難吴太常公磊齋〔三〕，亦嘗夢中聞蕺山劉公爲誦文山零丁詩句，卒成先兆。而公則更親接之，是又何須太人之占而後了然哉。

〔一〕陳禾。

〔二〕卷二二六。

〔三〕吴麟徵。

公之遺文，亂後盡失，林高士荔堂〔一〕求得其滇中草一卷，蓋司理任中所爲也。忠臣固不必以文傳，而滇中之一峰一洞，公品題之殆遍，又何其多情也。今祠中之蔚然而秀者，乃公平日觴咏優游，重之以聖朝之大典，雖橋山碧血，左右龍髯，而枌社所在，豈遽忘情陟降之靈，陳氏子孫其敬之哉。

〔一〕林時躍。

王節愍公祠堂碑〔一〕

王節愍公祠祀，舊肖像於荆公重恩閣及天封寺。予謂是以寄公，草草將事也，乃議爲別立祠於湖上，而附以公子駕部之栻。嗚呼！節愍父子再世死國，世所稀也。其再世知吾鄞縣而死國，則世尤稀。然節愍之死，褒崇洊至，而駕部之死，則世多諱言之者，愚竊以爲不然。夫死忠一也，節愍死於甲申，則以爲忠而卹之，駕部死於丙戌，寧竟以爲逆而棄之。説者以爲節愍死於闖賊，而聖朝逐賊，即加恩於死節諸公，則駕部之抗命爲過，是又非也。夫所以加恩於異代死節之臣者，以教忠耳。是駕部必不負故國，而後不負其父；必不負其父，而後不負聖朝。蓋節愍得駕部而其被卹愈無媿，然則其附祀也，亦何嫌疑之有。

〔一〕王章，明史二六六。本集卅三有王節愍手跡跋，則王道焜也。卷十一錢徵君述稱王忠烈，忠烈，福王謚，節愍，清朝謚。

駕部諱之栻，字瞻卿，節愍公次子也。少隨侍在吾鄉。節愍最愛士，凡鄞人之秀者，咸出入其門，駕部多與之厚。故白下不守，駕部東走來鄞。截江之役，監國令以墨衰任車駕主事，知鄞縣事。其制詞曰：「以汝父之遺愛，望厥子之世忠。」駕部哭而受命。已而見江上事不可爲，辭去入閩，閩人仍令管車駕事。而閩事亦壞，復返鄞。閣部朱公〔一〕守金華，以檄招駕部，乃爲之練兵於武義。兵敗入山中謀再舉，被執死之。駕部之在吾鄉，五日京兆耳，然吾鄉以節愍之故，甚愛戴之，聞其死也皆泣下，每祭節愍必以駕部配。其後耆老漸喪，始闕其禮，而并知其事者稀矣。嗚呼！碧梧翠竹，乃與甘棠之愛，並成故國之喬木，節愍之澤爲何如哉！伏念聖朝之修明史，自丙戌以前死者皆得録〔二〕，則駕部固應登於節愍附傳，又何害於附祀。節愍之事，已備詳於明史，故不紀，但紀駕部事，以補史闕。

〔一〕朱大典。

〔二〕今明史二七九紀吴貞毓事至順治十八年，不止丙戌。

尚書前浙東兵道同安盧公祠堂碑文

明故兵部尚書督師同安盧公，諱若騰，字牧舟，嘗持節巡守浙東兵備，駐節吾鄉，遷去需次。次年而北都亡，南都命以都御史撫鳳陽。未行，南都又亡。閩中晉獨座，逾年又亡。公飄泊天末，以一旅思維國祚，卒死絶域，天之所廢，莫能興也。

公家閩中之同安，而二十年栖海上，邱園咫尺，掉頭不顧，深入東寧，幾如陳宜中之死暹羅，蔡子英之投漠北。故鄉墳墓且如此，況吾鄉特其幕府所在，能必其魂魄繫之也哉。雖然，忠義之神明，固如地中之水，無往不徹者也。而況吾鄉之遺愛，尤有不可泯者。公駐寧時，以天下方亂，練兵無虚日。已而有雪竇山賊私署年號，潛謀引東陽作亂之徒，乘機竊發。公不大聲色，授方略於陸太守自嶽而定之。故婺中塗炭，而甬上晏然。其撫循罷民，尤爲篤摯。稍暇則與士子雅歌投壺，論文講業，迄今百年，浙東人思之不能忘，而吾鄉尤甚。初合祀於蔡觀察報恩祠中，尋卜專祠奉之。

方公以思文之命撫軍永嘉，甫至而事勢已瓦解，徘徊鎮下關。嘗浮海至翁洲，因間行入大蘭諸山寨，吾鄉父老壺漿上謁，公垂涕而遣之。及海上之局，同袍澤者吾鄉巨公最盛：閣部則錢公止亭〔一〕、沈公彤庵，列卿則馮公簟溪、張公蒼水、陳公逋庵〔二〕，臺省則董公幼安、紀公衷文〔三〕，皆以中流擊楫之蹤，與公最睦。諸公淪喪殆盡，晚歲獨與蒼水同事最久。嘗見林門有問使至，寄聲問曰：「賀監湖邊棠樹生意得無盡乎？」然則甬上之爲桐鄉，固公身後之所勿諼也。嗚呼！公膺六纛之任，蓋在國事既去之後，雖丹心耿耿，九死不移，更無可爲。前此一試於吾鄉者，不足展其底藴也，而已足垂百世之去思。故曰亡國之際不可謂無人也。

〔一〕錢肅樂。
〔二〕馮京第、張煌言、陳士京。
〔三〕董志寧、紀五昌。

明史開局以來，忌諱沉淪，漸無能言公之大節者，聊因祠記而發之。

桓谿全氏祠堂碑文

吾全氏出自周官泉府之後，以官爲氏。其後以同音通於全。據國語，隗姓之分，亦有潞、洛、泉、余、滿五氏〔一〕，然全氏之所出非隗也。或曰：全之本姓爲王，漢元后之族屬，以避新都之亂，易姓如輔果〔二〕。或曰：殷王高宗之後爲全。先公考正世譜，謂二說皆無據。

〔一〕此據通鑑三四胡注引國語。據鄭語，本作「路、洛、泉、徐、蒲」，韋氏解曰，皆赤翟隗姓也。
〔二〕知果，知伯之族，避知伯之亂，改姓輔。見晉語末及趙策。

全氏之著名於舊史者，自東漢桂陽太守柔始，其子大司馬錢唐侯琮〔一〕以勳伐起孫吴，尚主，於是江左戚里，莫如吾家：大司馬兄子衛將軍永平侯尚〔二〕以王舅，諸子鎮北將軍都亭侯緒以東關破魏功，臨湘侯懌〔三〕以襲父業，都鄉侯吳以國甥，其餘如端，如翩，如緝，如靖〔四〕，如禕，如儀，如紀，如熙，皆以侍郎、都尉典兵宿衛。既而孫綝擅政，壽春失援，臨湘與諸弟諸子入魏；永平誅權臣不克，遇禍：全氏始衰。至劉宋，而光禄大夫孝寧侯景文〔五〕繼之，至陳而水部郎緩〔六〕繼之。孝寧以前多用功業起家，水部始以經術爲易、詩宗，雖七録有吳太史令範亦著風氣、占法諸書〔七〕，然方技，非儒林也。臨湘之入魏也，諸子弟皆封爵，故河北全氏不下江左。其後高齊有黄門侍郎元起，唐末有雄武節度使、中書令師朗，王蜀之勳臣也；又有金州防禦使師郁，仕孟氏，世爲商洛豪宗。舊譜指北史諸泉，泉企父子〔八〕。爲臨湘之後，謂其改姓，不知全氏之由泉而改，非泉氏之由全也。入宋而商洛之族阻兵被夷，而江左全氏復盛。

〔一〕吳志十五全琮傳，琮尚孫權女，并見魏志廿八諸葛誕及鍾會傳。

〔二〕全尚，吳志三孫亮傳、五全夫人傳。全尚妻爲孫峻姊，全尚女爲孫亮妃。

〔三〕全懌，附吳志琮傳。

〔四〕全靖，見通鑑七七，魏志廿八鍾會傳作「静」。

〔五〕全景文，南齊書二九。

〔六〕全緩，陳書三三、南史七一。

〔七〕七録者，隋志引，見兵家。吴範，吴志十八有傳。此因隋志誤字而誤。兵家作「全範」，曆數作「吴範」，魏志八陶謙傳注亦作「吴範」，太平御覽引作「吴軌」。

〔八〕泉企，周書四四，北史六六作「佡」。泉元禮、泉仲遵附企傳，企子。

蓋自吾始祖侍御府君上溯之至桂陽〔一〕，其世二十有七。府君諱權，仲衡其字，宋太平興國中進士。累官侍御史，知青州，以其太夫人于氏憂，遂不復出。府君之父中書令大賢，吴越時掌國政，至是尚存。府君奉父由錢唐遷居鄞之桓谿，娶相氏，生二子，長鼎，次俎。而鼎爲明州學録，故府君來鄞。其卒也，葬於溪上之沙渚。其時，府君弟興亦遷越之東浦，無子，以俎爲後。越六世爲宋理宗之母家，追封曾祖以下〔二〕，則有若太保唐公安民。唐公子爲太傅越王份；越王子爲太師申王大中、太師徐公大節。徐公即宋史所稱「保長」者也〔三〕。申王子爲太師和王昭孫，是爲度宗元舅；徐公子爲少傅節度使周公純夫、少師節度使清夫。和王子爲太尉參政允堅〔四〕；周公子爲太府卿槐卿。而福王之妃，亦出於全。其時推恩諸眷，溯源自鄞，大賚官爵，而吾桓谿諸祖不欲攀外戚之寵以邀恩澤，相約不出。有司高之，乃署其居旁之碶曰「鵲巢」以表焉。是後桓谿族姓分爲八派：曰前宅、後宅、東宅、西宅、中宅、田宅，皆府君第五世孫琚之後也；曰南宅、北宅，皆府君第五世孫禮之後也。其既於今，歷年八百有餘，孫枝二十四葉，而溪上之居未散，代有顯者。吾鄉言世家者，未有若此之永者也，府君之明德遠矣。

〔一〕全柔。

〔二〕前集卅六有告身十道。

〔三〕宋史四一九余天錫傳。

〔四〕宋史四七瀛國公紀德祐二年正月條。宋史考異八謂「參政」屬下句，此誤據宰輔表。

祖望考唐、宋之制，世家巨室皆許立祖廟於京師，今則無矣。而宗祠之禮，則所以維四世之服之窮，五世之姓之殺，六世之屬之竭。昭穆雖遠，猶不至視若路人者，宗祠之力也。吾家宗祠，累修累圮，乾隆戊午重擇地於沙渚而建焉。自府君以後八世而八宅始分，故自八世以前暨八宅之別子，皆列於祠，昭一本也。其後則不能盡登，但以賢而有德、貴而有爵、才而有文者列之。其有爵而無行，或玷其宗者不豫。

嗚呼！導山有脈，導水有源，吾宗人其講求敦睦之行，交相勉以亢宗也，則府君之所厚望哉。

東浦全氏祠堂碑文

會稽東浦全氏，吾鄞之小宗也。全氏自大司馬〔一〕以後，世居錢唐，給事中孝寧侯〔二〕顯於宋，水部郎〔三〕名於陳，唐世頗不甚顯，而中書令府君〔四〕枋政吴越，中書之子侍御府君〔五〕仕於宋，與其弟卜居會稽浴龍橋旁。已而以其長子〔六〕爲明州學録，來鄞，遂家桓溪。其弟〔七〕無子，府君以次子〔八〕爲之後，故東浦一支，亦府君之裔孫也。七傳爲太保唐公安民，八傳爲太傅越王份，九傳爲太師申王大中、太師徐公大節，特進大聲。徐公即宋史所稱「保長」者也〔九〕。申王子爲太師和王昭孫，徐公子爲少師周公純夫、少師節使清夫。和王子爲太尉參政允堅；周公子爲太府卿槐卿。是時理宗之母，度宗之后，福王之妃，皆出全氏〔十〕。而申王再從子泉翁以詩鳴，爲月泉社中巨子，宋亡後，節尤高。當是時桓溪之全不顯，而東浦貴盛無比。有明以來，稍覺衰謝，萬曆中副使府君始登監司，而其餘不過以明經著而已。

〔一〕全琮，吴志十五。

〔二〕全景文，南齊二九。

〔三〕全綬，陳書三三。
〔四〕全大賢。
〔五〕全權。
〔六〕全鼎。
〔七〕全興。
〔八〕全俎。
〔九〕宋史四一九余天錫傳。
〔十〕福王與芮，理宗母弟，度宗父也。夫人錢氏、黄氏，見度宗紀，秦氏，見癸辛雜識續集下。度宗，黄氏所生。福王妃全氏之説，未知何據。

雖然，吾於東浦之宗，以爲將來必有達者，流慶其未艾也。徐公〔一〕之於穆陵〔二〕戚畹姑所不論，以潛藩之功言之，非徐公不至此。當時食擁戴之報者，史氏兩宰相〔三〕，一執政〔四〕，其姻宣繒〔五〕、袁韶〔六〕皆以此登兩府；次之爲鄭氏〔七〕，次之爲余氏〔八〕，莫不專權秉國。以吾全氏之力，若有意於此，豈出諸家之下，而竟無有。其自周公以上，皆身後追贈者。度宗在東宮册妃，節使府君主昏〔九〕，尚以待制守寧國。其後仁安皇后會禮推恩，始加節鉞〔十〕，而端明陳公〔十一〕猶言太驟，節使即累疏乞休〔十二〕。迨參政〔十三〕之入東府，則國事已去，豈非循分畏天，克守滿盈者乎？蓋穆陵之得國以吾全氏，而其亡國以賈氏，相對而觀，則戚畹之所關者亦可見矣。今子孫雖隱約，而詩書之澤未艾，家法整然，消息菀枯，其有時也。

〔一〕全大節。

〔二〕理宗。

〔三〕彌遠、嵩之，宋史四一四。

〔四〕宅之。

〔五〕宋史四一九作「宣繒」。袁燮絜齋集有何夫人宣氏墓誌，即繒之妹。

〔六〕袁韶，宋史四一五。

〔七〕鄭清之，宋史四一四。

〔八〕余天錫，宋史四一九。

〔九〕景定二年十二月，全清夫。

〔十〕咸淳三年正月。

〔十一〕當爲陳宗禮，宋史四二一。

〔十二〕咸淳三年四月。度宗咸淳十年七月卒，瀛國公紀，八月，以全清夫爲昭信軍節度使。

〔十三〕應云「太尉」，永堅。

乾隆己未，宗人修治祠宇，而請文於予，予乃爲述祖德以勉之。

鮚埼亭集批注　外編卷十五

雜碑銘

大寶泉銘

慈谿縣西二里有大寶山，山麓有泉，色清而味甘，楊文元公私淑高弟趙氏〔一〕講學於此，有元之大儒也。慈令陳文昭北面受業，學者稱爲寶峯先生。嗚呼！是即闞湖之支流，而吾鄉心學之「蒙泉」也。（下略）

〔一〕趙偕。明尚書趙文華，偕之後人。

桓溪舊宅碑文

予先世家桓溪之上，故搜索溪上文獻最詳。嘗謂鄞之山水，自四明洞天四面有二百八十峯，其在鄞者居多，然莫如溪上之秀。舒龍圖嘗以慈溪、桓溪、藍溪稱爲「三溪」。予謂鼎足之中，當推桓溪者，以本色也。

句章城址邈矣，溪上之山，其脈甚遠，溯自四明山心之杖錫，迤邐而出，大小皎之幽深，石臼之清奇，天井之閒静，響巖之明瑟，或起或伏，穹穹窿窿，其中藥爐茶竈，瓊枝玉木，雞犬俱别，不可名狀。溪上之水，發源四明山中，及放乎蘭浦而下，它泉汩汩，一碧如洗，蕙江環其背，春深而緑陰夾岸，秋老而絳葉滿沚，千篙競發，縮項之鯿，時出丙穴，雖山陰道上之泉，不足比美。句餘靈淑之所薈萃也。

而吾鄞諸叟之卜築其間者，亦於此最多，故遊人遷客亦最盛：自唐賀秘書〔一〕爲開荒詩老，其高尚澤今尚存；宋豐清敏公〔二〕，則蕙江其故居也；陳尚書以忤蔡京歸，於密巖結冥庵；南渡而後，魏文節公〔三〕自焦山來，築碧溪庵於石臼，爲觴咏地；而張監軍良臣自大梁來，亦卜居焉，三徑密邇。其時文節東閣之客，甲於江東：王季彝之詩，白玉蟾之仙，柴張甫之俠，張甫名厓，見剡源集。葛天民之誕，皆以魏、張之友來溪上，又未幾時而樓宣獻公〔四〕别業在焉。宣少師〔五〕之别業亦在溪上，而鄉里以其人不甚重，故弗稱。咸淳間，安秘丞劉以忤賈似道亦居溪上，日賦詩。而王尚書深寧園亭多在城東，其溪上小園，則晚年所爲也。東發黄先生亦别署杖錫山居士，其寓溪上最久。清容謂溪上盛時，碧瓦朱甍，翚聳鱗比，望之如神仙居。嗚呼盛矣！

〔一〕賀知章。
〔二〕豐稷。
〔三〕魏杞。
〔四〕樓鑰。
〔五〕宣繒，宋史四一九。

予家先世文詞之學，實自義田宗老六公發之，其時正及接樓、王諸叟之風采，至今取所傳家集讀之，雖所造深淺不同，然莫不循循有前輩師法。夫山川之秀，必賴人物以發之，不然則亦寂寥拂抑而不自得。以溪上之山川如此，人物如此，數百年以來，忽變而爲樵童牧叟荒江野燒之場，流風遺韻澌滅殆盡，欲求當日諸老蹤跡不可得，豈不惜夫。

予自放廢以來，復從宗人求一隙地，築室其間，思爲溪上田父，以充聖世之幸民。因念漢宣城太山有廟，多名士集其中，荆州刺史爲立冠蓋里碑；唐之衡陽有儒林文學碑以志其一州人物。今吾溪上之盛，實無忝焉。乃爲文勒石，樹之舊宅之旁，後生晚輩不及見前哲之風流，得此碑猶可追溯而想見之也。

先侍郎笏銘〔一〕

吾家自明季喪亂以來，累世之圖章法物，喪失殆盡，獨先侍郎尚留一牙笏，曾王父而降，珍之以爲宗器。嗚呼！是鄭公甘棠之遺也。先侍郎事永陵〔二〕，風節卓絶。適有詔入直西内草玄，侍郎以爲不可，乃遜詞以母老，願南遷侍養。時同里袁文榮公〔三〕應徙南院，聞侍郎之有此請也，亟祈要人願得入直。侍郎即代之南，而文榮從此馴致大位。

〔一〕全元立。
〔二〕嘉靖。
〔三〕袁煒。

予考當時翰詹諸臣，鮮有不以青詞進者，但得入直，宫袍一品，立致要津，至南院則左遷也。桂洲〔一〕以侍西苑得宰相，垂老不肯戴道冠，遂爲分宜〔二〕所擠；新鄭〔三〕屬華亭〔四〕求撰文不得，既登揆席，因修怨焉。薦紳先生幾莫能自重者。其時有陽明講學高弟，尚不能辭此席，特稍於其中寓諷諫，而時論已難之。南充陳文端公〔五〕以卻桂洲代草青詞之舉，見重一時。則先侍郎之甘心於遠出而皭然不滓，足與日月爭光也已。荆石〔六〕作墓誌，略叙其事，而明史失之。嗚呼！宋孫威敏公〔七〕不讀温成册，元吴文正公〔八〕不撰佛經序，史家皆以爲大節。誠以先侍郎視之，其何歉焉。

〔一〕夏言。

〔二〕嚴嵩。
〔三〕高拱。
〔四〕徐階。
〔五〕陳以勤。
〔六〕王錫爵。
〔七〕孫沔。
〔八〕吴澄。

嘗觀宋、元以前史臣多能闡人之生平，苟有可傳，必從而紀之。後世之人劣於古，而史又多所失落，豈好善者稀歟？晚年去位，時相蓋以爲椒山之黨也。夫不媚天子，其肯媚權門乎哉？吾聞笏之爲言忽也，古人所以書思而對命也，有所受於君則記之，有所指畫於君則用之。當時侍從諸公，寧有都俞之名言，要不過齋宫之謬語，依樣葫蘆，其登之魚須手版，適足爲辱，則夫先侍郎之笏，真中流之一壺矣。乃爲之銘曰：

嗟我孫子，惟先人是似。莫以躁進，而佞鮀貽刺。不見白雪，超然塵滓。縱復投閒，吾道自充。其究伊何？不過不作公。試看遺笏，有光熊熊。

第九洞天私印銘

圖經七十二福地稱爲「三十六洞天」，又别有「十大洞天」之目，而四明山居第九。四明二百八十峰，稱「洞天」者又有三焉：慈溪則大隱也，奉化則梨洲也，姚江則茭湖也可謂盛矣。然此特以神仙所居言之，至若標舉清勝，則以皮、陸所咏之「九題」著。而其爲皮、陸所不盡者，蓋非屐齒所能窮也。史忠定王爲諸生，嘗入雪竇，穿杖錫，求所謂「洞天」者不可得。既貴，退居湖上之竹洲，乃摹「洞天」之「九題」於湖上，累石穿雲而成之。孝皇御書「洞天」之額以榜焉，即所稱真隱道觀者也。忠定賦之最多。其時放翁輩所作「洞天」詩，皆指竹洲，於是城中亦有「洞天」之名。

先侍郎之投老也，心慕鹿亭、樊榭之勝，嘗築雙韭山房於大雷，蓋四明東七十峰之門户也。故以花乳石鐫私印曰「第九洞天」，學者稱爲「九山先生」。侍郎下世，是印歸於先宫詹之手。是時真隱遺址適爲宫詹所得，即所稱「平淡齋」者也。於是復題其闕曰「洞天行館」，蓋遠取忠定之遺，而近即以接侍郎之志。故是印也，宫詹尤珍惜焉。桑海之時雲擾，吾甲第圖籍，蕩爲冷風寒煙，所謂「雙韭山房」、「平淡齋」者，俱歸宿莽，而是印亦不知流落何所。康熙戊戌〔一〕，予初爲諸生，鄞之學宫有鋤地者，忽得石印一，銅印一。其石者即先侍郎之章；其銅者農丈人余公〔二〕之章也。土花斕斑，以其沈埋之久也，倍增古色，予乃購而得之。嗟乎！墮海之琴復還，是亦遭遇之奇也。

〔一〕康五七。

〔二〕余寅。

予讀四明諸志乘，其於「三洞天」之名不能舉其本末，至於「九題」之地，亦未深覈，而忠定之「洞天」，則竟略焉。談桑梓之舊聞者，不可謂無過。故因私印之歸，而爲之及其大略，以見是片石者，蓋不得僅以先人之手澤目之，而四明洞府之地望繫焉，湖上之故事存焉，詎不爲吾家之宗器也歟。城東大嵩石，亦印材也，乃取以爲是印之匣，而勒以銘，其詞曰：

片石之稜稜，四明山骨之所凴。歷劫歸來，以尋舊盟。寶兹世守，足比連城。

鮚埼亭集批注　外編卷十六

記一

慶曆五先生書院記〔一〕

有宋真、仁二宗之際，儒林之草昧也。當時濂、洛之徒方萌芽而未出，而睢陽戚氏在宋，泰山孫氏在齊，安定胡氏在吴〔二〕，相與講明正學，自拔於塵俗之中。亦會值賢者在朝，安陽韓忠獻公、高平范文正公、樂安歐陽文忠公〔三〕，皆卓然有見於道之大概，左提右挈。於是學校遍於四方，師儒之道以立。而李挺之〔四〕、邵古叟輩，共以經術和之，説者以爲濂、洛之前茅也。然此乃跨州連郡而後得此數人者以爲師表，其亦難矣。而吾鄉楊、杜五先生者，駢集於百里之間，可不謂極盛歟〔五〕。

〔一〕楊適大隱；杜醇石臺；樓郁西湖；王致鄞江；王説桃源，致姪。

〔二〕戚同文、孫復、胡瑗。

〔三〕韓琦、范仲淹、歐陽修。

〔四〕李之才。

〔五〕學案六。

夷考五先生，皆隱約草廬，不求聞達，而一時牧守來浙者，如范文正公、孫威敏公〔一〕皆摳衣請見，惟恐失之。最親近者則王文公〔二〕。乃若陳執中、賈昌朝二相，非能推賢下士者也，而亦知以五先生爲重。文公新法之行，大隱、石臺、鄞江已逝，西湖、桃源尚存，而不肯一出以就功名之會。年望彌高，陶成倍廣，數十年以後，吾鄉遂稱鄒、魯，邱、樊緼褐，化爲紳纓，其功爲何如哉。

〔一〕孫沔。

〔二〕王安石。

五先生之著述不傳於今，故其微言亦闕。雖然，排奸詆奄，讜論廩廩，豐清敏〔一〕之勁節也。急流勇退，蕖月蘋風，周銀青〔二〕之孤標也。再世蘭芽，陔南弗替，史冀公父子〔三〕之純孝也。史冀公簡爲鄞江先生高弟，事母最孝，實開越公之先。或謂其作吏用杖者，舊志之謬也。越公爲西湖先生高弟，再世與豐清敏公同門。嬰兒樂育，以姓爲字，陳將樂、俞順昌〔四〕之深仁也。陳攄、俞緯，其歷官之事略同，四明七觀載俞而遺陳，蓋漏也。殺虎之威同于驅鱷，姚夔州〔五〕之異政也。于公治獄，民自不冤，袁光禄〔六〕之神明也。一編麟經，以紹絶學，汪正奉〔七〕之豐滀也。汪正奉春秋實與孫明復齊名，容齋稱其豐滀不施，而近志妄謂其官閣學。金橘不知，蕭然詩葉，望春先生〔八〕之清貧也。即以有負門牆如舒信道〔九〕者，其人不足稱，而文辭終屬甬上名筆。則五先生之淵源可知矣。嗟乎！豈特一時之盛哉。

〔一〕豐稷。

〔二〕周鍔，師厚之子。

〔三〕史簡、史浩。

〔四〕陳攄、俞緯。府志廿作「偉」。

〔五〕姚孶，府志廿一，慈溪。

〔六〕袁轂，府志廿。

〔七〕汪洙，思温之父。經義考一八一，汪洙春秋訓傳，佚，元符中進士。乾隆府志作訓詁。

〔八〕望春，王該，學案六引寶慶四明志。説弟。

〔九〕舒亶，樓郁門人，附麗荆公。以上爲五先生之後學，借作陪襯。

故國綿綿，凡周之士奕世〔一〕，衣冠人物，歷久不替。終宋之代如樓，如黄，如豐，如陳，如袁，如汪，其出而揞拄吾鄉者，必此數家。高曾之規矩，燕及孫子，然後知君子之澤，雖十世而未艾也。

〔一〕詩大雅文王。

五先生之講堂皆已不存，即鄞江、桃源二席，亦非舊址。予乃爲别卜地於湖上而合署之。睢陽〔一〕學統，至近日而湯文正公〔二〕發其光，則夫薪火之傳，幸勿以世遠而替哉。

〔一〕戚同文。講學安徽壽州睢陽。學案三，范文正所出。
〔二〕湯斌。

大函焦先生書院記〔一〕

二程倡道洛中，浙人惟永嘉九先生得登堂，而餘皆私淑也。吾鄉則高憲敏公、童持之、趙庇民〔二〕皆在太學侍楊氏〔三〕，洛學之來甬上，自此始。暨南渡而山東焦先生以避地至，亦伊川門下也。憲敏輩以其所得共證明之，其所言多與楊氏合，於是日益請業，而吾鄉之洛學遂日盛。蓋嘗讀史忠定王集〔四〕，言先生以布衣入錢唐，聲稱滿朝，丞相趙豐公〔五〕方振洛學，已起用和靖，漢上諸老〔六〕，欲薦先生，力辭不可，豐公至尊禮之。已而先生來寓大函之麓，居人頗藉藉道先生家居必修容，雖見妻子不少惰，出與物接，動必中禮，後生輩多遠之，而習爲夷居之流者，甚且非笑之，而先生不顧也。已而漸有從之者，望之儼然，即之温然，則已心折。及詳叩其議論，則有大過人者，始皆願附講席，而信豐公之譽爲不虚。及先生殁，而弟子遵其禮法如先生無恙時。雖極貴顯者，其容止莊敬，衣冠端嚴，人之見之，不問皆知其爲先生弟子也。

〔一〕焦瑗。
〔二〕高閌、童大定、趙敦臨。
〔三〕楊時。
〔四〕史浩。
〔五〕趙鼎。
〔六〕尹焞、朱震。

吾聞沈簽判公〔一〕兄弟，先生之高弟也，其事先生，終日拱立，不以其學成有假借。先生之喪，心制三年無失禮。及簽判爲後進師，造次必稽孔、孟之言，是是非非，無所曲從，風裁甚峻，諸生畏而服之，蓋皆得之先生之教。而諸生奉簽判亦一如其所以事先生者，於是甬上之人益知以尊師爲先務。而簽判之子端憲〔二〕，卒爲大儒。

〔一〕沈銖。
〔二〕沈焕。

嗚呼！先生不應弓車之辟，投閒海澨，躬行實踐，亦不輕著書以啟爭端，斯真所謂有道君子，皜皜乎其不可尚矣。然考朱子所紀程門學者，雖以無所表見如唐、謝輩，莫不存其姓氏，而先生獨闕焉。甚至吾鄉志乘，亦不知寓賢中有是人也。豈識椎輪爲大輅之始，甬上乾、淳之盛，孰非先生所首導哉？吾觀大函之墟，其山嶒峵以秀，其水清越以長，固應爲高人所託足。自予得先生講堂，重爲修治，而學統攸歸，不得僅以遺世之洞天目之，而又東爲同谷，習庵、深寧、東發三公〔一〕之精舍也，前有輝後有光矣。

〔一〕陳塤、王應麟、黄震。

焦先生名瑗，公路其字。

長春書院記

楊文靖公〔一〕之在太學，吾鄉士人從之者多，而高氏兄弟五人與焉。所造之大，禮部侍郎、少師憲敏公〔二〕其渠也。吾讀憲敏春秋集注，其發明聖人褒貶義例，遠過於胡文定公〔三〕。至今説春秋者以爲大宗，其所集厚終禮，則朱子多采用之。是時有蔣處士季莊者〔四〕隱居慈水，力排王氏新學，獨窮遺經，不入城市。憲敏每積所疑如干條，則造訪之。季莊不輕與人相接，聞憲敏至，倒屣迎之，小廬促膝，竟夕不倦。憲敏告辭，則季莊送之數里而遥，論者交重之。是時秦氏當國，思陵〔五〕臨太學，憲敏講易之泰，五峰〔六〕疑焉，貽書非之。及秦梓守明州，求婚於憲敏不得，卒以見忤罷官，五峰始釋然。蓋大儒之砥礪名節，一步不苟，而憲敏之無媿良友，即其所以得統師門者也。

〔一〕楊時。
〔二〕高閌。
〔三〕胡安國。
〔四〕蔣季莊，見容齋三筆卷六。
〔五〕宋高宗。
〔六〕胡宏。

吾鄉學派導源慶曆諸公，至於伊、洛世系，則必自憲敏始。而憲敏爲司業，其時王氏之學雖替，然尚有如陳公輔輩，未能盡絶。憲敏以其師説日與諸生發明之，其有功於伊、洛，尤爲不淺。

高氏家居湖上，其去長春門不半里，故書院以之爲名。至宋末，而高氏子孫以爲功德道場，諸志中所稱長春觀者是也。及高氏子孫散處，無復居湖上者，觀又改而爲庵，佛火經幢，比丘相對，曾謂以憲敏之講堂，乃至於此！

嗟乎！高氏在宋世，衣冠最盛，疏寮〔一〕之詩筆，竹墅之圖畫，至今皆有傳者。然此特風流之鼓吹，尚在可有可無之列，憲敏之力肩正學，百世之師也。顧聽其蕪穢不治，則何忍矣。乃與同學諸公議，仍改爲書院，以奉憲敏之祀，而配之以季莊，庶幾諸生得爲講業之地焉。

〔一〕高似孫。

竹洲三先生書院記

竹洲在鄞西湖之南，蓋十洲之一。三先生者，沈端憲公暨其弟徵君季文，參之以金華呂忠公也〔一〕。史忠定王〔二〕歸老，御賜竹洲一曲，壽皇〔三〕爲書「四明洞天」之闕以題之，即所稱真隱觀者也。忠定最與端憲厚，故割宅以居之。而徵君亦授徒於忠定觀中，於是端憲兄弟並居湖上。其時忠公方爲吾鄉監倉，昕夕與端憲兄弟晤。顧公治在城東，還往爲勞。有船場官王季和者，忠公友也，曰：「是易耳。」乃以場木爲製船，每忠公興至，輒泛棹直抵湖上。端憲從水閣望見之，輒呼徵君曰：「大愚來矣。」相與出竢於岸上，或竟入講堂，討論終日，或同泛湖上。忠公爲詩以紀之，曰：「湖光拍天浮竹洲，隱然一面城之幽。中有高士披素裘，我欲從之恐淹留。探囊百金辦扁舟，又煩我友著意修。微風一動生波頭，飛棹來往倦則休。」是也。

〔一〕沈煥、沈炳、呂祖儉，學案七六。
〔二〕史浩。
〔三〕宋孝宗。

方端憲遊明招山中，忠公之兄成公〔一〕尚無恙，相與極辨古今，以求周覽博考之益。凡世變之推移，治道之體統，聖君賢相之經綸事業，孜孜講論，日益深廣，期於開物成務而後已。則夫忠公之來，所以商量舊學，而證明新得，當不知其若何，而惜乎無可考也。湖光宛然，斯人之履絇可作，吾將溯洄從之矣。

〔一〕呂祖謙。

端憲之父簽判〔一〕，故程門私淑弟子，端憲則受陸文達公〔二〕之傳，而徵君師文安〔三〕。蓋其兄弟分宗二陸，宋史竟以端憲系之文安門下，誤也。端憲尤睦於成公，及其家居，忠公又官於鄞，切磋倍篤，故沈氏之學，實兼得明招一派，而世罕知之者。夫以相府之巍峩，宸奎之焜燿，而後世之流連而不能自已者，乃在於三先生之隱約，是可知良貴之别有所在也。然忠定能以緑野之堂爲諸賢永朝夕，則書院之長存，即洞天之佳話矣。

〔一〕沈銖。
〔二〕陸九齡。
〔三〕陸九淵。

先宫詹公〔一〕之得竹洲也，擬爲端憲築書院而未成，其後竹洲屢易主，而後歸於予，乃遂事焉而記之。

〔一〕全天敘。

城南書院記

城南書院者，袁正獻公〔一〕之家塾也。「四先生」之講堂：慈湖書院建於宋，文參政本心〔二〕記之；廣平書院建於元，王尚書深寧〔三〕記之；正獻之書院亦建於宋，而其記不傳；惟沈端憲公〔四〕無專塾，明人始爲補立南山書院。五百年以來，三書院雖衰，尚有存者，而城南之址獨圮。予既遍舉先賢故跡，乃訪其地而復之。

〔一〕袁燮。
〔二〕文及翁。
〔三〕王應麟。
〔四〕沈焕。

四先生之中，長庚曉日，最光顯於暮年者，文元〔一〕與正獻也，而文元之教，不如正獻之密。蓋槐堂〔二〕論學之宗旨，以發明本心爲入門，而非其全力。正獻之言有曰：「學貴自得，心明則本立」，是其入門也；又曰：「深思而得之，兢業而守之」，是其全力也。槐堂弟子多守前説，以爲究竟。是以稍有所見，即以爲道在是，而一往蹈空，流於狂禪。以文元之齊明盛服，非禮不動，豈謂於操持之功有闕，而其教多以明心爲言。蓋有見於當時學者陷溺於功利，沈錮於詞章，極重難返之勢，必以提省爲要，故其説偏重，而不自知其疏。豈意諸弟子輩不善用之，反謂其師嘗大悟幾十，小悟幾十，泛濫洋溢，直如異端，而并文元之學而誣之，可爲浩歎者也。使其如正獻之教，寧有是乎。

〔一〕楊簡。
〔二〕陸九淵。

正獻之奉祠而歸，日從事於著書。或請少間，則曰：「吾以之爲笙鏞管磬，不知其勞。」其答文靖諸子書，惓惓以多識前言往行，豈非與建安之教相脗合乎？且夫有宋以來，大儒林立，其子弟能守其緒言者甚多，而再世並爲大儒，則不概見。蓋前惟武夷胡氏籍溪、致堂、五峯、茆堂，連枝接葉，以大文定之傳。其後惟袁氏實生正肅，冠冕一時。黄提刑東發最主閩學，至於正肅，以爲晚宋無先之者。則書院之建也，微特非袁氏之學統所得而私，抑豈吾鄉之學統所得私哉？

城南之址，蓋始於慶曆中正議樓公之講堂，當時學者稱爲城南先生。及正議遷居城内西湖，正獻之高祖光禄以高弟講學其地，遂世居焉。正獻三子，正肅遷居城内鑒橋，而其餘仍在城南，至今猶有存者。書院既成，即使袁氏後人司之。

碧沚楊文元公書院記〔一〕

淳熙四先生，而吾鄞得其三：沈端憲公〔二〕自其父簽判〔三〕已遷鄞，楊文元公則鄞産而遷慈者，實與袁正獻公〔四〕鼎立。四先生之門牆皆極盛，而文元最高年，故道尤廣，學宫中有自署慈湖肄業諸生者。暨其身後，慶元府學尚羣聚焉。

〔一〕楊簡。
〔二〕沈焕。
〔三〕沈銖。
〔四〕袁燮

先公嘗欲置書院於鄞，以復當年肄業之盛，且以志文元發祥之地。初擬在三江之口，文元之故宅也；顧其地囂，不如碧沚之清勝，文元暮年所開講也。

文元之學，先儒論之多矣，或疑發明本心，陸氏但以爲入門，而文元遂以爲究竟，故文元爲陸氏功臣，而失其傳者亦自之。愚以爲未盡然。夫論人之學，當觀其行，不徒以其言。

文元之齊明嚴恪，其生平踐履，蓋涑水、横渠一輩人，曰誠，曰明，曰孝弟，曰忠信，聖學之全，無以加矣。特以當時學者沈溺於章句之學，而不知所以自拔，故爲本心之説以提醒之。蓋誠欲導其迷途而使之悟，而非謂此一悟之外，更無餘事也。而不善學者乃憑此虚空之知覺，欲以浴沂風雩之天機，屏當一切。嗟乎！是豈文元之究竟哉？然則登斯堂也，能知文元所以立教之故，而弗誤用之，以貽儒苑之譏，則於學者有厚望焉。

文元之講學於碧沚，以史氏也。先是，史忠定王〔一〕館端憲於竹洲，又延文元於碧沚，袁正獻公時亦來預。湖上四橋，遊人如雲，而木鐸之聲相聞。忠定既逝，端憲、正獻亦下世。忠定之孫子仁〔二〕，不滿其叔彌遠所爲，退居湖上，復請文元講學，故其居碧沚也甚久。文元之對穆陵〔三〕曰：「臣平日所以教彌遠者不如此，彌遠之置其君如弈棋。」穆陵爲之失色。次日彌遠奏曰：「臣師素有心疾，乞放歸田。」此事行狀不敢載，故宋史亦失焉。

〔一〕史浩。
〔二〕史守之。
〔三〕宋理宗。

子仁受文元之教，終身不應召命。碧沚牙籤最富，文元因思修羣書以正邪説，未就而卒。嗚呼！文元之學統，非吾湖上所得私，而要其流風餘韻之在湖上者，則後人所當敬止也。竹洲在南，碧沚在北，其亦思宫牆之弗墜焉耳矣。

同谷三先生書院記

宋乾、淳以後〔一〕，學派分而爲三：朱學也，吕學也，陸學也。三家同時，皆不甚合，朱學以格物致知，陸學以明心，吕學則兼取其長，而又以中原文獻之統潤色之。門庭徑路雖别，要其歸宿於聖人則一也。

〔一〕乾道、淳熙，宋孝宗。

吾鄉前輩於三家之學，並有傳者。而陸學最先，楊、袁、舒、沈〔一〕，江右弟子莫之或京，楊、袁尤多昌明之功。顧其大弟子，自袁正肅公〔二〕而外，陳侍郎習庵〔三〕其最也。嗣是，則王尚書深寧獨得吕學之大宗〔四〕。或曰深寧之學得之王氏埜、徐氏鳳，王、徐得之西山真氏，實自詹公元善〔五〕之門。而又頗疑吕學未免和光同塵之失，則子之推爲吕氏世嫡也何歟？曰：深寧論學，蓋亦兼取諸家，然其綜羅文獻，實師法東萊，況深寧少師迂齋〔六〕，則固明招〔七〕之傳也〔八〕。朱學則巴陵楊氏〔九〕之傳，授之史公蒙卿，而黄提刑東發〔十〕又别得之遺書中。當是時，甬句學者鼎撑角立，雨戴笠，宵續燈，互相過從，以資攻錯，書帶之草，異苔同岑，其亦盛哉。

〔一〕楊簡、袁燮、舒璘、沈煥。

〔二〕袁甫。

〔三〕陳塤。

〔四〕參學案八一、八五引此。

〔五〕詹體仁，字元善。水心集十五有元善墓誌，初，後其舅張氏，故亦稱張體仁。又有詹儀之，字體仁，亦朱氏弟子，見學案七三。詹元吉見學案補遺六九。

〔六〕迂齋，樓昉，學案七三。

〔七〕明招，山名，在金華武義縣，吕東萊居此。

〔八〕參卷十九宋王尚書畫象記。

〔九〕「楊」爲「陽」之誤。陽岊，學案八七注。

〔十〕黄震。

城東之四十里，有同谷山，其麓有寶幢河，左枕大函，右股太白，水木明瑟，四明東道之絶勝也。習庵世居於此，而深寧先壟在焉，故其卒也，即葬於此。東發亦嘗避地其間，踰二百年而爲先侍郎〔一〕之賜塋，是以予家父子兄弟多讀書山中者。先世有草堂三：曰瞻雲館，曰來鶴莊，曰阿育王山房。今惟瞻雲無恙，先公嘗於其中翦紙爲三先生〔二〕神位，令予祀之。予因請改作三先生書院，配之以先侍郎，而以其餘爲學舍。古之學者必釋奠於其鄉之先師，予家父子之爲此，亦猶行古之道也。

〔一〕全元立。

〔二〕陳塤，學案七四；王應麟，學案八五；黄震，學案八六。

嗚呼！自科舉之學行，而吾鄉之佔畢咿唔者，不復知有高曾之規矩矣。空山野火，瓣香宛在，雖不能至，然心竊向往之。予讀清容居士集，習庵再世而後，不復居同谷，所謂觀聚堂、尊明亭諸址，已無可考，今山下陳氏，非其本支也。深寧神道亦蕪，讀遂初老人〔一〕之賦，可爲三歎。而東發寓亭之圮久矣，春木之芚，承學者其勉之哉。

〔一〕王厚孫，號遂初老人，有遂初稿卅卷，見貝瓊清江集卅所撰墓誌，洪武九年卒。

石坡書院記

慈湖〔一〕弟子遍於大江以南，宋史舉其都講爲融堂錢氏〔二〕。予嘗考之，特以其著述耳。若其最能昌明師門之緒者，莫如鄞之正肅袁公蒙齋、侍郎陳公習庵〔三〕，及慈之寶章桂公石坡〔四〕。顧袁、陳以名位著，而桂稍晦。今慈湖東山之麓，有石坡書院，即當年所講學也。

〔一〕楊簡，宋史四〇七。
〔二〕錢時。
〔三〕袁甫、陳塤。
〔四〕桂萬榮，慈溪人，字夢協，慶元二年進士。宋史無傳，學案七四。

桂氏自石坡以後，世守慈湖家法，明初尚有如容齋之敦朴，長史之深醇，古香之精博，文修之伉直〔一〕，聲聞不墜，至今六百餘年，猶有奉慈湖之祀，香火可爲遠矣。乾隆改元，其子姓謀重新書院，而先問記於予。石坡講學之語，皆本師說：曰明誠，曰孝弟，曰顔子四勿，曰曾子三省。其言朴質無華葉，蓋以躬行爲務，非徒從事於口耳，故其生平踐履，大類慈湖。宋史言慈湖簿富陽〔二〕，日講論語、孝經，民遂無訟。石坡尉餘干〔三〕，民之聞教者，恥爲不善。慈湖守温州，力行周官任卹之教，豪富爭勸勉。石坡在南康，感化驕軍，知以衛民爲務。慈湖以忤史氏〔四〕，累召不出；石坡方嚮用，力辭史氏之招，丐祠終老。方石坡之官平江也，朱侍郎任〔五〕知府事，征輸鹽課，急迫牽連，拘繫甚繁。石坡力言其無辜，爲請寬不得，乃挾行牀至獄中，願與所拘繫者同處，侍郎不得已，縱遣之〔六〕。論者以爲石坡不媿其師，而侍郎有慚其父。其所請絶虜、選將諸奏，俱名言也。嗚呼！慈湖之心學，苟非驗之躬行，誠無以審其實得焉與否。今觀石坡之造詣，有爲有守，豈非真儒也哉？

〔一〕桂同德，學案七四；桂彦良，宋學案九三，明史一三七；林瑔，學案七四；林宗儒，宋學案九三。
〔二〕富陽，浙江杭州府。
〔三〕餘干，江西饒州府。
〔四〕史彌遠，浩子，宋史四一四。
〔五〕「朱任」爲「朱在」之誤，熹子，故下云「有慚其父」，附宋史四二九熹傳。四朝聞見録乙集洛學條，言朱在趨媚時好。
〔六〕事見宋史翼廿二循吏傳引成化四明郡志，又見寧波府志廿一人物。

石坡晚年最稱耆壽，東浙推爲楊門碩果，並於蒙齋、習庵，蓋其道之尊如此，桂氏子孫勉之哉。慈湖之一綫寄於是堂，其勿替此家風也。

杜洲六先生書院記〔一〕

慈溪縣鳴鶴鄉者，杜洲童先生居易家焉。慈湖世嫡弟子，石坡桂氏〔二〕而外，即推童氏，累代不替，諸家學録中所未有也。書院之置，則先生之孫副尉金〔三〕始肇造之，而得朝命於其子桂，嘉興顧嵩之、吾鄞孫元蒙〔四〕俱來爲山長。其時甬上書院多設山長者，而以杜洲爲最盛，有先聖碑亭，有杏壇，有禮殿，有講堂，有六齋：曰志道，曰尚德，曰復禮，曰守約，曰慎獨，曰養浩。其中爲慈湖祠，旁爲六先生祠，有書庫，有祭器，門廊庖湢，纖悉畢備；有田租以資學者，蓋彷佛四大書院〔五〕之規制而爲之，其意良厚矣。

〔一〕童居易、童鍾、曹漢炎、黄震、嚴畏、童鋐。學案七四。

〔二〕桂萬榮。

〔三〕童金，字子丹，學案七四。

〔四〕孫元蒙，字正甫，滎陽外史集四二有行狀。

〔五〕嵩陽；嶽麓；睢陽；安徽壽州；白鹿洞。小學紺珠九制度。卷四十五有論四大書院帖子。

六先生者：首杜洲；次松簷，蓋杜洲子鍾也；次懋山曹山長漢炎，則杜洲之徒，最稱耆宿，曾掌慈湖書院者也；次東發黄提刑，則及與杜洲講道者也；次草堂嚴高士畏，亦杜洲之徒也；次聲伯，松簷弟鋐也。曹、黄、嚴三氏，其居皆在鳴鶴鄉中，當日聚處於講堂最多，故並祀之。嗚呼！鳴鶴鄉固虞氏之居也，都尉〔一〕呑三爻以紹孟氏之易，河間〔二〕穹天之論，皆出於此。而唐以後爲魚鹽斥鹵之區，風流已渺。自慈湖之教及之，杜洲一門，實爲首倡，而躬行君子，駢集其間，其後東發又挺生焉，何其盛也。

〔一〕虞翻，吴志十二，爲孫權騎都尉。夢吞三爻，見裴注引翻别傳。

〔二〕虞聳，翻子，爲河間太守。穹天論，見隋十九天文志，並宋書廿三、晉書十一天文志。

有明既輟山長之命，中葉以後始漸廢。今諸童衰甚，吾友鄭性謀復興之，而問記於予，是固墜緒之所當亟舉者也。雖然，慈湖之學宗陸，東發之學宗朱〔一〕，門户截然，故日鈔中頗不以心學爲是。由今考之，則東發蓋嘗預杜洲之講會，而其後别爲一家者也。夫門户之病，最足錮人。聖賢所重在實踐，不在詞説，故東發雖詆心學，而所上史館劄子，未嘗不服慈湖爲己之功。然則杜洲祠祭，其仍推東發者，蓋亦以爲他山之石，是可以見前輩之異而同也。彼其分軍别幟，徒曉曉於頰舌者，其無當於學也明矣。爰并附記之於末。

〔一〕學案八六。

翁洲書院記

應參政莙芷〔一〕由昌國遷鄞，其貴也，建翁洲書院於故居，以興起後進，穆陵〔二〕賜御書以榜之。元時以昌國爲州，書院置山長，參政之孫全軒〔三〕領之，因祀葦芷於中，而以其子蘭坡〔四〕附焉。其後又增祀全軒，詳見應奎翁碑記中。明時以倭難廢昌國隸定海，書院亦圮。今昌國復置縣，改定海曰鎮海，而以昌國稱定海，於是復立翁洲書院。奎翁曰：「翁洲爲海外諸番所觀聽，使爲彼之徒，推其尊禮仙佛之念，而知尊孔子之道；廓其求聞清淨寂滅之念，而返諸六籍之學，則其有補於聖教者，固非淺也。」奎翁之言至矣，予更何以益之。

〔一〕應繇。學案七三以傃爲繇弟。
〔二〕理宗。
〔三〕應翔孫，全軒，繇從子。
〔四〕應傃，蘭坡，四明叢書第五集序以傃爲繇叔。

但考穆陵之時，甬東書院實與翁洲並置，甬東出於安晚〔一〕，其與葦芷皆迂齋〔二〕之徒也，故二公並以文章名，全軒亦熟於典故。原夫書院之立，將使學者從事於其本，先立德而後立言，則昌國之先師，當更自葦芷而上之。吾聞宋開禧中徐都曹恭先者〔三〕，昌國人也，其任福建提舉勘定黃勇之難，所至莅事精勤而操守介潔，出其緒餘爲文詞，亦超出流輩。蓋都曹受業袁正獻公〔四〕之門爲高弟，蒙齋〔五〕昆友俱推服之，故其學爲有本。而同里有許布衣止齋〔六〕，受業楊文元公〔七〕，終身不仕，以孝義倡鄉閭，累徵不赴。然則昌國之先師，其當推二公也審矣。諸生幸生文明之世，誠能從事其本，如二公之得統於儒林，而又以應氏多聞多見之功潤色之，有德有言，且將升聖人之堂，寧僅爲海外之倡而已也。

〔一〕鄭清之。
〔二〕樓昉。
〔三〕徐愿。
〔四〕袁爕。
〔五〕袁甫。
〔六〕許孚。
〔七〕楊簡。

方徐、許二公之講學也，從者如雲，翁洲之東爲岱山，亦嘗置書院焉。今聖學之光被遍於海隅，日出莫不興起，吾知諸故跡之皆可復也。都曹名愿，布衣名孚。其時昌國儒者尚有朱進士介，魏布衣榘，皆爲楊、袁之學者，亦應得附祀。

甬東静清書院記

有元儒林世系：魯齋、白雲專主朱學，静修頗祖康節，草廬兼主文安，其足以輔翼二許者，吾鄉程敬叔兄弟〔一〕最醇。魯齋得之江漢趙氏，白雲得之仁山，而敬叔兄弟得之静清史先生〔二〕。先是吾鄉學者，楊、袁〔三〕之徒極盛。史氏之賢喆，如忠宣公、文靖公、獨善先生、和旨先生、鴻禧君、饒州君〔四〕，皆楊、袁門下傑然者也。

〔一〕程端禮、端學。

〔二〕史蒙卿，字景正，宋元學案八七。父肯之，祖彌鞏，浩曾姪孫，袁桷集廿八志其墓。

〔三〕楊簡、袁燮。

〔四〕史彌堅、彌忠、彌鞏、彌林、守之、定之。

静清爲獨善孫，始由巴陵楊氏〔一〕以溯朱學。當時隻輪孤翼，莫之應和。而黄提刑東發出焉，遂稍稍盛。朱學之行於吾鄉也，自静清始，其功大矣。江漢、仁山〔二〕皆已俎豆澤宫，而静清莫有擷溪毛以問之者，後死之於斯文，能無媿色。乃即甬東書院故址，特建静清栗主，而以敬叔兄弟附焉。其再傳之徒，如蔣敬之、樂仲本、鄭以道〔三〕輩亦附焉。

〔一〕「楊」爲「陽」之誤，陽岊，學案八七注。

〔二〕趙復，學案九十；金履祥，學案八二。

〔三〕蔣宗簡；樂良；鄭覺民，芳叔子：鄞志十三。

吾讀清容所作静清墓誌，於其易代大節，言之已悉，而學統所在，不甚了了。清容文士，其於儒苑突奥，宜其在所忽也。然清容言静清嘗與深寧説經，每好奇，以是多與深寧不合，則又可知静清雖宗主朱學，而其獨探微言，正非墨守集傳、章句、或問諸書以爲苟同者。正如東發亦宗朱學，而其於先後天圖説攻之甚力，蓋必如是而始爲碩儒。不善學者，但據一先生之言，窮老盡氣，不敢少異，而未嘗顧其心之安否，是爲有信而無疑，學問之道，未之有也。清容以爲好奇，是尤不知静清者也。

甬東獨善坊之有書院，始於鄭相國安晚〔一〕，以祀其師迂齋樓公〔二〕，且行鄉飲酒禮焉。其後爲栖心寺僧并其址，敬叔之父靖齋〔三〕，乃移之史氏所居之旁，而上祀先聖焉，詳見郭嘉所爲記。鄭氏之衰，鞠爲蔬圃，至是始訪而復之。予謂迂齋亦東萊〔四〕之門人也。然安晚之所以祀之者，特以文耳。先聖之像，明時已移入學宫，故主是院者，莫如静清，而於後堂仍祀迂齋，以無忘安晚尊師之舊也。

〔一〕鄭清之。
〔二〕樓昉。
〔三〕程立，見黄金華集卅三敬叔墓誌。

〔四〕吕祖謙。

澤山書院記

東發先生〔一〕本貫定海，其後徙於慈溪。晚年自官歸，復居定海靈緒鄉之澤山，榜其門曰「澤山行館」，其室曰「歸來之廬」。已而僑寓鄞之南湖，已而遷寓桓溪，自署杖錫山居士，已而又避地同谷。然先生殁後，其子孫多居澤山者，蓋先生慈溪舊宅在鳴鶴鄉之古窑，其去澤山甚近故也。澤山本名櫟山，先生始改名焉。元至正中，學者建澤山書院以祀之，其去行館十里，不久而燬。黄氏後人禮之復建焉，今廢矣。日鈔舊槧藏於院中，亦不復存。予謂當復行館之址，而以澤山書院名之，以從先生之舊。定海諸公皆以爲然，請予記之。

〔一〕黄震，學案八六，宋史四三八。

先生講堂在山南，望江阻海，環植松菊，最稱一方之勝。王翔龍詩所云「高風河影動，斜月竹身寒，潮海秋聲闊，山林客夢安」是也。然其爲定海重不在此。朱徽公之學統，累傳至雙峰、北溪〔一〕諸子，流入訓詁一派。迨至咸淳而後，北山、魯齋、仁山〔二〕起於婺，先生起於明，所造博大精深，徽公瓣香爲之重振。婺學出於長樂黄氏〔三〕，建安之心法所歸，其淵源固極盛，先生則獨得之遺籍，默識而冥搜，其功尤巨。試讀其日鈔諸經説，間或不盡主建安舊講，大抵求其心之所安而止，斯其所以爲功臣也。西山〔四〕爲建安大宗，先生獨深惜其晚節之玷，其嚴密如此。婺學由白雲以傳潛溪〔五〕諸公，以文章著，故倍發揚其師説。先生獨與其子弟唱歎於海隅，傳之者少，遂稍闇淡。

〔一〕饒魯，學案八三；陳淳，學案六八。

〔二〕何基，學案八二；王柏；金履祥。

〔三〕黄榦，學案六三。

〔四〕真德秀，學案八一。

〔五〕許謙，學案八二；宋濂。

予嘗謂婺中四先生〔一〕從祀，而獨遺東發，儒林之月旦有未當者，抑不獨從祀之典有闕。宋史儒林所作傳，本之剡源墓表〔二〕，其於先生之學無所發明，清容則但稱先生之清節〔三〕。嗚呼！聖人所以歎知德之鮮也。

〔一〕何、王、金、許，學案八二。

〔二〕此表不見剡源集。

〔三〕袁集卅三師友淵源録。

先生之祀於慈，在杜洲六先生書院中。其祀於鄞，則予所建同谷三先生書院中。澤山之祀，乃其專席，故詳其學之有功於聖門者。先生之子皆醇儒，當附表之。嗚呼！顏何人哉，希之則是。吾願過斯堂者，其勿自棄也。

横溪南山書院記

東錢湖之所自出爲横溪，金峩、大梅諸山臨之，四明南七十峰之門户也。明初黄孟清僉事〔一〕愛其地，因築南山書院以開講焉。學者稱僉事爲南山先生，蓋以此也。其後蛟川爲沈端憲公〔二〕置書院於崇邱，亦曰南山，故鄞人以横溪别之。

〔一〕黄潤玉，明史一六一，學案四十五。

〔二〕沈焕，宋學案七六。

先生之講學，敦朴而厚重，恪守前人之緒言。其時諸儒風氣，大率如此。河北則敬軒、三原〔一〕，江右則康齋〔二〕，制行持論皆相似。先生所尤推服者爲敬軒，而世亦多以敬軒與先生並舉。吾鄉之學，朱、陸二派並行，而明初如桂王傅清溪、烏高士春風、向獻縣遵博〔三〕，皆出寶峰趙氏〔四〕之傳，宗主慈湖先生，始爲朱學。蓋果齋、東發而後世嫡也。

〔一〕薛瑄，學案七；王恕，學案九。

〔二〕吴與弼，學案一。

〔三〕桂彦良，宋學案九三；烏本良，斯道兄；向朴，府志忠節，壽子。

〔四〕趙偕，字子永，慈溪人。宋學案九三。

然先生係吾鄉朱學大宗，而其經書補注多有不合。至於大學古本以及格物之義，則實開新建之先。以是知人心之各有所見，而所以爲朱學之羽翼者，正不在苟同也。吾嘗笑近世之自署爲朱學者，迂疏陳腐，但欲奉章句傳注而墨守之，不敢一字出於其外，以是爲弗畔。錮其神明，塞其知覺，而朱學反自此而晦。蓋舉博學、審問、慎思、明辨之功，一切廢之，朱學豈其然乎？曷亦觀或問、語録、文集之諄諄，蓋有甫越信宿而别多折衷者。故吾鄉朱學三家：宋則果齋、東發〔一〕，明則先生，宗朱而不盡合於朱。倘自今世之迂疏陳腐者觀之，殆將反以爲信道之不篤也已。先生生平涉歷之詳，具於其傳，予又嘗爲之序其遺集〔二〕，不復備録，但約其講學之大略記之。

〔一〕史蒙卿，學案八七；黄震，學案八六。
〔二〕卷廿四。

先生之後人今甚微，書院亦叢廢不治，予將爲重新之，而刻其著述之幸存者，庶吾鄉之學者，猶知有儒林之典型也。

城北鏡川書院記

楊文懿公鏡川〔一〕里第在城南。蓋鏡川者，仲夏諸流之所會也。書院何以在城北，則公子麟洲侍郎〔二〕，聞其父累疏乞休，故建此以待公之歸。公卒於京，不及開講其中，而吾鄉學人向嘗受業於公者，仍聚業於此，故其齋舍弗替。及明季而圮，又百年，而予表之。

〔一〕楊守陳。
〔二〕楊茂元。

明初甬上學派，首推黄僉事孟清〔一〕，而楊氏自文懿公大父栖芸先生〔二〕即與僉事講學，至公而始大。其學頗類吴草廬〔三〕，兼收朱、張、吕、陸〔四〕之長，不墨守一家。要其胸中精思深造，以求自得，不隨聲依響以爲苟同。至其所著諸經私鈔，吐棄先儒箋疏，則於草廬更過之。蓋公但質諸心之所安，固非好奇以眩俗也。然當洪、宣〔五〕以後，科舉之錮人已深，聞公之説，少可多怪。故王文恪公〔六〕之誄公曰：「聖亡經在，異説紛兮。阨秦造漢，離多門兮。商詩瞿易，授受親兮。黨同矜異，傳説真兮。遺言奥旨，不尚存兮。唐有啖、趙〔七〕，宋孫、石〔八〕兮。抱經剗傳，挺見特兮。逮乎伊、洛，義轉精兮。紫陽承之，集厥成兮。設科置學，爲世程兮。父傳子受，莫知其端兮。雖有異説，莫敢干兮。於文懿公，生已後兮。周、漢、唐、宋，得通究兮。聖經浩浩，如天淵兮。家鑽人淬，庶或全兮。瑰詞微義，日星陳兮。蹈常玩故，駭厥新兮。章甫資越，衆排斥而不信兮。不信何傷，益自珍兮。嗟我何知，乃得師兮。謂公自信，當弗疑兮。太羹玄酒，所貴希兮。豈不或過，志亦奇兮。後千萬年，來者誰兮？」文恪爲公門下，其詞如此，蓋亦非能深知公者，若泰泉則力詆之矣。嗚呼！何其固也。

〔一〕黄潤玉。

〔二〕楊範。

〔三〕吴澄。

〔四〕朱熹、張栻、吕祖謙、陸九淵。

〔五〕洪熙、宣德。

〔六〕王鏊。

〔七〕啖助、趙匡。

〔八〕孫復、石憝。

予後公生三百餘年，即公之家，求公之書，殘斷十九，僅得其毛詩、尚書、大學、中庸十數卷，慨然如得羽陽、未央之片瓦，因歎公之緒言，世無知者。南雷黄聘君〔一〕作學案稱極博，竟不爲公立傳。明史儒林，多取學案，故於公亦闕，良可惜也。

〔一〕黄宗羲。

公之雄文滿館閣，直節在講筵，清德垂里社，子弟禀承家學，俱爲名臣，不待予之多言，獨記其理學之大者。

槎湖書院記〔一〕

有明正、嘉之交，陽明、甘泉〔二〕之學盛行，二家雖微有不同，然其要歸則相近。學者不走姚江，即向增城，其中岸然不阿者：泰和羅文莊公、高陵吕文簡公、浚渠崔文敏公、甬川張文定公四人〔三〕。文定爲鄞産，尤姚江聲氣之所急，嘗苦口折難，而卒不肯少變其説。故當時鄞人自黄侍郎致齋、萬都督鹿園〔四〕外，鮮著録於姚江者，則文定實持之。

〔一〕張邦奇，甬上詩八，學案五二，卷廿七有跋養心亭經説。
〔二〕王守仁，學案十；湛若水，學案三七。
〔三〕羅欽順，學案四七；吕柟，學案八；崔銑，學案四八；張邦奇。
〔四〕黄宗明，學案十四，甬上詩十一；萬表，學案十五。

吾觀陽明之學，足以振章句訓詁之支離，不可謂非救弊之良藥也。然而漸遠漸失，遂有墮於狂禪而不返，無乃徒恃其虚空知覺，而寡躬行之定力耶？夫陽明之所重者行也，而其流弊乃相反，彼其所謂誠意者安在耶？蓋其所頓悟者原非真知，則一折而蕩然矣。是陽明之救弊，即其門人所以啟弊者也。文定以爲學必先知而後行，至行愈熟，則知愈精，原未嘗相離。而特不可謂行先於知，此其説最平。蓋陽明才高，容或其言失之偏者；而以言所養，則文定之沈沈者不可尚也。

嗚呼！吾鄉自宋、元以來號爲鄒、魯，予修舉諸先師故址，始於大隱、石臺〔一〕，訖於槎湖。説者以爲臯比已冷，帶草已枯，雖有好事，徒然而已，豈知當諸先師之灌灌也。吾鄉立德、立功、立言之士，出其中者蓋十之九，山川之鍾秀，隨乎儒苑，不可謂函丈之中無權也。

槎湖歿後，吾鄉之講堂漸替，而人物亦驟衰。隆、萬諸公，大半爲鄉衮所錮，黨論所排，富貴之溺人如此。然則世之以講學爲迂，而無預於實用者，弗之思耳。

〔一〕楊適、杜醇。

槎湖者，文定之故居也。在鄞之西，其去楊文懿公〔一〕鏡川，蓋不十里。

〔一〕楊守陳，甬上詩八。

甬上證人書院記

證人書院一席，蕺山先生〔一〕越中所開講也，吾鄉何以亦有之。蓋梨洲先生〔二〕以蕺山之徒，申其師説，其在吾鄉，從游者日就講，因亦以「證人」名之。書院在城西之管村，萬氏之別業也。

〔一〕劉宗周。

〔二〕黄宗羲。

先生當日講學，頗多疑議之者，雖平湖陸清獻公〔一〕尚不免。不知自明中葉以後，講學之風已爲極敝，高談性命，直入禪障，束書不觀，其稍平者則爲學究，皆無根之徒耳。先生始謂學必原本於經術，而後不爲蹈虛；必證明於史籍，而後足以應務：元元本本，可據可依。前此講堂錮疾，爲之一變。其論王、劉兩家，謂皆因時風衆勢以立教。陽明當建安格物之學大壞，無以救章句訓詁之支離，故以良知之説倡率一時。乃曾未百年，陽明之學亦復大壞，無以絶葱嶺異端之夾雜，故蕺山證人之教出焉。陽明聖門之狂，蕺山聖門之狷。其評至允，百世不可易也。

〔一〕陸隴其。

然先生之學極博，其於象緯圖數，無所不工，以至二氏之藏，亦披抉殆盡，淺學之徒，遂有妄詆以駁雜者。不知先生格物，務極其至，要其歸宿，一衷以聖人之旨，醇如也。夫學必於廣大之中求精微，倘以固陋之胸，自詡擊盡疵纇，何足道哉。平生流離顛沛，爲孤子，爲遺臣，始終一節，一飯不忘君父。晚年名德巋然，翹車所不能致，遂爲前代之完人。其爲躬行，又何歉焉。

先生講學於語溪，於海昌，於會稽，然嘗謂光明俊偉之士莫多於吾鄉，故著録之中有獨契。而吾鄉自隆、萬以後，人物稍衰，自先生之陶冶，遂大振。至今吾鄉後輩，其知從事於有本之學，蓋自先生導之。

萬君承勳〔一〕，先生之孫壻也，請予爲書院作記，謹述其大略以歸之。

〔一〕萬承勳，萬言之子，斯年孫。前集廿二有墓表。

鮚埼亭集批注　外編卷十七

記二

天一閣藏書記

南雷黄先生記天一閣書目，自數生平所見四庫，落落如置諸掌，予更何以益之。但是閣肇始於明嘉靖間，而閣中之書不自嘉靖始，固城西豐氏萬卷樓舊物也。豐氏爲清敏公〔一〕之裔，吾鄉南宋四姓之一〔二〕，而名德以豐爲最。清敏之子安常；安常子治，監倉揚州，死於金難，高宗錫以恩卹；治子誼，官吏部，以文名；誼子有俊，以講學與象山、慈湖最相善，亦官吏部；有俊子雲昭，官廣西經略；雲昭子稌、稌子昌傳，並以學行爲時師表；而雲昭羣從曰芑，曰蓰，皆有名。蓋萬卷樓之儲，實自元祐以來啟之。自吏部以後，遷居紹興。其後至庚，六遷居奉化。庚子茂，四遷居定海。茂孫寅初，明建文中官教諭。寅初子慶，眷念先疇，欲歸葬父於鄞，而歲久，其祖塋無知者，旁皇甬上。或告之曰：城西大卿橋以南紫清觀,吉地也。慶乃卜之,遇豐之革,私自喜曰:「符吾姓矣。」是日,適讀元延祐四明志云:「紫清觀者,宋豐尚書故園也。」慶大喜,即呈於官,請贖之,并爲訪觀中舊籍,得其附觀圃地三十餘畝,爲隣近所據者,盡清出之,遂葬其親,而以其餘治宅。慶喜三百年故居之無恙也,作十咏以志之,而於是元祐以來之圖書,由甬上而紹興,而奉化,而定海者,復歸甬上。慶官河南布政;慶子耘官教授;耘子熙官學士,即以諫「大禮」拜杖遣戍者也。豐氏自清敏後,代有聞人,故其聚書之多亦莫與比。迨熙子道生晚得心疾,潦倒於書淫墨癖之中,喪失其家殆盡。而樓上之書,凡宋槧與寫本,爲門生輩竊去者幾十之六。其後又遭大火,所存無幾。

〔一〕豐稷,北宋。

〔二〕史、鄭、樓、豐爲南宋四姓。

范侍郎欽素好購書,先時嘗從道生鈔書,且求其作藏書記。至是以其幸存之餘,歸於是閣。又稍從弇州互鈔以增益之。雖未能復豐氏之舊,然亦雄視浙東焉。

初,道生自以家有儲書,故謬作河圖石本、魯詩石本、大學石本,則以爲清敏得之秘府;謬作朝鮮尚書、日本尚書,則以爲慶得之譯館。貽笑儒林,欺罔後學,皆此數萬卷書爲之厲也。然則讀書而不善，反不如專己守陋之徒，尚可帖然相安於無事。吾每登是閣，披覽之餘，不禁重有感也。

吾聞侍郎二子方析産時，以爲書不可分，乃别出萬金，欲書者受書，否則受金。其次子欣然受金而去，今金已盡，而書尚存，其優劣何如也。自易代以來，亦稍有闕佚，然猶存其十之八，四方好事，時來借鈔。閩人林佶嘗見其目，而嫌其不博，不知是固豐氏之餘耳。且以吾所聞，林佶之博亦僅矣。臨川李侍郎穆堂云：吉人蓋曾見其同里連江陳氏書目，故爲此大言。

二老閣藏書記

太沖先生〔一〕最喜收書，其搜羅大江以南諸家殆遍。所得最多者，前則淡生堂祁氏，後則傳是樓徐氏〔二〕，然未及編次爲目也。垂老遭大水，卷軸盡壞，身後一火，失去大半。吾友鄭丈南溪〔三〕理而出之，其散亂者復整，其破損者復完，尚可得三萬卷。而如薛居正五代史，乃天壤間罕遇者，已失去，可惜也。

〔一〕黄宗羲。

〔二〕神道碑言，最後則鈔之傳是樓，是也。

〔三〕鄭性。

鄭氏自平子先生〔一〕以來，家藏亦及其半，南溪乃於所居之旁築二老閣以貯之。二老閣者，尊府君高州〔二〕之命也。高州以平子先生爲父，以太沖先生爲師，因念當年二老交契之厚也，遺言欲爲閣以並祀之。南溪自遊五嶽還，閣始成，因貯書於其下。

〔一〕鄭溱，性之祖。
〔二〕鄭梁，性之父。

予過之，再拜歎曰：太沖先生之書，非僅以誇博物、示多藏也。有明以來，學術大壞，談性命者迂疏無當，窮數學者詭誕不精，言淹雅者貽譏雜醜，攻文詞者不諳古今；自先生合理義象數名物而一之，又合理學氣節文章而一之，使學者曉然於九流百家之可以返于一貫。故先生之藏書，先生之學術所寄也。試歷觀先生之學案、經說、史録、文海，睢陽湯文正公以爲「如大禹導山導水，脈絡分明」〔一〕，良自不誣。末學不知，漫思疵瑕，所謂蚍蜉撼大樹者也。古人記藏書者，不過以蓄書不讀爲戒；而先生之語學者，謂當以書明心，不可玩物喪志，是則藏書之至教也。先生講學遍于大江之南，而瓣香所注莫如吾鄉。嘗歷數高弟，以爲陳夔獻、萬充宗、陳同亮〔二〕之經術，王文三、萬公擇〔三〕之名理，張旦復、董吴仲〔四〕

之躬行，萬季野〔五〕之史學，與高州之文章，惓惓不置。

〔一〕湯斌，語見前集十一神道碑。
〔二〕陳赤衷；萬斯大，行六；陳自舜，續甬詩九八。
〔三〕王之坪，續甬詩九八；萬斯選，行五。
〔四〕張汝翼，續甬詩九八；董允璘。
〔五〕萬斯同，行八，最少。

南溪登斯閣也，先生之薪火臨焉，平子先生以來之手澤在焉，是雖殘編斷簡，其尚在所珍惜也，況未見之書累累乎。昔者浦江鄭氏世奉潛溪之祀〔一〕，君子以爲美談。今後鄭猶先鄭也，而更能收拾其遺書，師傳家學，倍有光矣。書目既成，爰爲之記。

〔一〕鄭濂，明史二九六孝義傳，從弟渹，受業於宋濂。

藂書樓記〔一〕

揚州自古以來所稱聲色歌吹之區，其人不肯親書卷，而近日尤甚。吾友馬氏嶰谷、半查兄弟〔二〕，橫厲其間。其居之南有小玲瓏山館，園亭明瑟，而巋然高出者，藂書樓也〔三〕，迸疊十萬餘卷。予南北往還，道出此間，苟有宿留，未嘗不借其書。而嶰谷相見寒暄之外，必問近來得未見之書幾何？其有聞而未得者幾何？隨予所答，輒記其目，或借鈔，或轉購，窮年兀兀，不以爲疲。其得異書，則必出以示予。席上滿斟碧山朱氏銀槎〔四〕，侑以佳果，得予論定一語，即浮白相向。方予官於京師，從館中得見永樂大典萬册，驚喜，貽書告之。半查即來問寫人當得多少，其值若干，從臾予甚鋭。予甫爲鈔宋人周禮諸種，而遽罷官，歸途過之，則屬予鈔天一閣所藏遺籍。蓋其嗜書之篤如此。

〔一〕乾三戊午撰。前集卅二有叢書樓書目序，在此記後六年。

〔二〕馬曰琯、馬曰璐。

〔三〕耆獻類徵文藝十三有姚世鈺撰叢書樓銘，前集二十有姚薏田壙志銘。

〔四〕至正五年乙酉朱華玉造銀杯，見茶餘客話八，朱、王、施、宋皆有詩，又見雪橋詩話續集三之末。又輟耕録卅載浙西銀工之精於手藝者，有朱碧山，嘉興人。

百年以來，海内聚書之有名者，崑山徐氏、新城王氏、秀水朱氏其尤也。今以馬氏昆弟所有，幾幾過之。蓋諸老網羅之日，其去兵火未久，山巖石室，容有伏而未見者；至今日而文明日啟，編帙日出，特患遇之者非其好，或好之者無其力耳。馬氏昆弟有其力，投其好，值其時，斯其所以日廓也。

聚書之難，莫如讐校。嶰谷於樓上兩頭，各置一案，以丹鉛爲商榷，中宵風雨，互相引申，真如邢子才思誤書爲適者〔一〕。珠簾十里，簫鼓不至夜分不息，而雙鐙烱烱，時聞雒誦，樓下過者多竊笑之。以故其書精核，更無譌本。而架閣之沈沈者，遂盡收之腹中矣。

〔一〕邢邵，北齊三六、北史四三。顧千里集名思適齋。

半查語予，欲重編其書目，而稍附以所見，蓋仿昭德、直齋二家之例。予謂鄱陽馬氏之考經籍，專資二家而附益之。黄氏千頃樓書目〔一〕，亦屬明史藝文志底本。則是目也，得與石渠、天禄相津逮，不僅大江南北之文獻已也。馬氏昆弟其勉之矣。

〔一〕黄虞稷。

小山堂藏書記〔一〕

近日浙中聚書之富，必以仁和趙徵君谷林〔二〕爲最。予嘗稱之，以爲尊先人希弁〔三〕，當宋之季，接踵昭德，流風其未替耶？而吴君繡谷〔四〕以爲希弁遠矣，谷林太孺人朱氏，山陰襄敏尚書之女孫〔五〕，而祁氏甥也〔六〕，當其爲女子時，嘗追隨中表姑湘君輩，讀曠園書。既歸於趙，時時舉梅里書籤之盛，以勖諸子，故谷林兄弟藏書確有淵源，而世莫知也。予乃笑曰：「然則宅相之澤，亦可歷數世耶？何惑乎儒林之必遡其譜系耶。」繡谷曰：「然。」嗚呼！曠園之書，其精華歸於南雷，其奇零歸於石門〔七〕。南雷一火一水，其存者歸於鸛浦鄭氏〔八〕，而石門則摧毁殆盡矣。予過梅里，未嘗不歎風流之歇絶也。谷林以三十年之力，爬梳書庫，突起而與齊，不可謂之非健者已。谷林之聚書，其鑒别既精，而有弟辰垣〔九〕，好事一如其兄，有子誠夫〔十〕，好事甚於其父，每聞一異書，輒神飛色動，不致之不止。其所蓄書，聯茵接屋，凡書賈自苕上至，聞小山堂來取書，相戒無得留書過夕，恐如齊文襄之待祖珽也〔十一〕。每有所得，則致之太孺人，更番迭進，以爲嬉笑。嗚呼！白華之養，充以書帶之腴，是天倫之樂所稀也。

〔一〕參卷廿曠亭記及本卷祁氏遺書記。
〔二〕趙昱。
〔三〕趙希弁。
〔四〕吴焯。
〔五〕前集十九趙谷林誄，女曾孫。
〔六〕祁承㸁。
〔七〕吕留良。

〔八〕鄭性，慈溪縣鸛浦人，前集廿一，即本卷之二老閣。

〔九〕趙信。

〔十〕趙一清。

〔十一〕高澄；祖珽，北齊三九、北史四七。

予之初入京師也，家藏宋槧四明開慶、寶慶二志，蓋世間所絕無，而爲人所竊，歸於有力者之手。杭君堇浦聞之，爲告谷林，亟以兼金四十錠贖歸，乃鈔副墨以貽予。及予歸，谷林但取近年所得地志示予，其自明成化以前者，已及千種，而予家宋槧裒然首列，予不禁爲之憮然。谷林以予之登是堂也屢，堂中之書大半皆予所及見也，請爲之記，乃爲之題於堂之北墉。

雙韭山房藏書記

予家自先侍郎公〔一〕藏書，大半鈔之城西豐氏。其直永陵講筵，賜書亦多，所稱「阿育王山房藏本」者也。侍郎身後，書卷、法物、玩器，多歸於宗人公之手，以其爲長子也。先和州公〔二〕僅得其十之一，而宗人子孫最無聊，再傳後盡以遺書爲故紙，權其斤兩而賣之，雖先集亦與焉，遂蕩然無一存者。

〔一〕全元立。
〔二〕全少微。

先宫詹公〔一〕平淡齋亦多書，其諸孫各分而有之，遂難復集。和州春雲軒之書，一傳爲先應山公〔二〕，再傳爲先曾王父兄弟〔三〕，日積月累，幾復阿育王山房之舊。而國難作，盡室避之山中，藏書多，難挈以行，留貯里第，則爲營將所踞。方突入時，見有巨庫，以爲貨也，發視則皆古書，大怒，付之一炬，於是予家遂無書。難定，先贈公〔四〕授徒山中，稍稍以束脩之入購書。其力未能購者，或手鈔之。先君偕仲父〔五〕之少也，先贈公即以鈔書作字課。已而予能舉楮墨，先君亦課以鈔書。嘗謂予曰：「凡鈔書者，必不能以書名，吾家自侍郎公以來，無不能書，而今以鈔書荒速廢業矣。」予至今檢點手澤，未嘗不歎遺言之在耳也。但吾鄉諸世家，遭喪亂後，書籤無不散亡，祇范氏天一閣幸得無恙。而吾家以三世研田之力，得復擁五萬卷之儲胥，其亦幸矣。

〔一〕全天叙。
〔二〕全天授。
〔三〕全大和、全大程。
〔四〕全吾騏。

〔五〕全書、全馥。

雙韭山房者，亦先侍郎之别業，在大雷諸峰中，今已摧毁，而先贈公取以顔其齋者也。自予出遊，頗復鈔之諸藏書家，漸有增益。而於館中見永樂大典萬册，驚喜，欲於其中鈔所未見之書。吾友馬嶰谷、趙谷林皆許以貲爲助。所鈔僅數種，而予左降出館矣。昔鄭漁仲修通志，欲於館中借書，卒不果。良會之難，洵可惜也。即以十年來所接，其爲夢寐所需，而終以高價之莫副，付之雲煙之過眼者，不知其幾何也。爰輯目前所有之部居，而爲之記。

鈔永樂大典記

明成祖勅胡廣、解縉、王洪等纂修永樂大典，以姚廣孝監其事，始於元年之秋，成於六年之冬，計二萬二千七百七十七卷〔一〕，凡例、目録六十卷，冠以御製文序，定爲萬二千册。廣孝奉詔再爲之序。其時公車徵召之士，自纂修以至繕寫，幾三千人，緇流羽士，亦多預者。書成，選能詩古文詞及説書者二百人，充試吏部，拔其尤者三十人授官，其餘亦有注籍選人者。

〔一〕應云「二萬二千八百七十七卷」，參紫桃軒又綴。

方是書初上，詔名文獻大成，後改焉。孝宗最好讀書，召對廷臣之暇，即置是書案上。嘉靖四十一年，禁中失火，世宗亟命救出，此書幸未被焚。遂詔閣臣徐階照式樵鈔一部，當時書手一百八十〔一〕，每人日鈔三紙，一紙三十行，一行二十八字。至隆慶改元始畢。（下略）

〔一〕酌中志十八作「一百八名」。

春明行篋當書記

昔廣東鄭舍人湛若〔一〕有嗜古之癖，其生平所聚琴劍鑪鉢之屬，充棟接架，皆希世之珍也。然貧甚，時或絶糧，即以所有付之質庫，及不時有餘貲，又復贖之而歸，如此者不一而足，湛若皆爲文以記之，世所傳前當票序、後當票序者是也。予考六經三史之書，無有「當」字〔二〕，湛若所作，得無蹈夢得九日題詩之懼。然而爾雅釋詁以來，公羊子之齊語得登於經，而揚氏方言列之子部。文人翰墨所寄，即自我成典據，亦正無傷。（下略）

〔一〕鄺露。

〔二〕後漢書列傳六三劉虞傳有「典當」字。

小山堂祁氏遺書記

二林兄弟〔一〕聚書，其得之江南儲藏諸家者多矣，獨於祁氏淡生堂諸本，則別貯而弆之，不忘母氏之遺也。嗚呼！吾聞淡生堂書之初出也，其啟爭端多矣。初南雷黄公講學於石門，其時用晦父子〔二〕俱北面執經，已而以三千金求購淡生堂書，南雷亦以束脩之入參焉。交易既畢，用晦之使者中途竊南雷所取衛湜禮記集説、王偁〔三〕東都事略以去，則用晦所授意也。南雷大怒，絶其通門之籍。用晦亦遂反而操戈，而妄自託於建安〔四〕之徒，力攻新建〔五〕，并削去蕺山學案私淑，爲南雷也。近者，石門之學固已一敗塗地，然坊社學究尚有推奉之，謂足以接建安之統者，弟子之稱，狺狺於時文批尾之間。潦水則盡矣，而潭未清，時文之陷溺人心，一至於此。豈知其濫觴之始，特因淡生堂數種而起，是可爲一笑者也。然用晦所藉以購書之金，又不出自己，而出之同里吳君孟舉〔六〕。及購至，取其精者，以其餘歸之孟舉。於是孟舉亦與之絶。是用晦一舉而既廢師弟之經，又傷朋友之好，適成其爲市道之薄，亦何有於講學也。

〔一〕趙昱，谷林；趙信，意林。
〔二〕吕留良、吕葆中。

〔三〕應作「王稱」。
〔四〕朱熹。
〔五〕王守仁。
〔六〕吴之振。

今二林與予值承平之盛，海内儲藏畢出，衛湜、王偁之本，家各有之，二林亦能博求西陽之秘，可以豪矣。而獨惓惓母氏先河之愛，一往情深，珍若拱璧，何其厚也。夫因庭闈之孝而推而進之，以極其無窮之慕，其盡倫也，斯其爲真學者也。雖然，蓋寬饒落平恩侯之居，仰屋而歎曰：「是堂閲人多矣。」〔一〕祁氏之書，其飄零流轉，而幸而得歸於彌甥，以無忘其舊也，亦已悕矣。今幸得所歸，吾願二林子弟聰聽彝訓，世克守之讀之，使祁氏亦永有光焉。二林曰：「善，是吾母所欲言也。」於是乎書〔二〕。

〔一〕蓋寬饒，漢書七七。許伯，皇太子外祖，封平恩侯。新居落成，寬饒不賀。漢宣帝時人。
〔二〕超案：援庵在文後夾一鋼筆小條：「一、是不是黄弟子？二、反目是否爲購書？」

鮚埼亭集批注　外編卷十八

記三

高尚澤釣臺記

唐賀秘書〔一〕之故居，在吾鄞城南馬湖，故其地曰賀家灣。有池曰洗馬，以秘書族祖德仁故也。去馬湖不數里爲響巖，秘書之別墅。其澤曰高尚，蓋取明皇御賜詩句。澤之上，有秘書釣臺焉。城南之山水，皆屬東四明一帶，所磅礴無不奇者，至響巖益清越。蕙江九曲，澄碧無際，瀕江石壁，横厲如屏風，水北作聲，水南應之，嘹亮如石鐘，而寥天淡蕩，時見空中色相如佛影。巖下有洞，槎頭鯿之所聚，漁人終歲取之不竭，殆文選所云丙穴者也。江東産鯿之富，莫過於浦陽，顧其風味，遠遜是間數倍。巖上篔簹數萬，蔽天拂日，長有雲氣護之，又有鸕鷀千羣，往來沚中。而北巖則有頻伽飛鳴其間，此釣臺之大概也。當日秘書御風仙履，朝遊剡曲，暮宿石梁，浙東洞天，都歸嘯傲，是臺特遊息之一區耳，而其勝絶如此。

〔一〕賀知章。

環臺左右而居者爲葛氏，吾友巽亭〔一〕之祖宅也。山中更無庶姓，巽亭致疑於其家譜，言遠祖有官太尉者，實偕秘書居此，顧何以不見舊志。予考葛氏原籍潤州之丹陽，其居鄞始於宋慶曆中，贈都官郎中旺，實自處州之麗水來，則太尉之説非也。都官爲鄞江先生高弟〔二〕，以多學稱，隱居不出，故世遂以高尚澤稱高尚宅，屬之葛氏。都官之子度支〔三〕，暨度支之子主簿〔四〕，皆荆公爲作志。世德如此，何事遠稱太尉，以蹈沈約、魏收之失。巽亭曰：「然。吾固疑之，得子言而益信也。」予嘗遊桐廬江上，縱觀嚴公東西二臺，其地勢良寥廓，山高水長，令人興一絲九鼎之感。然是臺之秀，則別自有不可掩者，今葛氏收之筆牀茶竈之間，何其幸也。因語巽亭，令修復其故址，臺下別爲祠三間，祀秘書而配之以都官。予將棄人間事，來作祠下史，看山看竹，日哦詩佛影中，飢則啖青鯿以爲糧，雖萬户侯不易也。

〔一〕葛繩先。
〔二〕鄞江，王致。學案六鄞江下不載葛旺。
〔三〕葛源，荆公集九六。

〔四〕葛良嗣，荆公集九二。

紫清觀蓮花塘記

宋尚書豐清敏公〔一〕之故居在桓溪，既貴後在月湖，而其園在城西。清敏身後，築紫清觀以奉祀。元時豐氏他徙，其地爲人所侵。布政公〔二〕於明正統中自定海歸鄞，失其故居，卜之，遇「豐之革」，喜其與姓符，次日訪得紫清觀於城西，遂復先業，其事甚奇。崑山葉文莊公〔三〕登之水東日記，歷傳學士、考功父子〔四〕，中興甚盛。考功晚年以放蕩廢，家日落。其後建昌雖以甲第繼之，弗能振。於是豐氏遂衰，而紫清觀不可問。

〔一〕豐稷。

〔二〕豐慶。

〔三〕葉盛。

〔四〕豐熙、豐坊。

觀本附郭，繞觀三里皆曲塘，妙蓮彌漫水中，甲於四明，蓋猶豐氏之物也。嗚呼！人心畏暑，水面摇風，清敏所以折巨奸者，以咏蓮之詩著。則是蓮也，關乎元祐黨人之逸事，蓋比之指佞之草。而清敏又嘗領鄉郡，黄僉事、楊教授皆以清敏嘗知明州，而宋史無之，殆出於豐氏世譜，然當是領鄉郡。是即其甘棠也。七百年以來，光景長新，過斯塘者宛然巖巖諤諤之風裁，園雖亡，其人如在焉。古人之足爲蓮重者，茂叔之學統，清敏之風骨。茂叔之行藏非若清敏之時也，故茂叔之所寄託，其言渾然，而清敏則侃然。要所謂出淤泥而不染，其志同潔，其行同芳。

清敏之後，爲吾鄉四姓之渠，名德接踵。監倉、太平二公之忠節，吏部父子之講學，定城之吏治，至有明而爲布政、學士二公之直諫，俱不媿於花之君子，清敏之澤遠矣。今豐氏之子孫蕭寥衰替，蓋亦極盛之後難繼歟？荒郊斜日，遊人增感。然而清敏之蓮，非僅其子孫之所當護惜者也。理義以爲雨露，名節以爲風霜，瞻仰舊德，其必有肅容而至者矣。

董孝子墓柱記〔一〕

輿地碑目引祥符圖經云：「德安軍孝感縣北一百三十里，晉孝子董黯家焉。故後魏大統十六年改爲董城，有墓碑。然今慈溪亦有董孝子墓，徐浩所書碑碣尚存，當考。」按吾鄉孝子，乃漢人，事見會稽典録，而産德安者，乃晉人也。古今人物同姓名者極多，同姓名而同行者，惟此兩孝子爲然。但漢有兩王商，皆戚畹，則同姓名而同官；有兩京房，皆經師，則同姓名而同業，且又皆同時者。今兩孝子相去遠，不足奇也。獨是古今孝子亦多，獨此兩君者，一以董名鄉，一以董名城；一以慈名溪名縣，一以孝名縣；若有無弗同者，此則董氏之佳話也，乃爲題其墓柱之石。至孝子墓在鄞不在慈，徐浩碑在廟不在墓，圖經所志有誤者，蓋未及詳考耳。又按陳思寶刻叢編云：「德安之董城，乃董永也。」〔二〕更識之以備考。

〔一〕董黯。

〔二〕太平寰宇記瀛州河間縣董永冢，漢景帝時孝子，卒葬於此。

真隱觀洞天古跡記

四明舊志，由張津以至楊實，皆過於寥略，一切古跡闕而不備，予嘗思補爲輯沓，而萍梗南北，未遑也。客或問史忠定〔一〕真隱觀洞天之勝，因疏舊聞以答之。

〔一〕史浩。

史氏先世本居月湖上。忠定曾祖冀公爲明州吏，奉其母至孝，嘗揮金治具，挽舟遊湖中。而大吏者俗人也，聞之恚其不告，摧挫之。冀公坐是拂鬱以夭，其夫人葉氏，即守節訓子者也。見忠定葬五世祖招魂詞中。忠定之爲翰林學士也，嘗自署鄮峰真隱，高宗因御書以賜之。已而入相，丐閒，孝宗問曰：「師相真隱之區已告成乎？」對曰：「未也。」孝宗曰：「然則朕當成師相之志。」即賜月湖竹洲一曲，而詔臨安府以萬金爲治觀。瀕行，光宗在東宮，大書「四明洞天」四字贈之。先是，忠定嘗登四明山中，入雪竇，出杖錫，求所謂洞天故址不可得。至是因光宗之書，累石爲山，引泉爲池，取皮、陸四明九咏，彷佛其亭榭動植之形容而肖之。於是觀中遂有四明窻，鹿亭，樊榭，過雲，南、北潺湲洞，青櫺，鞠侯諸勝。觀之左建寶奎閣以貯兩宮御書，又建祠以祀四明山王及謝高士遺塵之像；又造划船於湖中，以修競渡故事；又割觀之右爲精舍，以居沈端憲公〔一〕；而湖上之以洞天稱，遂自此始。當是時，忠定以甘盤舊學，致政家居，冠蓋駢集。而觀中林泉極盛，忠定愛之甚：其鳩工也，有上梁文；其迎四明山王栗主及高士像也，有奉安文；其落成也，有銘；其爲划船也，有致語；其詩餘中爲觀作者凡數十首。而陸放翁來訪，爲賦四明洞天詩，忠定和之。其和鄭郎中輩賦九題者再，皆觀中之九題，而非四明山中真境也。樓攻媿詩曰「相家小有四明山」，謂洞天也。於是忠定仲子忠宣〔二〕於觀之西築宅衮繡坊，冢孫子仁〔三〕於觀之東築宅碧沚。而文靖〔四〕亦構别業於觀音寺址，皆邀寧宗御書之賜。湖上之勝，遂盡歸史氏。蓋史氏自嘉定以後，不爲清流所與〔五〕。而忠宣、子仁則雞羣之鶴，克守忠定家法，不以宗衮累其生平。慈湖、絜齋諸公過從不絶，而又重以端憲之精舍，故洞天爲之增色，終宋之世，爲遊人之勝塲。元時忠定裔孫朝甫欲修是觀，清容爲作募疏，未幾而究爲道院。其後改爲晏公廟，又改爲尚書陸公祠。

〔一〕沈煥。
〔二〕史彌堅。
〔三〕史守之。
〔四〕史彌忠，學案七四。
〔五〕史彌遠，浩子。

先宫詹之購斯地也，謂吾力豈足比忠定，然南雷「九題」之修，或庶幾焉。及平淡齋甫成而逝世，洞天遺躅，於是不可問矣。

水雲亭記

鄞西湖之柳汀，當宋嘉祐中，錢集賢公輔始建衆樂亭於中央，左右夾以長廊三十間。南渡後，莫尚書將又建逸老堂於亭南。未幾而魏王愷〔一〕至，又建涵虚館於亭北，遂爲十洲絶勝。嘉定以後，居人皆呼爲湖亭。元人取其地爲驛，於是逸老堂作南館，涵虚作北館，叛臣王積翁之徒立祠享祀，而湖上之風流盡矣。方氏據有慶元，幕寮劉仁本、邱楠皆儒者，始重爲點綴，復建逸老堂於東，衆樂亭於西。明初并南館入北館，移逸老堂與亭俱西，而以其東爲花圃，雖未能復柳汀之舊，然稍稍振起矣。

〔一〕孝宗次子。

先宫詹〔一〕居湖上，重修衆樂亭，相度於驛館之後，即以魏王當日遺址作四宜樓，一覽蒼茫，湖光盡在襟袖，其北與碧沚庵遥對。樓前深入水二十餘丈，去庵亦二十餘丈，有水雲亭空峙湖心，欲過此亭，必泛舟就之。過者皆賞其結構之奇，而其地所踞，更極日景斗樞之勝，不祗景物之移人，則知者尤希。凡吾鄉城中之水，皆自小江湖而來，逕長春門以匯西湖。而支流自大雷者，則自望京門而入，以一行「山河兩戒」之説考之，蓋亦四明西南兩地絡也。小江湖上諸山，其與大雷諸山之脈分道而下，磅礴綿延，直入城中。其在城外者，則會於長春、望京兩門之間，即豐氏紫清觀一帶也。其入城中者，正會於柳汀之北，故其氣象倍覺空濛浩渺，明瑟無際。而是亭適當之，左顧右眄，以攬其全。方丈之地，洞天東道七十峰如在目前。吾嘗謂李太守之鎮明山也，世皆知爲收拾城南巖壑之紐，而不知是亭之卜地，蓋亦有深意存焉，夫豈徒誇澄湖之清景，以慫詞客之遨遊者哉。

〔一〕全天叙。

吾聞宫詹之爲此也，監牧諸公率與薦紳先生來遊。環舟亭下，列酒罏茶具而燕集焉，蓋有錢集賢之遺風。百年以來，湖上遊蹤闃寂，而亭亦日以摧。舊有王忠烈公〔一〕「印月」二字題額，今亦不存。嗚呼！豈知昔人經營之慘淡也，爰記之。是時陸氏亦築會泉亭於岸西，然其地不如湖中之勝。

〔一〕王相。

胡梅磵藏書窖記〔一〕

南湖袁學士橋，清容之故居也，其東軒有石窖焉。予過而歎曰：「此梅磵藏書之所也！」宋之亡，四方遺老避地來慶元者多，而天台三宿儒預焉：其一爲舒閬風岳祥，其一爲先生，其一爲劉正仲莊孫，皆館袁氏。時奉化戴户部剡源〔二〕亦在，其與閬風、正仲和詩最富，而梅磵獨注通鑑。

〔一〕胡三省，學案八五。

〔二〕戴表元。

按梅磵之注通鑑凡三十年，其自記謂「寶祐丙辰既成進士，即從事於是書，爲廣注九十七卷、通論十篇。咸淳庚午從淮壖歸杭都，延平廖公見而韙之，禮致諸家，俾以授其子弟，爲著讎校通鑑凡例。廖薦之賈相，德祐乙亥從軍江上，言輒不用。既而軍潰，間道徒步歸里。丙子〔一〕避地浙之新昌，師從之，以孥免，失其書。亂定反室，復購得他本注之，訖乙酉〔二〕冬始克成編。」丙戌〔三〕，始作釋文辨誤。梅磵以甲申〔四〕至鄞，清容謂其「日手鈔定注。己丑〔五〕寇作，以書藏窖中得免」。當是時，深寧王公方作通鑑答問及通鑑地理釋，亦居南湖，而清容其弟子也。顧疑梅磵是書未嘗與深寧商榷，此其故不可曉，豈深寧方杜門，而梅磵亦未嘗以質之耶？要之，梅磵是書成於湖上，藏於湖上，足爲荷池竹墅之間增一掌故。而以帶水之間，兩宿儒之史學萃焉，薪傳未替，湖上之後進所當自勵也。先生所著江東十鑒、四城賦，清容比之賈誼、張衡，後世不可得而見，而是書則其畢生精力之所注。其初釋褐，嘗爲慈谿縣尉，爲郡守厲文翁〔六〕所劾去。及喪職後，居鄞久，愛甬上之土風，擬卜居焉。其時正仲亦欲留甬上，皆不果，而先生之孫世佐卒承遺志來卜居。則是窖也，不當但以寄公之蹤跡目之也。

〔一〕景炎元。
〔二〕至元廿二。
〔三〕至元廿三。
〔四〕至元廿一。
〔五〕至元廿六。
〔六〕厲文翁見齊東野語七卷七頁，學津本。

九靈先生山房記

姚水之東，慈水之西，有蜀山焉。其地兼明、越之勝，山之左有永樂寺，九靈先生〔一〕寓於此。九靈故浦江人，柳文肅之高弟也。明兵定浙東，九靈避地於吴中，依張氏。久之挈家浮海至膠州，欲投擴廓軍前，不得達，乃避地於昌樂。久之浮海至寧，定計隱於寧。初卜居於定海，繼卜居於東湖，尋卜居於花墅湖，其後遂止於寺，時洪武六年矣。又十年而被徵，太祖欲官之，九靈不可，忤旨下獄，明年暴卒。錢尚書受之〔二〕以爲自裁云。或曰九靈初家居，明兵入金華，大帥嘗以九靈入見太祖，相與論取天下之略，甚稱旨；而其後歸於淮張。淮張亡，始變姓名曰方雲林，避地於寺。天下既定，有使者至寧，過其寺，見九靈而異之。還朝，以所變姓名上薦，徵之至，則太祖猶識其爲九靈，欲大用之。會有譖之者，乃祇除工部主事。九靈意不樂，逃去。太祖大索得之，下獄，以鐵鋃鐺穿其項下骨，卒，火化其尸，年六十七。今其文集附録有祭雲林文。此説見黄存吾閑中録。以予考之，使九靈曾見太祖於金華初定之日，又曾奏對稱旨，則其時太祖方旁求，不應復聽九靈之還。即令太祖不甚物色，而潛溪諸公已侍太祖幕中，不應復聽九靈之還。況九靈之惓惓於麥秀黍離、殘山剩水者，其必不肯輕出明矣。九靈不肯屈身異代，則雖大用之，亦必不受。使其肯出，則工部之命亦未必逃。斯乃世俗流傳誣善之詞，小視九靈，而不足以盡當時之情事，不必深辨而自明者也〔三〕。九靈以不肯屈身而被縶，顧其死不甚明。使其出於自裁，固爲元畢命；即令以瘐死，亦爲元也。九靈之大節，不必果出於自裁，而要可信其爲元也。然則山房雖小，足以爲寺重，足以爲吾鄉重。予每過此，輒徘徊竟日不忍去，非徒以蜀山之勝也。

〔一〕戴良。
〔二〕錢謙益。
〔三〕學案八二。

嗚呼！古來喪亂，人才之盛，莫如季宋。不必有軍師國邑之人，即以下僚韋布，皆能礪不仕二姓之節。然此則宋人三百年來尊賢養士之報也。元之立國甚淺，崇儒之政無聞，而其亡也，一行傳中人物纍纍相望，是豈元之有以致之，抑亦宋人之流風善俗，歷五世而未斬，於以爲天地扶元氣歟？

九靈愛此寺之勝，思永其采薇采蕨之節而不克，豈知此寺之不朽，正以九靈耶？至九靈之别字爲雲林，則見於烏春草集，然未嘗變姓也。

海巢記〔一〕

殘元遺民，以文苑巨子而不屈節者，蓋多有之，而爲吾鄉之寄公者三人：九靈戴先生良，玉笥張先生憲〔二〕，暨丁先生鶴年也。戴寓於慈水；張寓於鄞；而丁卜居於定海，其所居在浹口，所稱海巢者也。

鶴年之來此也，以其從兄吉謨雅丁〔一〕官定海之故，由武昌徒步奉母而來。海氛未靖，鶴年轉徙島上，靡有定止。及難稍平，始爲浹口之巢，可謂窮矣。而宣光綸旅之望〔二〕，至老不衰，何其壯也。鶴年以朝不坐、燕不與之身，豈有故國故君之托寄。況又出自西域，非

〔一〕丁鶴年。

〔二〕四庫别集廿一有兩玉笥集，皆元人。一張憲，一鄧雅。

有中原華閥之系望，乃欲以藜牀皁帽，支持一代之星火〔三〕，其亦間世之豪傑也已。桐江一絲〔四〕，扶漢九鼎，然則洟口之巢，豈不爲殘元七廟之所維繫哉。明室大定，鶴年窮益甚，顧介亦益甚。雖饘粥之需，未嘗妄受，冬衣不能掩脛。嗚呼！陶泉明雖高，然尚不卻檀道濟、王弘之餽〔五〕，論者不敢以此遽爲泉明貶，蓋論人者於其大也。而鶴年之戛戛，則較泉明又過之矣。

〔一〕應作「吉雅謨丁」。
〔二〕宣重光見顧命，綸旅見左哀元。少康復夏故事。綸，邑名。
〔三〕洪武三年，元順帝崩於應昌，太子愛猷識理達臘，改元宣光。洪武十一年殂。
〔四〕嚴子陵桐江一釣絲也。
〔五〕檀道濟事只見南史七五陶傳，而宋書九三、晉書九四陶傳不載。宋本陶集有昭明太子撰陶傳，與南史大同，蓋假託昭明耳。

予來洟口，求得海巢而過之。驚濤落日，如聞於邑之聲，雖荒蕪之餘，猶令人感慨横生。梨洲黄氏論宋、元二季人物，以爲皆天地之元氣，顧一如陽之遏於陰而不得出，其聲爲雷，一如陰之遏於陽而不得入，其聲爲風〔一〕。晞髮、白石之吟，陽氣也。强壓於元，憤盈而無以自洩，未百年而高皇帝發其迅雷。丁、戴諸公之吟，陰氣也，臨以明之重陽，故不能爲雷，而如蠱之風，不久而散〔二〕。此亦梨洲就其身世而立言耳，君臣之義何所逃於天地之間，此耿耿不散者，孰爲陽，孰爲陰，其激怒旁魄，俱足爲雷；其哀唳凄愴，俱足爲風；不可以岐而視之。至於鶴年之詩，頡頏於馬伯庸、薩天錫、余廷心之間，則前輩之表章已多，尚其小焉者也。

〔一〕語見南雷續文案一謝皋羽年譜遊録注序。

〔二〕䷑艮上巽下，山下有風，蠱，君子以振民育德。

方國珍府第記

方國珍亂浙東，所據爲慶、台、温，而兼有紹興曹江之東境，以通明壩爲地限。其用刑甚嚴，犯其法者，以竹籠之投於江。明太祖招之，國珍約降而不奉朔，徘徊持兩端。及湯信公以師渡江，國珍逃竄入海，已而自歸。太祖不責前事，賞以千步廊百間。而國珍子亞關，舊嘗在金陵爲質子〔一〕，建言當築城於沿海以防倭。太祖詔下信公施行，於是始築定海等處十一城。定海城爲衛，而以大嵩、穿山、霩靍、翁山四城隸之。觀海城爲衛，而以龍山城隸之。昌國城爲衛，而以石浦、錢倉、爵溪三城隸之。皆以亞關之言也。國珍父子於元末羣雄爲首亂，鼠竊一十八年，真人出而爝火息，其罪甚巨。而吾鄉藩籬之固，則亦其父子實敞之，不可謂無功。其吾鄉府城，因元初隳天下城池而壞者〔二〕，雖築於納麟之手，而亦至方氏始完。不然嘉靖以後，王直、徐海之亂，荼毒更有不可言者矣。

〔一〕國珍之質子名完，見宋學士集四十國珍神道碑。「關」疑「闕」之譌。

〔二〕通鑑二五〇咸通元年胡注，言今浙東諸縣皆無城，獨剡縣有城，猶爲完壯。

國珍所居，即元時都元帥府也。宋時爲慶元府治，元人始改都府治，而移總管之治於東。歸附後爲寧波衛。又廓都府之後爲内衙，有甬道以通前，歸附後爲安遠驛。又取其右爲園，歸附後爲提舉司。又立萬户府於譙樓西，歸附後爲鎮撫司之獄。國珍三弟：其一爲右丞國璋，其一爲參政國瑛，其一爲行樞密國珉，故别建二府於鹽橋以居國璋，歸附後爲湯信公署，尋以賜萬指揮鍾，後爲屠侍郎第者也。建三府於問俗坊，以居國瑛，當史越王第宸奎閣之右，世所稱「史府菜園」者也，歸附後以賜李指揮齡，太祖命詹孟舉書「武鎮坊」以旌之，後爲張方伯第者也。建四府於五臺寺東南以居國珉，歸附後亦入官，後爲黄僉事第者也。易代以來，寧波衛已改爲巡道治，而所謂爲驛，爲司，爲獄皆廢，衹鹽橋屠侍郎第尚存，而張氏猶共傳「花廳」之名。

嗟夫！都府在宋時爲絶盛，有𡪙曰四明，有洞曰桃源，有臺曰百花，有軒曰叢碧，吴履齋諸公之所觴咏也，豈意其一變而爲桑海之場乎？然而隗囂故宫，見於杜工部之詩，而王惲亦嘗咏劉豫之書舍，則雖渺然小腆之陳跡，未嘗不可存之爲志乘之助也。

明初羣雄割裂，祇國珍以令終。既内附，有女適沐黔公子，在滇中。凡鄞人仕滇，如應布政履平輩，女敦鄉里之誼，還往若親戚。然則方氏之竊據也，所謂盗亦有道者耶？羣從弗戢，竟隕厥宗，悲夫！

鮚埼亭集批注　外編卷十九

記四

宋文憲公畫像記〔一〕

宋文憲公之學受之其鄉黄文獻公、柳文肅公、淵潁先生吴萊、凝默先生聞人夢吉四家之學〔二〕，並出於北山、魯齋、仁山、白雲之遞傳〔三〕，上溯勉齋〔四〕，以爲徽公世嫡。予嘗謂婺中之學至白雲，而所求於道者疑若稍淺。觀其所著，漸流於章句訓詁，未有深造自得之語，視仁山遠遜之，婺中學統之一變也。義烏〔五〕諸公師之，遂成文章之士，則再變也。至公而漸流於佞佛者流，則三變也。猶幸方文正公〔六〕爲公高弟，一振而有光於先河，幾幾乎可以復振徽公之緒。惜其以凶終，未見其止，而并不得其傳。雖然，吾讀文獻、文肅、淵潁及公之文，愛其醇雅不佻，粹然有儒者氣象，此則究其所得於經苑之墜言，不可誣也。

〔一〕宋濂，明史一二八，學案八二。

〔二〕黄溍、柳貫、吴萊、聞人夢吉。「凝默」當作「凝熙」，據宋元學案八二改。或言宋公有凝熙先生行狀，然不見宋學士集。
〔三〕何基、王柏、金履祥、許謙。此魯齋是王柏，與許衡同號同時，學案卷八二。
〔四〕黄榦。
〔五〕黄溍。
〔六〕方孝孺。

詞章雖君子之餘事，然而心氣由之以傳，雖欲粉飾而卒不可得。公以開國巨公，首唱有明三百年鐘吕之音，故尤有蒼渾肅穆之神，旁魄於行墨之間，其一代之元化，所以鼓吹休明者歟？予於故京兆胡丈鹿亭〔一〕寳墨齋得拜公像，蒼渾肅穆亦如之，乃益以信詞章之逼肖其人，而經術之足重也。

〔一〕胡德邁，卷七有神道碑。

嗚呼！公初膺高皇帝殊眷，儤直内廷，宫袍侍宴，至尊爲之强酒，至賦醉學士歌，可爲遭際之隆。及其晚年失契，萬里西行，垂老投竄於棧閣之間，亦已悲矣。君子所以致歎於永終之難也。

公之謚，賜於世宗之代〔一〕，諸家皆曰文憲，而是軸獨稱爲文穆，當以質之博物君子。

〔一〕明史本傳作正德中追謚，當是武宗。世宗是嘉靖。

薛文清公畫像記〔一〕

少讀敬軒先生傳，謂其膚清如水晶，五藏皆見，怪其相。雖然，先生以正學上紹前儒，豈必區區誇其賦形之異，以四十八表讚孔子，此緯候之陋也。近得先生畫像，淳古真龐，盎然有道之容，此先生學道以後氣象，豈徒後世所稱而已乎。

〔一〕薛瑄。

明初學統，遜志先生〔一〕起於南，曹學正〔二〕起於北，嗣之則吴聘君〔三〕起於南，先生起於北。三百年來，導山導水，必自四君子爲首。先生之學，非後世所敢議，顧崔公後渠〔四〕之言曰：「先生之佐大理，王振引之也，當時若辭而不受，豈不愈於抗而得禍歟。」于忠肅〔五〕之受害也，先生固爭之矣，若爭之不得而即去，豈不更偉歟。」劉公蕺山〔六〕之言曰：「易儲之役，先生時爲大理，何以不言。或曰時方轉餉貴州，猶可云位不在也。忠肅擬極刑，先生但謂天子新復辟，不宜誅戮，以傷和氣，請減爲斬，恐非心之所安也。」梁溪高忠憲公亦謂此不能爲先生解者，足見後人之可畏。

〔一〕方孝孺。

〔二〕曹端，明史二八二儒林傳。

〔三〕吴與弼。

〔四〕崔銑。

〔五〕于謙。

〔六〕劉宗周。

予謂平情而言，王振以三楊之言援先生入大理，推挽在密勿，先生不知也。既受命，三楊始告之，先生毅然不往謝，尋抗之而得禍，先生無尤也。易儲之役，先生既不在官，及歸，成事無可説者，良亦不得爲先生咎。惟于公之事，先生雖心不以爲然，而言之不力，此則未免怵於曹、石之凶威，而於道之分際有未盡。百世而後，先生復起，不能不謝以爲諍友也。

予觀先生性禀，蓋在善人有恒之間。其天資之粹美，誠善人矣。但善人不踐迹，而先生之按規就矩，苦身持力，尚從有恒入手。及其晚年，則造於君子。有明儒苑爲新建之學者，多詆譏先生；其排新建之學者，又過於崇奉先生，皆非中道。不揣檮昧，自以爲得先生之定論。蓋先生之得天者不如遜志，而所造則學正之流，若後渠、蕺山之責備，此後學所當警心者，豈得謂其苛哉。

抑先生之晚節，自有過於前人者：嘗聞臨川李閣學之説，以爲朱子每值去官，必致箋當路，惓惓宮祠，似未能忘情於禄廩，揆之於義，稍有未合。今觀先生之歸，石亨欲爲之請勅，即家塾敷教，足以自養。先生謂若欲謀養，則不必辭官，因援許魯齋之例不受。夫設教非宮祠之比，而先生不受，則高出於朱子矣，此則可以爲百世之師者也。

予既記遜志先生像，又記先生像，又記羅文毅公像，合爲一軸，懸之齋中，束帶陳其遺書而仰止之。

羅文毅公畫像記〔一〕

文毅公之自言曰：「予賦性剛，見有剛者，好之若飢渴之於飲食，不能自喻於口也。求之不可得，則尚友其人於古，相與論其世，如侍几杖而聆謦欬也，欷歔企羡，至爲泣下。或曰：『剛折而柔存』，此非知剛者也。天不剛乎？地不柔乎？天未嘗墜，而地有陷，非剛者存而柔者墮乎？山峙而水流，山剛而水柔，非剛者存而柔者去乎？毛髮附於頭顱，孰剛孰柔，頭顱存而毛髮落者，又何故乎？齒之以剛而折，剛之無本者也。故蘇氏之言曰：『士患不能剛耳，其折與否，天也，於剛乎何尤。』爲是言者，鄙夫之不能剛者也。」嗚呼！文毅之言，可以興起百世之頑懦者乎！

〔一〕羅倫。

予嘗博觀古人真能剛者，亦僅而遇之。宋大儒如晦翁、西山〔一〕，明儒如敬軒〔二〕，天下無間言。然晦翁卜得遯卦，遂不復上封事。夫封事當上則上之耳，不應計其休咎也。西山晚年再出，以和、扁譽時相，果本心之言耶？敬軒當于、王之死，亦不能力爭，無乃皆於剛之分際有歉耶？晦翁、敬軒猶不失潔身之義，西山則不無慚德矣〔三〕。末學小生豈敢妄議前儒，然已有先我而言之者，非創也。文毅之言可以興起百世之頑懦者乎？

〔一〕朱熹，宋學案四八；真德秀，宋學案八一。
〔二〕薛瑄，明學案七。
〔三〕參本集卅一題真西山集。

自講學之風盛，學者自負其身心性命之醇，而氣節其粗焉者也。夫「善養吾浩然之氣」，孟子之言也；「臨大節而不可奪」，孔子之言也。此不過儒夫借此以掩其趨利避害之情狀，其流弊至於無君無父而不可挽，非細故也。文毅一鳴輒斥，雖蒙賜環，匆匆遽去，未得展其正色立朝之量，君子惜之。今相去三百年矣，百鍊之金，芒寒骨重，猶巖巖浮動於目中，欷歔企羡，不異伏謁於几杖謦欬之前也。

唐陳拾遺畫像記〔一〕

蜀人自古多文章，漢之司馬相如、王褒、揚雄，皆蜀人也。文章之衰，至六朝而已極，唐初未有以變之，而首思復古者陳拾遺，亦蜀人也。太白遡詩之流變，則推拾遺之高蹈，昌黎亦稱其善鳴。終唐之世，必以復古之功歸之。先河之祭，拾遺之所就亦偉矣。雖然，以拾遺之才，自足千古，何以不自愛惜，呈身武后之朝，貢諛無所不至。丈夫之文，婦人之行，可爲浩歎。垂拱四傑〔二〕與拾遺生同時，其文則所謂時風衆勢之文也，拾遺則所謂古學也。義烏一檄，爲唐室中興之先聲，擬之博浪沙之椎，足以震報韓之膽。予嘗謂東漢以後無文章，諸葛公出師表足以當之；六朝無文章，淵明止酒諸詩及韓顯宗答劉裕書〔三〕足以當之，而歸去來辭尚非其最；唐初無文章，義烏之檄足以當之：皆天地之元氣，而不以其文之風調論也。拾遺雖有高蹈之文，如其穢筆何〔四〕。且拾遺以此自結於武后，不特用之不甚達，抑亦終不免於禍。悲夫！以此知降志辱身之終無益也。

〔一〕陳子昂，舊一九〇中、新一〇七。
〔二〕王勃、楊炯、盧照鄰、駱賓王。垂拱，武后年號。
〔三〕韓延之書見宋書二本紀、魏書卅八本傳、南史一本紀、北史二七本傳、晉書卅七司馬休之傳。
〔四〕陳伯玉集七有大周受命頌，英華八二二載子昂大崇福觀記，稱武士彠爲太祖皇帝。

予於同里竹湖陳氏得見拾遺之像，清腴軼俗，不問而知爲俊人。歎其才之高而一失足成千古恨也，酹以一樽而記之。

宋王尚書畫像記〔一〕

往者太原閻丈百詩〔二〕篤嗜深寧先生之著述，三屬人入鄞求先生之行狀、神道碑、墓誌，欲附之卷尾，又求其畫像，欲摹之卷首，而皆不可得。先生孫枝在鄞者零落，其在紹之上虞者，亦不知其盛與否也。予罷官歸，同學葛君巽亭〔三〕爲予言，榆莢邨王氏有先生像，亟喜，往請而觀之。亡宋遺民所云咸淳人物面目，當時已等之彝鼎，況大儒如先生乎？

〔一〕王應麟，宋史四三八。
〔二〕閻若璩。
〔三〕葛繩先。

先生之學，私淑東萊而兼綜建安、江右、永嘉之傳〔一〕，予於同谷三先生書院記〔二〕言之詳矣。生平大節，自擬於司空圖、韓偓之間，良無所媿。顧所當發明者有二：其一則宋史之書法也〔三〕。先生於德祐之末，拜疏出關，此與曾淵子輩之潛竄者不同。先生既不與軍師之任，國事已去，而所言不用，不去何待？必俟元師入城，親見百官署名降表之辱乎？試觀先生在兩制時，晨夕所草詞命，猶思挽既涣之人心，讀之令人淚下，則先生非肯恝然而去者。今與淵子輩同書曰「遁」，妄矣。其一則明儒所議先生入元曾爲山長一節也。先生應元人山長之請，史傳、家傳、志乘諸傳皆無之，不知其何所出。然即令曾應之，則山長非命官，無所屈也。箕子且應武王之訪，而況山長乎？予謂先生之拜疏而歸，蓋與馬丞相碧梧〔四〕同科，即爲山長，亦與家參政〔五〕之教授同科，而先生之大節如青天白日，不可揜也。嗚呼！先生困學記聞〔六〕中有取於姚弋仲、王猛之徒，與楊盛之不改晉朔，并謝靈運臨難之詩，其亦悲矣〔七〕。而謂士不以秦賤，經不以秦亡，俗不以秦壞〔八〕，何其壯也。詈李德林之以事周者事隋〔九〕，更足爲興王用人之戒。

〔一〕學案八五。
〔二〕卷十六。

〔三〕宋史四七瀛國公紀，德祐元年十一月甲午，權禮部尚書王應麟遁。甲午，廿八日也。
〔四〕馬廷鸞。
〔五〕家鉉翁。
〔六〕「記」爲「紀」之譌。
〔七〕卷十三。
〔八〕卷一。深寧序桃源世譜亦有此數語。
〔九〕卷廿。應云「以事齊者事周」。

今觀先生之像，鬚眉惆悵，端居不樂，其當杜門謝客之際乎？惜不令百詩見之也。

馬端肅公畫像記〔一〕

正德中，流寇擾大河南北。過焦泌陽閣學〔二〕家，大掠，取其衣冠披之樹而斫之曰：「吾恨不得斬此人以謝天下。」獨相戒勿犯馬端肅家。嗚呼！端肅立朝風節，能使潢池之徒，亦復敬而愛之，其真大臣也耶？夫泌陽固佞幸，然亦尚不至如古奸臣之流毒天下者，而遂干盜賊之公憤，求殺其人而不得，至洩怒於其衣冠，此鄭公之笏之反也。則端肅之令人遐思於百世者，雖丹青之面目未必盡肖，能不穆然而再拜耶！世之爲大臣者，尚其思之。

〔一〕馬文升。
〔二〕焦芳，明史三〇六閹黨傳。

楊忠愍公畫像記〔一〕

宛、洛之間有二楊：其一爲槲山先生〔二〕，其一爲忠愍，皆以氣節著，世以爲其學道之功也。雖然，吾觀忠愍之氣節，得於天者多，而學道之功尚未密。使其學道果密，則不作「風吹枷鎖滿城香」之詩矣，其視臣罪當誅者何如？此謝顯道所云「矜字未去」者也。忠愍之生平，豈末學所能議，然此亦爲人臣者所當知，不可以前哲而曲護之也。

〔一〕楊繼盛，明史二〇九。
〔二〕楊爵，學案九，明史二〇九。

忠愍畫像，予見之董太守復齋家，雙眉插鬢，雙眸微有高下，雙顴隆起，諒哉其氣節之雄也！

豐學士畫像記〔一〕

甬上學統，肇開於慶曆五先生。時則豐清敏公受業於正議樓公，而桃源之友也〔二〕。

再盛於淳熙四先生。時則豐制使公宅之〔三〕，於楊、袁雖稍晚出，而同講學於朱、陸之間者也。及明嘉靖中，張文定公〔四〕論學，頗矯新建、增城之偏，時則豐學士公，其同心也。世知甬上四大姓，重圭累衮，豐氏與其一，而不知三百年之學統，綿綿延延，豐氏必參其間，嗚呼盛矣！

〔一〕豐熙。
〔二〕豐稷、樓郁、王説。
〔三〕豐有俊。
〔四〕張邦奇。

學士之宗旨，以居敬爲要，故其别署曰一齋，殆有見於後來儒者之必趨於狂禪，而思所以障之歟？至世所傳石經河圖、石經魯詩、石經大學、外國本尚書，皆出自學士子考功〔一〕所僞撰，上溯之清敏諸公，以至學士，謬託名焉。不知者或遂以爲學士之著述，罪其侮經，而反没其躬行之實。諸家論明儒，皆不及學士，豈知其深造自得之實也。議禮一案，司馬公、程子之論亦不盡足以折歐陽氏。然學士諸君不欲負孝宗，則固司馬公、程子之心也。永嘉輩借此以倖進，則固非歐陽之比也。

〔一〕豐坊。

豐氏之子孫微矣，予少時過紫清觀，猶及見學士之像，今亡矣夫，忽見之胡京兆鹿亭齋中，特記之。

沈文恭公畫像記〔一〕

康熙己未之開史局也，秉筆諸公欲痛抑沈文恭公，以爲亡國之禍由於黨部，黨部之禍始自文恭。時吾里中預史事萬徵君管邨頗平反之，以爲由其後而言，一變而爲崔、魏，再變而爲温、薛、楊、陳，三變而爲馬、阮，清流屏盡，載胥及溺，而温則文恭之門下也，東林諸子所以尤憾文恭。然此乃流極之運，未可盡歸之一人。蓋黨部之起，長洲、太倉〔二〕已先發難。太倉最黠，長洲次之，文恭不若太倉之巧而深於長洲。至其擠歸德〔三〕，逐江夏〔四〕，文恭之謗遂在長洲、太倉之上。若溯其原，豈自文恭始乎？管邨之説，蓋亦天下之公言，非有私於鄉曲。然是夕也，管邨夢有珥貂搢笏藍袍，投刺稱謝者，則文恭也，覺而異之。已而管邨出宰五河，得罪放還，病廢於家，忘其夢矣。一日策杖偶過沈氏，問其後人曰：「聞先太師畫像最多，願得觀之。」其後人曰：「諾。」因以篋至，其中可五六十幅，皆文恭待漏、承恩諸圖。管邨隨手拈得一幅，珥貂搢笏藍袍，疇昔夢中所見者也。管邨爲之愕然，因以語之先君，共爲太息。

〔一〕沈一貫，明史二一八。
〔二〕申時行、王錫爵，均明史二一八。
〔三〕沈鯉，明史二一七。
〔四〕郭正域，明史二二六。

嗟乎！枋臣當國，不畏天下之清議，而身後不能不惓惓於此，何見事之晚乎？無他，生前炙手之熱，已成縛虎之勢，前推後挽，不復自由，蓋旦晝斧斤之梏亡也。身後遊魂，冰山澌滅，千秋史筆，足以怵之，蓋夜氣之清明也。夫至於既死，而夜氣始悟，而已莫可逭矣。世之有鑒於此者，其急提醒及時之夜氣，而無待於既死之乞靈焉，庶乎其可也。適有以文恭小影至者，因記其語於後。

張督師畫像記〔一〕

吾鄉傳張督師畫像者頗多，其遺集卷首亦有之，而神氣骨相各不同。先伯母自黄巖歸，予以叩之，則曰：「無一肖者。嘗聞先公於甲辰錢唐獄中曾寫一像，當有存者，汝曷訪之。」予乃貽書訪之萬九沙先輩，而九沙曰：「有之。」因摹寄焉。先伯母曰：「是已。」予遂取姚江黄先生之志，楊徵士遴之記，及吴農祥傳讀於旁。先伯母曰：「惟吴傳舛戾，無可信者。然吾所記軼事，雖耄忘十九，尚有足以補黄、楊之闕，汝其識之。

〔一〕張煌言，前集九，續甬詩十三。

「先公生平不執宿見。畫江之役，閩中以詔書至，張公國維、熊公汝霖謂不宜開讀以阻軍氣；朱公大典、錢公肅樂恐啟爭端，相持未下。當時庶僚疏論此事者，李侍郎長祥與先公右張，而楊侍御文瓚右朱。先公即出揭力排楊〔一〕，由是相爲水火。及議遣大臣入閩，先公方以翰林兼行人，請得輔行，以折閩人之詰難。已而楊之兄弟、娣姒一門死義，先公在海上貽書汝諸祖，以爲媿良友，寄三詩弔之，今其牘尚有存也。舟山之陷也，張名振初聞大兵三道並出，自以習熟形勢，謂蛟關天險，不可旦夕下，乃悉其鋭師奉王，揚聲趨松江，以牽舟山之勢。是時先公亦爲所拉，同在行間。不料蕩吴失守，以火攻死。一夕昏霧，大兵畢渡，名振已抵上海，聞變遽還，則不及矣。謂其輕出則可，謂其奉王以逃則誤也。是時名振老母、愛弟、妻子俱在城中，卒以一門殉。使其逃，則何不盡室而行乎？甲午〔二〕，名振邀先公入長江，誠意伯劉孔昭亦同行。或言孔昭先朝巨奸，豈可與共事。先公曰：『孔昭之亂南都，擢髮不足罄其罪。然當趙之龍輩迎降恐後，獨全軍出海，則尚有可録者。今託同仇之義以來，疾之已甚，恐其爲馬士英之續也。』聞者韙焉。乙未〔三〕，名振病卒，遺令以部卒來屬，先公麾下始盛。鄭氏遣人來通好。先公言監國乾侯之辱，鄭氏修唐藩頒詔之隙也；然鄭氏不肯負唐，吾又豈敢負魯，故雖與鄭氏合從而終爲魯。鄭氏亦諒先公之誠也，以公誼相重焉。是時鄖陽山寨有所謂『十三家軍』者。滇事之急，先公嘗遣吴職方祖錫往説之，令出兵撓楚以救滇而不克。壬寅〔四〕而後，先公貽書汝諸祖，以事不可爲，欲散其軍。然日復一日，以王在也。直至甲辰〔五〕王薨，而後決計入山，故采薇之吟自此而始。先公有從弟從軍海上，入山以後不知所終。聞有冒其名至錢唐者，爲諸遺民所詰而去。」

先伯母之所傳如此。是時年八十矣，牙齒俱脱，懸畫像於房，喃喃然且泣且語，每語又於邑，聞者皆泣下，而督師之鬚眉亦浮動紙上。予時年十八，據觚而聽，聽已即記之，然其文草草未就也。未幾先伯母返黄巖，踰年而卒。雍正己酉〔一〕，始重爲詮次而記之畫像之首。

〔一〕卷十楊氏四忠雙烈合狀曾有此句語。

〔二〕順十一。

〔三〕順十二。

〔四〕康元。

〔五〕康三。

〔一〕雍七。

歐公記王彦章畫像，多正舊五代史之謬者。予文雖劣，亦不爲無補也。

鮚埼亭集批注　外編卷二十

記五

張相國寓生居記〔一〕

前閣部華亭張公鯢淵之在翁洲也，築寓生居於其廨舍之右，蓋故參戎之圃也。其曰「寓生」，取本草續斷之字寓木也。公嘗自爲之記，以爲「予生世寡諧，而姓名時爲人指，以故不能爲有用之用，如楩楠栝柏之大顯於時；而又不能爲無用之用，如臃腫拳曲之詭覆其短。以故戴鰲三傾，擎曦再昃，朝宁之上起風波，予因爲溝斷；師旅之餘蹈湯火，予因爲槎泛。斯時但幸死之得所而已，遑知尚有苟延之日。而既適然遇之，則亦適然寓之，以爲壺公之壺，巢父之巢。若夫死不徒死，生非苟生。如茲木之佐俞、扁而起膏肓，則竊有志焉，而非此記所能概也」。蓋公之自序如此。

〔一〕張肯堂，前集十。

嗚呼！公之爲此記也，其言寒暑再易而圃始成，則在己丑之歲乎？先是思文已亡，監國方在閩中，公播蕩於翁洲，以此寫其無聊。迨翁洲爲行在，公以首揆入直，遷居民舍，而以圃居王。公之遊息於此，亦無多時，雖欲以是居爲止水而不克。吾聞公遷居之後，有雪交亭，左右舊植，一梅一梨，其花開相接，最爲公所賞玩，因築草亭焉。及其死，在是亭也。亭之外多茶，多黄楊，多竹，而尤多秋色。陶甘霖、宋菊齋〔一〕、先贈公〔二〕皆嘗以詩與公相酬。今所謂寓生居者，復爲鎮將之圃，曲池危石，依然無恙，而無能道公之舊者。至於雪交亭之名，黄都御史梨洲〔三〕愛之，嘗以署其亭於姚江，高兵部檗庵〔四〕亦愛之，嘗以署其亭於鄞，故其佳話尚傳播於浙東好事之口。又聞公孫茂滋難後歸華亭，揭寓生之題以題其廬，不忘祖也。茂滋死，無後，予以問諸華亭之人，亦無能道其舊者。

〔一〕宋龍。
〔二〕全吾騏。
〔三〕黄宗羲。
〔四〕高宇泰。

嗚呼！以平世之宰相，易代而後，東閣猶或化爲馬廄，而況如公者乎？予之爲此記也，以補翁洲之掌故，使圖經有考焉。

囊雲先生雲樹記〔一〕

周先生既築草瓢於小盤谷，題曰囊雲。一日，於懸厓間得奇木，取以爲養和，其自爲之記曰：「斸囊雲，斬去峰腰，叢緑突露，枵然空心，三面圍，一面可容人入立坐。其膚理半如螺黛，如大佛頂，又如口大開，高不盈丈，抱之須人三手臂。予甚異之，恐其露立而不免爲樵者薪也，移入屋底。雪竇住持石奇見之，呼以『雲樹』，而題以詩。」

〔一〕周齊曾，續甬詩廿五。

囊雲歿後，「雲樹」流轉至桓溪，李丈東門〔二〕移致其家。歲久稍有蠹蝕，前此樹中盡勒諸公所賦詩及先生記，而今漫漶不可識。予令東門之子世法重爲修整，其下奠以巨架，而更爲之記。或曰世無不朽之物，況囊雲之塵視世界也久矣，其何有兹樹之存亡，而子惓惓以之。予曰然然否否，囊雲非塵視世界者也。初囊雲之於小盤谷結茆也，石奇之方丈近焉，欲授以法。囊雲每一歸家，必入其令人之室。石奇聞曰：「是殆塵根未斷耶？」乃止。世之愚者，妄以此爲囊雲惜。嗚呼！人知囊雲之披緇爲有託而逃，豈知囊雲之辭鉢，亦有託而逃乎？前此之有託而逃，欲長留君臣之義於天地間；後此之有託而逃，欲長留父子夫婦之義於天地間；所以相成也。此其説，在姚江黄氏爲囊雲墓誌，同里高樞部檗庵爲囊雲集序，已大闡明之。

〔一〕李暾，杲堂子。

而予更有申其説者。釋氏塵視世界之説，其末流適足以資其滅絶人道之行，而肆然行之而無忌。即以石奇言，不自以爲有道之僧乎？石奇與陸大行文虎〔一〕交，文虎結雪瓢於山中，石奇爲之奔走先後其間，不遺餘力。文虎死，而石奇遂蹊其田。蓋其不知君臣、父子、夫婦之義，亦安能知朋友之義。囊雲之望望然不屑列於此輩之伴侣也，君臣之義正焉，父子、夫婦之義正焉，即朋友之義亦於此正焉，此則前輩所尚未及者也。

〔一〕陸符。

至囊雲之足令人追思於百世，固不以「雲樹」，然而見「雲樹」如侍囊雲，賢者之手澤，其孰敢以弁髦視之。小盤谷之北有所謂「翰林松」者，明戴洵之遺也。其人亦無甚足稱，猶且以之傳其松，而況囊雲乎？李氏其實之矣。

枝隱軒記〔一〕

城西浮石，明尚書周文穆公〔二〕之居也。文穆羣從子孫多賢，故當易代之際，爭求完節，以不媿世臣。而枝隱軒者，思南知府元懋德林所搆也。思南嗜酒，其庋軒中者皆酒器，大小疊迸，不可數也。軒外平疇所種者皆秫也。軒旁有厨有庫，顧無長物，所列者則罌瓶之屬也。思南不問室家事，賓客至，先通名，其所問者，客之能飲與否也。客云能，則又問之，謂其得久留此間飲與否也。數日之間，或不得伴，則遣人招之；或以事辭，則親往强之；或不遇，則窮之於所往；終不得，則四出别求其人；必不得，則樵者、牧者、漁者，皆執而飲之。所執之人醉，猶以爲未足，則呼雲而酹之，其觴政然也。午夜思飲，猝無共者，則或童或婢皆飲之；童婢或不能飲，則强以大斗澆之；猶以爲未足，則呼月而酹之，其日之餘也。然有招之飲者皆不赴，或以酒過其軒，則又必問其人爲何人，而後入之。

〔一〕周元懋，前集廿七，續甬詩十六。

〔二〕周應賓。

自丙戌以後五年，其醉鄉之日月也。一日，坐軒中，忽大嘔血，笑云：「此吾從麴車醞釀而成之神膏也，非病也。」嘔不止，飲亦不止，隨飲隨嘔，此其所以死也。死之日，有父老入哭於軒，不知其爲何許人也。其哭云：「人固有以不良死者，有以良死者，夫夫也，其在良與不良之間者也。」或問之，則曰：「吾於文穆之家得三人焉：江都君〔一〕以不良死者也；囊雲〔二〕以良死者也；夫夫也，江干之破，自投於水，浮沈一里有餘，而爲人救之，守之不得遂其志，欲從江都君而不得者也。旋聞其入鸛頂山中，翦髮爲頭陀矣。顧以爲不得溺於水，當溺於酒。山中得酒甚難，乃返軒中日飲，卒以溺於酒而死，欲從囊雲而不得者也。不死於水而死於酒，是非不良死也。然其死於酒，猶之死於水，非良死也。孔子謂殷有三仁，周氏之三人，猶此志也。」江都君者，乙酉殉難忠臣志畏也。囊雲者，故香山知縣齊曾也。或曰思南所最喜與飲爲軒中老伴者，尚有二人：其一爲茂材昌時乘六，棄明經而不就；其一爲元辰世臣，亦諸生而自放者，皆其同志也。

〔一〕周志畏。

〔二〕周齊曾。

思南卒後九十餘年，同里全生過是軒而記之，溯酒人，傷節士也。

余生生借鑑樓記〔一〕

鄞之西湖，以賀秘監〔二〕嘗游息於此，故有小鑑湖之目。借鑑樓者，故錦衣青神余君生生之寓寮也。生生爲太保尚書肅敏公〔三〕之後，以尚書恩世襲錦衣，其自蜀〔四〕而徙燕，非一世矣。

〔一〕余峇，峇，古文「本」字。參卷十二陸雪樵傳，續甬詩五七。

〔二〕賀知章，新唐一九六，詔賜鏡湖剡川西。

〔三〕余子俊。

〔四〕青神縣屬眉州。

生生以明經起，思由甲科進取，故錦衣之官雖上而未任。已而國亡，謀結勳衛子弟兵以殺流賊，不克，逃之江南，參人軍事，又不濟，始來鄞〔一〕。其時鄞之世家子弟喪職者多，乃相與悲歌叱咤，更唱迭和，無虛日。僦居湖上，有七子詩社〔二〕，詳見予所作諸公志序中〔三〕。而生生最長，社中奉爲祭酒。嘗曰：「吾敢謂此間樂不思蜀耶？」爰署其居曰借鑑樓。

〔一〕類徵隱逸十九言余先生號鈍庵，著有增益軒詩草。

〔二〕西湖七子見續甬詩五四、五五、五六、五七。

〔三〕陸宇燝披雲，卷六，續甬詩五四；宗誼正庵，卷六，續甬詩五五；陸崑雪樵，卷十二，續甬詩五七；范兆芝香谷，卷六，續甬詩五七；董劍鍔曉山，卷六，續甬詩五六；葉謙天益，卷六，續甬詩五七。

諸公在湖上者，陸披雲有觀日堂，宗正庵有南軒，陸雪樵有歲寒館，生生之樓皆與相望。詩箋往復，昕夕旁午，蓋居樓中者二十年。一日，偶題其集曰：「四明余⿱大吅」，先大父贈公見而笑曰：「是所謂久假而不歸者歟？」生生始而長吁，繼而涕泗闌干。晚年尤困，以其女適姚江，挈其孺人往依之。然猶戒諸公封固是樓，無毁傷其薪木。一歲之中必三四至，則啟是樓而居之。嘗曰：「吾雖死，猶當作湖上寓公，或與諸公相遇於淒風寒月之下。」聞其言者莫不悲之。

嗚呼！古之志士，當星移物換之際，往往棄墳墓，離鄉井，章皇異地以死，以寄其無聊之感。方其倀倀何之，魂離魄散，鶺鴒之翮，欲集還翔，滿目皆殘山剩水之恫，更有何心求所謂清勝之處而居之。然而賢者所止，必無俗景物，遂使筆牀茶竈，永爲是邦之佳話。吾鄞城郭之秀，湖上爲最，湖上之秀，七橋以西爲最。是樓也，適當煙雲平遠之區，空濛綿渺，宜乎生生之歷二十年而不舍也。

方子留湖樓記〔一〕

桐城方先生子留者，名授，一字季子，吾鄞西湖寓公也。子留以乙酉之變，棄諸生，薙髮，狂走方外。其來鄞也以丁亥，旅蕭寺，求甬上志節之士而友之，未得，詫曰：「是非鄒、魯之邦耶？」或引而見之華公嘿農，王公石雁，陸公周明、春明兄弟〔二〕，則大喜。因遍交范公香谷、宗公正庵〔三〕之徒，曰：「是真方君友也。」相與慷慨謀天下事。至其不可意者，高閣其剌不報。

〔一〕方授，續甬詩五八。

〔二〕華夏、王家勤、陸宇燝、陸宇爆。

〔三〕范兆芝、宗誼。

是年冬，「五君子」難作，嘿農、石雁爲之魁，香谷亦幾死。子留本參其事，幸得漏綱，顧反有度遼將軍、西州豪士之恨，遂傾囊盡周諸公之急。尋與周明輩爲詩社，因寓其族孫雪樵〔一〕之湖樓。居久之，或謂之曰：「足下有老母，乃遠客耶？」子留瞿然遽歸。歸而江北山寨未靖，子留復豫之，捕入牢獄，以此盡破其家。

壬辰復遊鄞，仍寓陸氏之湖樓。子留不堪挫折，自其蒙難，嘔血數斗，遂病，神氣日削，不可療。周明兄弟思裒資爲買田，令奉母來鄞，即以湖樓居之。時子留之婦翁同知寧波府事，不知者以爲其因此而來，而不知非也。

〔一〕陸崑，應云族子。

癸巳，子留自天門山往石浦，蓋有探於海上之消息，疾動竟不起。春明爲馳赴殮，而迎其柩以歸。湖上之詩人，以子留罷詩會者期年，且相與哭之曰：「嗚呼子留！丁亥、戊子之間，一宜死；英、霍之間，再宜死；嘔血於家，三宜死。其不死也，謂天殆生之，以存義熙之人物，而竟不免於客死耶？」子留詩文集共一卷，董丈曉山〔一〕序之，附其櫬以歸。

〔一〕董劍鍔。

予年十三，侍先公，過陸氏，指湖樓謂予曰：「此方先生哦詩處也。」嗚呼！當明盛時，湖上之亭榭多遊人所棲息，而獨是樓與余錦衣〔一〕借鑑樓皆出於亡國之後，說者以爲故國之星火所由繫焉。故其人已死，而不敢以寄公之逆旅目之。是則雪汀、竹嶼所與終古長留者也。

〔一〕余崙。

不波航記〔一〕

陸周明先生兄弟有屋數楹，附近賀秘書〔二〕祠下，真隱觀、湖心寺俱當其前，衆樂亭峙其左，碧沚斜映其後。樓之旁有橋，橋之旁有栅，湖水入焉〔三〕。登樓一眺，湖之勝可盡也，其名曰不波航。

〔一〕陸宇爀，續甬詩廿七，康二卒，婿萬斯大。卷六有墓碑，南雷文六有墓誌。不波航之名，曾見卷八先王父神道闕銘。

〔二〕賀知章。

〔三〕鄞城西之月湖。

考是航爲宋澄清亭址，先生尊人大廷尉公〔一〕始築涵虚閣，而先生兄弟廣之。周明自江上歸，姚江王侍郎〔二〕懸首城西門，周明篡取以歸，藏之密室〔三〕。每逢寒食重九，輒招邀同志祭之航中，放聲慟哭，哭畢各有詩記之，雖家人莫知其誰祭也。張尚書之死〔四〕，周明已卒，春明〔五〕之設祭，亦必於是航焉。其素往來是航者，持禁甚嚴，稍涉山、王之嫌者〔六〕，輒被拒，祇高武選隱學、王太常水功、宗徵君正庵、董隱君曉山、葉隱君天益、范公子香谷及先生族子雪樵、吾家諸祖木翁、葦翁，而桐城方爾止、華亭宋菊齋、成都余生生爲寓公，其時唱和最多〔七〕。周順德囊雲〔八〕矢不入城，然每遥和其作。三寓公既散，李徵君昭武、朱隱君柳堂與先贈公〔九〕亦屢集其中。

〔一〕陸世科。
〔二〕王翊，卷四有墓碑，順八卒。
〔三〕參卷五江漢墓碑。
〔四〕張煌言，前集九，康三卒。
〔五〕陸宇爆，卷六。
〔六〕山濤、王戎，竹林七賢之一，皆見晉書四三。文選廿一顔延年五君詠，只有阮籍、嵇康、劉伶、阮咸、向秀，山、王以貴顯被黜。
〔七〕高宇泰，前集十四；王玉書，續甬詩廿六；宗誼，卷六；董劍鍔，卷六；葉謙，卷六；范兆芝，卷六；陸崑，卷十二；全美樟，卷八；全美閑，卷八；方文；宋龍，卷十二；余咨，見前。
〔八〕周齊曾，卷廿五。
〔九〕李文纘，前集十四；朱鈛，續甬詩六二；全吾騏，卷八。

嗚呼！是航雖小，謝臯羽之西臺也，邏舟之所不過，中流之所不移，甲乙丙之所不諱〔一〕，滄桑搶攘之際，是航之所維者大矣。

〔一〕「邏舟」、「中流」三句皆見西臺慟哭記。稱與友人甲乙若丙，諱其名也。下文「朱鳥」亦見慟哭記。

自耆老相繼凋喪，昔年詩筒所集，化爲酒罏，輿夫皁隸喧呶其下，湖光亦爲之黯然，豈知當日固朱鳥之所集乎？周明先生子經異乞予爲記，逡巡未作，而經異亦化爲異物矣。適輯湖上藁書，爲踐此諾，百年而後，更不須張孟兼輩之考索也〔一〕。

〔一〕張孟兼，名丁，以字行。明史二八五文苑傳附趙壎傳。有白石山房逸稿二卷，四庫別集類廿二。曾預修元史。宋遺民録六有孟兼撰唐珏傳。遜志齋集廿一有張孟兼傳。宋學士集九有張兼字辭。孟兼曾注西臺慟哭記，黄梨洲復注之，以爲孟兼所考「甲乙若丙」之人，都無確據也。

端溪講院先師祠記

古人釋奠之禮，必於其是邦之先師；或是邦無其人，則必合於隣近之國以祀之。三代以來之制，莫有易也。端溪講院爲大府育才之地，而向未置先師祠，爲禮典之大漏。予主席議舉此禮，高要令蜀人劉君攝通守事，通守故專司講院之事者也。劉君以經術起家名進士，其人醖籍有理致，不以予言爲非，亟成之，肅治栗主入祠，予得帥諸弟子習禮焉。其中祀朱子，其傍則粤東之先師，共一十有六人。諸弟子或問曰：「粤東之先師止於此乎？」

曰：「不止於此，然而不能以遍及也，吾拔其尤者而已矣。」曰：「宋、元豈無人乎？」曰：「有之，梁先生觀國，遊於致堂之門者也，陳先生去華，遊於象山之門者也，是皆有華路藍縷以啟山林之功者，然而遠矣。況梁氏於朱子行輩相等，難祔食也，姑置之。」

蓋粵東之先師，當首白沙，是固俟之百世而不惑者。予表粵東之學派，最盛者曰白沙陳文恭公之學，故首祀白沙，而及其高弟八人。八人之中，其生徒最富者曰甘泉湛文簡公〔一〕之學，而又及其高弟三人，其外則有爲陽明之學者二人。方明中葉，天下稱白沙、甘泉之學曰廣宗，陽明之學曰浙宗。及陽明之學亦入粵，而二宗共流布於嶠南。然又別有一宗，不附白沙、甘泉，不附陽明，而以窮理格物教人者，曰泰泉黄文裕公〔二〕之學，實與鼎足而立，予亦表而祀之，而及其高弟一人。居常謂講學當去短集長，和同受益，不應各持其門户，而後人正亦不可不知其門户。故合而祀之，仍分别而各志之曰：若者白沙之學，若者泰泉之學，若者粵人私淑陽明之學，是粵中學派三大支也。

〔一〕鈐山堂集有甘泉序，稱再拜、再拜復再再拜云云。

〔二〕黄佐。

諸弟子生其鄉，近其世，誦其詩而讀其書，倘能追尋其墜緒而不失其流風，豈特主斯席者之光，吏斯土者之幸，抑亦諸先正之欣然於地下者矣。此下有「語未既，有起而問者，曰：瓊山邱」云云，蓋論邱瓊山不祀之故，今缺。但即存者，亦足成篇。

紫藤軒記〔一〕

藤花在京師，於諸公署中推吏部都廳之藤，匏庵吴尚書〔二〕所植也；其在薦紳先生家，則海波寺街之藤，竹垞朱翰林〔三〕所居也：皆見於前人歌咏極盛。而近始推宣武門李氏之藤，其大合圍，每花開時，濃陰覆屋，香氣繞座，花下人如各擁紫綺裘者，穆堂先生〔四〕時觴咏焉。已而萬編修孺廬〔五〕來京，先生以是軒爲之館，而軒之左有屋數楹，則予居焉。三徑相參，不須外召，吉日良辰，共坐花下，采花葉和粉爲不託〔六〕，或和以菜爲下酒物。好事者聞而競至，而是軒之藤，文讌始極盛。

〔一〕李紱。
〔二〕吴寬。
〔三〕朱彝尊。
〔四〕前集十七有李公神道碑。
〔五〕萬承蒼。
〔六〕不託，見資暇集下、演繁露十五、歸田録二。

予聞是軒之興也，合肥李相公實先之，蓋平津之閣也，其子丹壑詹事〔一〕讀書於此。合肥之後，歸於長洲韓尚書〔二〕，已而歸於嘉善曹侍郎〔三〕，已而歸於韓城張尚書〔四〕，韓城之後，先生得之。五世遞傳，皆座主門生也，而皆登三槐，躋九棘，不可謂非京師邸第中盛事也。然此特以名位之淵源言之，至其力足以傳此藤，則或不係乎是。

〔一〕李天馥、李孚青。

〔二〕韓菼。

〔三〕曹鑑倫。

〔四〕張廷樞。

今先生道德文章之盛，當世之碩果也。其同岑而異苔〔一〕，往來於是軒者，皆名輩也。藥籠之佳材，不祇桃李也，碧梧翠竹，則陔南相望焉。故偶一唱韻，而和者駢至，爭奇角秀，則所以傳是藤者，其在斯乎？不然，京華之坊巷乃傳舍，所謂閱人最多者也，其能使樹木之爲人愛惜，豈偶然哉。

〔一〕郭璞詩：「及爾臭味，異苔同岑。」

西湖張氏祖墓記

明太子太保、吏部尚書仁和張恭懿公〔一〕，故清河之裔胄，其墳墓世在湖上。子孫析爲數眷，族大代遠，漸就零落，獨吾友誠然〔二〕，能以讀書砥行守其家風。誠然性伉爽，見有所不可，輒義形於色，不計事勢爲之。然貧不克自立，家有四世喪未舉，其宗姓之棺更二十餘。誠然滌其家不能當一隴之用，乃思得功名之會，爲先世葳此事。（下略）

〔一〕張瀚。

〔二〕張果。

曠亭記

山陰祁忠敏公〔一〕之尊人少參夷度先生〔二〕，治曠園於梅里。有淡生堂，其藏書之庫也；有曠亭，則遊息之所也；有東書堂，其讀書之所也。夷度先生精於汲古，其所鈔書多世人所未見，校勘精核，紙墨俱潔淨。忠敏亦喜聚書，嘗以硃紅小榻數十張，頓放縹碧諸函，牙籤如玉，風過有聲鏗然。顧其所聚，則不若夷度先生之精。忠敏諸弟俱以詩詞書畫瀟灑一時，日與賓從徜徉亭中。忠敏之夫人，世所稱「大商夫人」者，工詩，其女郎湘君並工詩，亦時過此園。

〔一〕祁彪佳。民廿六有新印祁忠敏公日記。
〔二〕祁承㸁。

忠敏殉難，江南塵起幾二十年。吾鄉雪竇山人〔一〕與公子班孫〔二〕兄弟善，時時居此園。顧其所商榷者，鮫宮虎鬬之事，其所過從者，西臺野哭之徒，不暇留連光景，究心於儒苑中矣。公子以雪竇事戍遼左，良不媿世臣之後，而曠園之盛，自此衰歇。今且陵夷殆盡，書卷無一存者，并池榭皆爲灌莽，其可感也。

〔一〕魏耕，前集八有墳版文。
〔二〕祁班孫，前集十三有墓碣。後爲僧。

仁和趙徵士谷林，其太君朱氏，山陰襄毅公女孫〔一〕，祁氏之所自出。祁公子東遷，夫人年少，日夕哭泣，其家爲取朱氏女甥，使育之以遣日，即谷林太君也。

〔一〕朱燮元謚有三説：襄敏、襄毅、忠定。卷廿八跋明史朱燮元傳後，以襄毅爲初謚，忠定爲後改。前集十三祁公子碣，夫人爲忠定公燮元女孫。前集十九趙谷林誄，作山陰忠定公燮元曾孫女。卷十七小山堂藏書記作襄敏尚書女孫。道古堂集卅四趙谷林傳，作總督尚書朱襄敏公之曾孫，祁忠敏之外孫。

方谷林尊公東白翁〔一〕就婚山陰，其成禮即在祁氏東書堂中。是時淡生堂中之牙籤尚未散，東白翁艷心思得之。太君泫然流涕曰：「亦何忍爲此言乎？」東白翁嘿而止。蹉跎四十餘年，谷林渡江訪外家，則更無長物，衹「曠亭」二大字尚存，董文敏公之書也〔二〕，乃奉以歸。谷林小山堂〔三〕藏書不減宅相，其中亦多淡生舊本。泊花池檻之勝，尤稱雄一時。乃商於予，欲於池北竹林中構數椽，即以曠亭名之，以志渭陽之思〔四〕，以爲太君當新豐之門户〔五〕，以慰東白翁之素心。其意良美，乃爲文以記之。〔六〕

〔一〕趙汝旭。東白，據徵士録及谷林誄。

〔二〕谷林愛日堂集詩注云，額爲王百穀所書。王穉登伯穀也。鮚埼亭詩集六汼，亦作王百穀書。

〔三〕外集十七有小山堂記二。

〔四〕「我送舅氏，至于渭陽」。

〔五〕太上皇不樂關中，思慕鄉里。漢高祖徙新豐屠兒、沽酒、煑餅、商人立爲新豐。見三輔舊事。

〔六〕祁班孫夫人朱氏爲朱燮元女孫，撫朱氏姪女爲女。女後嫁趙氏爲趙昱母，則燮元曾孫女也。朱氏行輩有二説：一孫，一曾孫。

鮚埼亭集批注　外編卷二十一

記六

鵲巢碶記

由寧波府城而南四十里，桓溪之水東下，一支自洞橋而東爲前港，一支自仲夏橋而東爲後港，皆它山堰水所注，而後港則桃源之水西來會之。前後港分流不及五里而合，其合也，有渚回沙如帶，環港口焉。吾鄉南道之水，皆資它泉之啟閉。而其啟，則以鄞江爲壑，故沿途爲堰爲碶以待之。鄞江之南流者，夾以馬湖、響巖諸山，其名曰蕙江，適當桓溪之背。桓溪前港之上流，過唐君廟下，由唐家堰以入江。其下流則合後港之水，由烏金碶以入江。而沙渚介乎其中。

吾家自侍御公〔一〕居溪上，八百餘年於兹矣。社木與墓木，森然相望。其自洞橋兩岸而下，皆吾家也。故十里中之爲堰，爲橋，爲渚，爲浦，爲岸，爲碶，大率爲吾家所濬治。沙渚之背有浦焉，瀦爲荷花池，引爲龍舌渚，其水不與溪相通，然實即溪上之水引入田中，而放爲浦者，出東津橋，經鵲巢碶入蕙江。旱則亦能蓄江水以灌田，適當唐家堰之東，與碶遥對者也。

〔一〕全權。

鵲巢何以名碶？宋時理宗所生慈憲太妃，度宗仁安皇后，福王與芮夫人〔一〕，皆出吾宗山陰一支，顧其祖系實自鄞。而理宗潛龍學於余魯公天錫〔二〕之家，因訪外氏於溪上，嘗飲食焉。既而即位，推恩並賜官爵，而徵士府君兄弟八人，皆辭不受。朝議高之，乃於八人中選其二，曰汝梅，曰汝霖，尚縣主，而爲樹雙闕於碶上焉，以見其爲后妃之自出也。嗚呼！戚畹多矣，漢田蚡以異父弟登三公，淳于長以姊子至九列，唐賀蘭敏之冒武氏〔三〕，以訖蕭洪、蕭本、蕭弘之獄，宋楊次山〔四〕之冒宗，苟邀富貴，依草附木，貽穢舊史。而吾祖視褕翟之寵榮，有如敝屣，豈非皭然塵世之表者歟？於是城南之人呼吾家曰鵲巢全氏。

〔一〕癸辛雜識續集上，有福王婚啟。是福王入元後爲其子婚於全氏耳。

〔二〕余天錫，宋史四一九。

〔三〕賀蘭敏之，舊一六三武承嗣傳，新二〇六武士彠傳。

〔四〕楊次山，宋史四六五外戚傳。

至明正德間，吏部尚書碧川楊公〔一〕，吾家壻也，序吾家譜，尚稱爲鵲巢全氏家譜，而先寧國府君〔二〕，竟以鵲巢顔其齋。考至正四明志，鄞縣東五里開慶碶，其始亦曰鵲巢。惟開慶之舊名鵲巢者，既不可考，今已廢爲田。而是碶之在溪上，至今無恙，乃不見於志，豈以其爲吾家之私而略之歟？乃爲文以記之。而家乘中舊有圖，并附於後。

〔一〕楊守阯。

〔二〕全清夫。

長者曰：「前此浦廣二丈餘，且甚深，舟行自江入碶，可直達侍御公神道下，今則隘而不通矣。」嗚呼！蓬萊之清淺幾度。是碶幸得傳，而又不克見於紀述，使不爲文以表之，將吾祖之高行，不幾湮没而不傳乎。

桓溪全氏義田記

宋室之南，吾鄉先輩史、汪、沈諸公置義田以廪鄉人之窮者。而專以義田廪其宗人者三家：最初爲樓氏，蓋宣獻公之世父揚州安撫所創，宣獻之父岐公欲增益之而未就，至宣獻始大之。其繼爲余氏，蓋魯公爲大參守鄉郡，嘗有志於此，其從子晦又嗣守始成之。考舊史甚短晦，要其一節則可取。最後爲吾全氏，則草創於宋徵士菽和府君諱汝梅，而成於其子若孫。先公過雲軒集中所爲義田宗老六公傳者也。元之應氏、董氏，蓋又聞三家之風而起者焉。

初，先侍御公〔一〕之遷鄞也，在北宋初。歷南渡以後，未有顯者。而侍御公之次子入越，九傳爲穆陵〔二〕之母家，以龍潛之恩，三世並列五等。又一傳爲邵陵〔三〕之后家。既兩世連戚畹，子姓無不珥貂領節者。穆陵以龍潛之舊，曾遊於鄞，而溯外氏祖系，累至吾家。至是遂加恩，並賚官爵。慶元府下鄞縣，取桓溪全氏世譜，推侍御九世孫八人以上，而菽和府君爲宗子。府君曰：「吾以天時人事觀之，宋社殆將屋矣，況有志之士亦不肯由戚畹邀恩澤也。」遂戒其兄弟弗出。臨安乃以府君偕其弟汝霖並尚縣主。溪上有碶，故吾家所築，有司乃署名曰鵲巢，標雙闕於上焉。時府君羣從子姓，分爲八宅：曰東宅，曰西宅，曰前宅，曰後宅，曰中宅，曰田宅〔四〕，皆府君再從支屬也；曰南宅，曰北宅，皆府君三從支屬也。而府君爲東宅，既絶意當世，乃草創義田條約，仿諸家之例，其貧者計口計日而給之，婚嫁喪葬各有助，僅僅經始而卒，遺言諸子當成吾志。府君四子：長雲可府君，諱鼎孫；次真志府君，諱謙孫〔五〕；次本心府君，諱晉孫；而正養府君，諱頤孫，出爲後。謙孫、晉孫，皆治慈湖之學。府君所置之田，一頃有奇，鼎孫與晉孫稍稍益之，頤孫、謙孫又以一頃益之。而鼎孫長子耆〔六〕，受學於謙孫，自署味道子，義襟尤篤，爲踵益焉，共四頃，歷三世而大備。迨元至正二十五年，頤孫爲家督，祭於府君之靈以告成，申縣給牒以杜他故。於族中會推賢者一人司之，曰「義田局承奉」。於是八宅之人，感府君之敦睦，而無以謚之也，乃爲呼之曰「義田宗老」。

〔一〕全權。
〔二〕宋理宗。
〔三〕應作「紹陵」，宋度宗。
〔四〕一本無「東宅」以下五「曰」字，亦無「南宅」下「曰」字。
〔五〕前集三六有真志墓石跋三通。
〔六〕全耆，鼎孫本然子，學案七四。

府君〔一〕之歿也，未幾時而宋亡。鼎孫兄弟曰：「先人雖未受宋官，然故宋戚也，義不可出。」時尤以爲難。嗚呼！當其盛時，不肯援洽陽、渭涘之寵，以博一官，及其亡也，戚戚於殘山剩水，是非百世之師耶？而況敦本睦族之行又如斯。然而考之志乘，樓、余以下諸家皆得紀録，而吾家缺焉。則以府君世德，不言而躬行，既未嘗爲文以發之，歲久而易湮也。

〔一〕全汝梅。

府君之義田散於明洪、永之際。是時勾軍甚苦，而府君之諸孫又以家難多遭謫籍，遂不能保其業，八宅宗人有天不佑善之歎。迄於今五百餘年，吾家子孫亦不復知府君之世德如此，不特志乘也。先公修譜，搜得至正中達魯花赤所下承奉局故牒一紙，既爲之傳，而予又撮其大略爲之記，未知其能纘先緒焉否也。

響巖先塋地脈記

鬼蔭之説，生平所不信，以爲言之即令無有不中，有如曾、楊、廖、厲之徒，要非吾心所希覯，則固不過謹避五患而已足。説者以爲流泉夕陽，古人不廢相度，欲以張鬼蔭之説之古，不知都邑之異於墟墓也。倘使五患之外，更有所營，則是禮經墓大夫、冢人所掌反失之耶？獨吾家響巖埏道，則向來所言實中，而先公之深以爲幸者，正鬼蔭之徒所憾。屬在子弟，其亦可審所趨矣。

響巖者，鄞城南之勝地也。由沙渚而上五里至蘭浦，又五里爲響巖，其背爲蕙江。水北作聲，則巖中應之，一喁一于，清空互答，微類石鐘。而山光蒼翠浮動，天寒輒有鸕鷀羣集如雲，唐賀秘監〔一〕之别業也。先檢討府君〔二〕未通籍，授徒巖下葛氏，每講經之暇，咄咄若有不怡者。其徒叩之，歎曰：「吾兩喪未舉，是以爲恨。」其徒曰：「前邨有田甚高潔，可葬也。請即以贈先生，可乎？」府君大喜，遂以葬其祖父。不二十年，侍郎府君果高其門。而族祖聞夷先生者，雅以地學自負，過而歎曰：「誠吉地也。其清氣繚繞，殆宜世由館閣以至開府。但惜穴後脈洩，伸於貴，詘於富。」侍郎府君〔三〕揚歷兩京，身後圖書法物頗富，而禄廪所餘渺然。諸子爲治壙，已不免於鬻田。宫詹府君〔四〕繼起，清苦更甚，甫殁而不保其甲第。有明三百年世宦之貧，未有如吾家者也。萬曆中，堪輿師沈一鵬者，老學也，來相是塋，亦以聞夷之説爲不易，而歎吉地之不能兼備如此。

〔一〕賀知章。

〔二〕全元立，以檢討而爲南工部右侍郎。

〔三〕全元立。

〔四〕全天叙。

先公曰：「此正吾家之幸也，使先世爲墨吏以肥其家，其竟傳之無窮乎？抑亦易斬之流也。夫君子之不爲墨吏，未必果由於地脈。然使果然，則是出山泉水，不害其清，而一酌千金之可免也。其爲吉孰大於此。夫地脈固有清有濁，是瑩也，蓋其清氣最完，故世有介節。今世之言地學者，以求富爲第一，但見濁氣不至，則瞿然憂之，其以爲洩也固宜。」是時，萬九沙編修在座，歎以爲名言。其後爲先公作行狀，采及之，而不肖更繁其詞以爲記。

崇讓里記

前明都督同知鹿園萬公〔一〕，以大將有功於倭亂，而爲理學名臣，其論漕事尤切中治道，蓋古今儒將中第一流也。都督第在城中新街，實與先侍郎〔二〕居毗連。嗚珂之里，文武鼎盛，而以講學尤相睦。都督已登五府，養痾杭之西溪，先侍郎亦官至院長。時有部使者爲都督樹坊於街之兩偏，其西曰都督衙，其東曰錦衣里。成有日矣，適有自京師至者，語都督曰：「全學士以不肯撰青詞，改南院矣。南院一席本應慈水袁學士〔三〕往，袁自請留撰文，而全代之南。」都督瞿然起曰：「有是哉！學士之大節如此耶？」乃言於部使者，願以東坊讓之全氏。部使者以書來告，先侍郎曰：「此當道爲萬公旌功也，鵲巢而鳩居，吾弗敢也。」亟爲書以讓都督，而都督曰：「吾已言之矣。」是亦枌榆之佳話也。先侍郎終固辭不敢受，而都督亦遂并虛其西坊不果上。至今此兩坊者有雙闕巍然，而無橫石，不知者或以爲歲久而圮也。先侍郎阿育王山房集今已闕佚，然尚有與都督論學書，及和其淮上諸詩。

〔一〕萬表。

〔二〕全元立。

〔三〕袁煒。

因思吾鄉前輩薦紳先生，能以學行相鏃厲，即讓坊一節，則都督樂善之虛懷，侍郎不苟之介志，皆可想見。陶公詩曰：「昔欲居南邨，非爲卜其宅，聞有素心人，樂與共晨夕。」斯之謂矣。萬氏與吾先世通家之契最永，侍郎孫宫詹與瑞巖都督〔一〕爲社會於湖上，修世好也。易代以來，兩家甲第皆已不可復問，而附於前代世臣之遺者，則諸先人有同志焉。九沙、西郭〔二〕與予論文尤篤，因偶與西郭語及之。西郭歎曰：「幸弗謂此事僅資談助也。推此一節，可以消閒田之爭，可以媿王戎苦李之陋，至於表先德而徵遺獻，又無論矣。」乃議以「崇讓」名其里，而爲之記。

〔一〕全天叙、萬邦孚。

〔二〕萬經、萬承勳。

先檢討府君丙舍記〔一〕

（上略）先檢討阡，適在景賢堂之右。叢桂數十，風景明瑟，丙舍雖小，皆先學士〔二〕之所經營。其前臨淵，有沙匯水中成渚，其左有橋，其後爲寺，佛鐙漁鼓，時足助清致。當時如張尚書東沙、周都御史莓厓、范侍郎東明、豐考功人翁〔三〕，唱酬翰墨最多。而學士有女已許屠辰州田叔〔四〕，未嫁而卒，附葬阡旁。開壙得石志，則荆公女之銘也。殤女之兆域，先後如相待，時皆詫爲異事〔五〕。二百年以來，日以頽矣。高岡無恙，流水潺潺，紫清芳思之賢子孫何可多得，故家門祚之感，不禁爲之憮然。

〔一〕全元立。
〔二〕全元立，曾爲侍講學士。
〔三〕張時徹、周相、范欽、豐坊。
〔四〕屠本畯。
〔五〕前集卅六有先司空女墓石跋。

先侍御畫馬記

先侍御府君葦翁，諱美閑，字吾衛〔一〕，先宫詹公孫，而非堂先生子也〔二〕。非堂先生善書，以餘技作繪事。侍御之書亞於非堂，而畫馬獨入神品。侍御生而不凡，王母楊恭人奇之，以爲是汗血種也，小字之曰駒郎。陸大行文虎〔三〕嚴事非堂，故侍御爲大行壻。侍御既承家學，又追隨婦翁，以名節自勵，高冠長劍，崚崚諤諤，雖一貧如洗，弗卹。國難既作，從戎江上，累授侍御監軍。已而東歸，有大將來據宮詹宅爲馬廐，侍御憤甚，中夜焚其廳事，由是日鬱鬱。

〔一〕全美閑，本集八，續甬詩十四。
〔二〕全天叙；全大震，卷八有墓誌。
〔三〕陸符，外集廿五有集序。

侍御畫馬，其藍本實出松雪〔一〕之遺，至是諱之。或有不知而及之者，則叱曰：「吾所師者宋遺民龔聖予父子〔二〕之馬也，爾既不知，其莫視吾畫。」時比之明初九龍山人〔三〕之畫竹。然山人所爲，特出於好奇，而侍御胸中，別有所不適。嗣是遂秘不示人，或有賺之者，輒盛稱聖予之人以及其畫，侍御欣然出其得意之筆以贈之，而舊時箱篋所貯有出松雪者，悉焚之。其實聖予之馬，世無傳者，侍御特重其人而已。

〔一〕趙孟頫。

〔二〕龔開、龔浚，淵穎集十二桑海遺録序。
〔三〕王紱，明史二八六文苑傳。王舍人詩集五卷，四庫别集廿三。

其時甬上多畸士，陸副使宇爆、楊職方文琮、李都事振玘，慈水則魏山人耕〔一〕，皆與侍御相晨夕，終歲奔走山海間，思然故國之灰。壬寅〔二〕除夕，刊章名捕，諸畸士皆豫焉。次年送禁省獄中，五月八日，聞將庭訊，侍御仰天歎曰：「吾不可辱。」是夕暴卒，葬於非堂先生墓旁〔三〕。

〔一〕陸宇爆、楊文琮，外集六有碑志，爆爲萬斯大妻父；魏耕，前集八有壙版。李振玘，續甬詩六四。
〔二〕康元。
〔三〕據墓誌，雍正二年甲辰始葬。

陸孺人最孝，非堂晚景甚困，病後思酒不得，孺人以女紅易佳醞，日進之。非堂集中有和杜公病橘韻詩，以慰新婦者也。每侍御畫馬，孺人從旁爲布景。然自其家被籍，所著百尺西樓集無存者，而所畫亦希。侍御於先贈公爲三從兄〔一〕。長子宗然，亦有志節，陸大行環堵集散失，搜訪存之〔二〕。終身不求聞達，無後。

〔一〕全吾騏與美閑同高祖。

〔二〕卷廿五有序。

鮚埼亭集批注　外編卷二十二

記七

宋神宗桃源書院御筆記

桃源書院〔一〕舊在城西武陵之林末，即王先生〔二〕酌古堂也。迨王氏之裔由林末遷罌湖，而書院未嘗移，明初始爲官所有，乃移之罌湖。獨宋神宗之御書，歷七百餘年，巍然無恙。嗚呼！是真王氏之球璧也哉。「五先生」之倡道〔三〕，其三皆以布衣終身，即仕者亦不達，而先生獨邀宸奎之賜，固異數也。桑海歷劫，天府金石之藏且不可保，而是額乃獨留，一若有鬼神呵護之者，王氏之子孫，其幸爲何如。

〔一〕桃源書院，見宋學士文集廿八守齋類稿序。

〔二〕王說。

〔三〕楊適、杜醇、樓郁、王致、王説。卷十六有慶曆五先生書院記。

吾鄉之得拜御書者，宋時自先生始，其後遂日多。史忠定「御香龍茶」手跡，高宗筆也；「明良慶會」之閣、真草書「舊學」二字及送東歸諸詩，壽皇筆也；壽皇又嘗録忠定野庵分咏以賜魏文節公，而忠定「四明洞天」之題，光宗在東宫時筆也；史忠宣之「滄州」、鴻禧之「碧沚」，寧宗筆也；史忠獻之墓碑，理宗御製并書者也；鄭忠定「輔德明謨」之閣、「安晚之圃及「甬東書院」，趙清敏之「直清亭」、「乳泉」及「安貧樂道」，王直閣之「汲古傳忠」、陳清敏之「世綸堂」、應衛公之「翁洲書院」，皆理宗筆也。而鄭魯公未生忠定時，嘗壽藏於塔嶺，夢隔岸有庵，高懸「嘗充達」三字，擁以蟠龍，顔以泥金，作紀夢長句以志之。忠定稍長，聞魯公語，遍閲釋道諸書，不得其解。魯公曰：「蟠龍泥金，殆御書耶？兒志之。」忠定既相，理宗偶於燕閒詢其家世，以先夢對，理宗即賜此三字懸之嶺上，以成其兆。王元恭修至正志，特載魯公之詩，以爲異聞。其餘不見於紀録者尚有之，而阿育王、天童、雪竇諸梵所賜不預焉。

顧就中分别言之，或中興以來賢相，或直節不屈宗衮，或以清德，或昌其子，或表其師，斯足與御書爭光者也。亦有幸成夾日之功，遂爲當國之徑，奎章愈富，反滋物論者，是在當日，已難概論。或求其傳，或正不必其傳也。乃若是額之存，則四明之學統所係，登其堂者，肅然起酌古之思，是豈獨王氏孫子之球璧也哉。爰再拜而爲之記。

山陰縣西北葛仙人洞記

浙東山水之附稚川以名者最多，然不可信。山陰縣西北六十里有葛仙人洞，則宋末南康高士葛慶龍也。洞中雲霧清瑟，古薛斑駁，使人神骨清冽。洞前有一石像，即慶龍也。洞中有石鶴軒然，則王主簿理得鐫以侍慶龍者也。洞旁多長松修竹，風味瀟灑，然在山陰道中，尚非絶勝，而其所以得名，則但以慶龍故。予考慶龍字秋巖，又號寄漁翁，又號江南野道人，晚號飛筆仙人，及老卜葬於山陰，又號越臺洞主，即指是洞也。南康人。早年嘗入匡廬學浮屠，稱璹書記，不樂；中更爲道士，卒返於儒。潛溪聞之皋羽，以爲即廬山人者，非也。放浪江湖中，巨公名卿，酒徒劍客，多與之游，以上采霏雪録中語。其詩務出不經人道語，甚者鉤棘不可句，酒酣落筆，颯颯不自止，皆鵬鶱海怒，欻起無際。然爲人簡躁，喜面道人過，一有所忤，即發洩無留隱，人亦知其磊落無他腸，然多疏之。嗜聞音樂，又不甚解。居一室，雜懸藥王磬鈴，醉後自揚扇撼之，閉目坐聽，殷殷有聲，至睡熟扇墮乃罷。以上見潛溪集。初，慶龍流寓鄞之南湖延慶寺，其爲詩尚操唐律，喜精整，有什一集，然多不自收存，以上見清容集〔一〕。（下略）

〔一〕清容集卅三師友淵源録末一人。

祭甲申三忠記

甲申之難，左班十九忠臣，其曾任吾鄉長令者：御史王忠烈公，故鄞令；檢討汪文烈公，故慈令；吾鄉則御史陳恭愍公也〔一〕。忠烈、文烈之令吾鄉，愛民下士，古來循吏所不能過，故其殉難也，鄞人歲以三月十九日祭忠烈於天封寺，慈人則祭文烈於城西。而忠烈有子瞻卿，丙戌嘗知鄞縣事，其後殉於金華，鄞人祭忠烈，因以瞻卿配。其後廢弛者六十年矣。今年予與慈人鄭君南溪〔二〕議於府城合祭之，而增入恭愍。董君愚亭〔三〕遂謀爲置田，以永其事。嗚呼！桑海之交，吾鄉死國者六十餘人，遂爲忠義之邦。此固出於三百年之教化，而忠烈、文烈之所薰陶，其時最近，抑亦恭愍之所倡率也。惟忠與孝，歷百世而不可泯，於斯祭也，尚其有所觀感哉。

〔一〕王章、汪偉、陳良謨。
〔二〕鄭性，前集廿一有穿中柱文，卒於乾八。
〔三〕董弦，鈍軒。

遊華不注記

予以辛亥〔一〕七月從歷下南歸，先束裝之一日，向羅學使竹園〔二〕借騎往城東，遊華不注峰，以前此往遊時，苦寒弗果登，而前輩盛稱「鵲華秋色」，故再過之。（下略）

〔一〕雍九。

〔二〕羅鳳彩。

謝御史再入院補題名記

桂林謝御史〔一〕以言事得罪遣戍〔二〕。同官以其得罪也，削去其題名，聞者駭之。不十年，御史還朝，再入臺，曩時同官創此舉者，蓋已外遷至藩使，被逮入西曹，於是臺中補列舊額，而御史自爲之記以示予。

〔一〕謝濟世。

〔二〕雍正四年十二月初七日疏。

御史之言曰：「題名者，特以其曾爲是官耳。觀温公諫院之文，是稱職者題之以垂法，不稱職者題之以示戒，未有竟削其名者也。」予曰：「斯言固也。然而削亦有例：宋寇萊公之貶崖州也，錢惟演於樞使碑中削之；明阮大鋮麗逆案，姜如須於行人碑中削之。所削之人不同，或可詫，或可快，要其事固有之。昔人〔一〕有曰：『一時有一時之君子，一時有一時之小人，其不爲時局所翻者，固無幾耳。』〔二〕彼奮然取寇萊公而削之者，亦以爲實有所見，而幾與姜如須之義憤同也。」

〔一〕倪文焕。
〔二〕語見南雷文定。

御史昔所論者，爲河南撫臣〔一〕。撫臣舊亦嘗在臺中，其後貴盛無比，彼同官者方且心慕而思效法之，而惟恐不得也，而御史乃操白簡以擊之，至膺嚴譴，則其快然而必欲削去之也固宜。迨酷吏之奸私既著，累已見詰於詔書，又幸而遽死，御史又賜環重入臺。使同官者而猶在臺，則必重爲補也，曷足怪哉。然御史之言又曰：「吾往者誠過，過之可補，猶此額也。」予謂此特立言之體耳，予於御史爲同館後輩，辱相知最深，薑桂之性，非如橘枳梅杏之易移也。此老崛强，補過之説，將無託之空言也夫。

〔一〕田文鏡。

廣陵相公傷逝記〔一〕

明太師劉文靖公〔二〕之家居也，楊文襄公〔三〕以故相起爲三邊總督，謁之洛陽里第。文靖咎之曰：「公爲閣臣，而今乃俯就此任，政府之體，吾恐其自公而褻也。」文襄有媿色。予竊謂唐、宋宰相，其出爲牧伯而復入中書者，不可指屈，大臣受國恩，亦豈得以内外資地之隆殺爲去就。文靖宿德老臣而爲是言，似乎不廣。然有明官府之儀數則固如此，故自吏、禮二部及翰詹長官，輒不欲外任，以其損入相之望也。

〔一〕陳元龍，字廣陵，康廿四年榜眼，宰輔十二。

〔二〕劉健。

〔三〕楊一清。

今海寧相公陳公之夫人，長洲相公宋公〔一〕第四女也。宋公六女，長者適合肥相公李公之子宫詹學士〔二〕，其次適太倉相公王公〔三〕，其次適海寧顧侍郎〔四〕，其次即相公，其次適長洲繆宫諭〔五〕，獨少女適陳氏者〔六〕僅以甲科知南充縣。襟袂相連，俱在翰詹坊局清華之選，而宣麻者二，開府者二，前代晏元獻公以善擇壻稱，亦未有若是之盛也。方相公官吏部侍郎兼掌院學士，已而出爲廣西撫軍〔七〕，當改吏部爲兵部，去掌院銜，夫人愀然不樂者數日。內外親表姑婦聞之，皆不解其所以，爭來慰問。則曰：「少宰與翰長，皆入相之資也，今一麾而出，委蛇纛官，豈非恨事，吾無以見仲姊矣。」聞者皆笑之，而同館老成相告曰：「古人所以重世家者，豈不以通明典故，諳習體統，有非小家子所能者乎？今觀夫人之言，乃知天下膏粱之貴。其所見固自不同，足以證明三百年來之史案。」相公撫軍數年，入司工部，已而卒正揆席，則夫人已先卒矣。沙堤拜命，泫然流涕，悵夫人之不及見也〔八〕。嘗語臨川侍郎李丈穆堂，欲爲文以記之，而侍郎轉以屬之予。予以爲王事之不以內外分者，人臣之誼也。若今之官翰詹坊局者，不安於侍從之枯寂，而垂涎於外吏之足以自潤，甘去清華而思叢雜，斯則可恥也。是夫人之所不屑見者，不特文靖所羞稱也。是爲記。

〔一〕宋德宜，順十二進士，廿六卒，宰輔六。
〔二〕李天馥，順十五進士，宰輔七；李孚青，康十八進士，詞臣三。
〔三〕王掞，康九進士，宰輔十一。
〔四〕顧藻，康十五進士，卿貳十八。
〔五〕繆曰藻，康五四進士。
〔六〕「陳」應作「顧」。顧用霖，康廿一進士。

〔七〕康五十年。

〔八〕陳元龍雍十一年七月致仕，乾元八月卒。

江浙兩大獄記

本朝江、浙有兩大獄，一爲莊廷鑨史禍〔一〕，一爲戴名世南山集之禍。予備記其始末，蓋爲妄作者戒也。

〔一〕南潯鎮志卅七、卅八兩卷皆言莊獄，凡五十餘頁。

明相國烏程朱文恪公〔一〕嘗著明史，舉大經大法者筆之，已刊行於世，未刊者爲列朝諸臣傳。國變後，朱氏家中落，以稿本質千金於莊廷鑨。廷鑨家故富，因竄名己作刻之，補崇禎一朝事，中多指斥昭代語。歲癸卯〔二〕，歸安知縣吳之榮罷官，謀以告訐爲功，藉此作起復地，白其事於將軍松魁，魁移巡撫朱昌祚，朱牒督學胡尚衡。廷鑨並納重賂以免，乃稍易指斥語，重刊之。之榮計不行，特購得初刊本上之法司。事聞，遣刑部侍郎出讞獄。時廷鑨已死，戮其尸，誅弟廷鉞。舊禮部侍郎李令晳曾作序，亦伏法，并及其四子。令晳幼子年十六，法司令其減供一歲，例得免死充軍，對曰：「予見父兄死，不忍獨生。」卒不易供而死。

序中稱「舊史朱氏」者，指文恪也。之榮素怨南潯富人朱佑明，遂嫁禍，且指其姓名以證，并誅其五子。松魁及幕客程維藩械赴京師。魁以八議僅削官，維藩戮於燕市。昌祚、尚衡賄讞獄者，委過於初申覆之學官，歸安、烏程兩學官並坐斬，而二人幸免。湖州太守譚希閔涖官甫半月，事發，與推官李煥，皆以隱匿罪至絞。滸墅關榷貨主事李尚白，聞閶門書坊有是書，遣役購之，適書賈他出，役坐其隣一朱姓者少待。及書賈返，朱爲判其價，時主事已入京，以購逆書立斬，書賈及役斬於杭，隣朱姓者因年踰七十免死，偕其妻發極邊。歸安茅元錫方爲朝邑令，與吴之鏞、之銘兄弟嘗預參校，悉被戮。時江、楚諸名士列名書中者皆死，刻工及鬻書者同日刑。惟海寧查繼佐、仁和陸圻當獄初起，先首告，謂廷鑨慕其名列之參校中，得脱罪。是獄也，死者七十餘人，婦女並給邊。蓋浙之大吏及讞獄之侍郎，鑒於松魁，且畏之榮復有言，雖有冤者不敢奏雪也。之榮卒以此起用，并以所籍朱佑明之産給之，後仕至右僉都。

〔一〕「文恪」爲「文肅」之誤，下同。文肅，朱國禎，萬曆十七年進士，明史二四〇。文恪是朱國祚，秀水人，明史二四〇，竹垞之祖也。

〔二〕康二。

桐城方孝標嘗以科第起，官至學士，後以族人方猷丁酉主江南試，與之有私，並去官遣戍。遇赦歸，入滇，受吴逆僞翰林承旨。吴逆敗，孝標先迎降，得免死，因著鈍齋文集、滇黔紀聞，極多悖逆語。戴名世見而喜之，所著南山集多采録孝標所紀事，尤雲鶚、方正玉爲之捐貲刊行。雲鶚、正玉及同官汪灝、朱書、劉巖、余生、王源皆有序，板則寄藏於方苞家。都諫趙申喬奏其事，九卿會鞫，擬戴名世大逆，法至寸磔，族皆棄市，未及冠笄者發邊。朱書、王源已故免議。尤雲鶚、方正玉、汪灝、劉巖、余生、方苞以謗論，罪絞。時方孝標已死，以戴名世之罪罪之，子登嶧、雲旅，孫世樵並斬，方氏有服者皆坐死，且剉孝標尸。尚書韓菼、侍郎趙士麟、御史劉灝、淮揚道王英謨、庶吉士汪份等三十二人，並別議降謫。疏奏，聖祖惻然，凡議絞者改編戍，汪灝以曾效力書局，赦出獄，方苞編旗下，尤雲鶚、方正玉免死，徙其家。方氏族屬止謫黑龍江。韓菼以下，平日與戴名世論文牽連者，俱免議。是案也，得恩旨，全活者三百餘人。康熙辛卯、壬辰〔一〕間事也。

〔一〕康五十、五一。

鮚埼亭集批注　外編卷二十三

序一

田氏學易蹊徑題詞〔一〕

宋華亭田興齋〔二〕，在嘉定間嘗設講席於國學，六館之士皆北面焉。不知宋史何以不傳之於儒林也。其所著學易蹊徑二十卷，在吴文正公纂言中頗及之，今始得見其書於都下。

〔一〕田疇。

〔二〕「興」爲「與」之譌。

宋人之言互體者，梨洲祗舉漢上、黄中二家〔一〕，今觀興齋之説又有出於二家之外。（下略）

〔一〕學案卅七。

曹放齋詩説序

放齋曹先生粹中，吾鄉定海人也，字純老，李莊簡公光之壻，宣和六年沈晦榜進士，釋褐黄州教授。（下略）自先生之詩説出，而舒廣平、楊獻子〔一〕出而繼之，爲吾鄉詩學之大宗。慈湖之詩傳相繼而起，咸淳而後，慶源輔氏〔二〕之傳始至甬上，則論吾鄉詩學者，得不推先生爲首座歟？

〔一〕舒璘、楊鉥。

〔二〕輔廣。

史衛王周禮講義序〔一〕

予嘗言吾鄉經學先師，陳文介公〔二〕於諸經俱有論説，此外，易則王處士茂剛，春秋則高侍郎閌、高處士元之，詩則曹通守粹中、舒通守璘、楊教授鉥，尚書則袁學士燮，周禮則史丞相浩、鄭教授鍔，皆鼻祖也。

〔一〕「衛王」當作「魏王」，下同。衛王乃彌遠，此乃史浩。宋史浩封魏公，贈越王。友林乙稿序稱浩爲魏王。

〔二〕陳禾。

衛王之書，孝宗爲建王時，在講筵分講。其書自天官起，止於地官司關，一十四卷，中興藝文志謂其多所啟發，孝宗稱之者也。當宋時有雕本，今則無矣。明文淵閣書目有之，康熙中崑山徐尚書請權發閣中書付志局，則皆殘本，而是書天官自司書以前俱闕，地官以下闕。

禮記輯注序

禮記之學，莫如櫟齋衛氏〔一〕之書爲大備，其序有云：「世人之言，惟恐其不出於己；吾之言，惟恐其不出於人。」可謂述古之名論也。然其書綜羅極博，而竟未嘗有所折衷，意欲使學者深思而自得之，其不得列於學官者亦正以此。櫟齋之後，吾鄉黄文潔公〔二〕始取其書釐而定之，删繁就簡，最爲有功。文潔日鈔諸經，惟禮記爲成書，别號禮記集傳，而世之人鮮知，不能取以易陳澔澤之陋學，爲可歎也。

〔一〕衛湜。

〔二〕黃震。

有明經術稍衰，然説禮如南山、叔陽、彭山、浚川輩，皆卓然可傳，而莫有纘衛、黃之緒者。吾鄉萬先生充宗〔一〕湛於經學，六經自箋疏而下，皆有排纂，三禮爲最富；三經之書，其成帙不一種，禮記爲最富。方崑山通志堂經解之未刻也，櫟齋之本，世間流傳頗少，先生求之不可得。會姚江黃徵君自山陰祁氏書閣見之，遽售以歸，踔急足告先生，而中途爲書賈竊去〔二〕。先生曰：「以吾所見，未必較櫟齋爲少。」乃自注疏，暨陳、馬、方、陸而下，錯陳而貫穿之，豪鈔摘抉〔三〕，裒然成編。俄而或以其本至，取而讐之，則凡櫟齋之所有者無不在，後乎此者倍之，而和齊斟酌，審異致同，極之於繭絲牛毛之細，直足過櫟齋而抗文潔。先生曰：「吾於是可以無憾矣。」先生之書，其盛傳於世者，莫如學禮質疑，蓋條禮經諸大節目，前人聚訟未決，而詳爲論定者也。是書則以部帙之繁，未有能梓者，予從其家借鈔之。

〔一〕萬斯大，續甬詩七七。
〔二〕或云吕晚村使之。
〔三〕「鈔」應作「杪」。

徵君嘗謂學不患不博，第患不精。充宗由博以致精，故其書必傳。雖然，時風衆勢，方窮老盡氣於帖括而未有極，出於己者固無有，出於人者直罔聞，其能讀先生之書者，恐亦難其人也。

高氏春秋義宗序〔一〕

諸經箋故既多，必有集大成者出而摭拾之：周易則李鼎祚、房審權，尚書則林少潁，詩則呂東萊、戴岷隱，禮則衛正叔，周禮則王與之，而春秋則吾鄉高端叔也。

〔一〕高元之。

端叔爲澶淵功臣瓊之後，南渡後居四明。家貧無書，借之隣家，不暇盥櫛而讀之，隣人憐焉，遂盡發其書使縱觀。已而受學於沙隨程氏〔二〕，學日以博。故其於周易，於毛詩，於論語，皆有撰著，而摭拾之富，至三百餘家者，春秋也，爲書百五十卷〔三〕。五上禮部而不第，傅公伯成教郡，以端叔爲經師，令學者從之。先是，高憲敏公息齋〔三〕曾有春秋集注，而端叔繼之。故吾鄉稱爲「春秋二高」，不以名位甲乙也。然端叔之書之博，過於息齋。自予治春秋以來，求端叔之書不可得，今年鈔永樂大典得之，爲之驚喜。雖頗有殘缺，要爲經苑中所當珍惜也。嗚呼！以端叔之經學如此，而厄於青衫以老。嘗觀剡源所記，謂其先塋在萬竹山中，學者因稱爲萬竹先生。然端叔實未嘗久居萬竹，其居萬竹之大家爲王氏，而菲薄端叔之學。每端叔至萬竹，王氏奉之甚嚴，退而即歎其無成，惜其徒老以死。豈知由今日觀之，固有不以彼易此者乎？

〔一〕程迥。
〔二〕學案廿五。
〔三〕高閌。

端叔有荼甘甲乙稿，其詩三千，其文五百，又作變離騷九篇，曰愍畸志，曰臣薄才，曰惜來日，曰感回波，曰力陳，曰危衷，曰悲嬋娟，曰古誦，曰繹思，時以爲宋人擬騷者弗逮。而是時以詞賦取士，詩亦非所尚，故端叔之荼甘，亦莫有取而嗜之者。嗚呼！世之以禄位容貌見斥於人者，豈獨揚子雲也哉。端叔之後，在明爲陝西撫軍斗樞，至今猶以讀書世其家。

結埼亭集批注　外編卷二十四

序二

公是先生文鈔序〔一〕

予嘗謂文章不本於六經，雖其人才力足以凌厲一時，而總無醇古之味，其言亦必雜於機變權術，至其虚憍恫喝之氣，末流或一折而入於時文。有宋諸家，廬陵、南豐、臨川，所謂深於經者也，而皆心折於公是先生。蓋先生於書無所不窺，尤篤志經術，多自得於心。所著七經小傳、春秋五書，經苑中莫與抗。故其文雄深雅健，摹春秋公、穀兩家，大、小戴記，皆能神肖。當時先生亦自負獨步，虎視一時，雖歐公尚以不讀書爲所誚，而歐公不敢怨之。世或言先生卒以此忤歐公，今稽之墓誌，始知其不然也。然聞先生垂殁，戒其弟公非先生〔二〕，毋得遽出吾文，百年後當自有知之者。故其家藏遺集，不肯輕以示人。其後東萊、水心始極口稱之，列之歐、王之間，先生之言，似乎驗矣。乃自元以來，文章之道日衰，先生之文復東高閣，而并其集俱不完。然則不特以經術爲文之難，即取經術之文而知好之者亦難也。先生春秋其傳於今者三種，與七經小傳皆盛行。總集七十五卷，明文淵閣已無足本。相傳常熟錢氏嘗有公是、公非、仲馮〔三〕三集，而燬於火，若吾鄉天一閣范氏、江都葛氏、崑山徐氏，皆不過有原集之什一。後得臨川侍郎李丈穆堂本，則視諸家倍之。時方從永樂大典求前輩遺文，得所未見者頗多，因與侍郎合鈔，訂爲二十四卷，而命之曰文鈔，從其實也。

〔一〕劉敞，學案四。
〔二〕劉攽。
〔三〕劉奉世。

先生尚有弟子記五卷，乃學者答問之言，皆有關於經學，今亦不存。其偶見於諸書所引者，今爲編入附録。將以次緝公非之作，并及仲馮。雖未免泰山豪芒之歎，然猶愈於并此而失之也。

唐説齋文鈔序〔一〕

唐台州説齋以經術史學負重名於乾、淳間，自爲朱子所糾，互相奏論，其力卒不勝朱子，而遂爲世所訾。方乾、淳之學初起，説齋典禮經制，本與東萊、止齋齊名，其後浙東儒者絶口不及。蓋其以公事得罪憲府，而要人爲之左袒者，遂以僞學詆朱子，并其師友淵源而毀之，固宜諸公之割席。而要人之所以爲説齋者，適以累之，可以爲天下後世之任愛憎者戒也。

〔一〕唐仲友。

詳考台州之案，其爲朱子所糾，未必盡枉〔一〕。説齋之不能檢束子弟，固無以自解於君子。然彈文事狀多端，而以牧守刻荀、楊、王、韓四書，未爲傷廉，其中或尚有可原者。況是時之官，非一跌不可復振者也，説齋既被放，杜門著書以老，則其人非求富貴者，不可以一偏遽廢之，是吾長於善善之心也。予少時未見説齋之文，但從深寧困學紀聞得其所引之言，皆有關於經世之學。深寧私淑於朱子者也，而津津如此，則已見昔人之有同心。

〔一〕陸九淵言，朱元晦在浙東大節甚偉，其劾台守一事，尤快人心云。

説齋著書，自六經解而下，共三百六十卷，文集又四十卷，今皆求之不可得。近於永樂大典中得其文若干首，詩若干首，鈔而編之，以備南宋一家之言，因爲論其人之本末。或言説齋自矜其博，嘗詆朱子不識一字，故朱子劾之〔一〕。或又言説齋不肯與同甫相下，同甫搆之於朱子。此皆小人之言，最爲可惡。要之，説齋之被糾，所當存而不論，而其言有可采者，即令朱子復起，或亦以予言爲然也。

〔一〕此即癸辛雜識之言。

鄮峰真隱漫録題詞

史忠定王〔一〕鄮峰真隱漫録五十卷，天一閣范氏藏本也，是在諸儲藏家俱未之有，至予始鈔而傳之。吾鄉宋人之集，由忠定以前亦皆無傳，當以是集爲首座矣。

〔一〕史浩。

忠定深於經學，所著尚書、周禮、論語諸種，予皆從永樂大典中鈔之，而惜其不完也，獨是集無恙，至其直翁外集則不可得矣。忠定最受横浦先生〔一〕之知，故其淵源不謬〔二〕。其爲相，自屬賢者，特以阻規恢之議，遂與張魏公〔三〕參辰。然忠定蓄力而動，不欲浪舉，不特非湯思退、沈該之徒，亦與趙雄之妬南軒〔四〕者不同，而梅溪〔五〕劾之，其言有稍過者。不然，忠定首請褒録中興將相之爲秦氏所陷者，而乃自蹈之乎？

〔一〕張九成。

〔二〕學案四十。

〔三〕張浚。

〔四〕張栻。

〔五〕王十朋。

至其有昌明理學之功，實爲南宋培國脈，而惜乎舊史不能闡也。忠定再相，謂此行本非素志，但以朱元晦〔一〕未見用，故勉强一出耳。既出而力薦之，并東萊、象山、止齋、慈湖一輩〔二〕，盡入啟事。乾、淳諸老其連茹而起者，皆忠定力也。其於文人，則薦放翁；其家居，則遣其諸子從慈湖、絜齋〔三〕講學。又延定川之弟季文〔四〕於家，以課諸子，故其諸子率多有學行可觀者，其不馴者止同叔、子申耳〔五〕。吾考嗣是而後宰輔之能下士者，留公正、趙公汝愚、周公必大、王公藺皆稱知人，而忠定實開其首，忠定之功大矣。彼夫王淮之徒，以私昵阻正人，創爲學禁，貽慶元以後之禍，等量而觀，豈不相去懸絶歟？

〔一〕朱熹。

〔二〕吕祖謙、陸九淵、陳傅良、楊簡。

〔三〕袁燮。

〔四〕定川，沈焕；季文，沈炳。

〔五〕同叔，史彌遠；子申，史嵩之。宋史四一四作「子由」，誤。

今讀忠定之集，其資善堂諸文字，所以啟沃孝宗於潛藩者也；其兩府文字則即吹噓諸老不遺餘力者也；其歸田以後文字，所以優游林下，舉行鄉飲酒禮、建置義田者也。中興宰輔如忠定者，蓋亦完人也已。其詩文春容大雅，有承平之餘風，所謂廟堂鐘吕之音也。

鄮峰真隱者，忠定家居時所署，因築觀於月湖之南，最稱佳勝，即竹洲也。明中葉後始廢，先宫詹以爲别業，去吾家不百步耳。然則是集又吾湖上之文獻也。

二袁先生文鈔引〔一〕

淳熙四先生之遺文，惟慈湖之集尚完，廣平〔二〕則近世始得其殘編，而絜齋先生父子與定川〔三〕，皆不可得。予於永樂大典中見二袁集〔四〕，大喜，隨見即鈔，意謂可得還其足本，而未及遍覽。左降出都，因念玉皇香案，遥隔蓬萊，未知他日尚得輟業焉否也，乃即所鈔而先編次之，附以吾鄉志乘所載，共得九卷，絜齋居其五，蒙齋居其四，不猶愈於定川之無有耶？

〔一〕袁燮、袁甫。

〔二〕舒璘。

〔三〕沈焕。

〔四〕今聚珍本有二袁集。

二公之文頗相肖，較之慈湖則平正，而視廣平又暢達焉。其在南宋，亦名家也。清容居士在元文中爲眉目，接剡源之文統，予觀其集，源流頗自二公而出。清容之祖衛公，絜齋之徒也。衛公得師而不能傳其學，至爲史氏之私人，而清容亦僅傳其文，惜夫。

黄南山先生傳家集序〔一〕

南山先生遺集五十六卷，藏於天一閣中，予讀而歎曰：「是先正之緒言也。」先生所著之書，爲儀禮戴記附注、中庸脈絡、大學旨歸、經書補注、道德經附注、陰符經附注、四明文獻録、寧波簡要志、含山縣志，其雜記爲海涵萬象録。予所見者二禮、道德、陰符之注，四明文獻録、簡要志而已。最後得是集，據其孫存吾之序，凡五編始就，而其前此之散失者已不可收拾。即存吾所編，云卷末附以經書補注、含山志，而今無有。成化四明志又載有參契綱領、孫子綱領，而今無有。著述之不能保其必傳如斯也。

〔一〕黄潤玉，明學案四五。

明儒自成化、弘治以前，大率篤實醇愗，脱盡粉飾，如月川、敬軒、康齋，皆有躬行君子不激不隨之風。至白沙出，而氣象爲之一變。先生之於諸公，其伯仲也，故讀其集，信筆直道其胸之所有，勤勤懇懇，藻采盡落，而以理勝。其論大學古本、武成詮次以及中庸三重之旨，何嘗不異乎朱子，而未嘗有意爲異，正與後來諸公立意爭奇者迥然。故先生雖不自預於能文之列，而讀其文者，不當以文觀之，蓋皆其心之所自得，而非浮虛剽襲之言。顧世之所尚者文而已矣，是以四百餘年以來泊如也。存吾所編尚屬草本，其中舛錯甚多，予爲校理而出之。太羹腥魚之味，非甘口腹者所知；大帛大布之冠衣，非侈文繡者所悉也。先生由臺諫而爲監司，皆以剛正清白有聲，最後觸忤都御史李實，左降含山，致仕，築南山書院以講學，享年最高。顧先生之聞道，少時已見其端。其代父行役燕中也，富室委産而不受，力辭大賈託女之嫌，見者皆嚴事之，而先生曰：「吾幸識理趣於稺年者，皆吾師遯翁先生之教。」遯翁名彦，予族祖本心先生子也〔一〕。本心傳慈湖之學以世其家。遯翁爲洪武中徵士，辭不就，而傳其學於先生。故予讀先生之文，未嘗不三歎於吾家之學統，而茫然於弓冶之莫繼也。

〔一〕全彦、全晉孫，並見宋元學案七四。

滎陽外史題詞〔一〕

明廣信教授鄭先生千之所著滎陽外史一百卷，吾鄉之以文章擅名於洪武時者也。甬上文統，自樓宣獻公始爲大家，而王尚書深寧繼之，深寧之徒爲戴户部剡源，剡源之徒爲袁學士清容。其與剡源並起者爲任山長松鄉，是稱「宋元五家」〔二〕。迂齋、本堂〔三〕，又其亞也。暨於明初，即推先生。

〔一〕鄭真，學案八五。
〔二〕樓鑰、王應麟、戴表元、袁桷、任士林。
〔三〕樓昉、陳著。

鄭氏自德仲、求齋以來，一門以文獻世其家，其與深寧之孫遂初砥礪最切。先生兄弟並能文，而先生之文益昌。其時楊徵君廉夫以文章起越中，先生從之學文。然楊氏之文奇而葩，先生之文質以厚，其於師門稍爲轉手。蓋先生最留心經學，嘗及見草廬吴文正公問道，其文平正通達，而不求異於時，此自宋乾淳而降，儒者之文皆然，而楊氏所傳，反稱别派。故先生雖討論其門，而其文不甚肖。先生嘗爲裴氏作著存堂記，宋學士潛溪歎曰：「使我執筆，不能過之。」裴氏固請，潛溪卒辭不作。姚江趙古則於同輩尤服先生春秋之説，其爲巨公心折如此。

先生所輯四明文獻，至今流傳，而其集希有。朱檢討竹垞求明人集，謂「安得滎陽外史讀之」者也。予求之天乙閣范氏，則在焉。顧集本稱一百卷，而成化郡志祇稱六十卷，今范氏藏本則七十卷，蓋其孫假之於人而失去不完，予乃重爲詮次而序之〔一〕。

〔一〕滎陽外史集百卷，四庫別集類廿二著録。今四庫全書珍本有影印本。

明文莫盛於初年，其醖釀於根柢者，大率皆深厚，而又恪守高曾之規矩，所謂典刑未替者也。其後漸衰漸支，而別體錯出而不一，彼其作者之心，孰不有矜厲自高，蔑視前人之氣，而豈知其日趨而下也〔一〕。讀先生之文，不禁爲之三歎。

〔一〕凡十五「而」字。

穉山先生殘集序〔一〕

穉山先生殉節翁洲，其遺集在補陀三元寺中，浮屠敬中藏之，以故紙反書，磨糊汗漫，不可識別。萬農部履安求而手鈔之，共四册。農部身後，歸於叔子褐夫先生〔二〕，九沙編修之父也。顧世未有得見者。予不及侍褐夫先生，而九沙以忘分、忘年之交，待予最厚，嘗請借鈔之，九沙許諾。顧以南北往來，未及踐約，而九沙家被火，是集遂歸天上。農部之得是集於補陀也，尚有穉山叢談四册，其間過從雜沓之言，紀聞紀夢，靡所不載。雖出率筆，未盡成文，而頗有關係者十之六。農部未及鈔，身後歸於少子石園先生〔三〕，予亦嘗得見之。嘗語石園之子，欲借歸，摘鈔其中之可存者，附之集後，亦未及得，而其子死，家書蕩盡，不知所之。又嘗聞穉山先生在翁洲輯文史一書，其中皆同時諸公之作，足備桑海以來之史料者，其部帙甚侈，錢退山侍御〔四〕兄弟曾及見之，此尤勝國之寶書，而今亦不可問。嗚呼！兵火之際，忠義之翰墨往往難傳，其幸而存者蓋百之一。顧先生之集幸而傳者幾及百年，而復失之，爲可恨也。先生之殉節，積薪文廟，抱先聖之栗主，賦詩自焚，浩然之氣，復還太虚，又何有於遺集。顧後死者之不能廣其傳，於誰是問，則予之罪也夫。

〔一〕吴鍾巒。

〔二〕萬斯大，行六。

〔三〕萬斯同，行八。

〔四〕錢肅圖。

今予家尚有先生詩文集一卷，乃高隱君辰四〔一〕物，而先贈公得之者。又有歲寒松柏録一卷，乃陸隱君春明〔二〕物，而先子得之者。予乃合爲二卷，序之而題曰穉山先生殘集。嗚呼！此廣陵散之僅存者，即令斷曲單詞，皆可起愛而起敬也。序成，令錢君濬恭鈔一副本。濬恭之尊公太保，乃先生門下而先殉者。先生所録文史，其收太保之作最多，皆今錢氏所無也。濬恭鈔此集，其應同此欷歔也已。

〔一〕高斗權。

〔二〕陸宇㸌。

永樂寧波府志題詞

成祖詔天下府州縣皆修志書。時方修永樂大典，天下之志皆入焉〔一〕。諸書皆以爲十七年所修，考大典成於永樂六年，則志之修亦在六年以前也。書專爲大典而作，既貢書局，未嘗付梓，故今天下之傳永樂志者最少。吾鄉志書其爲吾家所藏者，自宋以下，無一不備，所少者永樂志耳。及鈔大典始得之。是志也，里人紀徵士宗德、李處士孝謙爲之。其書體例絶佳。生平不喜袁清容志，謂其黨仕元之匪人，没前宋之遺事，得此書以補之，真大快事也。成化中楊實所修，未見此書，故過於略。今而後，枌社之志畢具矣。

〔一〕大典例，宋元志外，洪武年修者謂之「舊志」，永樂年修者謂之「新志」。

錢忠介公葬録題詞〔一〕

予少時讀漢人平陵、黄犢之謡，以爲此一時義士，生不能救死而謀葬之之作也。若王子珩〔二〕死，諸義士有請尸之書，有竊尸之舉，温公皆紀之通鑑；文宋瑞死，而張毅夫亦以此垂名。嗚呼！是所謂附青雲而顯者矣。

〔一〕錢肅樂。

〔二〕王琳，北齊三二，南史六四。

錢忠介公之葬也，諸義士合力營之。其時閩南未盡底定，海師尚在島中，故豐碑、幽誄，以及啟攢、祭告、哀輓之作極盛，亡國之大夫所未有也。公既葬之數年，閩之制府陳經征海，道出黄檗，嘗親往祭於墓下。是非人心是非之公，有脱略於忌諱者歟？

葬録中人物之著者：大學士劉公沂春，忠介所薦，同升相位者也。都御史徐公孚遠，忠介舊交也。定西侯張名振、平彝侯周鶴芝、儀部紀許國，忠介舊同事也。尚寶葉進晟，文忠公之孫，海上曾改官翰林。姚翼明曾官職方，而是時爲僧，即所稱獨耀上人也。葬事出於葉、姚二公之手最力，閩僧預其勞者亦多，俱詳録中。

予嘗讀故都御史林公繭庵〔一〕集，載甲午莊烈皇帝忽降神於浙。所降之家驚問帝從何來？則曰：「吾往臨故大學士錢肅樂之葬。」其家訝之，已而聞公果以是日葬，其事頗怪，抑或忠臣所感，信有之乎？

〔一〕林時對。

初，公之卒也，同里紀侍御衷文，故公弟子，江上從公幕下。丙戌以後隱太白山中，鍵户久矣，至是忽失所在，閱十旬始歸，叩之，則會公之喪也。時侍御意欲爲公謀葬而不克，公弟侍御肅圖官翁洲時，亦嘗乞墓銘於大學士張肯堂，未及作而翁洲陷，閩中道梗。至甲午而尚賨諸公卒成之。吾聞紀侍御之集家藏無恙，其會喪之作，有足以附之此録者，行當訪而補之。

康熙丙子〔一〕，吾鄉陳公汝咸令漳浦，聞忠介墓田多被人據，貽書古田令清釐之，繪圖以歸錢氏。予謂濬恭，使皆附入葬録中，而併紀其顛末焉。

〔一〕康卅五。

楊氏葬録序

楊氏四忠〔一〕之喪，謀其葬者，始於王水功太常〔二〕而不克，卒成於石門曹給事遠思〔三〕，爲功甚巨。竟其局者林太常藹庵與先贈公〔四〕。楊氏之族子始終有功於是舉者，諸生式傳也。葬録一卷成於式傳，述其事甚詳。予少時求之式傳之後人不得，歲在戊午〔五〕，因撰李舍人昭武〔六〕阡表，昭武之曾孫貧甚，困於屠，顧能以表章先人爲念，爲之起敬。問以昭武遺書，則散佚無有，顧獨以楊氏葬録來，予驚喜。蓋楚石先生〔七〕與昭武同被囚，昭武獄中與楚石弟圓石〔八〕爲兒女姻，故是書存於李氏。

〔一〕參卷十楊氏四忠雙烈合狀。

〔二〕王玉書，續甬詩廿六。

〔三〕曹廣。

〔四〕林時對，續甬詩三五；全吾騏，續甬詩六三。

〔五〕乾三。

〔六〕李文纘，續甬詩四七。

〔七〕楊文琦，續甬詩十一。

〔八〕楊文瓚。

嗚呼！楊氏兄弟死義，其家靡有孑遺，而遠思以圓石同年貢士，地之相去八百餘里，乃推愛於一門，十棺同葬，以同里諸公所未能者，一人任之，高義孰與京哉！吾聞乙酉之夏，遠思預於禾中〔一〕城守之役，僅而得免。其後累以蠟書致海上，頻遭不測。蓋平日素同臭味，非一時慕義强仁者比也。

〔一〕秀水。

嗚呼！古今賢愚，總隨大化以俱盡。即鏡川之抔土，今亦鞠爲荒邱。惟是殉國之大節，閔忠之古道，天荒地老，終於不朽。讀斯編者，其尚有感於斯文。

鮚埼亭集批注　外編卷二十五

序三

張尚書集序〔一〕

尚書詩古文詞，皆自丁亥〔二〕以後。才筆横溢，藻采繽紛，大略出華亭一派。明人自公安、竟陵〔三〕狎主齊盟，王、李〔四〕之壇，幾於阨塞，華亭陳公人中〔五〕出而振之。顧其於王、李之緒言，稍參以神韻，蓋以王、李失之廓落也。人中爲節推於浙東，行其教，尚書之薪傳出於此。及在海上，徐都御史闇公〔六〕故與人中同主社事，而尚書壬午齊年也〔七〕。是以尚書之詩古文詞，無不與之合。雖然，尚書之集，日星河嶽所鍾，三百年元氣所萃也。而予以藝苑之卮言，屑屑考其源流之自，陋矣。

〔一〕張煌言，前集九有碑，續甬詩十三。四明叢書二集。

〔二〕順四。

〔三〕袁宏道，公安人；鍾惺、譚元春，竟陵人。

〔四〕王世貞、李攀龍，「後七子」之二。

〔五〕陳子龍，華亭人。

〔六〕徐孚遠。

〔七〕崇十五鄉試。

嗚呼！古來亡國之大夫，其音必淒楚鬱結，以肖其身之所涉歷，蓋亦不自知其所以然者也。獨尚書之著述，噌吰博大，含鐘應呂，儼然承平廟堂巨手，一洗亡國之音。故閣公之序，欲以尚書所作而卜崦嵫之可返，此其故良有不可解者。豈天地間偉人，固不容以常例論耶？當是時，以蠣灘鼊背爲金湯，以鮫人蜑户爲丁口，風帆浪楫，窮餓零丁，而司隸〔一〕威儀，一綫未絶。遺臣故吏相與唱和於其間，其遇雖窮，其氣自壯，斯其所以爲時地之所不能囿耶？

〔一〕司隸校尉乃畿輔警衛。

嗚呼！尚書之集，翁洲、鷺門之史事所徵也。吾聞尚書既被執，籍其居，無所有，但得箋函二大簏，皆中原薦紳所與往來。送入帥府，薦紳輩懼，遣説客請帥焚之，帥府亦恐摇人心，如其請，投之一炬。火既息，有二殘册耿耿不可爇，左右異而視之，則尚書之集也。説客因竊置懷而出，遂盛傳於人間。

嗚呼！尚書之身可死，集不可泯。殺其身者梁父、亢父〔一〕，所以成一代之純忠；存其集者祝融、吴回〔二〕，所以呵護十九年之心氣〔三〕，夫孰非天之所爲哉。乃爲詮次審定，其奏疏、書檄諸種曰冰槎集；其古今體詩曰奇零草，曰采薇吟；其己亥紀事曰北征録，共十二卷，附以鄉薦經義一卷。予又爲作詩話二卷，年譜一卷，以詳其集中贈答之人與其事云。

〔一〕梁父、亢父，山名，見水經注廿四汶水條引開山圖曰：亢父知生，梁父主死。

〔二〕祝融，官名；吴回，人名。見史記四十楚世家。

〔三〕自順治丙戌至康三甲辰被執，凡十九年。

周先生囊雲集序〔一〕

囊雲先生逃禪而不肯上堂嗣法，高公檗庵〔二〕所以序之已極詳矣。當時如林閣學增志、方閣學以智、熊給事開元，皆逃禪之最有盛名者，然不能不爲君子所譏，囊雲夐乎上矣。

〔一〕周齊曾，本集廿，續甬詩廿五。

〔二〕高宇泰。

然吾讀其集，則佛語何其多也。曰此特其悲憤之放言耳。夫屈子之爲文也，其言至於杳冥荒誕而不可詰，先生之佛語，亦猶是也。若其志吴太常〔一〕墓，則足以見其忠孝淵源，終身自謂負師者，正其不肯負國者也。志邵尚書〔二〕墓，直筆廪然。其答王觀察書，尤世人所傳誦。其小者，如不爲高祖東蕃府君乞入鄉校文字，亦足以矯末俗。予嘗見鄭所南謬餘集，其中多佛語，幾與先生同，要之皆非釋門所得收拾。先生詩亦自成一格，舊所定卷次未當，今其雕本已焚於火，予乃爲重定之，文二卷，詩二卷，而序之於其端。

〔一〕吴麟徵。先生癸未進士，太常是其房師。

〔二〕邵輔忠。

董户部擥蘭集題詞〔一〕

董户部官江東，其不屈於悍帥，南雷先生作志銘詳之矣，於其擥蘭集則略焉。豈知户部之大節，讀其集尤令人淚淫淫下也。户部少受業於漳海，講學大滌山房中，其所著易學，蓋猶漳海之緒言也。倪文正公見其文，大稱賞之。七上公車不第，會稽之棲，令之司餉，幾至殺身。國亡，遯跡荒郊。甬上遺民極盛，詩文亦極盛，顧或筆力不足達其悲憤之意，至於忼慨淋漓，莫有過户部者。屈、宋之騷，陶公之詩，方、謝之遊記，皆荒唐綿渺，故謬其詞，未嘗敢頌言不諱也。而户部恣其胸中所欲言，是在古今亡國人夫文字中，獨成一格，不祗同時諸公所不逮也。

〔一〕董守諭，類徵隱逸八，續甬詩廿。

户部於是集，晚年手書，裝潢極精，題之曰擘蘭帖，未嘗示人。其孫胡駿藏之篋中，而胡駿出遊，是集爲人攜去。予訪之未遇，偶於陸丈書庫中得其稿本，磨糊漫漶，亟喜而鈔之。其五哀詩、七哀詩、舟山九歌、六烈傳，文筆最壯，餘亦皆哀輓之作爲多，可當江東一小史也。嗚呼！由丙戌迄甲辰，户部之偃息衡門者一十九年，孰知其昕夕悲慟如此者乎？而户部猶痛自刻責，謂當時陳玄倩、余武貞〔一〕奮憤自溺，何死不可共殉？靦顔一誤，謬於千里，中夜恥之。抑何其報國之欲然常不足也。王、留之輩其亦可媿死也矣。姚江邵給事之詹之仕江東也，諸野乘中無稱焉〔二〕，今讀户部挽詩，盛稱其建義之功，借箸之策，錢塘既破，悲憤發疽而死，哭之甚哀，是又一異聞也。并紀之，以質越中之熟於舊事者。

〔一〕陳朱明、余煌。

〔二〕梨洲錢忠介傳有户部主事邵之詹畫地分餉之議。

陸大行環堵集序〔一〕

陸大行遺集散佚於兵火之餘者，其嗣子攜入京，未幾亦卒。族父友仲先生，故大行外孫也，時亦客京，亟攜之歸，以與其孫。又數十年，而其家索予爲序。向嘗聞之南雷先生，以爲先生蓋陳同甫、辛幼安之流，其古文詞鵰鶚海怒，意之所極，穿天心月脇而出之，苦其才多，使天假之年，自見涯涘。詩皆志意所寄，媚勢佞生，市交遊而作聲色者，未嘗以片語污之。及讀先生遺集，雖奇零非完本，然想見其磊落英奇，如遇之眉宇也。

〔一〕陸符，續甬詩廿一。全美閑妻父。

先生嘗言：「明季士習之壞，以爲少讀書吴中，朋友親暱，署其刺曰『友』而止，未幾而概名以『社』，猶無乖於麗澤也；未幾而更益以『盟』。其後噉名者日多，踵事者日出，聞聲肸蠁，皆以此稱謂張大其聲氣。其盟主幾若齊、秦之欲自帝於東西；署置同事名曰『首動』，擯排異己謂之『屏放』，狂惑至此，播爲亂氣，若瀾倒隄決，莫之堙塞。而登萊孔有德之難，渠魁遂亦以此相招集，流寇因而傚焉。夫人必身無亂氣，而後可以理天下之亂。故嘗馳書宣城沈眉生，相期禁絶，而狂惑不可户喻，可歎也。」嗚呼！由先生之言推之，蓋隱然比當時壇坫之徒於盜賊，至以此動色相戒，明季士風可以想見。而先生以布衣諸生，竊竊然懷天下之憂，是豈徒抽青儷白求之文字間者歟。先生之死也，以馮千户之刺也。當是時，小朝廷如蝸戰，武人大君，莫可嬰也。故朱閣部且死於方國安之手，顧尚書死於賀君堯，即董户部守諭亦幾死於王之仁，以先生之芒角，豈得免乎？吾又歎有明之儒者，大率迂闊而乏才。使得如先生者，早據時位而有爲，未必無補於天下。乃以三舍齋長，困於賢書，垂老得售，而滄海揚塵，書生報國，不能以赤手搏虎狼，身名與之俱斃，豈不悲夫！

先生之文六卷，詩一卷。予稍爲沙汰其應酬之作，定爲文四卷，而詩無所删焉。先生嘗與先宗伯公子非堂先生〔一〕讀書竹洲，其後訂爲婚姻，而集之得存，亦以吾家，則序之者，莫予若也。

〔一〕全天叙、全大震。

朋鶴草堂集序〔一〕

前大理寺左評事荔堂林公朋鶴草堂集共十二卷：其中霜懷吟八卷則詩也，葵向篇四卷則文也。評事生平著書，於經學則有三易評林、毛鄭會箋、三易衍奥，於史學則有明史大事紀聞、明臣傳疏、甲申以後丹史，而甬東正氣録，蓋與徐監紀霜皋、高員外隱學共爲之。今其書多軼，不可得矣。朋鶴草堂集猶幸存，僅失去文一卷；甬東正氣録亦存，僅失去所選王評事〔二〕文一卷。予乃論定其詩，精選得四百餘首，文三十二首，合爲六卷，别求得王評事文補入正氣録，而評事之集，即以編之正氣録之後。蓋評事固正氣録中人也，其著述亦正氣録中一種也。吾鄉當改步之時，足稱忠義之區。其幸而不死者，皆不媿於古之逸民。而風格最高者，王太常水功與評事也。予嘗作評事墓表〔三〕，已述其大節。兹者諦觀評事之書，重其介，未嘗不歎其愚。夫天既厭明，人力莫可如何，評事以朝不坐燕不與之身，潔己不出，其亦足以報國矣。冠裳不改，終身縞素，其亦足以見先人矣。而充其意，似乎必欲揮魯陽之戈，返西崦之日，如醉如夢，以相從於危機，其所望於故家子弟，必盡裹足不仕而後可，是不亦愚乎？

〔一〕林時躍，續甬詩卅三。
〔二〕王家勤。
〔三〕卷六。

南湖九子〔一〕之集，皆逸民也。其一晚年稍通時貴之交，評事與太常幾叱而絶之，欲廢社，其人謝過乃止。其一已逝，或以其遺行可疑，評事太息，以爲前此弗之知，特志之丹史中。門人有官通參者，正附要津，評事不之禮焉。及其以罪投繯，其家諱之，而評事筆之以爲世戒。自新朝之薦紳，其不爲評事所拒者，祇陳編修怡庭〔二〕一人耳。嗚呼！其有不可及之愚也，斯其所以有不可易之介也。

〔一〕南湖九子見續甬詩四九。
〔二〕陳錫嘏。

評事當甲申以前，受業於蕺山先生之門，又從漳浦先生游，歸而與華、王二公爲鶴山書院之講，斯「朋鶴」所由名也，其可謂不媿師友者矣。評事僅一孫，今居天門山中，微甚。

雪交亭集序〔一〕

前武部高公檗庵雪交亭集十二卷，桑海間著述也。自甲申以後，分年爲紀，至於癸巳而止。又有特紀、附紀，凡忠臣、義士、烈婦皆有小傳，并録其人詩文之有關大節者。而一時哀輓之作，有關其人者亦預焉。

〔一〕高宇泰，小腆紀傳五七，續甬詩四二。前集十四有墓表。四明叢書第二集。

雪交亭者，前閣部張公鯢淵〔一〕之寓亭，在翁洲。其左爲梅，其右爲梨，每歲花開，連枝接葉如雪。閣部正命，亭亦圮。而浙東亡國大夫眷念不置，故姚江黄都御史梨洲以名其亭於姚之黄竹浦，武部以名其亭於鄞之萬竹嶼中。

〔一〕張肯堂，前集十有神道碑，順八卒。

武部生平著述極多，其詩古文詞爲肘柳集。其三度獄中，得琴法於華公嘿農〔一〕，爲琴譜。而所考證鄉里故事爲敬止録。敬止録部帙尤巨。今聞氏〔二〕所作鄞志，辨黄公林，辨大禹廟，皆本於武部。顧藏於家，無副本，盡蝕於蠹。琴譜亦不傳，獨肘柳集尚無恙，而雪交亭集手稿在陸先生春明家〔三〕，雖高氏亦不知有是集也。

〔一〕華夏，「六狂生」、「五君子」皆有之。

〔二〕聞性道。

〔三〕陸宇燝。

雍正戊申，予求故國遺事，從陸氏得之，爲之狂喜。其後奔走京洛者十年，乾隆戊午，乃招武部之孫石華觀之。石華肅拜手澤，摩挲百遍，潸然涕下，因請鈔所有肘柳集見遺，以易鈔此集。予曰：「諾。」然石華年已八十，兩手不仁，家貧甚，不能蓄寫官，雖有此約，未及踐也。而石華亦卒，其子以大故，無暇及此，又不肯出其書，將來肘柳集之得傳與否尚未可定。則是集也，武部之婆心碧血所成，其可不廣鈔以傳之哉。

武部之大節，讀是集者如將遇之。顧所紀止於癸巳〔一〕，其後如滇中死事諸公、海上從亡諸公尚多。武部卒於康熙初年，當必有續集，而今不可得見矣。嗚呼！故國喬木，日以陵夷，而遺文與之俱剥落，徵文徵獻，將於何所？此予之所以累唏長歎而不能自已也。

〔一〕順十。

春酒堂文集序

鄮山先生〔一〕以詩名甬上，甲於同里一時諸遺民。董户部次公謂其詩一，畫二，書三，文四。惟先生自序其文，亦以爲晨窻燈夕所成之小篇也。先生子宛春既乞予銘阡，又屬予論次其文。予爲去其十之五，而存其有關於名節者數十首，次爲二卷，足以想見先生之生平焉。且文之足傳者，亦不在多也。（下略）

〔一〕周容，前集三五，外集六，續甬詩六十。

杲堂詩文續鈔序〔一〕

李君甘谷〔二〕出其王父杲堂先生未行之集，詮次開雕，令予任覆審之役。予喟然歎曰：先生是集之得傳也，悕矣。謝臯羽〔三〕之卒也，自其晞髮集、游録而外，皆以殉葬故不存。鄭所南〔四〕沈心史於井底，三百年而始出。近有方韶父〔五〕之裔孫，逢人頓首，求其先集足本而不可得。臯羽之幸而存者，冬青之歲月，西臺甲乙之姓氏，尚成疑案。所南之幸而得出者，或且以爲姚叔祥之贋本。由此觀之，韶父之集之遇也難矣。皋羽棄家客死，所南無後，其零落良不足怪。韶父之後人賢矣，而其生已晚，斯其所以爲好事之恨也。

〔一〕李鄴嗣，前集卅一、外集十一，續甬詩五三。
〔二〕李世法。
〔三〕謝翺。
〔四〕鄭思肖。
〔五〕方鳳。

殘明甬上諸遺民，述作極盛，然其所流布於世者，或轉非其得意之作，故多有内集。夫其内之云者，蓋亦將有殉之、埋之之志而弗敢洩，百年以來，霜摧雪剥，日以陵夷。以予所知，董户部次公、王太常無界、林評事荔堂、毛監軍象來、高樞部隱學、宗徵君正庵、徐霜皋、范香谷、陸披雲、董曉山〔一〕，其秘鈔甚多，然而半歸烏有。予苦搜得次公、荔堂、披雲三家於劫灰中，水功、隱學尚餘殘斷者存，而象來、正庵、霜皋則不可得矣。然諸公猶非其絶無者，若駱寒厓〔二〕、李玄象、高廢翁〔三〕，則竟不可得。即以李氏而言，戒翁、礐叟〔四〕，其與先生共稱「三李」者也，皆無完集得貽於今。嗚呼！諸公之可死者身也，其不可死者心也。昭昭耿耿之心，旁魄於太虛，而棲泊於虞淵、咸池之間，雖不死，而人未易足以知之，其所恃以爲人所見者此耳。此即諸公昭昭耿耿之心也，而聽其消磨腐滅，夫豈竟晏然而已乎？勃菀煩冤，且將有所憑以爲厲，非細故也。

〔一〕董守諭、王玉書、林時躍、毛聚奎、高宇泰、宗誼、徐鳳垣、范兆芝、陸宇燝、董劍鍔。

〔二〕駱國挺。

〔三〕高斗權。

〔四〕李文純、李文纘。

甘谷表章舊德，盡發羽陵之藏，加以疏證，使後世昭然見先生之大節，討論文獻者，不至有冬青歲月、西臺姓氏之疑，叔祥贋本之患，韶父後人之痛，予蓋爲之喜而不寐者數日。幸逢不諱之朝，采薇、采芝之音，得以不終湮没，其亦賢子孫之樂也。甘谷去年一病幾死，病中之惓惓惟此集，予曰：「子能以此爲念，不須觀廣陵、曲江之濤也。」及其愈也，始決意開雕，然則先生之集之得傳也希矣。

礐樵先生集序〔一〕

（上略）方予之求先生書也，并得楊推官葬録一卷〔二〕，中有先大父贈公與先生議葬推官兄弟始末，予尤訢然樂而鈔之。

〔一〕李文纘，前集十四，續甬詩四七。
〔二〕見卷廿四。

耕石老人詩集序〔一〕

耕石老人姓李氏，名文純，字一之，又字姬伯，鄞人也。鄞之砌街李氏，明室世臣。國難後，先生從父儀部〔二〕預於「五君子」之禍，殉義，其嗣子文胤〔三〕慬而得脱。同時九宗子姓：樞部文杲，農部文昱，從亡而死；樞部文纘亦以預「五君子」之禍幾死；評事文爟、參軍允智，坎壈以老。先生同在諸公入幕之列，顧別具保身之智，不罹其難。尋匿影奉化之求邨，事定始復入城，亦不輕見一人，其所唱酬止於兄弟，時人稱爲戒庵先生。

〔一〕李文純，續甬詩四六。

〔二〕李檲。
〔三〕李鄴嗣。

集中之詩，以五律爲長城，深入唐人之室。自其少時侍父宦蜀，即爲撫軍都御史曠昭〔一〕所賞，訂忘年交，晚歲律益細。顧身後散失者十之五，今僅存瓢貯四卷，當時貯之於瓢者也。先生嘗自歎曰：「昔人恨無知己，欲以青蠅爲弔客〔二〕，吾猶嫌其鬧。未若枯竹頑石，相與賞心，風味殊不惡。」而先大父贈公〔三〕諧之曰：「青蠅豈僅嫌之而已也。夫北都之青蠅：陽羡、烏程、武陵、韓城、井研〔四〕是已；夫南都之青蠅：貴竹、懷寧〔五〕是已；夫越都之青蠅：戚畹之張、毛，閹臣之田、謝〔六〕是已。是營營者，乘時而化，不可方物，或爲梟爲獍，或爲鬼爲蜮，方當投畀豺虎，尚憂不食，而謂但移牀以遠之〔七〕，閉門以拒之耶？如吾戒庵者，猶忠厚之論矣。」先生爲之欷歔流涕，相對不語者竟日。

〔一〕李㮚，四川提舉。
〔二〕吴志十二裴注引虞翻别傳：翻放棄南方，云死以青蠅爲弔客，使天下一人知己，足以不恨。
〔三〕全吾騏。
〔四〕周延儒、温體仁、楊嗣昌、薛國觀、陳演。

〔五〕馬士英、阮大鋮。

〔六〕張國俊、毛有倫、田仰、謝三賓。

〔七〕南史三六江敩傳：移牀以避紀僧真。紀，齊武帝黷幸臣，欲作士大夫也。

予讀先生之詩，沖和雅淡，絶無怨悱之音，然亦尚有不能自禁者。如新樂府秦舞陽一篇，託辭於荆卿之降秦，以詆故國諸臣之改節；哭華嘿農、王卣一詩二篇〔一〕，消魂於山陽之笛〔二〕；至若潮回京口，風利石頭，日月重開，山川一洗，則猶向丁鶴年海巢中，有宣光綸旅之盼焉〔三〕。夫孰謂其守枯竹頑石以老者，雖以是瓢爲中流之一壺可矣〔四〕。讀畢，因述先贈公之語以序其端。茫茫桑海，想見欷歔流涕時也。

〔一〕華夏、王家勤。續甬上詩有小園閒居雜感八首，注曰「傷王卣一」。又有懷舊一首，注曰「悲華、王也」。謝山所云二篇即指此。

〔二〕山陽舊鄰之笛，見晉書四九向秀傳。

〔三〕海巢記卷十八。綸旅，左哀元。綸，邑名。猶，似。向，昔也。

〔四〕鶡冠子：中流失船，一壺千金。

南雷黄子大全集序〔一〕

南雷先生之集，累雕而未盡，其稱南雷文案者凡四種，而壬辰、癸巳以前所輯曰始學庵集，不預焉。其稱南雷文定者又四種，而壬申以後曰病榻集，亦不預焉。先生嘗欲合諸本芟定之爲文約，未成而卒。而竟有所謂文約者，慈谿鄭南谿〔二〕喜而雕之，然不知非先生之手裁也。先生之文，其深藏而不出者，蓋以有待，不可聽其湮没也。而在雕本中，反疑多冒附之作，讀者多不之審。予乃從南谿家盡取先生之草稿，一一證定，皆以手跡爲據，於是義熙之文畢出，而冒附者果不出予所揣。乃補其亡，汰其僞，定爲四十四卷，而廬山真面目見矣。先生之文，累有更竄〔三〕，故多與舊所行世之本不同者，又皆以其晚年手跡爲據。惜乎南谿下世，不得與共討論之。

〔一〕黄宗羲，前集十一、卅一，續甬詩卅八。

〔二〕鄭性。

〔三〕因先生高壽故也。

歷朝人物世表序

（上略）予撰讀史通表既竣，別作歷朝人物世表二十卷，合二千餘年之王侯將相、卿尹牧守，凡累世有見於史者，即牽連志其人代，而儒林、文苑亦附見焉。其或陸陸無可書，則雖蔭襲之烜赫，門地之高華，概削不録，懼蕪文也。讀者披覽之下，若者家聲世接，若者種惡代傳，若者隕宗，若者幹蠱，是亦春秋之意已。予友鄭筤谷檢討〔一〕嘗語予，科舉既盛，世家將替，即有明一代可見。予於宰相傳中枚舉，如崑山之顧，合門仗節，禾中之錢，兄弟死事者，凡十數家，欲爲勝國系望生色。嗟乎！以九世之卿族，預累朝之佐命，此世家之極盛，而陽源子弟之所嗤。不知讀王、謝世表者，以其言爲然否也。巽巖〔二〕作王謝世表一卷。

〔一〕鄭江。

〔二〕李燾。

困學紀聞三箋序

深寧王先生〔一〕文集百二十卷，今世不可得見。其存者玉海，部帙最巨，尚有附刻於玉海後者十餘種，而碎金所萃，則爲困學紀聞。顧其援引書籍奥博，難以猝得其來歷。太原閻徵君潛邱嘗爲之箋，已而長洲何學士義門又補之〔二〕。斯二箋者，世宗憲皇帝居潛藩，皆嘗充乙夜之覽。近年祁門馬氏以閻本開雕，而間采何説以附之。桐鄉汪氏又以何本開雕，良後學之津梁也。潛邱詳於開索，其於是書，最所致意，然筆舌冗漫，不能抉其精要，時挾偏乖之見。如力攻古文尚書，乃其平日得意之作，顧何必嘵嘵攙入此箋之内，無乃不知所以裁之耶？義門則簡核，而欲高自標置。晚年妄思論學，遂謂是書尚不免詞科人習氣。不知己之批尾家當，尚有流露此箋，未經洗滌者。

〔一〕王應麟。

〔二〕閻若璩、何焯。

歲在辛酉〔一〕，予客江都，寓寮無事，取二本合訂之，冗者删，簡而未盡者則申其説，其未及考索者補之，而駁正其紕繆者，又得三百餘條。江西萬丈孺廬〔二〕見之，歎賞以爲在二家之上。予學殖荒落，豈敢與前輩爭入室操戈之勝，況莫爲之前，予亦未能成此箋也。胡身之謂小顏釋班史，彈射數十家無完膚，而三劉所以正小顏者正復不少。是書雖經三箋，然闕如者尚多有之，又安知海内博物君子不有如三劉者乎？予日望之矣。

〔一〕乾六。
〔二〕萬承蒼。

重修桓溪全氏宗譜序

（上略）予家自宋以來，父兄子弟所相詔相勉者，皆重不言而躬行。故咸淳八徵士之高風，義田宗老之卓行，本然、本心二先生〔一〕之理學，遯翁、玉翁、修齋〔二〕之詩詞，皆傑然可傳，而圖經所載，無及之者。不肖嘗以問之先公，則曰：「蓋嘗聞之上世，斯民之直道久已泯矣。志乘之著録，大率以禄位聲勢爲主，非是者弗預也。」本然先生嘗讀延祐志書而歎曰：「袁氏號賢者，其狥私曲筆，一至於此，何況其餘。」因戒後世子孫，不必求人作傳。故自正德以前，吾家皆以潛德自勵，非是譜也，不知先世之厚積如此也。嗚呼！爲善而不求聞於人，斯其爲真君子也。然則是譜之傳，所以示吾子孫之圭臬，而當恪守而弗失者，豈淺鮮哉。桓溪之譜，八百年矣，服則已窮，姓則已殺，屬則已竭，而其未窮未殺未竭者，舊德雖衰，規矩尚存，先疇雖減，阡陌未散。斯先公之所以惓惓而不能自已也。於是不肖抆淚含豪，百拜而爲之序。

〔一〕全鼎孫、晉孫。
〔二〕全彥，晉孫子；璧，君玉；整，學案七四。

董氏重修族譜序

鄞之董氏，居於西廂者最大。蓋自東漢徵君之後，累遷之四方，及晚宋復遷於鄞，又由鄞而遷慈，至明初梅隱先生復居於鄞，其譜嘗累輯矣。今年董氏之賢者曰峕愚〔一〕、樂窗、學修，重論定之，而商榷於予。

〔一〕董弦。

其自梅隱先生以後，蓋良譜也。而遞推而前者，有可疑焉。夫何以徵其良也？鄞之南湖亦有董氏，其最著者，有明殉難兵科都給事中志寧是也，精忠大節，足重一代。鄞之北郊亦有董氏，其最著者，有明户部郎守諭是也，碩學高行，蔚爲人師。是皆嘗與西廂諸董叙兄弟之歡者，而譜中弗敢收焉，其慎也。

然則何以自梅隱先生而上，漫無依據，任心附會，質之唐、宋正史之系望而不合，考之宋、元舊志之支屬而不合。夫數典而忘祖，不可爲也；扳援華胄而誣祖，尤不可爲也。今董氏之載筆者，能嚴之於一二十世之中，而忽之於一二十世之上，是何以故？乃爲書一通，抉摘其誤之甚者以告之〔一〕，而嵩愚兄弟曰：「善。是皆出吾慈水舊譜之所載者，先人亦嘗疑之，而弗敢遽删也。今得吾子之言，既明且清，請溝而出之，仍歸之慈水之舊譜，而今本弗令雜焉。」予喜其兄弟之虛衷也，遂爲更定其凡例，而甄别之，爲書一十六卷，皆其可信者也。

〔一〕書見卷四十五。

嗚呼！自宋以後，譜序已亡，予嘗欲纂甬上世家支系表，稍以爲同里正氏族之源流，弗令庸妄人得謬相因託，而忽忽未就也。甬上世家之譜，惟槎湖張氏最精，先宫詹公〔一〕修吾家譜，實取法焉。其後秣陵焦文端公〔二〕登其目於國史之志，今董氏之譜，其足以嗣響也夫。

〔一〕全天叙。

〔二〕焦竑。

九日行庵文讌圖序

（上略）圖之詳，已見於厲君樊榭〔一〕記中。一十四人者：胡都御史復齋、唐翰林南軒〔二〕，皆楚産；厲徵君樊榭、陳隱君竹町〔三〕與予，皆浙産；王徵君梅沜〔四〕則吴産；餘皆居於揚者。予之許序斯圖也，三年於兹，今夏重披圖捉筆，而南軒已化爲異物矣，爲之惘惘。

〔一〕厲鶚。
〔二〕胡期恒、唐建中。
〔三〕陳章。
〔四〕王藻。

重葺岳陽樓志序 代作〔一〕（文略）

〔一〕代黄凝道作。休寧人，乾七至十五知岳州府。

鮚埼亭集批注　外編卷二十六

序四

西湖金石文字録序

吾友仁和丁君敬身〔一〕，今世之隱君子也，少不喜治舉子業，沈酣穿穴於古人之書。然家貧甚，其二親皆年高，敬身本郊居，日賣米以供甘旨。左手操釜庾，右手挾書，户外之屨，問字與請糴者半。予戲之曰：「昔宛陵先生〔二〕言『廬陵自欲爲昌黎，乃以我爲孟郊』，今諸公多謬推予爲竹垞，將屈公爲周篔〔三〕。」敬身曰：「謹如約。但吾所著西湖金石文字録，需君序之。」

〔一〕丁敬。

〔二〕梅堯臣，字聖俞。

〔三〕字青士。

敬身最留心史事，嘗舉集古録序以爲殘碑斷碣，每足與紀傳正其闕謬，非徒以詞翰之工，區區取玩研席。而所居適在舊都〔一〕，往往杖策懷乾糒，獨遊空山。經過一古寺，一荒塋，即婆娑其間，少有所得，若載七寶，裝以歸。自南宋二百年以來，帝王戚畹之營建，將相之居停，騷人俠客之寄寓，凡吾輩考據而未悉者，以問敬身，輒欣然胠篋，旁推曲證，如寘諸掌。予嘗謂宋史自南渡以後最略，得敬身之録，所補不少。西湖四山之中，多有遊人所未至者。一日敬身周走南北兩峯，徑入深處，有事於摩搨。突有一虎肩摩而過，山人踉蹌迸散，敬身不知也。日間既多俗務，夜分即手鈔之。十年間，其書哀然告成，箋疏確鑿，而未有有力者梓之以行世。

〔一〕宋舊都。

嗟乎！後世士不嗜古，或間有嗜之者，而力不足以售其志。熹平、政始石經〔二〕，六朝牧伯以爲柱礎之用，又況其餘耶？敬身以一布衣躑躅湖山，爬梳金石，雖其書止於一隅，而其事關於一代，不已偉哉。予因謂敬身曰：「周賓特詞人耳，不若君是書之必傳也。」敬身曰：「然則尤賴子之文以壯之。」予雖媿不敢當，然不敢辭，作西湖金石文字録序。

〔一〕應作「正始」。

史雪汀注李長吉詩序〔一〕

世傳荆公讀昌谷詩，所譏雁門太守行語，蔡寬夫詩説辨之，以爲此不知詩者之言，必非荆公所有，然未有以明證之者。近偶憶臨川集古風集句送吴顯道一篇：「滕王高閣臨江渚，東邊日出西邊雨。」荆公有取於此句，則世所傳，真老頭巾之附會耳。予友史雪汀注昌谷詩，屬予爲序，予書此簡，請以附之卷末。雍正癸卯正月望日〔二〕。

〔一〕史榮。

〔二〕雍正元年，是年謝山十九歲。

宋詩紀事序

厲徵士樊榭〔一〕以所著宋詩紀事百卷，索予爲序〔二〕。樊榭所見宋人集，於朋輩中爲最多，而又求之詩話、畫録、山經、地志、説部，雖其人無完作者，亦收其片詞隻句以傳之，蓋輯眘之功十年。

〔一〕厲鶚。

〔二〕今本宋詩紀事不載此序。

宋詩之始也，楊、劉諸公最著〔一〕，所謂「西崑體」者也〔二〕，説者多有貶辭。然一洗「西崑」之習者歐公，而歐公未嘗不推服楊、劉，猶之草堂〔三〕之推服王、駱〔四〕，始知前輩之虚心也。慶曆以後，歐、梅〔五〕、蘇、王數公出，而宋詩一變。坡公之雄放，荆公之工練，並起有聲，而涪翁以崛奇之調，力追草堂，所謂「江西派」者，和之最盛，而宋詩又一變。建炎以後，東夫之瘦硬，誠齋之生澀，放翁之輕圓，石湖之精致〔六〕，四壁並開，乃永嘉徐、趙諸公以清虚便利之調行之，見賞於水心〔七〕，則「四靈派」也〔八〕，而宋詩又一變。嘉定以後，江湖小集〔九〕盛行，多「四靈」之徒也。及宋亡，而方、謝之徒〔十〕相率爲急迫危苦之音，而宋詩又一變。蓋此三百五十年中，更番間出，如晉、楚狎主齊盟〔十一〕，風氣皆因乎作者而遷，而要莫能相掩也。然而詩之爲道，蓋性靈之所在，不必謂大家之落筆，皆可傳也。即景即物，會心不遠，脱口而出，或成名句，則非言門户者所能盡也。

〔一〕楊億、劉筠，紀事卷六。

〔二〕四庫總集一有西崑酬唱集二卷。

〔三〕杜甫。

〔四〕王勃、駱賓王。

〔五〕梅堯臣，卷廿。

〔六〕蕭德藻，卷五十；楊萬里，卷五一；陸游，卷五三；范成大，卷五一。

〔七〕葉適。

〔八〕徐照，靈暉，卷六三；徐璣，靈淵，卷六三；翁卷，靈舒，卷六三；趙師秀，靈秀，卷八五。二徐、翁、趙，四靈，四庫別集十五。有永嘉詩人祠堂叢刻。

〔九〕陳起編，九十五卷，四庫總集二。

〔十〕方鳳、謝翱，卷七十八。

〔十一〕狎主齊盟，見左昭元。更迭爲盟主也。

樊榭之爲是，蓋意存乎收羅廢墜，故薈萃唯恐有遺。正以見詩之有得於風雅之遺者，旁搜遠取，不必盡在大家，而又得因其詩以傳其人，使不與草木同朽，則亦表章之功所寄也。既各爲其人小傳，使得知其姓氏、里居、爵位、世系，又采前人詩話以附之，其中有足以補史氏之闕者，豈非藝苑之津梁乎？而作者之心亦苦矣。

予於永樂大典中見宋人集爲世無者尚百數十家，樊榭聞之大喜，亟貽書令予鈔録，以補其所不足。予既諾之，而左降出都矣，事或有待，姑先以此行世也。

楊企山文集序〔一〕

同年楊編修企山，不相見者七年。癸亥〔二〕之冬，遇於江都，出其詩古文詞如干卷，令予爲之序。

〔一〕楊述曾，鶴徵後録五二頁。
〔二〕乾八。

向嘗與臨川李丈穆堂數詞苑掌故，百年以來，一門祖孫父子相繼官翰詹坊局者，天下之大，不過十家：江南則武進楊氏最先，次之溧陽史氏、桐城張氏、常熟蔣氏、長洲韓氏；浙中則錢唐徐氏，歸安嚴氏、沈氏；直隸則静海勵氏；近日江南又得長洲繆氏，而其餘無有也。楊氏一門四世七人，其登一甲者二人，尤爲希遘。

雖然，今世詞苑之以資地自雄，自有明始也，而詞苑文章之誚，亦自有明始。洪、永以後，東里、蒙泉、西崖、守溪、匏庵、圭峰諸公，質有其文，一本高曾之規矩。過此以往，漸以就衰，荆川、大洲、南沙，不過數人。其後詞苑之作，幾不復爲通人所寓目。澹園、石簣，思爲中流之一壺，而才力不足以語乎古。蒼霞、黄離，春容大雅之音，而根柢稍淺。鴻寶、石齋以學行重，而弗盡醇。蒙叟力追八家，而累於排比。詞苑文章之難有如此，乃知浪負清華之選者，其已多也。聖朝鼓吹休明，諸老先輩之以文鳴者盛矣。予生也晚，所及見者似少孱焉。望溪、石源、穆堂之次，其以經學史學發爲文章，農先學士〔一〕其人也。企山親稟學士之教，涵濡醞釀，蓋已有年，其不爲世俗之文章所汩没，而卓然有得於汲古者，行且爲詞苑吐奎婁之氣，而一洗折楊、皇荂之恥。使後世有如巽巖李氏作詞苑年表者，不僅僅以累葉花磚，誇西清系胄之盛，而以克紹其家聲爲難，是則企山之資地也。企山之作，其才宏肆，其法謹嚴，其氣息春容而大雅，由是而進之，陶鑄萬有，貫穿一切，吾未有以測其所至，其足爲諸老先輩之替人無疑。

〔一〕楊椿。

予初入京，即荷學士過情之奬，得聆論文之緒。十年拓落，已見二毛，顧瞻玉堂，如在天上。企山其勿以吾言爲妄，然卒勿以充同直諸公胡荽之語也。

受宜堂集序

受宜堂者，開府常公〔一〕官山西時，世宗憲皇帝以潛藩降香五臺所賜奎墨也。公之自叙詳矣。及撫軍浙河，遂以名其集。公以文武憲邦之任，顧吏事之餘，不廢著作。歲在乙丑〔二〕，郵筒傳致詩古文詞，下問於予，予得讀而序之。（下略）

〔一〕常安。
〔二〕乾十。

往予在秘閣，公方撫軍江右，江右之薦紳先生，如前大學士高安朱文清公〔一〕、前侍郎臨川李公、南昌萬翰林孺廬〔二〕，皆予三館師友，晨夕追隨，每爲予盛稱公之著作。已而公入爲京卿，幸從班行之末，瞻望丰采，冀得一窺武庫之藏，而予遽以左降南歸。公督漕淮上，淮之寓公天門唐翰林南軒〔三〕亦爲予言公之宏奬風流，篤嗜問學。迨移鎮吾土，予伏處菰蘆，不敢以閒放之身，妄干謁憲府，而公之不棄芻蕘，一若杜陵所云「有客傳何尹，逢人問孔融」者，第愧予之弗克堪也，爰再拜志於集端。

〔一〕「文清」爲「文端」之譌，朱軾。
〔二〕李紱、萬承蒼。
〔三〕唐建中。

祝豫堂詩集序〔一〕

秀水祝君豫堂來京，以所著緑野莊詩索予爲序，諾之兩年而未就。乙卯〔二〕秋，豫堂試北闈甫畢，遽爲關東之遊。予問之曰：「何不少待？」豫堂曰：「吾之遊不過百五十日，倘得捷耶，歸來正及春試之期；不捷，買棹南歸可也。」達哉豫堂之言，請即以之序其詩。（下略）

〔一〕祝維誥，乾三年舉人，公車徵士録四四頁。
〔二〕雍十三。

迎鑾新曲題詞〔一〕（文略）

〔一〕厲鶚、吴城。乾十六。

梁太公紀恩詩序

歲在辛未〔一〕，天子奉太后省方吴、越，詔曰：「朕今南幸，正當慈寧萬壽，行見衢歌巷舞，乃朕以天下養之日也。」於是吾友梁少師薌林〔二〕以扈從出。維莫之春，十有八日，爲其太公溪父先生〔三〕八十生辰，陳情乞假爲壽，天子許之。先時薌林在計部時，先生方七十，恩詔特賜之官誥，又賜以五言近體一首，又賜以「傳經介祉」四大字。薌林之兄菽林〔四〕以庶常侍養家居，特免其散館，授編修。不十年而薌林晉太宰，長六官，遂入中書參大政，任一子爲尚書員外郎。儤直燕閒，天子忽語薌林曰：「汝父明年八十矣。」即日賜以閣部之封。踰年，屬車將至浙境，先生迎駕於吴江，天子停舟致問。已而召見於行幄，令二子扶掖上殿，歎其多福，賜貂，賜幣，賜餈餌，又賜以七言近體一首，又賜以「湖山養福」四大字。先生退而偕浙東西士大夫爲太后祝釐於淨慈寺，天子賜燕於湖上。瀕行，又賜薌林「台階愛日」四大字，又賜以白金三百兩。先生送駕於吴江，適以初度之日歸，則浙東西士大夫踵門上慶，填塞衢巷，相與額手嗟歎，以爲先生視履之祥，足以上邀天祐，篤其蔭於嗣子，至使桑榆晚景，時縈注九重之寤寐。亦會逢孝治之隆，廣錫類之仁於不匱，故殊恩及於大臣尤渥。而薌林顯揚之願，破格踰分，所以仰酬夫高厚者，亦遂竭滄海不足量其深。君臣父子之際會，未有盛於斯者也。且夫于公〔五〕能高駟馬之門，而不及見西平之貴；魏公能大三槐之庇，而不及逮侍郎〔六〕之存，寵光雖茂，猶有憾焉。以視先生之親承天語，入朝不趨，手奉奎綸，春容樂豈，其相去爲何如也。

〔一〕乾十六。
〔二〕梁詩正，雍八探花。
〔三〕梁文濂。
〔四〕梁啟心，乾四進士。
〔五〕于定國父，漢書七十。
〔六〕魏公，王旦；侍郎，王祐。見經進東坡文集五九三槐堂銘。

先生神明正永，花晨月夕，猶能與吾輩賦詩於六橋三竺之間，後洋吟卷，里社兒童歌之。菽林與其少弟循陔左右，上之則兄事三老，弟畜五更，而雄長於香山、睢州諸耆宿，天之呵護之者，未有艾也。先生乃哀其紀恩之詩，而令予序之。

館中贈史侍郎歸里詩序

同里禮部侍郎史先生慎齋〔一〕，以雍正十有二年三月致仕南下。先生之在九列，尚稱推先生一人。於是同館作爲歌詩以榮之，而命祖望爲之序。茂齒，顧以足疾乞休，天子優詔許之。蓋自數十年來，大臣未及懸車之格，得邀恩命者，首

〔一〕史在甲，康五二癸巳進士。

予嘗謂自科舉之制行，而求世禄如六朝門第之盛，已不可得。若世禄而并世，其知止、知足之節，此雖古人未之或見者。史氏自南宋以來，甲第爲吾鄉第一，所稱史、鄭、樓、豐者也。近者三家孫支式微已甚，而史氏科名不絶於籍。槐棘之間，世有令人，枌榆社里，不媿喬木世家。其尤異者，先生世父立庵先生〔一〕以順治乙未大魁天下，由翰林歷講、讀，參東閣，晉秩禮部侍郎致仕。乃甲子甫周，而先生亦以名進士選館，九遷亦至禮部，亦未及年而乞休。前光後輝，若合符節。青門餞别，乃昔日侍杖履以隨行之地，山陰道上，香火依然。後世有弇洲其人，紀一朝之盛事，以當外史嘉話，可不謂吾鄉之寵哉？

〔一〕史大成。

予又嘗考史氏先世，自開府儀同三司忠宣公、華直閣獨善先生、朝奉大夫鴻禧君〔一〕，

並當家門極盛之時，遺榮投老。一時大儒晦翁、慈湖、攻媿、西山諸公，交口稱慕。至今滄洲、碧沚之間，清風如在。其亦家傳樵楷，至今猶有存者耶？是則區區世禄，與夫偶然履歷之符，又不足爲先生道也。

〔一〕史彌堅，忠宣；史彌鞏，獨善；史守之，朝奉。

若以吾鄉言之，數年之中，耆老落落如晨星。先生之歸，靈光巋然，絲綸著作之手，後輩資之以有矜式，又不可謂非子弟之幸也。至若先生以槐棘重臣，敭歷有歲，而未竟其用，九重賢達之惜，其與魏闕之思，有相資而愈永者，不必予之縷縷而陳矣。

送沈徵士彤南歸引〔一〕

予考索明十三朝舊事，得世廟〔二〕時太常吴江沈公及其曾孫光禄公在神廟時封事〔三〕，知其家世爲建言名臣。已而考索桑海遺聞，又知君晦、君牧兩先生〔四〕殉節之詳，益慨然願見其子孫。雍正甲寅〔五〕，長洲徐編修澂齋〔六〕爲予言：「沈君彤者，明經修行之士也，將來見子。」翼日君至，詢之即太常裔孫。叩其所學，則實能貫穿古今經術而折衷之，文筆亦雅潔，不類吴下詞章之士。因是得知君之尊公真崖先生〔七〕，自年三十後，即謝制舉業，閉關讀書，不求知於當世，課其子以古學。蓋今年八十矣，而手未嘗釋書。嗟乎！昔歐、蘇兩文忠公之稱劉道原，必溯其匡廬先生之美〔八〕，蓋弟子之圭臬有自來也。太常諸公之明德，其益遠矣。

〔一〕沈彤，前集廿有墓版文。惠棟松崖文鈔二有沈果堂墓誌，聚學軒二集本。公車徵士録頁廿四，煙畫東堂小品本。

〔二〕世宗嘉靖。

〔三〕沈漢、沈璟，明史二〇六。

〔四〕沈自炳、沈自駧，明史二七七，小腆紀傳四六。

〔五〕雍十二。

〔六〕徐葆光，康五一探花，字澄齋，吴江籍長洲人。著中山傳信録，四庫地存目七。道光蘇州府志文苑六。

〔七〕沈始樹。

〔八〕道原，劉恕，宋史四四四文苑傳。三朝名臣言行録十四：父渙，棄官家廬山，歐公爲賦廬山高，居士集五。分類東坡詩廿送劉道原歸覲南康云：「匡廬先生古君子，挂冠兩紀鬢朱蒼。君歸爲我道姓字，幅巾他日容登堂。」渙字凝之。

君之來也，國家方有事於大科，内閣學士嘉興吴公以君薦。予頗以君文章矜慎，不苟落筆，幾幾有含毫腐穎之風，或不宜於臨軒急就之試。而君果以奏賦至夜分，不及成詩而出。士之得遇與否，固各有命存乎其間。其可傳與否，則又不繫是也。

今君以明發之懷〔一〕，欲歸爲真崖先生稱觴。束脩所入，足以當三簠，力畊所餘，足以充南陔之蘭。穆然不媿爲清門之後，固足以浮一大匏者歟？況夫杖履翿然，神明如故，君以其新知之培養者進而質之，當更有得也。君之行，贈予以先世家集，而索一言以爲贈〔二〕，余因書此以貽之。

〔一〕「明發不寐，有懷二人」，見小雅。

〔二〕一本無「以」字。

送沈萩林之蔚州引

吾友仁和詩人沈君萩林〔一〕，其骨相臞臞，負清氣，嗜讀書，家所藏宋、元諸槧最富。萩林沈酣其中，而見之於文詞者，詩爲多。當康熙中葉，鹽官查氏之詩，連袂成帷，掉鞅館閣，其氣力呼吸，足以鼓動一時後進。萩林之尊公文昌君〔二〕爲聲山詹事〔三〕愛壻，遂徙宅焉。萩林入奉庭誥，出與查田、查浦諸舅氏遊。凡其門牆間高弟，或有不能盡窺之窔奥，萩林無不傾筐倒庋而得之。小生曲學，爭求梯接，猶恐不得自前，蓋一時膏粱之資地然也。

〔一〕沈廷芳，乾元監生，試鴻博，授編修。公車徵士録五十三頁。

〔二〕沈元滄，瓊州文昌縣知縣。

〔三〕查昇。

詹事下世，文昌牽絲作令，查田諸老，既已相繼歸里，而風波驟起，門户蕩析，文昌亦橫遭吏議。萩林崎嶇患難者數年，驚魂雖定，而家已中落，藏書星散。再入京師，追溯風流故態，不可復得，枯菀之殊，令人不能不感慨繫之。然吾讀萩林之詩，春容閒淡，初無哀怨之音。其於友朋交好之誼，尤致意焉。萩林真不媿爲詩人者也。

歲在丙辰〔一〕，萩林父喪服闋，貧不能自支，入京試北闈，又不售，將爲蔚州之游，而索一言於予以自廣。嗟乎！萩林能以詩嗣其舅氏，得如山谷之有師川〔二〕諸子，雖以此没世可也，又遑卹乎其窮。

〔一〕乾元。

〔二〕徐俯。

鮚埼亭集批注　外編卷二十七

題跋一

跋楊誠齋易傳〔一〕

易至南宋，康節之學盛行，鮮有不眩其説。其卓然不惑者，則誠齋之易傳乎？其於圖書九十之妄，方位南北之謡，未嘗有一語及者，得意忘象，得象忘言，清談娓娓，醇乎其醇，真「潦水盡而寒潭清」之會也。中多以史事證經學，尤爲洞達。予嘗謂明輔嗣之傳，當以伊川爲正脈，誠齋爲小宗，胡安定、蘇眉山諸家不如也。是書崑山徐氏經解未刻，予得之謝太僕家〔二〕。徐氏嘗得朱英叔所藏宋槧本，不知何故不刻。

〔一〕楊萬里，學案四四。

〔二〕謝三賓。

周易象旨決録跋

程子嘗言易學多在蜀中，後三百年，而蜀又以來易〔一〕名於天下。然來易自空山積悟，雖多心得之言，而目不見先儒諸箋疏，雷同者有之，或以僻陋乖戾者言之，良可惜也。不知來易之先，乃有南沙熊氏〔二〕之易，蓋其謫居滇池所作。南沙於書無所不窺，而易爲尤邃，其博引諸先儒之説，最爲該備，來氏遠不逮也。以予所見宋、元易解一百五十家，明嘉靖以前亦數十家，南沙書中無不有之，而時時有予所未見者。即以吾鄉先輩易解，如宋之王先生太古，明之黄先生南山，其書今不可得矣，而南沙皆引其異同，博矣哉！甚矣，蜀之多易也。其書名曰周易象旨決録，計上、下經五卷，大傳二卷。

〔一〕來知德周易集注。

〔二〕熊過。

讀吴草廬禮記纂言〔一〕

禮記〔二〕爲草廬晚年所成之書，蓋本朱子未竟之緒而申之，用功最勤。然愚嘗聞之王震澤，謂四十九篇雖出漢儒輯舂而就，流傳既久，不宜擅爲割裂顛倒。有心哉斯言，朱子可作，亦不能不心折者也。草廬所纂，以衛正叔集説爲底本，予少嘗芟訂正叔之言，已及過半，後取纂言對之，則已有先我者矣。古人之著書，各有淵源如此。

〔一〕吴澄，學案九二。

〔二〕應補「纂言」二字。

吴江徐氏禮記解跋〔一〕

伯魯之解禮記，雖無大發明，然在傳注之體，則校之陳雲莊〔二〕爲勝矣。予家有張別山學士〔三〕與先太常公札，言其曾大父文忠公〔四〕當國時，請頒之學官，已得請矣，文忠下世而止，此前人所未及記也。其時別山方盡瘁危疆，而郵筒還往，猶能及經學之廢興，故國世臣所以貴也。偶檢舊笥，因以志於伯魯書後。

〔一〕徐師曾。

〔二〕「陳」爲「程」之譌。程智，卷卅四有書程雲莊語録後。

〔三〕張同敞。

〔四〕張居正。

書周禮集説後〔一〕

仁和嚴十區〔二〕篤好經學，雍正癸丑〔三〕四月以散館入京，贈予周禮集説十二卷，爲前代文淵閣藏書，元吴興陳友仁所編也。友仁自序言得此本於沈則正家，不知作者，因爲增益其所未詳，附以前輩諸老之議論，以廣其傳。予讀其書，雖不逮訂義之精博，要亦經師家一種也。中間脱去地官一卷，明關中劉氏儲秀嘗補足之。今世所見皆元本，未得劉氏所補。友仁於五官俱有總論在卷首，祇考工記無之。今雕本多顛錯，有在凡例綱領中者。俟他日訪得劉氏本，再爲釐訂。其末附臨川俞氏庭椿復古編，蓋成化時張都御史瑄所合刊而傳。是録，以友仁别自有復古編，與庭椿之書並列，舛矣。甲寅五日，十區以羸疾下世，偶繙書架，爲之腹痛。

〔一〕陳友仁。

〔二〕嚴璲，雍八進士，榜姓程。

〔三〕雍十一。

題程復心四書章圖〔一〕

宋儒自嘉定而後，多流爲迂腐，其所著書有絶可笑者，程復心四書章圖亦其一也。每章爲一圖，而爲之別白其歧趨，如儒則有君子、小人之分，學則有古爲己、今爲人之分，達則有上、下之分。但每章如此，不亦愚耶？是亦何勞爲之圖乎？永樂大典載此書。

〔一〕程復心，字子見，新安人。書名四書圖訓，袁桷有序，見清容集。

題郝仲輿諸經解後〔一〕

有明三百年，經師寥寂，而季長沙〔二〕、郝給事稱爲雄霸。二人之不肯苟同於先儒者，皆觥觥如也。其可傳處以此，其不可爲訓處亦以此，學者易其心而讀之可矣。先儒之說，返之吾心而不安者，固當博考之，深思之，力求其是。若豫儲參商之見以相尋於口舌，是則經學之賊也。和靖先生〔三〕有曰：「說經而好奇，亦何所不至矣。」三復其言，不禁悚然。

〔一〕郝敬，京山人，明史二八八附文苑李維楨傳。郝著述，四庫存目者十三種，著録無。

〔二〕季本，明史二八八附文苑徐渭傳。渭師，山陰人。其著述，四庫存目者七種，詩類二著録者一種：詩說解頤四十卷。

〔三〕尹焞，程門，學案廿七。

吾友杭堇浦最推給事，以爲在長沙之上。予則謂長沙尚有敦龐渾穆之氣，給事頗嫌其辭費而支，恐尚非長沙匹也。士盡原伯魯之子〔一〕，聰明錮於茅蕁，以講章爲經學，可爲痛心。於是豪傑之士，憤而有激，而立異之書出矣。而蚩蚩講章家，以爲是所當火其書者也，豈知其中固自有不可抹殺者乎？如長沙，如給事，皆在乎學者之善讀其書乎？

〔一〕「子」應作「徒」。原伯魯不説學，見左昭十八。指原伯魯，非指其子。

鮚埼亭集批注　外編卷二十八

題跋二

讀魏志王凌傳〔一〕

王凌謀討司馬懿而不克，懿以軍至，雖五尺童子亦自知不克全矣，而謂面縛出降以望生，無斯理也。又謂凌乘船徑就懿，爲懿所拒，至中途乞灰釘以嘗懿之意，而懿予之，始自裁〔二〕。凌之庸謬果如此，豈能討懿者，亦不應爲當時人望所屬矣。又謂懿臨死時，見凌爲祟〔三〕，則凌之神明早澌滅於請降、請灰釘之日，而死後能復振乎？此史臣謬采誣善失實之詞，而不知其非也。

〔一〕卷二八。

〔二〕此注引魏略語。

〔三〕此注引干寶晉紀語。

曰：然則史之所記非乎？曰：此乃司馬家兒所以謗凌之詞也。凌志大而才疏，其敗也，必有麾下内應於懿，縛之以降者；其乞灰釘也，蓋惟恐不速死，而非有冀於懿之宥之也。夫然，故大呼賈逵〔一〕之字以求諒於神。温公修通鑑亦仍舊史之謬，不可解也。

〔一〕賈逵，魏志十五，與後漢賈逵同名。

讀魏志曹爽傳〔一〕

舊史不平之事，有二大案焉：其一爲曹爽，其一爲王叔文、王伾〔二〕。

〔一〕卷九。
〔二〕王叔文、王伾，舊唐一三五，新唐一六八。

爽以曹氏宗支，有見於司馬氏之難制，奪其官，思以張王室，不可謂非，而不自知駕馭奸雄之非其才也，委任何、鄧〔三〕而又非其才也，遂見覆於司馬氏。既覆而司馬氏百端造謗以加之，史臣從而書之，居然下流之歸矣。

〔一〕何晏、鄧颺。

叔文、伾有見於宦官之難制，奪其兵，思以張王室，不可謂非，而不自知中貴之勢之極重而難返，而二人非其才也，委任八司馬〔一〕而又非其才也，遂見覆於宦官。既覆而宦官百端造謗以加之，史臣從而書之，居然下流之歸矣。

〔一〕韓曄、韓泰、陳諫、柳宗元、劉禹錫、凌準、程异、韋執誼。

叔文、伾之事，范文正公〔一〕頗昭雪之。今上又取其言而表之，可以稍爲平反。而爽之冤，千古無言之者。嗚呼！八司馬當時幸而不死，皆有文章經術傳於世，故後人尚有昭雪之者。何、鄧實亦八司馬之流，浮躁率露則有之，其心豈有他哉？身罹重典，不復邀有心人之原諒，其可傷也。

〔一〕范仲淹，范文正集六有述夢詩序言此事。並見困學紀聞廿卷廿八頁。

雖然，叔文、伾無兵柄，八司馬亦不過才人耳，故不足以制宦官。爽有兵，又有桓範〔一〕之謀而不能用，則誠癡兒也。

〔一〕桓範，魏志九附曹真傳。

書諸葛氏家譜後

方遜志〔一〕謂「諸葛兄弟三人〔二〕，才氣雖不相類，皆人豪也。當司馬昭僭竊之時，征東〔三〕拒賈充之言，起兵討之，事雖無成，身不失爲忠義，豈非大丈夫乎？世俗乃以是訾之，謂漢得龍，吴得虎，魏得狗。爲斯言者，必賈充之徒，揚雄所謂『舍其沐猴而謂人沐猴者』，善哉斯言〔四〕。

〔一〕方孝孺。
〔二〕諸葛亮；諸葛瑾，亮兄；諸葛誕，亮弟。
〔三〕征東，諸葛誕。
〔四〕斯言，遜志齋集五之言。

予觀東漢之末，東南淑氣萃於諸葛一門。觀其兄弟分居三國，世莫有以爲猜者，非大英雄不能。厥後各以功名忠孝表著，而又皆有令嗣，何多材也。東吳自周瑜、魯肅既亡，苟安偷息，莫敢謀及北方。太傅〔一〕惓惓出師，差强人意，惜以不密殞命。逆臣腐儒嘵嘵，所謂成敗論壯士者耳。太傅不死，北方未得高枕臥也。衛將軍父子〔二〕仗節，爲兩漢四百餘年任綱常之重，蜀志尚多貶詞，可謂無人心者〔三〕。副軍師〔四〕終身不向晉室而坐，崢嶸龍種，要不與狐兒鼠子等也。

〔一〕諸葛恪，瑾子。

〔二〕諸葛瞻，亮子；諸葛尚，瞻子。

〔三〕張栻撰諸葛武侯傳，譏諸葛瞻尤甚。

〔四〕諸葛靚，誕子、恢父。晉書七七。

書宋史胡文定公傳後〔一〕

致堂、籍溪、五峰、茆堂四先生〔二〕，並以大儒樹節南宋之初。蓋當時伊、洛世適，莫有過於文定一門者。四先生歿後，廣仲〔三〕尚能禪其家學，而伯逢、季履兄弟〔四〕，遊於朱、張之門稱高弟，可謂盛矣。

〔一〕胡安國，卷四三五。

〔二〕致堂，胡寅明仲；籍溪，胡憲原仲；五峰，胡宏仁仲；茆堂，胡寧和仲。寅、宏、寧皆附宋史安國傳。學案：安國、寧三四，寅四一，宏四二，憲四三。

〔三〕胡實，朱集四二。

〔四〕伯逢，胡大原，朱集四六。「季履」爲「季隨」之誤。季履，胡大壯；季隨，胡大時。朱集五三，與季履書一，與季隨書十四。學案朱、張門下只有大時。

宋史別列籍溪於隱逸〔一〕，不知是何義例。籍溪雖立朝不久，然再召適當秦相諱言之後，一時誦其輪對疏者，以爲朝陽之鳳，固不可謂之潛德終淪者矣。況淵源實建安所自出，雖建安謂其講學未透，要不可不列之儒林也。

〔一〕卷四五九。

茆堂還朝，秦相問令兄〔一〕有何言，對曰：「家兄致意丞相，善類久廢，民力久困。」秦相已愠，因謂茆堂曰：「先公春秋議論好〔二〕，只是行不得。」茆堂曰：「唯其可行，方是議論。」又問柳下惠降志辱身，如何？茆堂曰：「總不若夷、齊之不降不辱也。」遂以書勸其避相位，以順消息盈虚之理。秦相愈怒，一日，忽招茆堂飲，意極拳拳，歸而臺章已下。宋史祇載其蔡京之對，且謂因致堂與秦相絶，遂并罷，不知茆堂自不爲秦屈，不一而足，非以致堂之牽連也〔三〕。

〔一〕胡寅。
〔二〕胡安國春秋傳三十卷，四庫春秋類二。
〔三〕周益公有籍溪墓表。

予擬重修宋史，謂宜考諸胡祖孫三世顛末，合爲一傳以表之。

籍溪少嘗賣藥，其後書堂中尚有「胡居士熟藥正舖」牌〔一〕，卒成一代儒者，真人豪哉。

〔一〕朱文公集九七有籍溪行狀。籍溪父淳，文定從父兄也。

書宋史張邦昌傳後〔一〕

靖康之難，馬時中〔二〕抗詞以復辟事申邦昌，徐師川〔三〕挂冠以去，至以昌奴呼其婢〔四〕，皆得書於國史。而此外如吴享仁〔五〕已僅僅附見於時中傳。至喻汝礪〔六〕之捫膝不屈，則竟泯然矣。喻以知名士淪落，況其下焉者乎？虹縣尉徐端益不拜僞赦，堂吏張思聰〔七〕亦首建反正之議。雖其人微，然即此一節已自足傳，顧僅見於華甫先生集〔八〕，可歎也。

〔一〕卷四七五。
〔二〕馬伸，宋史四五五忠義傳。
〔三〕徐俯，宋史三七二。
〔四〕事亦見魏了翁鶴山大全集五九，無「呼」字。
〔五〕「享仁」爲「亨仁」之誤。名給。見道命録三及宋元學案三十，字敦仁，鶴山集作「亨仁」。
〔六〕喻汝礪，宋史四五三附孫逢傳。桯史十四、困學紀聞十三、宋詩紀事三九。
〔七〕張思聰并見於揮麈後録四，甚詳。
〔八〕魏了翁。

跋宋史楊文靖公傳後〔一〕

楊文靖公之子安止〔二〕，本傳言其力學通經，亦嘗師事程子〔三〕，然於其出處大節則不書，不知其何意也。朱子言：胡和仲〔四〕嘗勸秦丞相，以相公當國日久，中外小康，宜請老，以順消息盈虛之理。秦曰：「我尚未取中原。」和仲曰：「若取中原，必須用兵，相公是主和議者。」曰：「虜自衰亂，不待用兵可取也。」其後安止亦有劄子勸之去位。秦大率如對和仲者，於是不樂安止，遂坐此去國。不然，安止亦須爲從官。然則安止真不媿爲文靖子矣。

〔一〕楊時龜山，卷四二八，學案廿五。
〔二〕楊迪。
〔三〕程頤。
〔四〕胡寧，安國子。

初，汪聖錫在三山刊文靖集，安止令姑弗入奏議於其中。蓋以當時尚多嫌諱，亦文靖所定道鄉先生集中之例也。朱子謂文靖晚年出山一節，世多疑之，奏議尤不可不行於世。安止聞之，遽梓之於延平。蓋程門四先生〔一〕：定夫後人曾爲秦丞相所挽，而其人不甚發揚，至使其從昆弟竊取定夫所解論語以獻於秦。上蔡三子：一死楚，一死閩，祗克念者，紹興中漢上奏官之而遽卒。與叔則無聞焉。其有聲者，惟楊氏耳。

〔一〕謝良佐上蔡，游酢定夫，吕大臨與叔，楊時：二程門人四先生。

安止官終判院，而水心謂文靖卒於紹興丙辰，七十年來無仕者，又不可解也。

跋宋史胡舜陟列傳〔一〕

胡待制不附秦檜以致殺身，本傳載之甚詳。而羅鄂州新安志〔二〕不書焉。篁墩以爲鄂州終以其父之嫌，不盡所言〔三〕。鄂州賢者，豈有此耶？及見朱子褒録高登狀〔四〕，言待制官静江，因檜父曾令古縣，欲爲立祠，高方爲令，持不可，待制誣以罪，下獄鍛鍊之，訖無罪狀而止。然則待制非能忤秦檜者也。當時忤檜之人，本非一輩，容有求附於檜而反忤之者。待制即忤檜，亦此輩耳。

〔一〕胡舜陟，績溪人，胡仔之父，卷三七八。

〔二〕羅端良，名願，附其父汝楫傳。新安志十卷，四庫地理一。願尚有鄂州小集六卷，四庫别集十二。

〔三〕篁墩，程敏政，休寧人，有新安文獻志百卷，四庫總集四。篁墩語參新安志提要。羅願父汝楫，宋史三八〇，歙縣人。嘗劾岳飛。

〔四〕集十九。高登，字彦先，漳浦人。新編百四十、南宋書卅皆有傳。登著東溪集，四庫别集類十之末著録二卷，書録解題、宋藝文志作十二卷。宋詩紀事四四采本集。彙刻宋元三十一家詞有東溪詞一卷。朱子文集七九有漳州州學高東溪祠記。黄氏日鈔九七陸大博墓誌亦引高事爲比。

後村集謂待制逮捕高，母死舟中，高航海投匭上書，乞納官葬母。檜素蓄憾，即下高靜江獄。比至而待制爲漕使呂源發買馬事，先下吏死，有天道焉〔一〕。嗚呼！待制恂恂儒者，常命其子仔采摭經傳，作孔子編年五卷〔二〕，又嘗請復孟子於講筵，末路如此，良可惜也。

〔一〕後村集一七五、詩話三。適園叢書三集有後村詩話。後村集所記，宋史已采入。鶴林玉露十六亦載登事，稗海本。

〔二〕四庫傳記一。仔尚有漁隱叢話，四庫詩文評一。

高於靖康中已與陳東上書，力陳六賊之罪〔一〕，又言金人不可和，卒忤檜以死。朱子既請於朝，又與留衛公言之〔二〕，始得贈卹，而宋史不爲立傳〔三〕，誣善失實，一至於此。

〔一〕六賊名見宋史四五五陳東傳：蔡京、梁師成、李彦、朱勔、王黼、童貫。

〔二〕留衛公，留正。見朱子文集廿八與留丞相七書之第三首。

〔三〕高登宋史三九九有傳，凡一千四百餘言。

跋宋史史浩傳後〔一〕

吾鄉史氏，一門五宰執。忠定〔二〕雖以阻恢復事爲梅溪〔三〕所糾，然其立朝，能力薦賢者。乾、淳而後，朱、陸、陳、呂、楊、舒諸公，皆爲所羅，而使諸子與楊、舒諸公遊，尤可敬，故終當在正人之列。其一參政〔四〕，二丞相〔五〕，一樞密〔六〕，皆不免清議。

〔一〕史浩，卷三九六。
〔二〕先謚文惠，後改忠定，文中前後異稱。
〔三〕王十朋。
〔四〕史才。
〔五〕史彌遠、史嵩之。
〔六〕史宅之。

史臣特著獨善先生及璟卿、蒙卿三公〔一〕。世有補宋宰相世系表者，史氏可以生色矣。然諸史中尚多賢者，不祇三人而已。

〔一〕史彌鞏；史璟卿，嵩之從子，宋史四一四；史蒙卿，彌鞏孫，宋史四二三。

文惠少子彌堅，累官潭州安撫使。其平土寇，行義倉，極爲真文忠公〔一〕所稱，累勸忠獻〔二〕辭相位不聽，遂食祠禄於家凡十六年，加資政殿學士。吴泳鶴林集内制行詞有曰：

「在熙寧則不黨於熙寧，如安國之於安石；在元祐則不黨於元祐，如大臨之於大防。」〔三〕寧宗御書「滄洲」二字賜之。卒謚忠宣。宋人有書判清明集，皆以載能吏之最著者，彌堅豫焉。

〔一〕真德秀。

〔二〕史彌遠。

〔三〕卷十。鶴林集四十卷，四庫別集類十五。

文惠〔一〕從子彌應，嘉定七年進士，不爲諸兄弟所喜，交游之來言時事者，輒退之。陳習庵〔二〕序其詩曰：「余外家赫奕寵榮，蟬鼎相望。獨舅氏自樂翁常罹讒退，閉門求志，行吟空山，有詩數卷，宣患難之所志，傳逸度於將來。仕終寧海尉。其詩後爲宋梅磵所刻，以爲耿介拔俗之語，瀟灑出塵之作，世所傳自樂山吟者也。」習庵大儒，許與不苟，則自樂亦史氏之君子也。

〔一〕文惠即忠定，史浩。

〔二〕陳塤。

又朝奉大夫守之，文惠孫也。心非叔父〔一〕所爲，中年避勢遠嫌，退居月湖之陽，著升聞録以寓諷諫，與慈湖諸先生講肆不倦，寧宗書「碧沚」二字賜之。忠獻每有所作，必曰：「使十二郎知否？」

〔一〕史彌遠。

愚以爲當合忠宣、自樂、朝奉〔一〕爲一傳，獨善〔二〕與蒙卿爲一傳，璟卿〔三〕别爲一傳，合爲一卷。碧梧翠竹，以類相從，庶潛德不終湮，而宗衮亦未嘗不籍以吐氣也。

〔一〕彌堅、彌應、守之。

〔二〕彌鞏。

〔三〕二卿是稱名。

跋宋史楊大異列傳〔一〕

楊大異登嘉定十三年進士，其爲四川參議官，死節更生，在理宗嘉熙三年。已而入知鼓院，遷理寺，出持廣東庾節，除秘閣，奉祠，蓋尚未六十也。家居又二十四年卒。而宋史言其少時乃嘗受春秋於五峰胡氏〔二〕之門。愚考五峰之卒在紹興之末，今姑以大異死節之時追計之，間以孝宗二十六年〔三〕，光宗五年，寧宗三十年，理宗十三年〔四〕，已七十餘矣。大異從五峰時即甚少，亦當及冠，果爾，則其成進士已六十餘，本傳年八十二之言，又恐不足信也。五峰弟子寥寥寡傳，然自南軒而外，如彪居正、吴晦夫，俱在淳熙前後之間，大異相去懸遠，於嶽麓弟子吴、趙輩，尚稱後進，則譌誤可知。

〔一〕楊大異，卷四二三，學案四二。

〔二〕胡宏。

〔三〕二十七年。

〔四〕嘉熙三年爲理宗十五年。

諸胡以籍溪〔一〕爲最長，致堂、茆堂〔二〕，皆與五峯年相若，無及孝宗之世者，惟廣仲〔三〕稍後死，其與南軒昌明文定之學，最爲碧泉遺老。或者人異曾受經焉，而本傳因之成譌耳。

〔一〕胡憲。

〔二〕胡寅、胡寧。

〔三〕胡實。

跋岳珂傳〔一〕

鄂王諸孫，倦翁最有聲於時。其禮記之學，則爲衛正叔以後第一；其程史諸種，則多足以備宋史之遺；其玉楮集則爲嘉定一名家〔二〕；若其上吴畏齋啟〔三〕，惓惓以開禧兵隙爲寒心，力言招僞官，遣妄諜，無補於事，允稱志識不羣者矣。然予考張端義奏疏〔四〕，劾史相國彌遠城狐社鼠，布滿中外：朱端常、莫澤、李知孝、梁成大之在臺諫，袁韶之在京畿，鄭損之在西蜀，馮榯之在殿巖，吴英之在許浦，岳珂、楊紹雲、鄭定、蔡廙之在四總〔五〕，借天子之法令，吮百姓之膏血，外事苞苴，内實囊橐。何居乎倦翁而亦預此列也。

〔一〕宋史三六五。

〔二〕岳珂著述，四庫著録七種、存目一種。禮記集説百六十卷，禮三。桯史十五卷，小説二。玉楮集八卷，别集十七。金陀粹編正續五十八卷，傳記一。愧郯録十五卷，雜家四。愧郯録取左昭十七問官郯子之意，頗詳於宋代禮制，然與禮記之學無關。衛正叔，衛湜。

〔三〕吴獵，學案七一。

〔四〕張端義，宋史無傳，宋史翼廿九。鄭真滎陽外史集卅五有讀張端義奏劄，卅七有録史衛王遺事，引張端義奏疏。潛研堂文集十九觀文府條亦引此奏之另一段。

〔五〕四總領見養新録十，淮東、淮西、湖廣、四川。珂爲淮東總領。

宋史於鄂王附傳甚略，而徐鹿卿傳〔一〕：「珂守當塗，制置茶鹽，自詭興利，横斂百出，商旅不行，國計反屈於初。命鹿卿覈之，吏爭竄匿。鹿卿寛其期限，躬自鉤考，親得其實。珂辟置貪酷吏，開告訐以罔民，没其財。民李士賢有稻二千石，囚之半歲。鹿卿悉縱舍，而勸以其餘分諸民，皆感泣奉命。珂坐是罷。」又杜杲傳〔二〕：「珂爲淮東總領，杲以監崇明鎮事隸之，議不合求去。珂出文書一卷曰：『舉狀也。』杲曰：『比而得禽獸，雖若丘陵，弗爲。』珂怒，杲曰：『可劾者文林〔三〕，不可强者杜杲。』珂竟以負蘆錢劾之，朝廷察其無虧，三劾皆寢。」又袁甫〔四〕傳：「珂以知兵財召。甫奏珂總餉二十年，焚林竭澤。珂竟從外補。」然則珂直掊克忮深之小人，得無有媿於乃祖乎？

〔一〕徐鹿卿，宋史四二四。有清正存稿六卷，四庫別集十六。豫章叢書本。卷一有劾知太平州岳珂在任不法疏。後村集一四四有鹿卿神道碑。

〔二〕卷四一二。

〔三〕南宋書五十作「可劾者珂」，謬。文林郎，從九品。
〔四〕袁甫，宋史四〇五。有蒙齋集十八卷，四庫別集十五。聚珍版本。

倦翁生平頗景仰朱子，具見桯史所録，其所爲不當至此，抑或色取而行違者耶？本傳所以寥寥，殆亦有所諱而然。偶與吾友厲二樊榭言之，爲之太息。

跋宋史陳謙列傳〔一〕

開禧用兵，而慶元之黨禁弛。然諸君子雖少挺，而又以言恢復事遭物論矣。水心、稼軒〔二〕且不免，何況其他。嗟乎！開禧之事是也，其人非也。然知其不可而爲之，則機有可乘，雖公山佛肸，當爲一出，況平原〔三〕託王命以行之者乎？若水心之固辭草詔〔四〕，其胸中早秩然矣。平原既死，羣小借此口實，以逐去諸君子。黑白混淆，宋之所以終於不競也。

〔一〕陳謙，字益之，永嘉人。宋史卷三九六，學案五三。
〔二〕葉適，四三四；辛棄疾，四〇一，開禧三年卒。
〔三〕韓侂胄，封平原王。

〔四〕水心不肯草出師詔，朝野雜記乙集九。水心集廿五墓誌，廿八又有祭文。

陳益之，淳熙遺老，晚以邊才復用，再起再蹶。其料皇甫斌，安襄城，保漢陽，水心所謂「有三大功，不特無銖寸之賞，而反以爲罪」者，宋史詆其呼侂胄爲「我王」，以予考之説部，則莆田陳讜之事也〔一〕。「讜」與「謙」字相近，遂妄加之。曾謂以益之風節，而出此乎？宋史之妄如此〔二〕。

〔一〕知不足齋第四集，葉紹翁四朝聞見録乙集陸放翁條，稱韓爲我王者莆陽陳讜。宋詩紀事五三引之。湛淵靜語二言陳讜冒葉適名求見侂胄。知不足齋九集，又見西湖志餘廿一。

〔二〕新編及南宋書均循宋史之誤。南宋書以陳謙與韓侂胄同傳。

跋宋史鄭丙列傳〔一〕

慶元道學之禁，濫觴於鄭丙，宋史詆之甚峻。予夷考之，則前此丙亦清流，一自倡攻道學，遂喪名節，而一跌不可復振矣。朱子〔二〕嘗言建寧自程、鄭二守〔三〕至今，聖節不許僧子升堂説法，其餘無敢任之者。程公即泰之也〔四〕。程史：丙初登西掖，力言賞功遷職之濫，奎札獎許；又力雪陳龜年之獄。韓子師以曾覿援，將召用，丙力爭之，大臣多譖爲賣直，上獨重之，亟遷吏書。王公謙仲〔五〕方丞宗正，因進對，有愛莫能助之薦。如是，雖古之名臣，何以加諸。水心〔六〕亦稱丙之風力。嗚呼！朱、王、葉三老者，皆慶元黨魁也，丙亦何心，狓猖晚節，竟相背而馳乎？然宋史一概抹而不書，則亦非善惡不相掩之史法也。

〔一〕鄭丙，卷三九四，學案卅四。
〔二〕朱熹。
〔三〕丙嘗爲建寧守。
〔四〕程大昌。
〔五〕王藺，宋史三八六。
〔六〕葉適。

讀明高皇帝紀

高皇一朝事，予不甚當於心，曾見於謁孝陵詩，以其殺戮無度也。其最有功綱常者，爲宋追討叛臣蒲壽庚之徒，加其子孫以禁錮，此足大快人意，而實録不書，故本紀亦略焉。或疑此事爲無徵。按吾鄉袁太常柳莊〔一〕爲其先進士〔二〕作忠義録，内載四明制置使趙孟傳子，高皇發遣，以其降元也，是則最可信者矣。夫沈充之後有沈勁〔三〕，故惡惡不及於子孫。

此舉雖非中道，然足以寒亂賊之膽，況又無所爲而爲，則高出於漢祖誅丁公之上也。

〔一〕袁珙，忠徹父。
〔二〕袁鏞。
〔三〕沈充，晉書九八附叛逆王敦傳。沈勁，晉書八九忠義傳，充子。

跋明史楊守阯傳後〔一〕

尚書之卒，閣中已爲議謚，而楊新都〔二〕尼之。尚書於易名之禮實無媿，新都爲屠襄惠公〔三〕修宿憾焉，君子非之。曹石倉記其事。然乙酉江上之役，其後人尚竇司卿德周以爲請，詔謚文肅，是則諸野史皆未及也。事見吾鄉林都御史時對集。

〔一〕卷一八四。
〔二〕楊廷和，新都人，卷一九〇。
〔三〕屠滽。

跋明史朱燮元傳後〔一〕

南都補賜累代名臣謚法，李映碧〔二〕請及尚書，而終不與焉，亦闕事也。予曾見吾鄉沈侍郎延嘉集〔三〕，其在東江爲尚書草謚議，曰襄毅。及讀倪職方無功集〔四〕，則尚書之謚，乃忠定也。無功，越人，且於朱氏爲戚屬，必有據。或侍郎所擬乃初謚，而後改定之，今亦無知者矣。

〔一〕卷二四九。
〔二〕李清。
〔三〕沈延嘉，字顯申。
〔四〕倪會鼎，號無功，元璐子。

鮚埼亭集批注　外編卷二十九

題跋三

跋庚申外史〔一〕

姚江黄氏南雷書目載有庚申君大事記，元答禄與權著，予博訪之未得也。今盛傳於世者，惟太行山隱士權衡庚申外史，其中尚有可疑者：方至順時，謂庚申君非明宗子，黜寘江南，虞道園實草詔。已而庚申踐祚，未悉前事，召諸老臣赴上都，道園與焉，馬伯庸以宿憾發之，於是有皮繩馬尾之逮〔二〕。其事錯見於元史本傳、續資治通鑑綱目、葉盛水東日記諸書。今依外史，則伯庸亦同草詔者。按是時奉詔書其事於脱卜赤顔者，翰林學士承旨阿隣帖木兒、奎章閣大學士忽都魯篤彌實，而播告中外之詔，道園草之，不聞有他人也。且使伯庸預聞是事，方且株連是懼，掩諱不遑，更何暇爲道園下石。況中丞並非簪筆之官，大抵爲傳聞之失也。若閒中今古録，又以大事記爲劉尚賓作，或者别有一書，俟更考。

〔一〕權衡。

〔二〕卷四二有瀛國公遺事帖子。

國史唯疑跋

晉江黄相國東厓〔一〕國史唯疑，黎媿曾嘗見之，云有一尺許。周櫟園許爲之刻而不果。相國殁後，媿曾訪之其子知章，云經亂散失不全矣。李化舒曰：「三山高雲客鈔有副本。」雍正壬子〔二〕，予從同里范太守筆山〔三〕家鈔之，祇四册，殆亦非足本也。

〔一〕黄景昉。

〔二〕雍十。

〔三〕范光陽，康廿七進士，續甬詩九六。

跋勺中志略〔一〕

予家舊藏勺中志略原稿，爲劉若愚手寫本，其中塗竄頗多，與近本間有不同。而黑頭爰立仗倆一卷，載馮涿州〔二〕通奄事跡，較近本更詳。予聞涿州再起，惡熹宗實録害己，遂焚其書，是兩朝從信録所由補也。然涿州能去大内之籍，而不能杜名山之藏。姑無論東林遺老，史筆成家，即刑餘如若愚，其所著述，有終不可得而滅者，則何益矣。噫！

〔一〕劉若愚。

〔二〕馮銓。

題雪廬焚餘〔一〕

雪廬焚餘一卷，趙維寰所著也，不足稱史學。惟其中論袁襄愍〔二〕斬毛帥事得其平，襄愍地下亦當心服者也。當采之入明史。

〔一〕趙維寰。

〔二〕袁崇焕。

跋明崇禎十七年進士録〔一〕

嗚呼！此結有明一代之局者也。高皇帝三百年鼓鐘之澤，烈皇帝十七年〔二〕夢卜之誠，於是乎熸。是科以邊警阻隔，貢士之副計車者不能前，詔書特改試期於秋仲。倥偬釋禍，未及題名太學而國已亡。通州閣學〔三〕由庚辰〔四〕進士第二，不三年遽大拜，又驟越同事三相，副井研閣學〔五〕主省試，蓋遭遇之最隆者。鼎湖之役，井研已賜歸，徘徊闕下，偕通州蒲伏賊營，以遭戮辱。而相傳是科館選，流賊密令山西巨商主之，凡求讀中秘者，巨商即招致之，爲納賂於宦者，無不得。及城陷，牛金星大言曰：「新翰林尤宜速報名。」諸人始悟前此來招致者之爲賊也，内負疚而外畏禍，逡巡而出，盡污僞命。第一甲三人無論已，三十六庶常不得免者三十四。嗚呼！是館閣未有之恥也。以是知君子之守身，必無可貪緣幸進之理，而當時苞苴之詭如此，亦不可謂非亡國之君矣。

〔一〕應爲「十六年」。
〔二〕十六年。
〔三〕魏藻德。
〔四〕崇十三。
〔五〕陳演。

予嘗得流賊所授降臣官簿一册，頗與諸野史所紀不同。（下略）

嗚呼！有明中秘，禮絶百僚，而甲科亦最重於流輩。一時喪亂，士失所守，竟攘攘至此，悲夫！南中解尚書學龍再定六等逆案，傳聞不甚有據〔一〕。如家玉、發祥反誤入之，而得脱者甚多，後世將何所信焉。予之詳録而不諱也，殆以爲百世之戒，雖或觸孝子慈孫之恨而不卹也。

〔一〕明史二七五解學龍傳，六等中無萬發祥。

雖然，莫謂是科之人止此也。澤州孟章明隨其父刑部侍郎兆祥殉京師（下略）滇中之亡，廣安鄧思廉殉緬甸。其遯入海島而死，終不食周粟者：慈溪馮元飂、同安沈佺期、嘉興譚貞良也。此外如雲南楊永言、會稽余若水〔一〕、青浦張若羲、山陰金廷詔〔二〕、鄞縣周齊曾、餘姚李安世〔三〕、遂寧吕潛、嘉善錢默、順天李孔昭，皆固守殘山剩水之節，以終其身。

〔一〕余增遠，若水爲其號。

〔二〕「詔」應作「韶」。

〔三〕是科又有山陰李安世，二人同名。

嗚呼！觀於前此四十餘人，十五宗之所飲泣也。觀於後此四十餘人，亦足以一雪死者之恥矣。

跋綏寇紀略〔一〕

陳令升曰：「梅村綏寇紀略不類其集，疑非梅村所爲，然舍梅村亦莫能當此者。」令升蓋心疑之，而不敢質言也。及見林太常璽庵所答先贈公帖子謂：「此書原名鹿樵野史〔二〕，出一遺老之手，梅村得之，遂以行世。然其中爲不肖門生鄒漪竄改十五，遂無完本。」太常每言及漪，輒切齒，以爲吾同譜鄒木石何不幸生此無賴子，專爲輾轉降附之張縉彦出脱。按漪所作明季遺聞，以出脱縉彦，曾被蕭震參糾者也。而萬徵君季埜則謂其中亦有可節取者。

〔一〕吴偉業。梁玉繩蜕稿四亦有跋。

〔二〕梅村一號鹿樵居士。

今觀其議論附見綏寇紀略者，又頗爲李明睿〔一〕粉飾，盛稱其請南遷之疏，同符吉水〔二〕，幾得施行，而爲光時亨所阻，亦子虚也。三垣筆記：明睿在本朝嘗爲禮部，擬進懷宗謚法，尋罷官南歸，呈身阮大鋮幕中，其人蓋不足稱。故閻徵君百詩謂鄒漪生平之壞，坐受繒彥之賄、明睿之囑。

〔一〕李明睿，太虛。
〔二〕李邦華，吉水人，謚忠文。

跋彭仲謀流寇志〔一〕

前太常林蠶庵〔二〕先生曰：「彭仲謀流寇志，但憑邸報流傳，全無實據。凡啟釁、養亂、徙薪、潰癰，以至督撫賢否，將士勇怯，勦撫乖宜，勝敗失律始末，曾未抉出。至叙陷賊諸人，譌以承譌，更多誕妄。

〔一〕彭孫貽。
〔二〕林時對。

如左良玉於崇禎癸未秋避賊南下，大肆焚劫，陪都震動。南樞部熊明遇束手無策，適李忠文公〔一〕被召，便宜定亂，莊烈帝面諭有『江南賴卿而定』之語。而彭氏但稱南樞禦亂功，斯何説也。

〔一〕李邦華。

蔡忠襄公〔一〕撫軍山西，流寇至境，令巡按汪宗友守太原，而身以兵控平陽。宗友自求脱身，乃請晉王連檄促之歸，平陽遂陷，宗友反以輕棄平陽劾蔡，此山西人所不平者。而彭氏竟謂蔡公不聽宗友之言，以失平陽，不已謬乎？

〔一〕蔡懋德。

有明成例，凡皇子十齡方出封。崇禎己卯封皇三子爲定王，至甲申年十五；辛巳封皇四子爲永王，至甲申年十三。而彭氏謂定王年五歲，永王年三歲，則不知典禮之故也。

河南大將陳永福曾射流寇中目，後因孫督師陣亡，同左光先降賊。賊不修舊怨，永福感恩，頗爲盡力。而彭氏以爲戰敗殺死。

濟南府推官鍾性樸，癸未進士，易代後爲山東督學。而彭氏以爲殉難，是以失節之人爲死綏也。

翰林方以智爲都御史孔炤子，陷賊不屈，南歸，阮大鋮誣以僞命，入之六等〔一〕，舉朝大譁乃止。而彭氏以爲降賊，授庶常。

〔一〕六等定罪，見明史二七五解學龍傳。

户部主事介松年與前商邱令梁以樟避兵松關，松年病死，當時或訛傳其陷賊，以樟力辨其冤。而彭氏以爲官給事而降保定，是以無罪之人爲從逆也。

周奎降賊，雖被拷掠，然未嘗死，其於北太子一案，尚預廷讞。而彭氏云流寇責令挑水數日而絶。

閻爾梅參史閣部軍事，乙酉以還，刊章名捕，合肥龔鼎孳救之而免。而彭氏云斃於僞防禦武愫之手，亦以生爲死也。

兵科顧鋐雖非殉節，然以搒掠絶命，而彭氏入之勸進之列，并不知南都曾有節愍之謚也。蓋其失實，尚難枚舉。」

太常三朝遺老，史學極博，桑海見聞，尤其身歷，其所辨正甚多，惜其身後子孫式微，無復收拾之者。因閲彭氏之志，不禁爲之慨然，乃述其緒言爲跋尾。

題庚園疑跡一〔一〕

凡論南都事，而以王之明爲真者，如杭人吴農祥輩皆然，甲乙紀略尤甚。其實王之明之僞無疑，即據紀略所言，其出獄入宫之後，遣人持勅封南都獄神爲王，則居然自以爲天子矣，其愚而妄何如。當此大亂時，符丕、劉胤之材不能有濟，況其下之甚者乎？然則便令非僞，亦必無成者也。張怡〔二〕曰：「聞之賊中人，太子被害於通州之東門外。」其説近是。

〔一〕錢塱，又名士馨，小腆紀傳五八。

〔二〕張怡，類徵　隱逸十九。

題江變紀略〔一〕

巨源謂袁公繼咸預於晉陽之甲，當時江左諸公皆有此説。李映碧曰：「朝中雖萬公元吉亦云然，莫能明也。」今明史力辨之。予觀袁公乃厚德人，必不預其事。一時被劫，無由自脱，而袁、左故相睦，故有疑之者。但何不死於左夢庚投誠之時，更烈烈耳。當時江左，一督爲公，一撫爲張公亮。二公蓋皆思爲何公騰蛟，故隱忍待之。而張公不待入燕而死，校袁公倍了潔也。

〔一〕徐世溥。

再　跋

巨源深譏姜公燕及〔一〕，謂其不知人而預事也。然設身處地，則姜固有甚難者。當金、王〔二〕突起，託名故國，奉迎舊輔〔三〕，而謂可以扃户而力拒之，其凶鋒不容姜之肥遯也，且立死矣。是時之死甚無名，此姜之所以不得不出。既出安得復歸，祇有一死殉之耳。儒者據正誼以立言，責備賢者非不當，然終非局内，不知事勢之難自由也。

〔一〕姜曰廣。

〔二〕金聲桓、王得仁。

〔三〕舊輔即指姜曰廣。

三　跋

金、王定非能成事之人，然使當時贛州不梗，則李成棟之兵下庾關，直抵江上，外援未絶，雖終非官軍之敵，而圍城未易遽下，且尚有退步也。天特假高進庫〔一〕以厄之，以是知大命之有歸也夫。

〔一〕高進庫，高傑兄子。

跋梨洲先生行朝録〔一〕

行朝録中，桂藩紀年一卷最多訛錯，蓋當時道遠，不免傳聞之殊也。先贈公遺書中，有同時諸公帖子，論此書者不下十紙，予取而序次之爲跋尾。

〔一〕黄宗羲。

周順德齊曾云：「方公以智從亡梧江，蓋丁亥也。是年桂藩以閣銜召之入直，方公知事不可爲，力辭，所謂『十召不出』，即指此也。是年桂藩走武岡，以智入天雷苗中，猶未爲僧也，庚寅始爲僧。」今録云：「丁亥三月，以智棄妻子入山爲僧。」蓋失考也。

萬徵君斯同云：「丁亥，劉承胤以武岡降，桂藩踉蹌疾馳，遇雨，宫眷衣食都乏。古坭口總兵侯性遠來迎駕，供給上下服御，膳品倶備。桂藩感其功甚厚，口授商邱伯。」今録云：「商邱伯侯性迎駕，晉封祥符侯。」不知何據。

錢侍御肅圖云：「金聲桓之叛歸粵中也，降表以豫國公自署，詔改封昌國公。聲桓自以反正有功，朝廷輒違所署，意頗怏怏。致書粵中大臣，請還故封，卒未之許。」今録云：「封聲桓爲豫國公。」又一舛矣。閩中降將郭天才舊屬聲桓部下，其語此事甚詳悉。

宗徵君誼云：「明金陵曆、閩中曆及會稽、長桓、舟山諸曆，其與新曆〔一〕竟有不同。如粵中曆以庚寅之十有一月置閏，而新曆則辛卯二月是也。瞿、張二公以庚寅十一月初六日被執，以閏月十七日正命。」今録云：「被執明日遇害。」何也？瞿公浩然吟流傳於世，亦未之考耶？

〔一〕新曆指清曆。

德清胡處士渭云：「潘樞部駿觀，歸安諸生，以己丑春間道入粵，庚寅扈從，墮水而死。」今録云：「戊子，以駿觀爲樞部。」不知尚未至粵也。此係吾同鄉姻眷，更無可疑。

周順德又云：「何吾騶以己丑三月宣麻入直，不久即去。甫去而黄士俊至，代之，庚寅亦去。」今録云：「己丑，何、黄同入内閣，庚寅同罷。」非也。

陸處士宇爆云：「陳邦傅駐潯州，焦璉駐平樂。從前一最跋扈，一最恭順，其後一叛一死。兩人判然不同。」今録中連類而書，不爲別白，此失之大者。

葉處士謙曰：「滇中爭王封一案，是最大節目。首輔嚴起恒以此爲孫可望所害，投之水中，一夕虎負其尸登岸。」今録中於起恒不及片詞，何也？蓋自起恒死，而桂藩入安隆。

予思以梨洲先生見聞之博，又親與錢飲光、金道隱諸公交，尚有此失，況他人乎？是時，吾鄉人多仕閩中，而粤中最少，以道梗也。故先贈公頗費考索焉。

再書行朝録

太沖先生從亡海上，累官都察院左副都御史。其後晦跡南歸，雖庭誥中亦諱其事，世遂鮮有知之者。惟行朝録：「己丑，師次健跳，大學士沈宸荃、劉沂春，禮部尚書吴鍾巒，兵部尚書李向中，户部侍郎孫延齡，左副都御史某，職方司郎中宋養時，户部主事林瑛從亡。」按録中凡書「某」，皆先生所自紀。温哂園〔一〕作南疆逸史，不審其即爲先生，乃襲此文而不改，則失之矣。

〔一〕温睿臨。

續幸存録跋〔一〕

世以續幸存録爲夏淳古作〔二〕，若非淳古，固不應用此名也。然有可疑者，其自稱内史，以越中嘗命爲中書舍人也，似矣。顧其序南都衆正之任用，而曰：「先人備位小宰。」此何所本？文忠〔三〕官考功耳，乃以爲小宰乎〔四〕？其時小宰，則吕公大器也。淳古不應昧於官制若此。

〔一〕夏完淳，允彝子。

〔二〕或云完淳字存古。死時年止十七。

〔三〕夏允彝。

〔四〕或云以考功爲吏部司官，故誤以爲小宰耳。

汰存録跋〔一〕

黄先生指幸存録爲「不幸存録」，以其中多忠厚之言，不力詆小人也。録中於浙黨、齊黨有恕詞，又梨洲最恨者馬士英，夏氏稍寬之〔二〕。巢先生因而序以證之，謂是録出於文忠〔三〕身後，蓋冒託其名者。然慈溪鄭平子曰：「梨洲門户之見太重，故其人一墮門户，必不肯原之。此乃其生平習氣，亦未可信也。」予頗是之。

〔一〕黄宗羲。
〔二〕仰視千七百廿九鶴齋初集刻本。
〔三〕夏允彝。

跋三垣筆記後

映碧先生〔一〕三垣筆記最爲和平，可以想見其宅心仁恕。當時多氣節之士，雖於清議有功，然亦多激成小人之禍。使皆如映碧先生者，黨禍可消矣。其中力爲弘光洗雪，言其孌童季女之誣，至於主立潞藩諸臣，皆絶不計及。又言其仁慈勝而決斷少。當時遺臣中不没其故君者，有幾人歟？於龔鼎孳直書其垣中之過不少貶，更人所不盡知也。其中記甲申死難諸臣有李國楨，記乙酉死難諸臣有張捷、楊雄垣，則失考也。至鄭鄤一案，當主梨洲先生之説，而筆記所言太過耳〔二〕。

〔一〕李清。
〔二〕陳子龍自著年譜，言鄭鄤事甚詳。

題宧夢録

黄太穉〔一〕宧夢録言魏藻德之驟進，由於馮銓，其言足補明史。然藻德之福命，遜於銓多矣。但太穉與李建泰善，極稱之，則失人也。建泰本有時名，故夏文忠公幸存録亦稱之。及觀其當大難時，特庸人耳。太穉頗譏興化受督師之命而惰，然興化〔二〕之才遠在太穉之上，其督師非惰也，實當事不可爲之時耳。

〔一〕黄景昉。

〔二〕吴甡，興化人。

題高中丞存漢録〔一〕即守麇記略也

王光恩入本朝爲襄陽總兵，存漢録中載之甚明。其後以反而死，見於高公之子宇泰所著雪交亭集。光恩以反死，其弟光泰入鄖陽十三家軍中，亦見雪交亭集。而明史列光恩於高傳之尾，曰「以功名終」，誤矣。雪交亭集流傳不甚廣，若存漢録則送入史館，不應亦未之見也，斯言蓋誤本於盧宜。

〔一〕高斗樞，續甬詩九。四庫雜史存目三。仰視千七百廿九鶴齋四集刻本。

題潭西草堂憶記〔一〕

記言宜興〔二〕欲復涿州〔三〕冠帶，而已阻之，事在辛巳冬，次年六月始入閣。然則今明史本傳，謂馮尚書元飈，勸宜興引興化〔四〕入閣，共成涿州之事。興化入而背初説，二輔因之搆隙，其説不可信矣。興化果如此，此小人矣。興化自記歷歷言前爲井研〔五〕所阻，後爲所中，其於宜興，似無隙也。興化自以才爲上知，明史不知何據，坐以此説譏其始進不正，吾未之敢信也。

〔一〕吴甡。
〔二〕周延儒。
〔三〕馮銓。
〔四〕吴甡。
〔五〕陳演。

題嶺表紀年

是書未知出於何人之手，似有憾於稼軒與別山者〔一〕。其謂稼軒元隨周文、顧成之横，至比之江陵之游七，嶺外大臣唯于元曄、魯元藻不爲之屈，餘雖别山不能免。周文死，顧成官至錦衣僉事，後爲稼軒孫昌文縊殺之於桂林。稼軒不應至此，别山亦不應至此。又言别山與元曄爭爲督師，激稼軒怒，收回成命。果爾，别山非貞士矣。又言稼軒亦標榜「五虎」〔二〕，不免動鎮習氣，疑出自愛憎之口。明季野史家極難信，以二公之大節，可保其必無此。然士大夫亦正不可不以此爲戒也。

〔一〕瞿式耜、張同敞。

〔二〕五虎：袁彭年、劉湘客、丁時魁、金堡、蒙正發。瞿救「五虎」事，詳瞿昌文粵行紀事。

粵中版授官簿跋

粵中版授官簿一册，予見之仁和趙氏，審定爲桂王庚寅年所輯。蓋稼軒、别山以庚寅之冬桂林陷，死節〔一〕，而桂王己丑開科，親取諸庶常。今是簿首列稼軒，部臣中列别山，而諸庶常皆列焉，其爲桂林未陷時物明矣。閩南諸遺臣皆列名，而浙之石浦、翁洲諸人一不得預，則以魯王猶未通問故耳。其中人物予所知者止十之六七，惜不得起獨漉諸公而問之。

〔一〕庚寅十二月十七日瞿、張死節。

題桑郭餘鈐〔一〕

桑郭餘鈐者，謂桑惟翰所法爲郭汾陽，而明季之吴逆又似乎師桑。然其説不甚覈也。吴逆進退俱失，無所置辨。至謂其以陳沅〔二〕故叛闖，則亦近乎下流之歸。據楊宛叔言，與沅同見虜於劉宗敏，既而沅爲宗敏所挾去，不知所往，則國難時沅尚未歸吴也。其亦安所考而得其實乎？

〔一〕錢齅。

〔二〕陳圓圓。

題視師紀略

謝三賓〔一〕視師紀略一卷，蓋自登、萊還時所爲也。三賓非有將才，幸遇朱公未孩〔二〕得成功，遂加太僕，猶以不得旄節怨望，而不知其乾没賊營金數百萬，不遭愆尤已屬萬幸矣。其富既耦國，遂有以告流賊者。甲申之難，其子於宣〔三〕方官行人，以此被拷獨酷，致死。晚年求用於新朝，總仗此多金，欲以賄殺「六狂生」不克，竟殺「五君子」，以爲進取之路，而新朝終薄其人，不用也。然所殺吾鄉之正士，則亦多矣。甚矣，此多金之爲厲也。

〔一〕謝三賓，續甬詩八十。

〔二〕朱大典。

〔三〕應作「于宣」。

三賓知嘉定時，以贄列錢受之門下，爲之開雕婁、唐諸公集。其後與受之爭妓柳氏，遂成貿首之仇。南都時受之復起，且大拜，三賓稱門下如故，其反覆如此。而所擁多金，至戊子以後，爲海道孫枝秀勒取殆半。三賓忿甚，賂大府劾去枝秀以報之，所費亦不貲。於是其金漸耗，遂蕉萃以至於死。

鮚埼亭集批注　外編卷三十

題跋四

題惲氏劉忠正公行實後

遜庵先生〔一〕在劉門〔二〕，其勇於急難，不下祝公開美〔三〕。行實一篇最詳盡，惟言意爲心之所存，則遜庵有不盡守師説者，故梨洲别撰行狀一篇。然遜庵所叙，間有梨洲之所未及者，當並存而不廢也。遜庵之自叙曰：「日初避亂天台，聞訃道阻，嗣後崎嶇閩、粤。越五年己丑南還，始得哭先生於古小學。」然則遜庵丁戊之間，殆亦嘗參海上軍事者乎？

〔一〕惲日初，名本昇，號遜庵，以字行。

〔二〕劉宗周。

〔三〕祝淵。

赧王之立也，世謂史閣部所以持異議者，出於呂大器、錢謙益，而遜庵行狀與忠正子伯繩所作年譜，則謂馬士英先持異議，其後中變，遂嫁之史公。此異聞也，當更考之。

遜庵後嘗爲僧，然有託而逃，不以累其正學。近議於忠正祠中配享諸高弟，有不知而欲去遜庵之名者，予力持之得免。

遜庵之子壽平〔一〕，工畫，今人皆知之，而遜庵身肩正學之傳，以遺民不媿其師，反寂寞無能道之者，甚矣原伯魯之多也〔二〕。

〔一〕惲壽平，南田。

〔二〕原伯魯不悦學，見左昭十八。

明大學士熊公行狀跋〔一〕

明史所作公傳，皆本行狀，而乙酉以後起兵之事甚略，蓋有所諱而不敢言。予則以爲不必諱者。夫浙東一隅之地，其不足以抗王師也明矣。然使當時如公之策，盡公之才，則王師亦終煩擘畫，而江上未必不以此延歲月之喘。乃卒不能用其言也，是則天命在聖朝，雖有善者無如何也。故正惟詳述之，而後知亡國之際，未必無人，而回天之力，無自而施

也。（下略）

〔一〕熊汝霖。

最後而大學士陳盟亦助公請，乃復議别遣翁洲、石浦兵，由海道行。又令姚志卓出廣德，其事益迂緩，而江干已失，公亦入海，卒死鄭彩之手〔一〕。

〔一〕鄭彩害公，在戊子正月十七日。

蓋自「畫江」事起，諸公皆忠臣，而所謀之鋭，志之專，膽之勇，未有過於公者。諸野史多疏漏，祇蕭山徐氏浙東紀略稍具首尾，予故旁參互證，别爲行狀跋尾一篇，以比張中丞傳書後之例云。

公生平頗畏其夫人之嚴，故在北都嘗置一妾，生子而留置之京，未嘗攜歸。及公入海，并一子爲彩所害。而妾自京歸，攜其子，得以奉公之祀，此亦狀所未載者。而萬良軍敗被執，亦不屈以死。萬方從公入海，竟卒於域外。

徐氏浙東紀略亦有誤者，如謂王之仁來歸，出公之力。不知此乃錢忠介公事，誤移之公。高氏雪交亭録則謂公子爲鄭彩壻，公死後，尚育於彩家，亦誤也〔一〕。

〔一〕舟山紀略云：汝霖子琦官，彩壻，彩陽撫而陰賊之。

題陸鯤庭陳玄倩傳後〔一〕

鯤庭、玄倩二先生之搆難也，至傾江、浙諸社，各分左右，袒鯤庭得十八，玄倩僅十二，檄書輩出。殘明門户之爭，多起於細微，即此可驗。相傳鯤庭矜而亢，玄倩不持小節，各有瑕疵。

〔一〕陸培、陳潛夫。

玄倩之按中州，方略大震，或語鯤庭曰：「爰盎亦自可人。」鯤庭殉乙酉之難，玄倩跳而東，起兵於西陵之下莊。疇昔浙東才彦和鯤庭者，如萬履安、劉瑞當輩〔一〕，始皆謝過結歡，恨前此不相知，而玄倩首上疏爲鯤庭請贈謚，時益歎爲不可及。

〔一〕萬泰；劉應期，南雷文定六有墓誌。

玄倩之起兵也，破家餉軍，事去，曰「我不可以負鯤庭」，挈其妻妾沈水而死。未幾鯤庭入夢於其子曰：「若輩小兒，恐未知大義。自今以往，其與陳氏後人重叙舊好，以永世世。」先太常公〔一〕聞而歎曰：「曠林之戈，一變而共爲鄧林之杖，更何尤哉！」

〔一〕謝山本生曾祖大程。

初，鯤庭最善者曰宫允吴君〔一〕，其殉也，呼之與偕，而宫允逃之。君子曰：「人固不易知也！」

〔一〕明詩綜六八：吴太沖，字默寘，錢唐人。崇禎辛未進士，以簡討升南國子司業，轉右中允。

題馮鄴仙尚書行狀後〔一〕

浙東以沈文恭公之故，黨議所錮，及於四朝，斯真可謂黨錮者矣。馮氏兄弟始一舉而洗之，而人才復通，可謂大有功於浙東者也。然尚書才大，故聯絡太廣。相傳前此東林門户甚嚴，至尚書始有佛門廣大之説，稍收彼黨，以爲我用。石齋先生之禍，謝陞、魏照乘必欲殺之，尚書授計於吴來之〔二〕，遂得涿州〔三〕之力以起宜興〔四〕，得宜興之力以救石齋，是蓋不得已之用心也。而尚書亦以此蒙謗。及尚書自中樞歸，世謗其爲避事，以爲負國，則其説尤不公。予謂尚書之去位，並非負國。何也？尚書力爭秦督之出關矣，甚且請身先下獄，以觀其言之驗。而思宗必不之聽。不可則止，是宜去之時矣，必栖栖而取陳新甲之禍，則愚人也。尚書之料事如此，思宗不能竟其用，斯國之所以亡也。而以之謗公，不已冤乎。

〔一〕馮元飈。
〔二〕吴昌時。
〔三〕馮銓。
〔四〕周延儒。

野史謂宜興欲復涿州冠帶而不能，尚書勸其引興化〔一〕同升以爲助。興化既相，負前約，於是與宜興有隙。此説亦不覈，興化亦豈反覆若此。據黄氏宦夢録，則謂尚書不甚合於興化，力糾袁繼咸不任江撫，又與前説相背。此等皆不足信之言。

〔一〕吳甡。

蔡忠襄公傳後論〔一〕

明烈帝時，以西竺之傳講學者，蔡忠襄公雲怡、黃忠潔公海岸、金文毅公正希〔二〕，皆先後殉節。是固滏水所云「佞佛不害其爲君子」者歟。然或又云三公多此一講學也。（下略）

〔一〕蔡懋德。

〔二〕黃端伯、金聲。

書熊魚山給諫傳後〔一〕

姜敬亭〔二〕、熊魚山並糾陽羨相國〔三〕得譴。但敬亭因疏中有「皇上何所見而云然乎」一語，思陵怒其詰問詔旨，遂責「二十四氣」姓名。至魚山則似原未能無罪者。嘗讀盧函赤〔四〕續表忠記言其自建言降調以後，怏怏失志，會求光禄丞不得，嘗思所以報之。迨兩次召見，因首輔在旁，不敢盡言，卒聽吳來之〔五〕之託，默然神沮，游移畜縮，全屬私見。以烈皇之猜察，即令披肝瀝血，絲毫無瞻顧，猶恐言不見信，況如此者，能不動其疑乎？故尹宣子謂帝是時已愠，首輔實怒魚山之首鼠，謂其兩下討好，遂反以誹謗大臣加之。雖未知然否，要之固宜矣。

〔一〕熊開元。
〔二〕姜埰。
〔三〕周延儒。
〔四〕盧宜。
〔五〕吴昌時。

錢忠介公崇祀録跋〔一〕

顓庵王公〔二〕視浙學，行部至寧，首祀錢忠介公於學宫，并及丙戌殉節秀才趙景麟，可謂以忠孝訓世者矣。顧謝三賓亦以是年同得祀，何其漫不考覈，一至此耶？

〔一〕錢肅樂。
〔二〕王掞。

予年十四，爲諸生，謁先司空、宗伯公〔一〕於祠，見三賓主，憤甚，擊之不碎，投之泮水，并故提督張杰之主亦投之，忽忽二十六年矣。奸人就死，魂魄應已澌滅，即在學宫，豈敢晏然享祭，此不過予少年意氣之所激也。展閱忠介祀録，記之於後。

〔一〕全元立、全天叙。

題徐狷石傳後〔一〕

馮山公〔二〕集中有徐狷石傳，吾友王瞿多所不滿，請吾更作。予以馮傳略具首尾，亦足資考證，若瞿所訪得軼事，可别志之傳後也。瞿曰：狷石嚴事潛齋〔三〕，其後潛齋亦畏狷石。嘗一日過潛齋，問曰：「何匆匆也？」潛齋答曰：「主臣！以兒子將就試耳。」狷石笑曰：「吾輩不能永錮其子弟以世襲遺民也，亦已明矣。然聽之則可矣，又從而爲之謀，則失矣。」於是潛齋謝過，甚窘。狷石最善顧宛溪〔四〕，會有事欲商之宛溪，而宛溪在崑山司寇〔五〕館中，狷石徘徊其門不入。會宛溪之從者出，因以告，乃得見，然終不肯入。司寇亦聞之，亟遣人出迎之，狷石已解維疾去矣。潛齋之辭徵車也，其孺人頗勸之，狷石謂曰：「吾輩出處之際，使若輩得參其口乎？」潛齋遽曰：「謹受教。」是皆瞿所述狷石軼事，足以厲風俗者。

〔一〕徐介，字孝先。

〔二〕馮景，解春集文鈔十二，抱經堂叢書壬集。

〔三〕應撝謙。均仁和人。前集十二有應潛齋神道碑。

〔四〕顧祖禹。

〔五〕徐乾學。

題沈端恪公神道碑後〔一〕

端恪神道碑文，出於靜海厲尚書，然其於公之學術節概，有未盡者。端恪少時嘗在靈隱寺中爲僧，碑文諱之。不知不必諱，且更有不可諱者。世宗憲皇帝夙耽禪悦，其在朱邸，遍讀三車經籍，直見性宗。及登極，遂絶口不道，然而熟處未忘也。兵部侍郎臨川李公嘗以燕閒獨對，上問之曰：「聞汝於書無所不見，則二氏諒所盡通。」李公對曰：「主臣〔二〕向於藏經亦諦觀之，然甚無補於天下國家。」上笑而頷之。又數年，端恪以吏部侍郎亦獨對，上問之曰：「汝固嘗爲僧，其於宗門必多精詣之言，試陳之。」而端恪曰：「臣少年潦倒時逃於此，及幸得通籍，方留心經世事，以報國家，日懼不給，不復更念及此。亦知皇上聖明天縱，早悟大乘。然萬幾爲重，臣願陛下爲堯舜，不願陛下爲釋迦。臣即有記，安敢妄言以分睿慮。」上改容頷之曰：「良是。」時臨川已罷官，聞而歎曰：「君子哉！闇齋也。」説者以爲雍正十年以前，内廷不舉法會者，二公力也。

〔一〕沈近思。

〔二〕「主」字衍。「主臣」二字，詳癸巳類稿十一。此因前篇潛齋答猬石語而衍。

端恪前此爲選曹，尚書隆科多密勿重臣，最專斷，曹郎莫敢仰視，端恪獨侃侃持正議。一日畫諾，尚書曰：「可。」端恪曰：「不可。」尚書怒，端恪持之益力。良久，尚書忽曰：「沈選君諍友也。」改而從之，且曰：「寮友當如此矣。」入告於世宗，遂不次加太僕卿，仍領選司，自此得大用。

予嘗謂古今儒佛二家，多由儒而佛者，未有由佛而儒者。有之，自端恪始。端恪既爲儒，私淑應潛齋先生之學，故最醇。潛齋在日，端恪尚少。及自靈隱歸，得見潛齋之高弟沈君士則、凌君嘉即〔一〕，從之求得其遺書，乃知正學有在，發明宗旨。已而於潛齋語間有未安，皆反覆以求其通，論者以爲應氏功臣。碑文極闡明端恪之學，而不知其淵源所自出，予故特表之。

〔一〕前集十二及廿六均作「凌嘉印」。

東撫田文鏡請以耗羨歸於公用，世宗已許行，而猶召九卿議之。衆以上意所向，不敢爭，公獨爭之力，言今日則正項之外更添正項，他日必至耗羨之外更添耗羨。他人或不知，臣起家縣令，故知其必不可行。世宗曰：「汝爲令，亦私耗羨乎？」公曰：「非私也。非是且無以養妻子。」世宗曰：「汝學道，乃私妻子乎？」公曰：「臣不敢私妻子，但不能不養妻子。若廢之，則人倫絶矣。」世宗笑曰：「朕今日乃爲沈近思所難。」是日，衆皆爲公懼。然上雖不用公言，而亦不怒也。碑文微及此事而不悉。端恪之卒，其二子皆少，故事跡不能盡詳。其獨對語，世所不知，予從臨川李公得之，當記之以登國史。長君遷，今爲户部，語次，因乞予序其事。

鮚埼亭集批注　外編卷三十一

題跋五

跋木筆雜鈔後

木筆雜鈔二卷〔一〕，諸書目皆云不知作者。愚讀其書，乃水心先生弟子，故於永嘉諸公行事爲詳，而所嚴事者則陳篔窻〔二〕。書中有云〔三〕：「予少時好爲譏切之文，篔窻袖以示水心。水心曰：『儁甚。吾鄉薛象先端明當吴之時〔四〕，未有吴之筆也。吴似王逢原，惜其好駡亦如之。』」愚考之水心集中有答吴明輔書〔五〕，乃篔窻表弟，當即其人也。

〔一〕四庫雜家類存目四。提要謂即荆溪林下偶談之文。原書八卷，此乃書賈所爲云。偶談，四庫詩文評一。

〔二〕陳耆卿。

〔三〕卷下。

〔四〕「時」原作「年」。

〔五〕卷廿七。

按明輔字子良〔一〕，後村集中有其輓詩〔二〕曰：「水心文印雖傳嫡，青出於藍自一家。尚意祥麟來泰時，安知怪鵩賦長沙〔三〕。忤因宮妾頭無髮，去爲將軍手污靴。他日史官如立傳，先書氣節後詞華。」其爲當時直節侍臣如此，而宋史不作傳，可怪也。

〔一〕應云「名子良」。吴子良，宋史翼卷廿九引臨海縣志。

〔二〕卷廿四。二首。

〔三〕「賦」爲「集」之誤。

題真西山集〔一〕

慈溪黄氏兩朝政要〔二〕曰：「理宗時，天下所素望其爲相者真德秀，文行聲迹，獨重嘉定、寶、紹間，僉謂用則即日可太平。端平親政，趨召至朝，正當世道安危升降之機，略無一語及之。乃阿時相鄭清之，飾其輕舉敗事，謂爲和、扁代庸醫受責。又以清之開邊，建議御閱，卒以府庫不足犒賞、事不可行，致前至諸軍，質貸備衣裝無以償，故鬨，延及州兵皆鬨，自是軍政不復立。知貢舉事，復以喧罵出院。除政未及拜，以疾終。」

〔一〕真德秀。

〔二〕見知不足齋廿一集古今紀要逸篇崔與之條末，又附刻今黃氏日鈔古今紀要卷廿，又四明叢書一集。

子全子曰：乾、淳〔一〕諸老之後，百口交推以爲正學大宗者，莫如西山〔二〕。近讀臨川李侍郎穆堂類稿，譏其沈溺於二氏之學，梵語青詞，連軸接幅，垂老津津不倦，此豈有聞於聖人之道者〔三〕。愚嘗詳考其本末，而歎西山之過負重名，尚不止於此。兩宋諸儒，門庭逕路，半出入於佛老。然其立身行己，則固有不媿於古人者。龜山、上蔡〔四〕而後，橫浦、玉山〔五〕皆是也。西山則自得罪史彌遠以出，晚節頗多慚德，其學術之醇疵，姑弗論可矣。文潔〔六〕篤行醇儒，固非輕詆人者，況其生平依歸，左西江而右建安〔七〕，而論是時之有宰相器者，獨推袁蒙齋〔八〕，而深惜西山之無實，則是非之公心也。其事又耳目所親接，則非傳聞失實也。宋史西山本傳即出文潔之手〔九〕。其後元人重修，雖諱其隳軍、知舉之短，而於呵護鄭清之一節，亦多微辭。然則端平之出，得非前此偶著風節，本無定力，老將知而耄及之耶〔十〕？吾於是而致歎於保歲寒之難也。

〔一〕孝宗乾道、淳熙。

〔二〕學案八一。

〔三〕穆堂初稿四十五書西山文集後三則。
〔四〕楊時、謝良佐。
〔五〕張九成、汪應辰。
〔六〕黄震，私謚文潔。
〔七〕西江，陸；建安，朱。
〔八〕袁甫。亦見同條即崔與之條。
〔九〕指戊辰修史稿，四明叢書一集。
〔十〕諺所謂老將知而耄及之者，其趙孟之謂乎！左昭元。

西山以博學宏詞起家，故詞命爲最著。然其兩制文字，凡遇嘉定以後宰執，多有伊、傅、周、召之譽，殆亦可以已而不已者歟？或又言倪文節公〔一〕糾彌遠昆命元龜之制，彌遠私人〔二〕所據以自辨者，亦得之西山〔三〕。雖西山未必以此求用於當時，然亦要可以已者耳。慈湖初見西山，因以其命訊日者，戒其須忘富貴利達之心〔四〕。由今觀之，西山未能終身踐此言也，然則其不能攘斥佛老，固其宜耳。

〔一〕倪思。
〔二〕陳晦。

〔三〕齋東野語十六有昆命元龜辨證本末條。然得之西山説，見四朝聞見録甲集。

〔四〕西山集卅五慈湖先生行述。

今世之尊西山者，雷同一詞。予之言，固知世之論學者必有妄摘大儒之説。然舊史之是非，不可枉也。故謹録文潔之語，柬之臨川侍郎，以申其所未盡焉。

東發先生史稿跋〔一〕

東發先生日鈔，後一半即其文集也，別有理度二朝政要。近又得其戊辰史稿〔二〕，乃其爲史館檢閲時所作列傳：一杜範，一真德秀，一洪咨夔，一袁甫，一徐元杰，一李心傳，凡六篇，疑即日鈔中所闕二卷是也。先生所極稱者杜丞相。其於真文忠公傳，謂晚節阿附鄭清之，大有微詞，與理度二朝政要所言，互相證明。政要最推袁正肅公，而傳中稍不滿其論學。今宋史真文忠公傳，頗采公文以爲藍本。世有能重雕日鈔者，當以此稿及理度二朝政要附之。

〔一〕黄震，學案八六。知不足齋廿一集有黄氏古今紀要逸編一卷。

〔二〕戊辰，咸淳四。戊辰修史稿一卷，四明叢書第一集。

跋史方叔朴語〔一〕

方叔爲文惠〔二〕長子，官至禮部侍郎，先文惠卒。其所著甚多，而朴語二篇則其擬子部之作。其書謂司馬文正公大而未化，尚去韓忠獻公一間，雖未必盡當，要亦有志者。方叔之書多不傳，予得見此二篇，鈔之以爲甬上遺文一種。

〔一〕史彌大。
〔二〕史浩。

題史秦州友林集〔一〕

清叔爲文惠弟大中大夫源之第三子，以其妻宗女澤，累官武功大夫、右春坊、帶閤門宣贊舍人，除忠州團練使，知秦州〔二〕，兼淮安提舉。友林集本二卷，今僅存乙稿而已。

〔一〕史彌寧。
〔二〕南渡後秦州不入版圖，或疑爲「泰州」之譌。

史氏家門著作極盛：經苑則文惠有尚書講義、二十二卷。周禮天地二官講義、十四卷。論語口義、二十卷。彌大有易學指要衍極圖説，定之〔一〕有鄉飲酒儀、一卷。太極圖論、二篇。易贊著説，嵩之〔二〕有周禮講義，文卿有易解，蒙卿〔三〕有易究，十卷。芳卿有古易、學詩題詞、夏小正經傳考，葵卿有太極圖説，公珽有易演義、象數發揮。（下略）

〔一〕彌正子。

〔二〕彌忠子。

〔三〕肯之子。

跋遺山集〔一〕

遺山之於金，雖有爲崔立撰碑之累，事由劫脅，要其志節，不可盡没也。其力求修元史〔二〕，亦思以効忠於金，卒被阻而罷，然其惓惓亦至矣。惟是遺山以求修史之故，不能不委蛇於元之貴臣。讀其碑版文字，有爲諸佐命作者，至加「先太師」、「先相」、「先東平」之稱。以故國之逸民，而致稱於新朝之佐命者如此，則未免降且辱也。遺山又致書耶律中令〔三〕，薦上故國之臣四十餘人，勸其引進〔四〕，是非可以已而不已者耶？「願言呼諸子，相從潁水濱」〔五〕，昔人風節尚哉！要之遺山祇成爲文章之士，後世之蒙面異姓而託於國史以自脱者，皆此等階之厲也。嗚呼！宗社亡矣，寧爲聖予、所南〔六〕之介，不可爲遺山之通，豈予之過爲責備哉。

〔一〕元好問，金史一二六。
〔二〕應作「金史」。
〔三〕耶律鑄。
〔四〕書見遺山集三九，凡薦五十四人。
〔五〕「呼」原作「誨」，「相從」原作「從我」。周續之隱居廬山，而州將每相招引，故陶淵明贈詩云云。
〔六〕龔開、鄭思肖。

讀歸潛志〔一〕

元裕之與劉京叔〔二〕互委撰崔立碑。裕之作滹南墓誌〔三〕，有云：「崔立劫殺宰相，送款行營。翟奕輩請建功德碑，召公爲文。自分必死，姑以理諭之。奕輩不能奪，竟脅太學生，託以京城父老意而爲之。」太學者，京叔與麻信民〔四〕也。裕之別業上梁文曰：「一軍搆亂，羣小歸功，劫太學之名流，文鄭人之逆節。命由威制，佞豈願爲，就磨甘露御書之碑，細刻錦溪書叟之筆。伊誰受賞？於我嫁名。悼同聲同氣之間，有無罪無辜之謗。耿孤懷之自信，聽衆口之合攻。追韓之騎甫還，射羿之弓隨轂。」此指京叔之委過於裕之也。及觀京叔歸潛志中所述，則深有憾於裕之，并及滹南。予平情考之，滹南與裕之實不欲撰碑，而又不敢抗，故强付之京叔與麻信民。京叔二人亦不能抗，而卒挽裕之以共謗。文人遭此，亦可悲也。

〔一〕劉祁。
〔二〕元好問、劉祁。
〔三〕王若虛。
〔四〕麻革。

陵川郝文忠公，宗師遺山者也，其詩曰：「國賊勒文召學士，滹南先生付一死。林希〔一〕更不顧名節，兄爲起草弟親刻。省前便磨甘露碑，書丹即用宰相血。數樽黄封幾斛米，賣卻家聲都不計。」蓋極口詈京叔矣，然其末曰：「作詩爲告曹聽翁，且莫獨罪元遺山。」則遺山之不能無罪，亦可見矣，特不應使獨受過耳。史臣書其事於滹南傳中，元、劉情事，頗爲平允。雖然，胡不早去，而栖栖於圍城之中，以自貽伊戚。吾乃歎宋之亡，相率引身而遁者，自審不能爲文丞相、家參政，而又懼遭吴堅、賈餘慶之辱，雖其於殉國之義有愧，而潔身則得矣，正未可以深罪之也。或曰，是時四郊皆兵，殆欲去而不能，不然，裕之輩不若是之愚也。雖然，此手豈可使著賊，吾不能不爲諸君惜也。

〔一〕林希，宋史三四三。此借以指劉祁。

書明名臣言行録後

崑山徐開禧輯明名臣言行録百卷，予觀其搜羅稗野諸鈔，與實録相參錯，雖不能無罣漏，用功可謂勤矣〔一〕。但晦翁宋名臣言行録，每所援據，必注其書之所出於下，此最是著述家一妙例。開禧不然，便屬疏闊。至成祖靖難功臣，如張河間、朱東平〔二〕，則並不録，是竟闕一朝人物，不知其何意也。聞新城王士禎亦有是書，予未之見。

〔一〕南雷爲之序。

〔二〕張玉、朱能，均明史一四五。

跋張茂滋餘生録〔一〕

鯢淵先生殉難，闔門二十七人同盡，獨公冢孫茂滋以遺命保宗祀，逃出道隆觀中，行至中途仍被俘，囚於鄞獄。鄞之義士陸宇燝、董守諭、董德偁百計出之未能得，公之故將汝應元、故客宋龍輔之，亦未得。大名人蕭伯闇、閩人劉鳳翥皆公舊所取士，適俱在鄞，共爲言於當事，乃免。茂滋既出而病，館於陸氏觀日堂中幾死，病中著餘生録且萬言，其述俘囚中之困厄，令人不能卒讀。文境固真，亦筆力足以達之。時尚未冠，乃知茂滋真奇才也。病愈，蛟川義士范兆芝送之歸華亭，應元爲經紀其家。乃未幾而茂滋卒。蘭摧玉折，皋陶不祀，可哀也已。初，茂滋著蒙難紀言，其文係駢體，請正於先贈公，以爲弗佳，乃改撰此録。今予家尚有茂滋手書餘生録稿及蒙難紀言原本，每一展閲，輒爲泫然。

〔一〕張茂滋，續甬詩卅二。仰視千七百廿九鶴齋三集刻本。

跋鄺湛若嶠雅後〔一〕

湛若先生大節，不待言矣。顧其少時曾入阮大鋮之門，大鋮文集，湛若爲之序，稱門生焉。蓋湛若少時好聲樂，大鋮在留都，羅而致之也，非後來大節，則湛若幾不免爲奄人之徒，人所以貴晚詣也。湛若嶠雅，係其手書開雕，古香可掬。東莞袁督師曾於粵中邀贈謚，非嶠雅無以知之〔二〕。梨洲先生謂桑海諸公集，可備詩史，信夫。

〔一〕鄺露。

〔二〕卷廿八跋崇煥傳，謂嶠雅未及其易名。此言「非嶠雅無以知之」，何也？

題萬民部履安續騷堂集後〔一〕

履安在復社中，甬上四孝廉之一也。丙戌後，文虎早逝，時有七孝廉皆謝公車，而次公節最高，履安、天鑑次之，即四孝廉之三也。履安與謝氏婚〔二〕，乙酉之役，諸公欲殺謝氏，履安救之。及戊子，諸公反爲謝氏所殺，履安力不能止，遂以此大不理於口。然履安亦甚自悔，故以「悔」名庵，其後同志始稍原之。林太常亹庵貽書董隱君曉山，言「春秋責備賢者，固當，然不可没其補過之心」，可謂平情之論。適予選甬上耆舊詩，特爲著其事，此固不必諱也。

〔一〕萬泰，類徵隱逸十，續甬詩廿二。

〔二〕南雷文定前集八履安墓誌，女一人，壻，謝爲兆。文定三集二余恭人傳，子五，次爲兆，諸生。

書明夷待訪録後〔一〕

明夷待訪録一卷，姚江黄太沖徵君著，同時顧亭林貽書，歎爲王佐之才，如有用之，三代可復。是歲爲康熙癸卯〔二〕，年未六十，而自序稱梨洲老人。萬西郭〔三〕爲予言，徵君自壬寅〔四〕前，魯陽之望未絶，天南訃至，始有潮息煙沈之歎，飾巾待盡，是書於是乎出，蓋老人之稱所自來已。原本不止於此，以多嫌諱，弗盡出，今并已刻之板亦燬於火。徵君著書兼輛，然散亡者什九，良可惜也。

〔一〕黄宗羲。
〔二〕康二。
〔三〕萬承勲，前集廿二有墓表。
〔四〕康元，五十三歲。

題歸恒軒萬古愁曲子〔一〕

世傳萬古愁曲子，瓌瑋恣肆，於古之聖賢君相，無不詆訶，而獨痛哭流涕於桑海之際，蓋離騷、天問一種手筆，但不能定其爲何人所作。近人或以爲謔翁，或以爲道隱，或以爲石霞，皆鮮證據，惟魏勺庭徵君〔二〕及其事於恒軒壽序，予始取而跋之。沈繹堂詹事〔三〕謂世祖章皇帝嘗見此曲，大加稱賞，命樂工每膳歌以侑食。古之遺民野老，記甲子，哭庚申，大都潛伏於殘山剩水之間，未聞有得播興朝之鐘呂者，是又一異事也。恒軒，太僕〔四〕曾孫，名莊，一名祚明，字玄恭，少入復社，於書無所不窺，兼工行草諸體。嘗題其齋柱云：「入其室，空空如也；問其人，囂囂然曰。」時皆笑之。方史閣部守淮、揚，恒軒仲兄爾德，名昭，參幕府事，所稱禮賢館徵士者。城破死之。恒軒亦同顧推官〔五〕舉師，不克，行遯得免。書淫墨癖，竟以佯狂終身。

〔一〕歸莊，類徵隱逸四。
〔二〕魏禧。
〔三〕沈荃。
〔四〕歸有光。
〔五〕顧炎武。

湘帆堂集跋尾

平叔〔一〕湘帆堂集〔二〕在江右諸公中，文品出王於一〔三〕、魏凝叔〔四〕之上，然本領稍薄，魄力亦孱耳。平叔之父給事〔五〕，天啟間爲奄黨，麗名逆案，故平叔終身不交復社諸公。在弘光中嘗與文止〔六〕書云：「先人於天啟中，特以會議三案、要典，遂爲罪戾。」崇禎初且有論其依附孫淇澳者〔七〕，此正今日之所諱。又與友書云：「先人心跡，半被浮雲，能見諒於二祖列宗，而不能得之依門傍户之徒。」又云：「東鄉〔八〕死後，莫能闡幽。」然予讀南雷文集，則必以阮大鋮、傅櫆並稱〔九〕。阮、傅相齊，其人豈有可雪耶？又讀三垣筆記〔十〕，則曰：「給事連疏糾左、魏〔十一〕誠過，然其糾汪文言狎邪〔十二〕，則一時頗稱快者。後因糾忠賢，終璫世不出，則謂其贊導殺左亦過。」又曰：「張太宰捷〔十三〕累稱其枉，而弘光中不起官，或以其先經楊維垣〔十四〕糾，故弗許也。」則當時固有以給事爲枉者。然使給事果曾糾璫，平叔之口何不及此，筆記恐誤也。據平叔所言，亦不能諱其豫名於要典，而又不能決言其爲淇澳同志，其詞支矣。映碧〔十五〕素不貶張捷，因此而并信其所與者耳。以平叔之文，不能雪其父，孝子慈孫之憾也。

〔一〕傅占衡，臨川人，參卷十二七賢傳。
〔二〕廿六卷。康熙六十一年刊本。
〔三〕應作「于一」，名猷定，明詩綜七七，小腆紀傳補遺四。
〔四〕應作「冰叔」，魏禧。
〔五〕傅槐，萬曆四一進士。
〔六〕羅萬藻，臨川人，明史二八八附文苑艾南英傳。
〔七〕孫慎行，明史二四三。
〔八〕艾南英，千子，撫州東鄉人。
〔九〕文案　魏子一墓誌。
〔十〕卷下。
〔十一〕左光斗、魏大中。
〔十二〕汪文言之獄，廿二史劄記卅六。
〔十三〕張捷赤涵，明史稿二四〇，小腆紀傳六二，死節。
〔十四〕楊維垣斗樞，明史稿二二五，紀傳六二。
〔十五〕李清。

題陶文紫笥集〔一〕

紫笥先生文未能洗盡華藻，然酷肖范蔚宗，同時罕其匹。顧爲人奡岸，不能少受屈折，前輩多畏之，不甚爲吹噓也。崑山徐學士領明史，延致天下之士，四明萬丈季野任考索，頗委紫筍以文，故是集多明史諸傳。其時紫筍尚年少，未通籍，而閻丈百詩輩，皆忘年交之。已而卒爲忌者所排，與崑山絶，其同里翁尚書亦知之。紫筍成進士，一日在翁邸，翁之子驕而汰，辱何丈義門於衆中，紫筍憤甚，請翁出，以正誼責之。翁護其子，頗不以紫筍言爲然。紫筍長揖竟出，且謂之曰：「明公之力，不過使陶生不爲翰林，請從此辭。」已而紫筍果不與館選，其謁銓得昌化〔二〕，在窮島中，竟卒於官。

〔一〕陶元淳。尚有南崖集四卷，皆在官時作。第四卷乃昌化浮糧考，趙秋谷序。

〔二〕昌化，瓊州。

紫筍之入粤也，謂義門曰：「吾今豈復望進取，但竭撫字之力，以求無負於國。他年幸得報政歸，讀書授徒，更盡其能事於文，藉手以見萬、閻諸先生，足矣。」然卒不遂其願而死，而昌化人至今感其惠政不衰。先生之子正一、正靖〔一〕，皆與予交，而正靖尤厚，今亦死。爲題於其集之後。

〔一〕陶正靖，前集十八有神道碑。

鮚埼亭集批注　外編卷三十二

題跋六〔一〕

〔一〕此卷皆校水經。卷四十五復有九帖。

柳氏水經校本跋〔一〕

柳大中名僉，吴之隱君子也。生當武宗之世，其所校水經以宋槧手鈔極審，改正錯簡，如潁水篇、渠水篇、濦水篇，皆大有功。當是時，楊用修、王慎中之本，尚未出也。大中隱約衡門，世莫之知，歷朱鬱儀、吴中珩諸人所開雕，皆未問及於大中。其書在洞庭葉石君〔二〕家蓋二百年，至康熙初始出。故如亭林諸老猶未之見，而渭水篇中補得脱簡四百餘字。世之有功於是書者，孰能如大中乎？謝耳伯〔三〕拜下風矣。石君儲藏甲於吴中，能爲大中傳此本，亦可尚也。今此本歸於揚之馬氏小玲瓏山館。

〔一〕柳僉。
〔二〕葉萬。
〔三〕謝兆申，邵武人。

何氏三校本水經跋〔一〕

義門先生水經三本，予皆見之。其初校本以甲戌，未見所學，猶不免竟陵習氣也。再校本以丙子，及見亭林所訂，則進矣。三校本以戊戌，更進矣。以此見前輩精進之功。其述洪文惠公〔二〕之言曰：「世無善本，雌黄不可妄下。」則校書之蓍蔡也。然先生所取以校此本者，亦不出胡氏資治通鑑注及隸釋二種，則尚失之隘。近日杭人趙生一清，又博求之元和志、初學記、太平寰宇記、太平御覽、九域志以及雍録、齊乘、宋元諸圖經，斯後來居上矣。

〔一〕何焯。
〔二〕洪适。

沈氏水經校本跋〔一〕

國初諸老皆有水經校本，如顧亭林、宛溪、胡東樵〔二〕、黄子鴻、閻百詩、劉繼莊，而俱無傳者。惟亭林之本見於何氏所録。黄氏之本相傳入於新城池北庫中，獨渭水、沔水二篇行於世。繼莊竟脱落。若東樵、宛溪、百詩之本雖未見，而其所證據之旁出者，頗多紕繆，東樵其尤也。苕中老友沈君繹旃，少與其兄東甫從事於此〔三〕，東甫遂以屬之。歲在庚午〔四〕，予貽書求其稿，繹旃欣然攜之至杭，并亡友董訥夫〔五〕之本以來。訥夫亦義門高弟也。繹旃與予討論浹旬，遂留置予插架中。其發摘譌誤，如緡姑水、檀臺岡、瓅侯亭、横山并漢功臣表鄳侯之誤音爲多，不特有功於善長而已。予於是書所借助，老友莫如繹旃，通家子則趙生一清。不意叢殘讎對中，逢此二特，是則厚幸也大。

〔一〕沈炳巽。
〔二〕胡渭。
〔三〕沈炳巽、炳震。
〔四〕乾十五。
〔五〕董憁。

水經漸江水篇跋二〔一〕

山經：「浙江出三天子都在其東。」郭景純曰：「出新安黟縣南蠻中。」此與漢志合，亦與酈注水經合。唐人盧潘引漢志，始作黟縣南率山，蓋因「蠻」字之相近也。黟人因而爲之目曰率山，曰率水，而并改山經之本文曰「在率東」，則誣甚矣。今之爲黟志者，莫不以率山、率水裝點地望，而不知其非也。漢志具在，豈可以一人之異同，而擅改其文，乃并改山經以就之乎？當東漢之時，新安一帶，山越居之，故曰「蠻中」，賀齊諸葛恪傳可考。若以爲「率」，他書所無。樂史太平寰宇記始列其目，而九域志仍不及焉。曾是以羅存齋、程篁墩〔二〕司志事，而尚不能考正燕説乎？

〔一〕卷四十。

〔二〕羅願、程敏政。

讀胡氏資治通鑑注〔一〕

胡梅磵曰：「人苦不自覺。前人之注之失，吾知之；吾注之失，吾不能知也。」斯言真克己之論。梅磵是注，世人宗之，罕敢議者。顧宛溪始摘其數條，而未盡中其失也。予細讀之，則不止宛溪所舉而已。如東燕之石濟，乃河水之支流，而以爲四瀆之濟。求桑邱不得，而竟以汝南之下桑里當之。英布爲漢軍敗於洮水之上，洮水乃泚水之誤，而梅磵以爲零陵之洮水。他若以秦之廣陵屬九江，直是無稽之言。予少時聞之慈水前輩馮君明遠〔二〕，極言是注之失，而未及叩其詳。稍長亟欲盡其説，而馮已逝矣。竊思一一彈駁，勒爲糾謬一書，病廢不果。但梅磵注之佳者實多，予之欲糾之者，正欲爲其功臣也，安得稽古之士成予志乎？

〔一〕胡三省。卷四二有答沈東甫問李茂貞地界柬。

〔二〕馮明遠，見卷四十一及四十五，卷七又有墓碣。

題讀史方輿紀要〔一〕

以汳水爲禹貢之灉水，其説出自許叔重。果爾，則鴻溝自古有之，實與酈氏禹塞滎澤之言相表裏。然世儒無信之者，唯東坡頗然之。不謂顧宛溪亦主其説，并以之改職方，謂豫州，其川滎、洛，滎非滎澤，滎與灉通，即汴水，則近於謬矣。其言三江，主松江、婁江、東江，言九江，主湘江，皆未當。而謂英布所敗之洮水，即震澤之洮湖，尤舛。宛溪地學，實出東樵、潛邱、子鴻〔二〕之上，綜羅既多，不能無錯。然此則其大者，不意其失言也。

〔一〕顧祖禹。
〔二〕胡渭；閻若璩；黄儀，常熟人。

鮚埼亭集批注　外編卷三十三

題跋七

題哀江南賦後

甚矣！庾信之無恥也。失身宇文，而猶指鶉首賜秦爲「天醉」，信則已先天而醉矣，何以怨天。後世有裂冠毁冕之餘，蒙面而談，不難於斥新朝、頌故國以自文者，皆本之「天醉」之説者也。即以其文言之，亦自不工。信之賦，本序體也，何用更爲之序，故其詞多相複，滹南直詆爲荒蕪不雅。學子信少陵者多，其肯然滹南之言乎？若顔氏觀我生賦，實勝於信，蓋深有愧恨之意，而非謬爲支言以欺世者。予嘗謂近人如東澗〔一〕，信之徒也；梅邨，則顔氏之徒也。同一失節，而其中區以别矣。

〔一〕錢謙益。

跋月泉吟社白湛淵詩〔一〕

白湛淵在吟社中，變姓名爲唐楚友，不知其爲吾鄉舒文靖公〔二〕之後也。生十齡，以孤穉隨母養於白，大德庚子任毘陵教授〔三〕，剡源勸其援范公例復姓〔四〕，未知果否。然要爲吾鄉添一詩人。

〔一〕白珽。
〔二〕舒璘。
〔三〕宋學士文集卅五有白公墓銘，言先生本四明名儒舒少度遺腹子，通武育以爲嗣。
〔四〕見剡源集十三。

書劉文靖公退齋記後〔一〕

許文正、劉文靖，元北方兩大儒也。文正仕元，而文靖則否。以予考之，兩先生皆非宋人，仕元無害。然以元開創規模言之，其不足有爲可知，則不仕者自此遠矣。文正從祀，而文靖則否，誠不可謂非屈也〔二〕。（下略）

〔一〕劉因，學案九一。
〔二〕萬季野羣書疑刻頗不直劉因。

書劉文靖公渡江賦後

劉文靖公渡江賦，前人論之者多矣。瓊山〔一〕以爲幸宋之亡，黜其從祀。後渠〔二〕則以爲欲存宋。夏峰力主後渠，而論者終未釋然於瓊山之説。予以爲兩家皆非也。諸公蓋但讀其賦，而未嘗取其集考之，故不能定其案。明儒讀書之疏，大率如此。（下略）

〔一〕丘濬。
〔二〕崔銑。

跋戴剡源與先泉翁倡和詩〔一〕

剡源答泉翁詩云：「酣歌待約東隣伴，潑面晴風漲酒瀾。」又云：「更有隣墻全處士，醉吟能泛百杯寬。」〔二〕是泉翁寓杭後所酬唱也。今泉翁之詩，自吟社而外無存者，惜夫！

〔一〕戴表元。

〔二〕詩不見今剡源集。

跋唐荆川與萬鹿園札〔一〕

荆川與鹿園〔二〕札三十餘紙，予得其七。荆川文吏，而惓惓於論兵。鹿園大將，而諄諄於論學。觀其翰札，令人肅然起敬也。適九沙七十生辰，予無以爲之壽，即以七紙致之。九沙喜曰：「吾家世珍也！」因囑予爲之跋。其餘紙亦歸九沙從子西郭。

〔一〕唐順之。

〔二〕萬表。

跋王節愍公手跡〔一〕

明之亡也，浙中仗義殉節之臣極盛，而杭人獨少。甲申之難，竟無一人。乙酉南都之亡，家居而死者：陸大行鯤庭、王邵武昭平、祝貢士開美；死於師者翁都督也。畫江之役，褒卹諸忠，但及大行，不及邵武，吾鄉董户部次公爭之曰：「死一耳，何以卹典有偏？將謂大行係甲榜，邵武係乙科耶？今之甲榜而賣國者，肩相望也。」邵武始得謚節愍。（下略）

〔一〕王道焜，明史二七六附朱大典傳。本集十四有王節愍祠堂碑，則王章也。

跋李昭武先生墨跡〔一〕

昭武先生與先贈公最厚，故予家所有詩箋、尺牘、箑頭極多。然予少時但以書人、詩人目先生耳，稍長始悉先生之大節，因爲之作墓幢之文〔二〕。顧里中人知者蓋寥寥矣。是卷乃先生平淮碑論，書以贈陸丈春明〔三〕者。先生之集已亡，則是論尤所當存也。李君海若爲其族孫，以未得先生墨跡爲憾，予因贈之，而跋其尾，并書其墓幢之文於前。

〔一〕李文纘。

〔二〕前集十四。

〔三〕陸宇爔。

跋林太常輓姜給事詩〔一〕

璽庵太常輓姜敬亭〔二〕詩，姜氏未嘗入刻。予家有其手卷，蓋書以求正先贈公者，乃知敬亭避地天台，江干之役，太常輓之出仕監國而不赴。又言吏部嘗與太常同事姚江戎幕，則戊子以後浙東山寨中事也。此皆野史所未及者，足以當詩史矣。

〔一〕林時對。
〔二〕姜埰。

書毛檢討忠臣不死節辨後〔一〕

蕭山毛檢討奇齡有三大辨，其一爲忠臣不死節文。異哉其立言也。忠臣不必盡死節，然不聞死節之非忠臣也。

〔一〕毛奇齡，本集十二有毛檢討别傳。

世知檢討之文由於盧鎮遠宜〔一〕所作續表忠記，而不知其所以然。鎮遠，予同里先輩也，初任蕭山教官。其時檢討以亡命之餘歸里，得復諸生名籍，怨家不能忘情，多相齮兀，而又以制舉荒落，連試下等。鎮遠獨奇其才，拂拭之備至，檢討亦感之甚。其所謂師弟，非尋常學舍中人比也。鎮遠所作續表忠記，其初集爲趙給事吉士所雕，二集爲程上舍某所雕，皆與檢討論定而出者，即令檢討爲之序。今所雕乃檢討手書本，字畫甚拙，可覆審也。鎮遠遷官而卒，檢討志墓亦載其事。

〔一〕盧宜，字公弼，又字函赤，號弗庵。曾知鎮遠縣。續甬詩八八。

已而京師有戴名世之禍，檢討懼甚，以手札屬鎮遠之子〔一〕曰：「吾師所表章諸忠臣，有干犯令甲者，急收其書，弗出也。」其子奉其戒惟謹。乃檢討懼未止，急作此辨，而終之曰：「近有作續表忠記者，猥以長平之卒，濫充國殤，而假託予序。恐世之人不知，將謂不識名義自我輩始，故不可無辨。」又改其志墓之文曰：「公之續表忠記假予爲序。」嗚呼！何其悖歟！

〔一〕盧遠。

檢討不過避禍，遂盡忘平日感恩知己之舊，斯苟稍有人心，必不肯爲。而由此昌言古今忠臣原不死節。夫負君棄國，與夫背師賣友，本出一致。檢討之心術盡於斯文，檢討之生平盡於斯文。其詡詡然落筆時，蓋可想矣。檢討所作鎮遠墓誌底本，并其手札，至今猶藏盧氏。其子嘗流涕出以示予，予因爲記之。

若以續表忠記言之，其紀事誠有未覈，文亦多不工，雖予不敢以其同里爲之辭。特檢討親爲之序，而反覆如此，其心原不爲書之是非起見，則可駭也。天門唐庶常建中曰：「君姑置檢討弗問，蓋諒其非本心耳。」予大笑而頷之。

結埼亭集批注　外編卷三十四

題跋八

書朱子綱目後

黄幹〔一〕嘗謂綱目僅能成編，朱子每以未及修補爲恨。李方子亦有「晚歲思加更定，以歸詳密」之語。然則綱目原未成之書。其同門賀善爭之，以爲綱目之成，朱子甫踰四十，是後修書尚九種，非未成者。又力言朱子手著。但觀朱子與趙師淵書〔二〕，則是書全出訥齋，其本之朱子者不過凡例一通，餘未嘗有所筆削，是左證也。著述之難，即大儒不能無餘論。雷同附和之徒，遂以爲春秋後第一書，可謂耳食。苟或能成朱子之志，重爲討論，不可謂非功臣也，但必爲蚍蜉所大駭耳。

〔一〕學案四九。

〔二〕趙師淵，字幾道，號訥齋。

跋宋高孝兩朝御墨卷

錢唐丁高士鈍丁得宋楊和王〔一〕所藏高孝兩朝御墨一卷，其中并有賜和王之子者。予見之歎曰：「此風雲慶會閣中故物也。」風雲慶會閣者，和王洪福橋里第所以貯奎墨之所也。

〔一〕楊存中，宋史三六七。

先是和王卜宅，中爲大府，旁列諸子四宅，極其宏麗。而一浮屠謂之曰：「此龜相也，得水則吉，失水則凶。宜引湖以環之。」和王方被殊眷，即以乞之高宗，高宗許之，又曰：「恐廷臣有言，宜速爲之。」於是和王督濠寨兵數百，又募民夫，連晝夜爲之，三日而成。入自五房院，出自惠利井，凡數百丈。工成而言者繼至，高宗諭曰：「沂中〔一〕有平盜功，雖盡以西湖賜之，亦不爲過。惟卿容之。」言者遂止。和王乃復用僧言建高閣，以御賜「風雲慶會」四字揭之，而供奎墨焉，蓋亦取昂首俯湖之象。相傳百有餘年，辛巳，其家捨閣於佑聖觀，識者以爲龜失其首，將不利矣。次年果大火，數百楹無孑遺〔二〕。而是卷得存，不可謂非天幸也。

〔一〕存中本名沂中，紹興間賜名。

〔二〕或以此一段出齊東野語，而西湖游覽志載之。

嗚呼！中興多名將，鄂王、蘄王及劉太尉輩之功，無一售者。其得窮極富貴以老，莫如附會政府之張循王，而次之即和王，試觀奎墨之稠疊，可以想見恩遇之隆。三復思陵西湖之語，君子是以知宋之不復北征已。

跋汪伯彦封事〔一〕

建炎七年〔二〕，高宗以逆豫師退，手詔問諸舊輔以善後之計：故相〔三〕則李綱、汪伯彦、朱勝非、吕頤浩、秦檜，故參政則顔岐、李邴、張守、王綯，故樞使則韓肖胄。諸公封事，李爲最，吕次之，其餘亦皆有可采，獨顔岐寥寥，一無建明。岐故小人，力阻李忠定〔四〕入相者也。尤異者，汪伯彦之封事，假萬全以爲元老，決戰以爲將軍，如相如作賦，子虚、亡是之比〔五〕，而終之以夢見箕子，令其以所見質諸天子，斷自神算，蓋意中猶主和議，而不敢明言耳。其語亦絶非奏對之體，令人發一笑也。秦檜請聲劉豫之罪，而陽推金人，以紓其締交之計，是則仍其「南人歸南，北人歸北」之説〔六〕，而不敢言中原人願歸劉豫者，以是時方戰勝也。

〔一〕汪伯彦，宋史四七三姦臣傳，不載此事。
〔二〕建炎無七年。當作紹興七年正月，事見三朝北盟會編一七二至一七六。汪封事見一七三，無朱勝非。
〔三〕故相者舊相，非已故之相也。
〔四〕李綱。水心集廿六有李忠定謚議。
〔五〕子虚賦見漢書五七上，以諷游獵。
〔六〕語見宋史四七三檜傳。高宗曰：朕北人，將安歸。

跋周南仲開禧勅後〔一〕

右周正〔二〕字南仲山房稿中擬開禧奪秦檜官謚勅也〔三〕。按建炎雜記曰：「秦檜之死，其館客曹宗臣爲博士，定謚曰忠獻，議狀有『道德高天地，勳業冠古今』之語。開禧初，李季章爲禮官，請易以惡謚，奉常定曰繆狠。議上，侂胄謂同列曰『且休且休』，遂止。然忠獻之告已拘取矣，侂胄死，乃復還之。」今宋史寧宗本紀大書「奪秦檜爵，謚以繆醜」。以李氏之言核之，非其實矣。予最愛勅中序鄂王冤狀，淋漓悲壯。事雖不果行，要足以吐重泉之氣，所當勒之鄂王墓道，使百世共讀之者也。

〔一〕周南，字南仲，宋史三九三，平江人。水心文集二十墓誌。學案五五。

〔二〕「周正」爲「周南」之誤。

〔三〕「山房稿」爲「山房集」之誤。九卷，大典本，四庫別集類十四。秦檜降爵易謚勅見集二。

跋月泉吟社後

月泉吟社諸公，以東籬北窗之風，抗節季宋，一時相與撫榮木而觀流泉者，大率皆義熙人相爾汝，可謂壯矣。然當時主盟，如方、謝、吴三先生，至今學士皆能道其姓氏，而社中同榜之人，自仇近邨而外，多已湮没不傳。向微是書之存，則直與陵谷同清淺，不亦危哉。（下略）

夫吟社人物，職志昭然，其棼錯猶且至此，何況荒亭野哭，邐舟移榜，其爲張孟兼〔一〕所不能詳者，尚可問哉？若槐窻居士黄景昌嘗著尚書蔡傳正誤，見兩浙名賢録，湛淵白珽則本吾鄉舒文靖公裔孫，養於白氏，見剡源先生集〔二〕。

〔一〕張孟兼，見卷廿不波航記。

〔二〕卷十三送白廷玉赴常州教授序，亦見宋學士集廿五白公墓銘。

心史題詞〔一〕

亡友長興王敬所嘗爲予言，心史必是僞作，予是其言而無徵也。已讀閻百詩集，其中引萬季野語，以爲海鹽姚叔祥所依託，則敬所已下世，歎其不得聞此佳證也。嘗以語錢唐厲樊榭，則謂叔祥豈能爲此詩文。予謂閻、萬二丈皆不妄語者，必有所據。

〔一〕鄭思肖。

所南别有錦綫集，明崇禎中尚存，梨洲先生曾見之。予今求之不得，但從永樂大典得見其奇零者〔一〕。向使是書而在，以之對勘心史，當有敗闕，但不知叔祥何故造爲是書。雖非真本，要屬明室將亡之兆也已。吴兒喜欺人，至今謬稱智井舊物，以索高價，凡有數本，予見其二。

〔一〕知不足齋廿一集有鄭所南先生文集一卷。

跋袁尚寶記北京營造始末〔一〕

符臺外集多足以補史事，而其記北京營造本末一篇〔二〕，謂左副都御史李慶引用梓人蔡新，使之同升卿列，蔡官工部侍郎。濫起人夫，恣爲魚肉，死者幾百萬。初，上命月糧之外，每旬賞鈔，有病者賞醫藥，死者賞棺。慶、新與都督薛禄、指揮沈清等，祇圖剋取入己，盡行乾没。月糧則以死爲生，重妄支給。及殿成，命大醮以慰死役者，而慶懼以濫役得罪，祇開萬人以上，其奸如此。不半年而三殿災，職此之由也。按慶、新不足言矣，薛都督名臣也，何以亦依阿其間耶？不亦爲盛德之累耶？

〔一〕袁忠徹。

〔二〕四明叢書七集第二卷，無此文。

又題閑中今古録

程尚書仲能〔一〕以文學之禍死，見於存吾是録中，明史以爲病卒，誤矣。明史經萬丈季野之手，萬丈精於榷史，而鄉里先正事竟不能審，以是知史事之難。仲能大儒之子，在元已官至尚書，不能爲余闕，并不得爲危素，悲夫！

〔一〕程徐，端學子。元史二〇一列女傳，以妻女著。明史一三九附錢唐傳。

書祁門張侍御請毁逆奄墓疏後〔一〕

明熹廟時奄禍爲亘古所未有。天奪其魄，莊烈帝出而殛之，「彪」、「虎」餘孽，誅鋤殆盡。而西山之碧雲寺尚有逆奄生前所造冢，穹碑屹立，乃崑山、南樂兩相〔二〕譔文，入國朝猶無恙。相傳寺僧拱護甚力，遊人過往，多以穢物擲其碑，寺僧伺其退，輒洗濯之。予嘗憤守者之愚，而以爲得使崑山、南樂長存面目，被人嗤詈，正自快意。康熙辛巳〔三〕，張靜齋侍御疏請毁之，得旨允行，是固大快人意之舉。但惜不取碑文搨數本，附之三朝要典之後，足當桓大司馬流芳百世之志也。

〔一〕張尚瑗，康熙三十年進士，榜名瑗。

〔二〕顧秉謙、魏廣微。

〔三〕康四十。

再跋柳先生年譜

王厚齋曰〔一〕：「柳州之文多冒名者：馬退山茅亭記見於獨孤及集〔二〕；百官請復尊號表六首，皆出於崔元翰；請聽政第三表，文苑英華乃林逢。第四表云『兩河之寇盜雖除，百姓之瘡痍未合』，乃穆宗、敬宗時事。代裴行立謝移鎮表，行立移鎮在後。柳州謝上表，其一乃李吉甫郴州謝上表。舜禹之事、謗譽、咸宜三篇，晏元獻曰『恐是博士韋籌作』。而愈膏肓疾賦，晏公亦云『膚淺不類』。若爲裴令公舉裴冕，乃晁説作，柳州之生，冕薨已五年。」今按譜中所列尊號表六首、柳州謝上表未及别擇，其餘似亦知其非而不載。

〔一〕困學紀聞十七。
〔二〕何義門及四庫提要以茅亭記爲柳文誤入獨孤集。

書宋中大夫周公家傳後〔一〕

予纂古今親表録〔二〕，友朋多言其徒費日力。不知門地分而流品出，未嘗不於世教有補。鄉先生宋中大夫周公鍔，預名元祐黨人之一。大夫之舅氏范丞相忠宣公純仁，右丞純禮，待制純粹，及大夫初娶婦翁胡右丞宗愈，再娶婦翁王學士覿，中表兄弟范開封正平，九族之中，登錮籍者七人〔三〕，予既牽連書之。又讀陳忠肅公瓘〔四〕與兄書〔五〕云：「章氏議卻不成，農師〔六〕極惓惓，亦不敢就。自到官，尤覺中饋不可無人，瑞奴等零丁益可憐，不免議同年周户曹之妹。其家清貧，其人年長，貧則不驕，長則諳事，舉家好善，故就之。」户曹，即大夫也。嗟乎！即忠肅之書，可以見大夫一門之賢，而其得力於范文正公、胡文恭公之典刑者亦豈少哉？文正壻，一爲賈東明蕃，以不附新法忤荆公。而忠宣之出，司馬侍郎忠潔公朴，温公羣從，握節死於金者也。大夫胡氏之私，則僚壻考功忠臣〔七〕，亦在黨禁，可謂同岑之盛矣。偶從大夫裔孫見家傳，書此以勉。

〔一〕周鍔。
〔二〕親表録序見卷廿五。
〔三〕并陳瓘、鄧忠臣計之，則九人。
〔四〕參前集廿三陳忠肅祠堂碑。
〔五〕書見朱文公集八一引。
〔六〕陸佃，游祖父。
〔七〕鄧忠臣。

跋王檢正庭秀傳〔一〕

檢正爲黄涪翁詩弟子，諸志爲作傳，皆排比其善行，而困學紀聞〔二〕撮其磨衲集議論之妄：以鄭介夫爲妄言，陳少陽爲鼓變，是熙豐之法度，非元祐之紛更。謂黨人子弟爲謬賞，謂蘇、黄文章爲末藝。甚者擬程子之學於墨、釋，而以易傳成於楊、謝之删潤，詆趙、張二相尤力。有是哉，其謬妄也。是以深寧斥其邪詖〔三〕。予謂舒待制之與檢正，文章俱有可觀，當置之文苑，而識其短，以爲後人之戒。

〔一〕王庭秀，宋史三九九附鄭轂傳，延祐四明志五。「跋」下應添「四明志」三字。

〔二〕卷二十。

〔三〕庭秀有女，爲任賢臣之妻。朱文公集九二有宜人王氏墓誌。

跋袁處州行狀〔一〕

狀云：「宋之亡也，舊不快意於衣冠者，爭上變入爵。陳參議允平有讐家，言新從福州航海來，見參議爲書，約蘇都統〔二〕以九月乘帆下慶元，當出兵以迎。禮部尚書高衡孫連署勸進。時張元帥督師將征南，命招討使王世强圍捕鞫實。賴處州識其麾下，得解其事，而參政由是得脱。其後復有言昌國大姓以故王爲名者，元帥不聽。」嗚呼！順治戊子、己丑之禍，如一轍也，而衣冠之禍更慘已。

〔一〕袁洪，桷之父。行述見清容集卅三。

〔二〕蘇劉義。

跋袁尚寶行狀〔一〕

尚寶袁公行狀，黄先生南山所纂也。尚寶傳其父〔二〕之學，世以爲術士耳，不知其因成祖養賢之問，而詳及前代學宫書院之制；論武臣居喪之當解職；謂皇太孫獲鹿當先獻：皆讜論也。而力爭靈濟宫符藥之妖妄，尤大臣風節。惜南山先生之狀，其敘事過於質直無文。

〔一〕袁忠徹。

〔二〕袁珙柳莊。

跋四明尊者教行録〔一〕

古人有畫像記、畫像贊二種，獨宋慶元庚申沙門善月爲四明尊者作像志銘，是文章體例中所未有也。四明法智師，主延慶道場，實爲寶雲通公高座，以振天台螺溪之教，沙門宗曉爲之纂教行録七卷。予生平不喜佛書，而是編以有關梓里文獻，故收拾之。其中有紹興壬午青山居士樓弆跋文〔二〕，當是太師樓楚公异之弟也，并録以廣舊志之遺。

〔一〕僧宗曉。續藏第二編第五套第五册，凡七卷。

〔二〕見卷一。

題蟫津集〔一〕

浮屠之文如蟫津，蓋亦一世之雄也。其報復昌黎，不遺餘力。雖然，無問昌黎之學非蟫津所能排，即以其文，亦豈可遽與昌黎抗歟？是則可謂不自量矣。

〔一〕「蟫」爲「鐔」之誤，下同。釋契嵩。

讀道德指歸

張南漪〔一〕語予曰：道德指歸前有谷神子序，其云嚴君平姓莊氏，故稱莊子。班史避明帝諱，更之爲嚴。然則篇中所稱莊子者，皆君平自稱也〔二〕。故卷首即稱：「莊子曰：『老子之作，上經象天，下經象地。』」其發明宗旨，幾三百言。此後每設爲問答，必曰「何以言之」，「何以明之」，「何以效之」。或曰「敢問」，而後以「莊子曰」答之。蓋皆君平自稱之言，無疑也。閻潛邱乃以爲莊周逸篇之文，以補王厚齋之漏，何其愉也。其所引亦不完。南漪之言覈而篤矣，然予并疑是書乃贋本，非君平之作也。（下略）

〔一〕張熷。

〔二〕嚴君平，見漢書七二王吉傳序。

書程雲莊語録後〔一〕

初，南雷黄先生嘗言同時有程雲莊者，倡教吴、鄣之門，以一四篇言佛，一三篇言道，三兩篇言儒，乃修飾林三教之餘術，而别自出頭地者。

〔一〕程智。南雷文案作「雲章」。

予思見其書未得，雍正甲寅，長洲徐編修丈澄齋〔一〕出其遺書示予，三篇之外，尚有守白論。其言以公孫龍子爲宗，而著定爲十六目。（下略）

〔一〕徐葆光，康五一探花。吴江人。

跋劉屏山唱道集説〔一〕

屏山唱道集説，鈍翁駁之詳矣。偶閲湛然居士所爲序，言其二十九歲閲復性書，知李習之亦年二十九歲參藥山而退，因發憤參萬松師，著此書。噫！屏山歷詆諸儒以恣其説，自我成佛足矣，何必援昔人以自重。習之斷非佞佛者，即或其言間有未純，不過學之小疵耳。浮屠輩造爲此説以誣之，而屏山援之以爲例，可爲一笑。

〔一〕應爲李屏山鳴道集説，下同。劉屏山是劉子翬，學案四三，朱文公其門人也。李屏山是李純甫，學案一百。堯峰文鈔廿五有鳴道集説序。

鲒埼亭集批注　外編卷三十五

題跋九

跋唐則天后少林寺勑書石刻

嵩山少林寺有大唐垂拱二年皇太后勑，以寺中有冬筍生，降書志喜。又有大周天册萬歲二年皇帝勑，以寺中有仙藤、白露之祥也。寺僧合而勒之石。嗚呼！溉冬筍何不哀黄瓜〔一〕？求仙藤、白露以爲瑞，豈知鸜鵒之翅已盡折也。

〔一〕黄臺瓜辭見鄴侯外傳及日知録十八改書條。

唐開元祀泰山銘舊本跋〔一〕（文略）

〔一〕此跋已見前集卅七，但較此爲簡耳。

跋宋方信儒陳孔碩題名〔一〕（文略）

〔一〕「儒」應作「孺」。前集卅八有蘄州白龍洞題名，即此石。

題王半山鄞女志〔一〕

舒王之葬殤女，在吾鄉崇法院旁，謝皋羽過而題句者〔二〕。相傳院中多舒王與會老往來墨跡，戴曾伯〔三〕「驚風急雨」之詩是也。先侍郎〔四〕少女許嫁屠侍郎〔五〕子本畯，未笄而卒，附葬於檢討公墓〔六〕，啟土得一石，則舒王志也〔七〕，因搾之而稍移於北〔八〕。嘻！是一塊土者，世爲殤女之壙耶？先侍郎曾有文記之，今失去，乃補之集中。

〔一〕王安石。
〔二〕晞髮集四。
〔三〕戴表元。
〔四〕全元立。
〔五〕屠大山。
〔六〕「檢討」上應添「贈」字。

〔七〕臨川集卷百。
〔八〕參前集卷卅六。

元翰林學士王文定公神道碑跋〔一〕（文略）

〔一〕王惲。前集卷卅八，此重出，小異。

跋孟蜀廣政石經〔一〕

宋時石經不貴陝本，而貴蜀本。殆以陝本止正文，而蜀本有注耶？其時學宮所頒行皆蜀本，故徽公所引石經亦皆蜀本，今亡矣夫。偶過趙谷林小山堂，見其蜀本石經毛詩，自周南至衛風，雖片羽乎，可珍貴也。其中多足與今監本互證異同者，惜不得完本讀之。

〔一〕參前集卅七蜀廣政石經殘本跋。

廖氏世綵堂韓文跋〔一〕

仁和趙徵士谷林之子小林，得宋槧韓吏部集於曲阜孔氏，乃廖瑩中世綵堂本也。瑩中所刊之書，其工料莫精於九經，而草窗評之，以爲不如韓、柳二集之善。今觀小林所得，良佳。

〔一〕廖瑩中。

嗚呼！瑩中失身賈氏，蒙謗下流，然其於風雅，不爲無助，校之秦氏之畢少董，韓氏之向冰，蓋有過之。顧使瑩中但爲賈氏鑒定書畫，優游東閣，不染事權，雖難以語君子潔身之義，而尚不至於大玷。當時壑公座客，浙東則梅磵先生胡身之，浙西則藂壁先生金一之〔一〕，以及吾鄉安竹林吏部，皆豫焉。梅磵、竹林多所箴規，不見用，固皭然不染，藂壁亦不失爲遺民，未若瑩中之被禍也。明嚴氏之盛，文休承亦嘗爲鑒定書畫，而論者未嘗以此訾之，吾不能不爲瑩中深太息焉。然當時薦紳，負盛名力排史氏之後村，尚不免喪其所守，又何尤乎瑩中。要之瑩中所審正之經籍，則終爲可寶，不以其人而廢也。在昔湖上養樂園爲賈氏第左之别墅，其旁香月隣，即瑩中所築也。是集之播遷流轉，而仍歸趙氏，足爲湖上故物，縹緗其有幸焉。顧安得九經連軸，并柳先生集亦惠然而至，成合璧耶？小林其更博求之。

〔一〕胡三省、金應桂。

跋舊槧三蘇文集後

舊槧三蘇全集是元人物，在明初曾入樂安郡王邸，後歸吾鄉袁尚寶忠徹家，已而流轉於吳尚書原博、温閣學員嶠諸庫，又有「魯國世家」之章，通計印識家共十三。其欒城集後，別有「清夢軒刊本」五字，不知誰氏，而紙色甚舊。今世如此種書亦罕矣。（下略）

予於雍正癸丑〔一〕得是書，中間入有力者之手，又二十有二年，乾隆辛未〔二〕復歸，不勝其喜。且是固吾鄉柳莊舊儲也，因跋其後。

〔一〕雍十一。

〔二〕乾十六。癸丑至辛未，才得十九年。

延祐四明志跋

延祐四明志二十卷，袁學士清容〔一〕所修也。是志流傳甚寡，儲藏家皆無之，即在吾鄉亦但有二本，其一在天一閣范氏，其一在陸高士春明家，然皆失去第九卷、第十卷、第十一卷，蓋無從覓其足本矣。清容文章大家，而志頗有是非失實之憾：如謝昌元、趙孟傳皆立佳傳，而袁鏞之忠反見遺，蓋清容之父亦降臣也。又累於吴丞相履齋〔二〕有貶詞，殆以其大父越公〔三〕之怨，非直筆也。

〔一〕袁桷。
〔二〕吴潛。
〔三〕袁韶，桷曾祖。

成化四明志跋〔一〕

南里先生〔二〕纂府志質實可觀，其人蓋醇儒，而東沙續志不爲之立傳。當時南里之子若孫，皆官至藩臬監使，一門貴盛，東沙殆有宿憾焉，而故略之。然南里有傳，出於西涯李文正之手，不籍東沙也。後東沙而爲志者，不能采西涯之傳以補之，則疏矣。予并求得其詩一首，補入甬上耆舊詩中。

〔一〕楊實。
〔二〕張時徹。

跋寧波簡要志

寧波簡要志二卷，明黄南山先生潤玉著。先生嘗著四明文獻録，此則其櫽括之書，予鈔之萬處士斯同家。吾鄉志乘自宋、元迄今，其佚不存者，張津之四明圖經、姜嶼之明越風物記、羅濬之〔一〕四明志而已，其餘皆完好。雍正辛亥，浙江修通志，余方在京，厲二樊榭、杭二堇浦，千里貽書求四明舊志。予遣使請於家君，發插架所有胡尚書榘寶慶志、吴丞相潛開慶志、袁學士桷延祐志、王總管元恭至元志〔二〕及明楊教授實成化志、張尚書時徹嘉靖志，而以鄭教授真四明文獻、李侍郎堂四明文獻考及先生之二書，盡送志局。蓋吾鄉之書，較他府獨備，譬之禮家，幸不至爲杞宋之無徵也已。

〔一〕羅濬，參前再跋四明寶慶開慶二志。

〔二〕應云「至正志」。

鮚埼亭集批注　外編卷三十六

論一

楚莊王論

慈溪黄氏曰：「諸家多以討賊譽楚。愚謂楚初令陳人無動，將有討於少西氏，已乃入陳而縣之。是以盜賊之行紿而取之也，討賊者，如是乎？徵舒弑君，公孫寧、儀行父致君之弑。以法，則徵舒之罪重；以情，則二人之罪尤重。今殺徵舒，納二人，討賊者如是乎？善乎清江張氏之言云：『二人必誘楚以利，故楚殺徵舒而縣陳。微申叔時言，陳亡矣。』」又曰：「徵舒之弑，在宣十一年之夏，辰陵之盟，弑已及年，何以不討？楚自背盟而行無道，故陳亦背楚而從晉。」黄氏之言，可謂核矣。愚初治春秋時，蓋嘗見及此，顧未敢遽反先儒百口同聲之説，不知黄氏已言之也。

然黄氏於楚所以背盟之故，尚未發焉。春秋之世，嗣君得列於會則不討。是雖衰世之法，要亦霸主之例然也。寧、儀之奔楚久矣，而辰陵之盟帖然，則未嘗聽其言。蓋楚但欲得陳而已，無他心也。使陳終服於楚，則少西固在所不討。然而陳即以是年朝於晉，斯楚之所以怒也。於是假討賊之名以加陳，可以使陳無動，固絶非寧、儀之力也。其後之復陳也，亦不盡以納諫，蓋是時陳侯固在晉也。倘晉挾陳侯以與楚爭，則事亦尚未可知，於是假納諫之名以復陳，而陳必不敢抗我而他之矣。故謂其討賊者固非，即謂其納諫者亦未盡也。

楚之與晉爭者，陳、鄭、宋耳。辰陵之盟，陳、鄭俱在，未幾俱入於晉，故陳平而加鄭矣。鄭亦有賊耶？鄭平而及宋之蕭矣。宋亦有賊耶？是固不待辨而明者。聖經但書辰陵之盟於前，則其後無不了然。甚矣夫左氏之昧也，又何況於諸家。

至於靈公之葬，説者以爲前此竟未嘗葬，至是楚始葬之，雖黄氏亦云然，則益昧矣。靈公雖弑，嗣國者固其子也。謂其見脅於逆臣而不備禮，如齊莊公之葬，則固有之，豈竟有棄而不葬者？是特楚人假仗義之名，爲之改葬，而徧告於諸侯耳〔一〕。五霸之中，惟楚最無可稱，僅此入陳之役，諸家許之，而豈知其皆非聖人之意也。

〔一〕此論蓋鑒於清人爲明復仇之説而作。

萇弘論

左傳〔一〕：「萇弘合諸侯以城成周。衛彪傒曰：『萇弘其不没乎？周語有之曰：「天之所廢，不可支也。」』」左氏之爲此言，以爲周人殺萇弘之張本也〔二〕。子全子曰：有是哉！左氏之妄也。左氏喜言前知，故於萇弘之死，亦豫爲之地步，而不自知其背。使如其言，則是後世人臣當國事將去，必當袖手旁觀，方有合於明哲保身之旨，而天地之崩裂，且將不顧矣。

〔一〕定元年。

〔二〕哀三年。

雖然，吾於萇弘則尚別有責焉。春秋之末，所稱閎覽博物君子者，莫弘若也。故孔子亦嘗從之學樂，則其識古今事變必多。據左氏言〔一〕：周劉氏、晉范氏世爲昏姻，朝歌之難，周人與范氏，及趙鞅以爲討〔二〕，遂殺弘以説，夫范、中行搆難之由，不過欲并趙氏〔三〕。范、中行之據朝歌，趙氏之據晉陽，其罪惟均。然至於戰不克而伐公宫，既出奔而連齊、衛，結戎蠻以傾故國，則其狓猖潰決，無君甚矣。萇弘方將扶周室於垂盡，射貍首以致諸侯之不庭者，則欲使天子得有其諸侯，即當使諸侯之得有其大夫。今不能明大義於天下，而反從而助焉，天下其謂之何？稽之往事，孫林父之叛衛也，而晉人戍之，是晉霸中衰之時；欒盈之叛晉也，而齊人救之，是齊靈公極亂之時；魚石之叛宋也，而楚人戍之，是楚霸中衰之時：是皆其國無賢臣遠慮，故倒行而逆施，一至於此。是以欒盈之亂，叔孫穆子救晉，次於雍榆，春秋予之。彼與國尚有然者，況天下之共主哉。況敬王之入周也，崎嶇伊、洛之間，其慬而得免者，惟晉是依，乃當晉之有事，而忽連衡其叛臣，則其召侮也固宜。

〔一〕哀三年。
〔二〕「及」應作「故」。
〔三〕定十三年。

然吾意萇弘之賢，必無此事。或者周室諸臣忌弘之才方見用於劉氏，及晉之討，無可委過，從而害焉。如唐之殺杜讓能以說于岐，固始之流涕致諫而不從者也。古今冤抑之事，容有相類。彼其勃鬱煩冱之氣莫可暴白，所以血三年而化爲碧。不然，則其爲周計固未當，一死亦不足辭矣。惜乎左氏生於定、哀之際，乃不能爲詳考其實也。若據韓非子，則以爲叔向所陷。其時叔向之卒久矣，韓子之言，不知何所據也。貍首之射，太史公嘗笑之〔一〕，故予不復述，而但就其致死一節論之云。

〔一〕封禪書。

鲒埼亭集批注　外編卷三十七

論二

唐天祐紀年論

漢亡而昭烈支一綫於蜀，梁亡而永嘉支一綫於郢〔一〕。劉崇之太原〔二〕，南宋之厓山，成敗修短不同，而其事同也。昭烈得而爲正統，則何氏之欲存永嘉亦宜。然儒者置之與劉崇等，以其在五代也，厓山則無可議矣。獨唐亡梁篡，更無親支之可期，而諸藩各以天祐紀號，綿延幾二十年，則又一變局也。然前此亦有例，晉亡宋篡，而仇池王楊盛猶以義熙紀年，終其身不改，則唐末之權輿矣。諸藩祇太原〔三〕尚有心於唐，其餘如鳳翔、淮南〔四〕，亦何足以語此，劍南〔五〕則不久即止矣。然是乃核其實而言之也，若以名言之，則天祐之號尚存，不與東西京之廟社俱亡，天下猶知有唐，而史氏不得并此一綫棄之矣。

〔一〕後梁春秋二卷，海鹽姚士粦撰，四庫載記類存目。萬曆刊本。
〔二〕劉崇後名旻。薛史一三五，歐史七十。
〔三〕李克用。
〔四〕鳳翔李茂貞，薛一三二、歐四十。淮南楊渥。
〔五〕劍南王建。

夫西周之共和，亦猶唐末之例也，特西周之時無篡號者，而青宮尚有宣王在髫年爲可望耳。然使李克用不早死，終能滅梁，張承業之徒輔之，安知不求唐之宗子而立之，何必不追美於共和。

故宋元憲公〔一〕紀年通譜直以天祐紀年，引而下接於同光。而近世長洲宋□□〔二〕亦祖此以著書，是與「帝在房州」之例不同，爲可從耶？然則晉朔之斬，亦當在楊盛之卒，不得以宋之篡爲限也。然其以太原稱帝之歲接天祐，則亦非也。夫諸藩自劍南而外，十七年而太原滅梁，淮南已先稱制，然鳳翔猶用天祐也，同光二年始入貢稱臣於洛，則唐之紀年尚延二年。若以同光之元直接天祐，是亦未覈其實，不應其十七年以前當存，而十七年以後當去也。夫鳳翔固預有亡唐之罪者，其不足以望太原復仇之師明矣。然而唐朔自十七年而後，以鳳翔較多二年，是不可没也。

〔一〕宋庠。

〔二〕宋實穎，字既庭。見池北偶談十五黜朱梁紀年圖。

吾故曰不以天祐紀年則已，如以天祐紀年，則當以鳳翔之奉同光爲止〔一〕，是前人所未及也。

〔一〕李茂貞稱天祐至廿一年。

曲端論

宋史臣之爲曲端立傳也〔一〕，求其一二卓犖可紀之功，寂寥無有，其纍纍者，跋扈遁逃之狀而已。而猶以張魏公之殺之爲非辜，且謂南宋不振之故，自殺端始。斯誠不解其何見

〔二〕？（下略）

〔一〕宋史三六九。

〔二〕齊東野語十五有曲壯閔本末，盛稱之。

論謝上蔡應城事〔一〕

胡文定公〔二〕爲湖北提舉時，上蔡知應城縣，文定因自楊文靖公〔三〕求書見之。既至湖北，遣人先致書。已而入境，上蔡不迎，吏民皆驚，以爲知縣何慢監司。文定徑修後進之禮入謁。愚謂文定之所以自處者，是也。若上蔡則執師道而過焉者也。

〔一〕謝良佐，學案廿四。
〔二〕胡安國。
〔三〕楊時。

夫監司者，天子所以蒞有司。使上蔡不爲知縣，則雖閉户可也。布衣之於顯者，分不相干，而以道自重，固不必因監司而屈也。既爲知縣，則監司之屬吏，非監司之得而屬我，乃天子屬我於監司也。監司之問道於知縣爲私交，知縣之致禮於監司爲庸敬，故監司可忘其尊，而知縣不得自倨其學。朱子乃謂上蔡既已得書，自亦難於出迎，是何言歟？以知縣迎監司，非必遽有貶於知縣之學，乃爲天子尊監司也。

楊文元公〔一〕當嘉定間知温州，有契家子以奉使至郡譏察，文元以天使禮出郊迎，使者以父執故聞道走州，入客位。文元聞之不敢入，往來傳送數次，客固辭，主人固請，卒以賓主相見。當時以爲各當其禮。斯其視夫上蔡之事，雖非一例，至於即此悟彼，則固有可以旁通者。或曰：上蔡蓋有感於師道之不立，而抗古誼而爲之也。然吾觀文定自交上蔡以後，雖得其所學爲多，究未嘗在弟子之列也。然則上蔡之以師道自居，而岸然不修屬吏之儀，揆之於禮，似尚有未安者。朱子言上蔡天資高，凡如此者，殆亦賢智之過歟？雖然，今世亦安得有如文定其人者，而懼蹈上蔡之過乎？是則吾之多言也夫。

〔一〕楊簡。

鮚埼亭集批注　外編卷三十八

論三

唐孔陸兩經師優劣論

杭君堇浦問於予曰：「有唐一代，絶少經師，求其博通諸經，不爲專門之學者，祇惟孔、陸二家〔一〕。然正義、釋文並傳於今，而華川王氏〔二〕議學宮之祀，祇及孔〔三〕，豈以釋文不過小學，而正義能見其大歟？」

〔一〕孔穎達，字仲達，舊七三、新一九八。陸德明，名元朗，以字行，舊一八九上、新一九八。
〔二〕義烏王禕，明史二八九忠義傳。
〔三〕見王忠文集十二孔子廟庭從祀議。

予曰：「仲達亦安敢望德明。仲達之在東都，爲隋皇泰〔一〕主太常博士時，有道士桓法嗣〔二〕獻孔子閉房記，以爲王世充受命之符。世充即命仲達與其長史韋節、楊續撰禪代儀〔三〕。仲達此事，可以比美新之大夫矣。其時德明亦爲國子助教，世充遣其子玄恕師之，德明不應，服巴豆卧稱病。玄恕就其家行束修禮，跪拜牀下，德明對之遺利，竟不與語〔四〕。斯其人視仲達爲何如，果誰得爲聖人之徒歟？仲達仕唐，頗著風節。有諫太子承乾之功，則以在太宗之世，故欲錚錚自見也。是所謂治世亂世，與時屈伸者也。且世充暴人也，徐文遠爲其師〔五〕，猶拜伏見之，德明以一國子先生拒之，可謂大勇矣。

〔一〕皇泰，隋恭帝侗年號。
〔二〕殿本隋書王世充傳誤「相法嗣」。
〔三〕王世充，隋八五、北七九、舊五四、新八五皆不載此事，事見通鑑武德二年四月條。
〔四〕事見兩書德明傳。
〔五〕徐文遠，舊一八九上、新一九八。

至正義之書依違舊注，不能有所發明，漢、晉經師異同之説，芟棄十九，令後世無所參考〔一〕。愚嘗謂正義出而經學之隘自此始。且當時討論之人甚多，仲達不過爲書局之長官，故以其名屬之。其後爲馬嘉運輩〔二〕所駁正者，又不知幾何，非出其一人之手。德明釋文力存古儒箋故，未可忽也。予故謂如德明者，可以從祀。」

〔一〕易、書、詩、禮記、左傳，皆孔疏，凡一百八十卷，名五經正義。

〔二〕馬嘉運，舊七三、新一九八，皆附穎達傳。

堇浦曰：「然。請書之。」作孔陸優劣論。

宅經葬經先後論

漢、魏以來，有宅經，有葬經，皆出於堪輿形法家之言。元儒義烏朱氏謂宅經古之所有，葬經古之所無。長山胡氏最善其説，而聞者莫不駭之。予告之曰：是也。宅經之用，大之爲都邑城郭，小之爲宫室，歷見於經傳，所謂立室以宫矩，立宫以城矩，土圭以求地中，土宜以相民宅。是故相其流泉，觀其夕陽，公劉之卜都也〔一〕；揆之以日，作於楚室，衛文之卜宫也；南望斗，北戴樞，晏子之論卜都也；益屋於東則凶，家語之論卜室也。而所謂葬經之説無有焉。（下略）

〔一〕大雅公劉詩：「相其陰陽，觀其流泉。」又曰：「度其夕陽，豳居允荒。」

然而葬經之説，謂富貴、貧賤、繼絶俱操之地，其説較宅經爲更侈。夫古者井田之制行，民無甚貧，亦無甚富，而商賈則在所賤。宗法立則宗子繼，支子否，四民之子各襲其業，即有軼羣之才，亦偶然耳。聖王之所以定民志者秩然，後世葬師，富貴、貧賤、繼絶之説俱無所用，則夫其説之不見於古，固其宜也。假使鬼果能蔭，聖王之制禮，其所以慎終追遠者無所不至，何獨忍於負其父母護庇之靈，而不爲之求吉地以聚之乎？然而爲重，爲主，爲廟，爲寢，以棲其神。其祭也，於陰於陽以求之，而絶不問之於墓，則亦疏矣。而漢、魏以來之葬師，其能事乃突過於古先聖王，則亦怪矣〔一〕。

〔一〕以古聖王之有無爲準，説亦不穩。

闢鬼蔭者，莫若涑水、横浦、東山、梨洲四家。至其不可與宅經同年而語也，則四家所未及云。

門生論

今世舉主、座主之禮尊矣〔一〕，吾不知其所謂師者，人師耶？經師耶？而門生若是其多，且以不得爲其門生是懼。曰：是固然也。彼營營之徒，使其稱門生於人師、經師之手，則反非其願。故不必問其道德經濟如何，文學如何，但令其爲舉主，爲座主，則人固帖然而推之，己亦儼然而居之。古之事師也，如君如親，不爲不厚，然特左右服勤心喪而已。今世之事師，主於報恩，其子弟至數世猶責望其汲引，勒索其財帛，苟不稱所求，謂之負德。嗚呼！吾不解世風之壞至此，直謂之喪其心可也。（下略）

〔一〕謝山座主張廷瑑，廷玉弟也。

唐人以詞賦取士，苟得於功名，至於投貴主，投中官，則士氣已盡，固無論其餘。然如昌黎之座主爲宣公，而昌黎不甚推之。宣公且然，況其下焉者，以是知豪傑之不狥於流俗也。宋人講名節，故多不肯屈於座主。明道、伊川、横渠之於歐公，或以禮闈，或以御試讀卷，衹稱永叔。象山之於東萊，衹稱執事。其餘不可枚舉。明張文恭公陽和爲羅文懿公同學〔一〕，文懿取文恭於省闈，文恭不署門生，文懿憾之，文恭不顧。高文襄公〔二〕取文懿於廷對，文懿亦不署門生也。宋南渡後，於舉主多稱門生者，故舒文靖公〔三〕行狀以其力持古誼爲難。近張清恪公〔四〕舉於遂寧〔五〕，亦不行此禮。

〔一〕張元忭、羅萬化。
〔二〕高拱。

〔三〕舒璘。
〔四〕張伯行。
〔五〕張鵬翮。

要之，君子立身行己，各有本末，不妄求人之附我以自尊，亦不肯妄附人以自貶。不求人之尊而非失之遜，不附人而非失之亢。是論也，前儒黄梨洲、顧亭林嘗及之矣。予略舉其説以告人，而羣然駭之。未通籍，則曰子爲是言，將使天下之爲舉主，爲座主者，相戒莫肯羅而致之矣，是自絶其進取之階也。既通籍，則曰子將來且爲座主，爲舉主，其毋爲此言以自困。予皆笑而不答。

鮚埼亭集批注　外編卷三十九

議

亞聖廟配享議中

亞聖廟十八弟子配祀之下，附以漢揚雄、唐韓愈，斯蓋出於孟氏子孫所私祀，其始尚別奉他室，後遂列之廡下。明初去揚雄。愚謂漢儒少有知孟子者，而雄首爲之注，則節取其功而祭之，宜亦古禮所有，而或其書出於後世之所因託，則又非愚之所能定也。宋史藝文志有四家孟子注，揚雄、韓愈、李翱，其一熙時子。注疏，趙、孫兩家〔一〕皆有表章遺文之功，雖其言未盡醇，要其人自卓然不背於道，其當祀於廡下，無可疑者。

〔一〕或云邵武士人所作之疏，託名孫奭，即取孫孟子音義序以爲序。

若自東都以來，程曾有章句，見後漢書儒林傳；高誘有正孟章句，見玉海；鄭玄有注七卷〔一〕，劉熙有注七卷，綦母邃有注九卷，見隋書經籍志；陸善經有注七卷，見唐書藝文志；李翱有注，見崇文總目；劉軻有翼孟，見白氏長慶集。其作音釋者二家，則丁公著、張鎰，斯皆於絶學有功，即其書已不傳，未知其醇駁如何，而要當使附之廟食者也。（下略）

〔一〕康成未嘗注孟，已有人辨之。

章文懿公從祀議〔一〕

金華之學，昌於吕成公、忠公兄弟〔二〕。二吕之躬行，角立張、朱〔三〕，而又兼以中原文獻之傳，則爲史學。東萊嘗應詞科，則爲文章之學。艮齋、止齋、説齋〔四〕同心切磋，又參以經制之學。及門弟子固多賢者，然漸趨於三者之學〔五〕，而躬行少減。四先生〔六〕起而中振之，躬行者醇矣。白雲所造稍淺，及門之士，如潛溪、華川、仲子〔七〕，又變而爲文章之學，而躬行益疏。天順、成化之間，楓山先生〔八〕出而中振之。

〔一〕章懋，明學案四十五，明史一七九。蘭谿。

〔二〕吕祖謙、祖儉，學案五一。

〔三〕張栻，五十；朱熹，四八。
〔四〕薛季宣，五二；陳傅良，五三；唐仲友，六十。
〔五〕三者：史學、文章、經制。
〔六〕何基、王柏、金履祥、許謙。
〔七〕宋濂，八二；王禕，七十；胡翰，八二。
〔八〕章懋。

先生學以躬行爲主，涵養深至，居常龐朴和厚，不知其胸中之海涵地負，臨大節而不可奪也。昔儒謂先生之功業，雖不如司馬温公之宏，而其人則極似之。蓋先生惟其龐朴，所以海涵地負，臨大節而不可奪，而非文章家致飾於外者之所能也。先生嘗言：「斯人形天地之氣，性天地之理，須與天地之體同其廣大，天地之用同其周流，方謂之人。」又言：「心大則萬物皆通，心小則萬理皆晰。」至哉言乎！

先生與白沙講學，白沙謂今人陷溺於名利污濁之中，先令看「浴沂風雩」章，以洗其心。先生曰：「每日浴沂風雩，祗恐流入老、莊去也。」白沙之説，未始非救時之教，而先生之箴之者，則逆知後來之流弊。予謂白沙似康節，而先生則涑水、横渠一路人。先生之地步，較之白沙爲平正而無疵。先生致政而歸，所入稻田，不足供其食之半，出入徒步。故其及門唐尚書龍、潘侍郎希曾、姪尚書章拯〔一〕皆徒步。拯傳先生之家學，其歸家有羸俸，先生即爲不樂，而拯亦自有慚色。公子敝衣垢履，道爲巡檢所笞，先生不以爲忤〔二〕。嗚呼！此三代以上人也。浙中學統，自方文正公〔三〕後，當接以先生，而後可及陽明。

〔一〕唐龍，明史二百；潘希曾，明史一九一何孟春傳；章拯，明史附懋傳。
〔二〕事見明史及學案。
〔三〕方孝孺。

請復服内生子律議

唐、宋以來俱嚴服内生子之禁，明太祖著孝慈録，詆爲不近人情，遂削其律。太祖因寵一妃，令其子爲三年喪，竟舉古禮牽連廢棄，可謂陷人不孝者矣〔一〕。人子居喪之制，所謂衰麻者，特其文耳，惟有實以維之，而後文有所寄。後世天性澆薄，諒闇之禮，如飲酒食肉，皆形迹所易掩，即不可問。至於舉子一事，則以令甲之威爲之防範。蓋禮之所窮，刑以輔之。此正一綫之遺，人道所以不絶，今并去之，則其離禽獸者幾希。且以禮而言，則一切飲酒食肉，猶或可以少寬，而獨嚴於御内者，桐城方閣學〔二〕嘗謂家庭杯箸之間，對粱肉而淒然念其所生，斯在常人亦或有之。若御内而不忘哀，未之有也。是以雜記「堊室之内，非時見乎母也，不入門」。然則三年之中，苟非有哭奠之事，不得與婦相見明矣。其但言堊室者，蓋舉遠以概近。而閣學以聖人不忍以不肖待人，當夫枕塊寢苫，豈有漫無人心一至此者。迨至小祥之後，日月漸邁，而不得不皇皇然慮之矣。斯其言尤足以警當世，而使之泣下者也。當時左右重臣，如劉文成公、宋文憲公俱一代碩儒，乃不能引古誼以力爭，反爲之依阿排纂，用相傅會。故吾鄉萬處士斯同以爲長君之惡，夜氣俱亡，蓋亦有激而言，非過論矣。

〔一〕卷四六有與友人絶交書。

〔二〕雍十一年四月，方苞擢内閣學士，二年六月擢禮部侍郎。

在昔宋文帝以居廬中生逆劭，諱而不宣，即位三年，而後舉之。説者以爲異日商臣之酷，本於沴氣所鍾。雖其言未必果然，然孝子之後，必有孝子，則反是以思，固無足怪。愚又讀明晉江黄相國國史唯疑，言明世廟時，太子於康妃服中生子。世廟問諸輔臣：「禮臣得無有言？」或據孝慈録言其無害。則是以天子之尊，猶知其不可而嫌之，豈若今世以爲習有之事，恬然無忌，是直去律之害，中於人者深也。

近見邸鈔載晉撫石公糾屬將縱欲忘親一案〔一〕，已奉嚴旨訊治。夫以四百年來内外彈事之所未見，而一旦舉而行之，是可以見天子孝治之隆，能出天下於耳聾目瞶之餘。而封疆大吏之所以範其下者，不可謂非朝陽之鳳也。然愚尚恐窮鄉僻社之民，未能周知，不若復取舊律詔之天下。按舊律：「在服内生子者，並合免所居之一官。其無官者，徒一年。若未發自首，亦原。」夫必自首而後原之，則稍知自好者，將有所恥而不敢犯，是真厚風俗之先務也。明太祖以爲如舊律，恐人民生理之罷，是殆與喪亂之世禁寡婦之不嫁者同。曾謂開國之君竟出此哉！

〔一〕雍五年六月至乾五年閏六月山西巡撫覺羅、石麟。

鮚埼亭集批注　外編卷四十

考

燕雲失地考

宋宣和時，與女真夾攻遼，因求晉賂契丹故土。初謂可盡山前後地，而不思平、營、灤三州非晉賂，乃劉仁恭獻契丹以求援者。既而王黼悔，欲并得之，遣趙良嗣往請再三，女真終以非晉賂不與。是宋史所紀也。

考劉仁恭帥盧龍，未嘗與契丹通。惟資治通鑑載守光末年衰困，曾遣韓延徽乞師，然亦無割地事。梁乾化三年四月，晉劉光濬拔燕平州，執刺史張在吉，五月攻營州，刺史楊靖降，則平、營未割之明證也。其失平、營，肇於周德威作帥時。通鑑謂：「幽州北七百里有渝關，舊置八防禦軍，募土人守之，以禦契丹。德威恃勇，不修邊備，遂失渝關之險，契丹每芻牧於營、平之間。」而遼史太祖天贊二年春正月丙申，大元帥克骨克平州，獲刺史趙思温，裨將張崇。二月如平州。甲子，以平州爲盧龍軍，置節度使。則平、營遂入契丹矣。

至灤州則古無之。劉守光據燕，暴虐，民多亡入契丹，阿保機乃築此城。本金國行程〔一〕。既陷平、營，遂改平州爲遼興府，而以營、灤二州隸之，號平州路。至石晉初，德光又得十六州地，乃建燕山爲燕京，轄山前六郡地，號燕京路。乃海上議割地時，意以燕山路盡統關内之地，實不知燕山、平州之同在關内而異路也。故馴致有張瑴之事，而斡離不卒由平州入寇。本金國節要〔二〕。然平、營在天贊後又嘗入唐，則諸家皆失考。考歐史：「明宗天成元年十月庚子，幽州奏契丹盧龍節度使盧文進來奔。」初，文進爲契丹守平州，帝即位，遣間使説之，以易代之後，無復嫌怨。文進所部皆華人，思歸，乃殺契丹守平州者，帥其衆十餘萬，車帳八千乘來奔。迨三年正月，契丹復陷平州，始不復歸中國耳。（下略）

〔一〕原名金虜行程。

〔二〕原名金虜節要，見北盟會編。

通鑑分修諸子考〔一〕

胡梅磵曰：「温公修通鑑，漢則劉攽，三國迄於南北朝則劉恕，唐則范祖禹。」〔二〕此言不知其何所據，然歷五百年以來，無不信以爲然者。予讀温公與醇夫帖子〔三〕，始知梅磵之言不然。帖曰：「從唐高祖初起兵修長編，至哀帝禪位止。其起兵以前，禪位以後事，於今來所看書中見者，亦請令書吏别用草紙録出，每一事中間空一行許，以備翦粘。隋以前與貢父，梁以後與道原，令各修入長編中，蓋緣二君更不看此書。若足下止修武德以後，天祐以前，則此等事跡盡成遺棄也。」觀於是言，則貢父所修蓋自漢至隋，而道原任五代，明矣。蓋貢父兄弟嘗著漢釋〔四〕，而道原有十國紀年，故温公即其平日所長而用之，而梅磵未之考也。

〔一〕綴學堂初稿四有此文書後。象山陳漢章撰。云胡序據邵氏聞見録，謬。

〔二〕劉攽，貢父；劉恕，道原；范祖禹，醇夫。乾道四年李燾上續通鑑長編表只言唐三百年范祖禹實掌之。却掃編下言五代本屬之道原。

〔三〕醇夫帖子見通鑑釋例。

〔四〕宋志有三劉漢書標注、劉攽漢書刊誤。三一九攽傳言攽作東漢刊誤，司馬光修通鑑，專職漢史。

貢父所修一百八十四卷〔一〕，醇夫所修八十一卷〔二〕，道原所修二十七卷〔三〕，而當時論者推道原之功爲多，何也？蓋温公平日服膺道原，其通部義例，多從道原商榷，故分修雖止五代，而實係全局副手。觀道原子羲仲所紀可見也〔四〕。羲仲曰：「當時訪問疑事，每卷皆數十條，不能盡紀，紀其質正舊史之謬者。」然則道原之功誠多矣〔五〕。至於三子所修，愚最以唐鑑〔六〕爲冗，後人以伊川許之〔七〕，遂有「范唐鑑」之目，而以其書孤行，其實裁量未爲簡淨也。〔八〕

〔一〕隋止。
〔二〕唐止。
〔三〕二十九卷。通鑑，周秦八卷，漢六十卷，三國至隋百十六卷，唐八十一卷，五代廿九卷，共二九四卷。
〔四〕通鑑問疑一卷，劉羲仲編。
〔五〕司馬文正集六二有與劉道原書，六五有十國紀年序，黄豫章集廿三有道原墓誌銘，范太史集卅八有墓碣。
〔六〕唐鑑十二卷，吕東萊注本分爲廿四卷，非即通鑑中之唐鑑也。
〔七〕「伊川許之」，見三朝名臣言行録十三。
〔八〕超案：參援庵書全謝山通鑑分修諸子考後。

鮚埼亭集批注　外編卷四十一

簡帖一

答朱憲齋辨西河毛氏大學證文書

（上略）至若諸經，當兩漢時，原未嘗有大經、中經、小經之目。新唐書選舉志始稱以禮記、春秋、左氏傳爲大經，詩、周禮、儀禮爲中經，易、尚書、春秋公羊氏傳、穀梁氏傳爲小經，論語、孝經、爾雅不立學官，附於小經而已。時孟子尚在諸子部中也。宋始以孟子稱經，詔孫奭撰疏。而元祐時改以詩、禮記、周禮、春秋左氏傳爲大經，易、尚書、春秋公羊氏傳、穀梁氏傳、儀禮爲中經，論語、孝經、爾雅、孟子爲小經，其後又增加大戴禮爲十四經〔一〕，皆班班可考者。（下略）

〔一〕十四經之説見於史繩祖學齋佔畢。

答杭堇浦辨毛西河述石經原委帖

辱以西河序述石經原委見問，謂其不知何據。西河此節，無一語不錯。生平排擊朱子，最稱擅長，今即以此書觀之，則時代錯，人錯，地錯，典故錯，凡平日所以詆人者，無不躬自蹈之，欺世人之不學耶？抑亦滅裂而未及致詳耶？

其曰：「東漢盧植上書請刊定經文，會其時博士以甲乙科爭第高下，用私文暗易古字，因詔諸儒據經，蔡邕正定其文爲三體：曰篆，曰隸，曰八分。」按盧植本傳，則蔡邕等已校石經，而植上疏求預其間，非因植之請而始校也。若邕所書祇八分，而范史誤云三體〔一〕，故隋志仍稱一字石經；但即從前之誤以爲三體者，亦皆以古文、篆、隸當之，蓋即正始所書之本，而未有如西河所云篆、隸、八分者。

〔一〕指後漢書儒林傳序。養新録十三有萬斯同石經考一條。

其曰：「經文一從獻王、后蒼、高堂生、馬融所傳及康成古本。」按熹平寫石經，三禮但用禮記，高堂生、后蒼之儀禮不得預〔二〕，至康成之書尚未有立學官者，安得稱古本

乎？（下略）

〔一〕隸釋有儀禮殘字。

答史雪汀論孔門門人弟子帖子〔一〕

「受業者爲弟子，受業於弟子者爲門生」，是歐陽公跋孔宙碑中語。但東漢之所謂門生，與經傳稱門人者不同。竹垞誤據之，因指論、孟所云都受業於弟子者：「顔淵死，門人厚葬之」，是顔子弟子；「子出，門人問」，是曾子弟子；「子路使門人爲臣」，又「門人不敬子路」，是子路弟子；「子夏之門人問交於子張」，是子夏弟子；「門人治任將歸」，是子貢弟子。因以史記仲尼弟子列傳、家語弟子解，參之各經傳，作弟子考一卷；以七十子之徒，作門人考一卷，謬之甚已。（下略）

〔一〕史榮。

予觀竹垞所指論、孟，都是影響，惟子夏一條爲是。但正唯門人即弟子，故得以門人屬子夏言之。不然，則子夏之弟子，祇應稱孔子之門人，不得稱子夏之門人也。若子夏之門

人，當受業子夏之弟子，不得謂子夏之弟子也。焉得起竹垞而質之〔一〕。（下略）

〔一〕參經史問答六。

鮚埼亭集批注　外編卷四十二

簡帖二

答史雪汀問宋瀛國公遺事帖子

來諭以宋瀛國公事，諸書所載，多相牴牾，兼之不見正史爲疑〔一〕。此在元史順帝本紀及虞集傳已啟其端，但未詳紀。通鑑續編〔二〕因元史，綱目又因通鑑，是以其事多未悉者。常熟錢尚書薈萃諸書，考其顛末，已無滲漏〔三〕。

〔一〕明羅鳳撰延休堂漫録，曾辨此事，見四庫小説家存目一。

〔二〕陳桱。

〔三〕初學集廿五。

符臺外集：「宋幼主北遷時，降封爲瀛國公。一夕，世祖夢金龍舒爪纏殿柱。明日瀛國來朝，立所夢柱下。世祖感其事，欲除之，謀諸臣下。瀛國知之，大懼，遂乞從釋，號合尊大師，往西天受佛法，獲免。」按宋恭帝以元世祖至元十三年丙子亡國，時方六歲。以至元十九年二月徙上都〔一〕，其日即殺文丞相，蓋因奸民薛保住告變，謂有興復宋室之謀也。以二十五年十月學佛法於吐番〔二〕，時年祗十八耳。余應詩〔三〕曰：「皇宋第十六飛龍，元朝降封瀛國公。元君詔公尚公主，時蒙賜宴明光宮。酒酣舒指爬金柱，化爲龍爪驚天容。元君含笑語羣臣，鳳雛寧與凡禽同？侍臣獻謀將見除，公主夜泣沾酥胸。瀛公晨馳見帝師，大雄門下參禪宗。幸脱虎口走方外，易名合尊沙漠中。」是也。湖山類稿：瀛國公爲僧，號木波講師。

〔一〕「二月」應作「十二月」，元史卷十二。
〔二〕元史卷十五。
〔三〕詩一。

庚申外史〔一〕：「瀛國爲僧白塔寺，已而奉詔居甘州山寺。有趙王者，因嬉遊至其寺，憐國公年老且孤，留一回回女子與之。延祐七年，女子懷娠，四月十六日夜生一男子〔二〕。明宗適自北方來，早行，見其寺上有龍文五采氣，即物色得之，乃瀛國所居室也。因問：

『子之所居，得毋有重寶乎？』曰：『無有。』固問之，則曰：『今早五更後，舍下生一子。』明宗大喜，因求爲子，并其母以歸。」元史順帝本紀：「母罕禄魯氏，名邁來迪，郡王阿爾斯蘭之裔孫。初，太祖取西北諸國，阿爾斯蘭帥其衆來降，乃封爲郡王，俾領其部族。及明宗北狩，過其地，納罕禄魯氏。延祐七年四月丙寅〔三〕，生帝於北方。」此與外史言雖參錯，然實相合。余應詩〔四〕云：「是時明宗在沙漠，締交合尊情頗濃。何喬新注：延祐丙辰，仁宗命明宗出鎮雲南，明宗不受命，逃之漠北。其與瀛國公締交，蓋在斯時。合尊之妻夜生子，明宗隔帳聞笙鏞。乞歸行宮養爲嗣，皇考崩時年甫童。」是也。

〔一〕卷廿九有庚申外史跋。

〔二〕四月庚戌朔，十六日乙丑，夜則十七日丙寅早晨也。元史順帝紀作「四月丙寅」。是年瀛國公五十歲。至治三年瀛國公被殺見佛祖通載及山庵雜録。

〔三〕丙寅，十七。

〔四〕詩二。

元史順帝本紀：「當泰定帝之崩，太師燕鐵木兒與諸王大臣迎立文宗。文宗既即位，以明宗嫡長，復遣使迎立之。明宗即位於和寧之北，而立文宗爲皇太子。及明宗崩，文宗復正大位。至順元年四月辛丑，明宗后八不沙被譖遇害，遂徙帝於高麗，使居大青島中，不與人接。閱一載，復詔天下，言明宗在沙漠之時，素謂非其己子，移於廣西之静江。」虞集傳：「文宗將立其子阿剌忒納答剌爲皇太子，乃以妥懽帖睦爾太子乳母夫言明宗在日素謂太子非其子，黜之江南。駉召翰林學士承旨阿憐帖木兒、奎章閣大學士忽都魯篤彌實書其事於脱卜赤顔，又召集使播詔書誥中外。」〔一〕余應詩〔二〕云「文宗降詔居南海」是也。

〔一〕元史一八一。末句原文爲「又召集使書詔播告中外」。

〔二〕詩三。

庚申外史：「文宗疾大漸，召皇后及燕帖木兒曰：『昔者晃忽叉之事，爲朕平生大錯，悔之無及。燕帖古思雖朕子，然今日大位乃明宗之位，願召妥懽帖木兒立之，庶可見明宗於地下。』言訖而崩。晃忽叉者，乃明宗皇帝從北方來飲毒而崩之地。燕帖木兒内懼，躊躇累日。自念晃忽叉事，己實造謀，恐妥懽帖木兒至而治其罪，姑秘遺詔不發。因謂文宗后曰：『阿婆且權守上位。妥懽帖木兒居南徼荒瘴之地，未知有無，我與宗戚諸王徐議之可也。』是時燕帖木兒以太平王爲右相，宗戚諸王無敢言者。逗遛至至順四年三月，上位虚攝已久，内外頗以爲言，始迎明宗幼子懿璘只班登位，不發詔，不改年號，踰月而崩，廟號寧宗。燕帖木兒復欲立燕帖古思，文宗后固辭曰：『天位至重，吾兒年少，妥懽帖木兒在靜江，可取爲帝。且先帝臨崩，言猶在耳。』燕帖木兒知不能已，遂遣使去廣，取妥懽帖木兒太子來京。行至良鄉，以郊祀鹵簿禮迎之，欲以此取悦太子之意。既而燕帖木兒驅馬並行道上，舉鞭指示太子，以國家多難遣使奉迎之由，太子訖無一言以答之。燕帖木兒心疑懼，留連至六月，方使登位。」通鑑綱目：「燕帖木兒疑太子意不可測，故至京久不得立，適太史亦言其立則天下亂，用是議未能決，遷延數月。至是燕帖木兒死，皇太后乃與大臣定議立之，且約後當傳於燕帖古思，若武宗、仁宗故事。」余應詩〔一〕云「五年仍歸居九重」是也。

〔一〕詩四。

庚申外史：「太后每言帝不用心治天下，而乃專作嬉戲。至元五年己卯，臺官奏曰：『太皇太后非陛下母，乃陛下嬸母也，前嘗推陛下母墮燒羊鑪中以死。父母之讐，不共戴天。』乃貶太后東安州安置，太子燕帖古思番陽路安置。尋皆遇害。尚書因希旨，謂文宗在日，謂陛下素非明宗子。帝大怒，撤去文宗廟主，并逮當時草詔者。」瞿宗吉詩話：「時虞集已謝病在家，以皮繩拴腰，馬尾縫眼，夾兩馬間，逮捕至大都，疾之者爲作十七字詩曰：『自謂非其子，如今作天子，傳語老蠻子，請死。』至則以文宗親改詔稿呈上，帝覽之曰：『此朕家事，外人豈知？』脱脱亦爲之言，得釋。然兩目由是喪明。」水東日記：「後至元二年，追尊帝生母邁來迪爲真裕雲徽后。」〔一〕余應詩〔二〕云：「壬癸枯乾丙丁發，西江月下生涯終。何喬新注：壬癸水，丙丁火，元水德王，宋火德王。故老相傳，順帝北遁，殂於應昌，倉卒取西江寺梁以供梓宮之用。梁間隱隱有字，亟視之，乃西江月一調，有「龍蛇跨馬亂如麻，可汗卻在西江寺下」之句。或曰太保劉秉忠所作。至今兒孫去沙磧，吁嗟趙氏何其隆？惟昔祖宗受周禪，仁義綽有三王風。雖因浪子失中國，世爲君長傳無窮」是也。

〔一〕卷卅七。

〔二〕詩五，全。詩見水東日記四十引寰宇通志。

其間印合之奇，又有不可解者：

宋太祖以庚申即位，聞陳希夷「只怕五更頭」之言，命宮中於四更末即轉六更，方鼓嚴鳴鐘。太祖之意，恐有不軌之徒竊發於五更之時，故終宋之世，宮中無五更，而不知「更」之爲「庚」也。歷真宗天禧四年一庚，神宗元豐三年二庚，高宗紹興元年〔一〕三庚，寧宗慶元六年四庚，至理宗景定元年爲五庚，而元世祖以是年即位，希夷所謂「怕聽五更頭」也。越十七年，遂以亡國。乃從世祖至元元年歷仁宗延祐七年，又得庚申，則六庚也，而庚申君適以是生，並見閒中今古録及甘露園短書。非所謂莫之爲而爲者乎？

〔一〕應作「十年」。

又陶弘景胡笳曲有「負扆飛天曆，終是甲辰君」之句〔一〕。元文宗生年甲辰，紀年天曆，當時以爲受命之符。乃元讖亦有曰「大元之後有庚申」，彭瑋以爲甲辰君者，元之所以亡也；庚申君者，宋之所以復也。

〔一〕元史三五文宗紀至順二年三月條曾引此。

符臺集又載，永樂中常侍太宗，觀歷代帝王遺像，至宋太祖以下，太宗笑曰：「雖都是胡羊鼻，其氣象清癯，若太醫然。」至元列帝曰：「都吃綿羊肉者。」及順帝曰：「惟此何爲類太醫也？」忠徹〔一〕俯首不能對，退問同里黄潤玉得之，因歎不得以此對爲恨。是其賦形之異又有冥合，非異事乎？

〔一〕袁忠徹，珙子，明史二九九方技傳。父子工相術。

楊維楨曰：宋太祖之德至矣，肇造帝業，不傳諸子而傳諸弟。太宗負約，金人之禍，舉族北遷，而太祖之末孫復紹大統，有江南者百餘年，爲元所滅，而瀛國公陰篡元緒，世爲漠北主。天之報太祖，一何厚也。庚申君以洪武元年北遁，而其次年即得太行隱士權衡所著外史，是其事在元人皆知之，而明寧王奉太祖詔纂序博論，直云：「瀛國外婦之子，綿延宋末六更之讖」，正與國史所書相爲證助。

錢謙益謂元史潦草卒業，原屬未成之書。然則庚申軼事，直元史一定案，不得以呂嬴、牛馬之疑，等諸曖昧也。

與杭堇浦論金史第一帖子〔一〕（文略）

〔一〕施國祁金源劄記末附史論五答，即答此五帖。

與杭堇浦論金史第四帖子第三帖子已入内集〔一〕

于侍郎〔二〕齊乘，其中多不可信者。所言濟南府誰山〔三〕有劉豫〔四〕墓，中生蝎子〔五〕。

足下欲引入豫傳作注，是妄語也。僕前過誰山時，亦嘗訪神鱣之故址，以求白龍之遺髯，或稍補曹王別集之舊聞，使得與梟鳴龍嘯諸事，相爲疏證，而茫然莫得〔六〕。意謂陵谷變遷，故不可問。及取劉氏事跡與楊堯弼所作豫傳〔七〕，皆無此語〔八〕。乃以史諦考之，始覺其誣。

〔一〕卷卅四。

〔二〕于欽，元人。

〔三〕郝陵川集十有嶜山陵行。

〔四〕劉豫，宋史四七五、金史七七。

〔五〕卷五。

〔六〕神鱣、梟鳴、龍嘯，均見宋史本傳。白龍見秋澗集三。遺髯，葬處。補元藝文志有劉豫王集十卷，據中州集九。

〔七〕劉豫事迹，學海類編本。楊堯弼撰逆臣劉豫傳，見通考一九九引陳氏。提要傳記存目六，作「楊克弼僞豫傳」。藕香零拾本作僞齊録二卷。楊堯弼名見事迹阜昌八年條，「克」字誤。

〔八〕此語，指豫墓。

方宋之以豫守濟南也，是時山東羣盜蠭起，豫欲易江南一郡，政府持之不與，忿忿而去。其冬，遂殺守將關勝，降於撻懶，蓋建炎之二年也。金人移豫知東平，盡統河南、陝西之地，而留其子麟守濟南。踰二年，金始册豫爲帝，定都大名，尋以東平爲東京，徙之，而升濟南爲興平軍，麟以節使兼判府，則天會之八年〔一〕。豫既建元阜昌，都汴，麟亦入相，罷節，豫以其弟復知府事〔二〕。踰年失國，徙臨潢，麟復出鎮興平，改上京路轉運使。是則劉氏父子兄弟居齊之始末也。然則麟嘗再涖濟南，首尾歷有年所，而豫之在官，數月而已，安得有墓在䧿山也。其徙臨潢以後，即欲歸骨阜城，恐亦不可得，況遠至歷下乎〔三〕？且豫以不愛濟南故降金，寧復有賞於䧿山之秋色，而視爲桐鄉也〔四〕。倘謂是麟之墓而訛爲豫，則麟之卒官亦在上京。總之，於䧿山非菟裘也〔五〕，矗茲蛙聲，豈能附蠆尾以延其毒乎〔六〕？殆亦因野人田父所傳而筆諸簡者。齊州山明水秀之區，蓮湖十里，曾爲松壽所污〔七〕，寧堪使䧿山之靈，并受此羖䍽之屈也〔八〕。聊書之以供一笑〔九〕。

〔一〕建炎四。

〔二〕阜昌三年四月遷都汴，六年八月復知濟南。

〔三〕中州集九亦言豫遷黄龍府，改封曹，未聞其歸葬。

〔四〕宋史考異十六言今蘇門山有豫題詩石刻，自稱濟南劉豫，詩有「我居東秦濟水南」之句。蓋豫雖生阜城，實居濟南云。桐鄉，漢書八九循吏朱邑傳。

〔五〕菟裘，魯邑名，左隱十一，終老之地也。

〔六〕紫色蛙聲，出漢書莽傳贊，言非正色正聲也。

〔七〕元史二〇六，李璮小字松壽，曾專制山東卅餘年。又松壽，程松所獻韓侂胄妾名，見宋史三九六程傳及慶元黨禁，未識此是借用否？

〔八〕羖䍽，山羊。北史七文宣紀末，先是童謠有「河邊羖䍽飛上天」之句。河邊羖䍽謂水邊羊，指高洋名也。遺山集十二龍泉寺詩有「河邊羖䍽尚能飛」句。

〔九〕全篇有詼諧意。超案：參援庵書全謝山與杭堇浦論金史第四帖子後。

移明史館帖子五〔一〕

宋史分道學於儒林，臨川禮部若士〔二〕非之。國朝修明史，黄徵君梨洲移書史局，復申其説，而朱檢討竹垞因合并之，可謂不易之論。

〔一〕論隱逸傳。

〔二〕「禮」上應添「湯」字。湯顯祖，明史二三〇。

惟是隱逸一傳，歷代未有能言其失者。少讀世説所載向長、禽慶〔一〕之語，愛其高潔，以爲是冥飛之孤鳳也。及考其軼事，則皆不仕新室而逃者，然後知其所謂「富不如貧，貴不如賤」，蓋皆有所託以長往，而非遺世者流也。范史不知其旨，遂與逢萌俱歸逸民，於是後之作史者，凡遇陶潛〔二〕、周續之、宗炳之徒，皆依其例，不知其判然兩途也。向使諸君子遭逢盛世，固不甘以土室繩牀終老，而滄海揚塵，新王改步，獨以麻衣苴履，章皇草澤之間，則西臺之血，何必不與萇弘同碧；晞髮、白石之吟，何必不與采薇同哀？使必以一死一生，遂歧其人而二之，是論世者之無見也。

〔一〕向長，後漢一一三；禽慶，前漢七二鮑宣傳。
〔二〕陶潛，晉九四隱逸，宋九三。

且士之報國，原自各有分限，未嘗概以一死期之。東澗湯氏〔一〕謂淵明不事異代之節，與子房五世相韓之義同，既不爲狙擊震動之舉，又時無漢祖者可託以行其志，故每寄情於首山、易水之間，可以深悲其遇，斯真善言淵明之心者。倘謂非殺身不可以言忠，則是伯夷〔二〕、商容亦尚有慚德也。蓋不知其人，當聽其言。抗節不仕之徒，雖其憂讒畏譏，嗛嗛不敢自盡，而鬱結淒楚之思，有不能自已者。至若一邱一壑，寄託於蠱之上九〔三〕，其神本怡，則其辭自曠也。是不過山澤之臞，而豈可同年而語哉？

〔一〕湯漢，宋學案八四。

〔二〕伯夷亦餓死。

〔三〕蠱上九，「不事王侯，高尚其事」。

唐書入甄濟、司空圖於卓行〔一〕，蓋以宋景文之有學，尚泥舊例如此。夫譙玄、李業之歸於獨行〔二〕，亦范史之謬，後世不必以爲準也。卓行之傳非不佳，而二公非元德秀、陽城之伍〔三〕，儗人固各有其倫矣。

〔一〕新唐一九四。

〔二〕一一一。

〔三〕元德秀，舊唐一九〇下文苑。陽城，舊唐一九二隱逸。

惟宋史忠義傳序有云：「世變淪胥，晦迹冥遁，能以貞厲，保厥初心，抑又其次，以類附從。」斯真發前人未發之蒙。然而列傳十卷，仍祇及死綏仗節諸君，未嘗載謝翺、鄭思肖隻字，如靖康時之褚承亮，誓不仕金，而祇列之隱逸，則又何也？夫惟歐公以死節、死事立傳，則不能及生者。若概以忠義之例言之，則凡不仕二姓者，皆其人也。前輩萬季野處士，嘗輯宋季忠義録，附入遺民四卷，論者韙之。因念興朝應運，亳社爲墟，而一二吞聲喪職之徒，紀甲子，哭庚申，表獨行，吟老婦，如汪渢、徐枋輩，不可謂陽春之松柏，無預於歲寒也。幸生不諱之時，闡潛表微，於今爲盛，而使苦心亮節，不得表見於班管，甚者如劉遺民、孫郃竟爲史臣之所遺，是後死者之媿也。博討於忠義、卓行、隱逸之科，而歸之於至是，願進不佞而教之，幸甚幸甚。

移明史館帖子六〔一〕

忠義列傳宜列抗節不仕者於後，愚固已言之矣。兹偶與客語靈壽傅氏明書，謂其中尚有一例可采者。從斷代爲史以來，無以因國死事之臣入易姓之史者，有之，自晉書之嵇康始。深寧以爲中散義不仕晉，甘以身殉，今使晉書有其傳，是中散之恥也。斯言足以扶宇宙之元氣。作宋史者有見於此，乃援歐公五代史中唐六臣傳之例，而反用之，作周三臣傳一卷於末，以明瞠眼諸公之節。是蓋歐、揭之徒〔二〕，巧於位置，故其傳立，而不能以深寧之論加之。

〔一〕論元遺臣傳。

〔二〕歐陽玄、揭傒斯。

元史於殉難臣僚，業已專傳哀然，可無原父「第二等文字」之誚。而其仗節於順帝遜位之後，尚有多人，史稿成於洪武之初，多失不録。如擴廓不當與張、李同傳，陳友定不當與張、陳同傳，是猶其顯焉者。至伯顏子中之拒命，則太祖所欲致之而不得者也。戴良之被囚，則太祖所欲奪之而不能者也。蔡子英之遜荒，則太祖所欲留之而不敢强者也。王冕以兵死，永福山道士以刎死，葉蘭以不受薦死，原吉製壙銘以待盡，鐵厓書李黼榜進士以志懷，李一初序青陽集恨不得効一障之用，而丁鶴年宣光綸旅之望至死不衰，淮張亡後，張憲變姓名傭於僧寺，要之皆非明臣也。

太祖當干戈草昧之際，即能以扶持名義爲念。觀其于擴廓守節，歎賞不置，以爲「天下奇男子」。大哉王言，所以培一代忠臣義士之澤。而不轉盼而有壬午之家難〔一〕，諸臣之駢首者甘心於十族之逮，瓜蔓之鈔，以至甲申失守〔二〕，殘山剩水，奉四藩而不替，皆此一語啟之。然則附元遺臣傳於明史，亦太祖之所許也。

〔一〕建文四年壬午。

〔二〕崇禎十七甲申。

傅氏之書譾劣，不爲著述家所稱，其補元臣亦未備，要其所見則佳耳。

移廣東志局論佟督不當立傳帖〔一〕

於一統志局中見廣東通志草本，其國朝大吏，首列佟督養甲，以爲死事，不知所據者何書？養甲乃降明而死〔二〕，雖其出於迫脅，非本心，然大節已塗地，列之死事，得無有媿？

〔一〕佟養甲。

〔二〕養甲以清將降明。

當大兵之下嶺也，養甲以重臣視師，而使降將李成棟〔一〕先驅，摧鋒拓地，皆出成棟，養甲拱手受成而已。及奏功，而養甲爲制府，成棟仍以總兵加都督，戎服入見，始用公禮，成棟怏怏。故所取印信不下五十，而獨匿總制印不以與養甲。其時廣東尚未靖，殘明舊臣四起，陳閣部子壯、張尚書家玉、陳給事邦彦，以及霍師連、韓如璜之徒，更進迭退。成棟猶爲養甲盡力，而所望殊遷終不得，乃密與布政使袁彭年謀反〔二〕。會贛州以被圍告急，養甲令成棟援之，撥餉八萬，彭年故言額匱，遷延不發。成棟招花山羣盜大至，廣州郭門晝閉，成棟紿養甲曰：「贛州旦暮亡，而吾土寇深如此，五嶺其可保耶？彼聲言復故國耳，曷若權宜許之，徐治軍爲勦寇計。」養甲故庸人，兵柄皆掌於成棟，雖心知不可，然無如之何。而羣盜受指，縱火焚野，呼聲震天地，養甲不得已出示安民，但書甲子。榜既下，成棟宣言曰：「制府降矣。」即用所藏總制印，奉永曆朔，上表南寧。養甲倉皇遜位，南寧加成棟大將軍、惠國公，養甲兵部尚書、襄平伯，以百官還肇慶。養甲亦遂受職，此其降之顛末也。

〔一〕成棟以明將降清。

〔二〕謀反正也。

先是，陳閣部子壯之死，養甲寸磔之，投其骨於四郊。論者謂子壯先朝大臣，起兵亦各爲其主，養甲殺之足矣，乃以極刑未足，至無完骸，則過於忍。至是子壯贈太師、番禺侯，謚文忠，即遣養甲爲諭祭使。養甲媿欲死，遺臣又時時辱之，乃密遣人北行通表欲自歸，爲邏者所得，遣祭興陵，即桂端王墓也。成棟之子元胤以兵禽之江中，磔之，此其不自安於降而死之顛末也。

夫以封疆大臣，智不足以燭奸，才不足以應變，節又不足以臨危，靦顔而受襄平之封，以至首鼠不終而死，則何益矣。以愚平日所聞如此，謹質之局中諸公，如其不妄，伏望芟薙。

鮚埼亭集批注　外編卷四十三

簡帖三

與陳時夏外翰論通鑑前後君年號帖〔一〕

僕少時見司馬温公與范内翰論通鑑帖，凡年號皆以後來者爲定〔二〕：如唐高祖武德元年，則正月便不稱隋煬帝義寧三年〔三〕；唐玄宗先天元年，正月便不稱睿宗景雲三年；梁太祖開平元年，正月便不稱唐哀宗天祐四年。僕以爲史家紀載，當取簡捷，固是不易，但皆以後來爲定，則竊以爲未盡然者。大抵前王後王之會，祇應據實書之，不當以特筆進退其間。倘必以後統前，則次第之間，或以君而蓋於其臣，父而蓋於其子，祖而蓋於其孫，兄而蓋於其弟〔四〕，是非惇典庸禮之旨也〔五〕。又況所標於上者，已是新主之年，所列於下者，尚屬前世之事，於名於實，均似有所不合。

〔一〕陳常。
〔二〕日知録二十有史書一年兩號條。
〔三〕「三年」爲「二年」之誤。此「三年」，通鑑釋例附與范帖刻本已誤，傳家集六三與范帖不誤。
〔四〕「或以」四句，易爲「以臣蓋君」，可省九字。
〔五〕惇典，洛誥。

及見朱子綱目凡例〔一〕有曰：「如漢建安二十五年十月，魏始稱帝，改元黄初，而通鑑是年之首即爲魏黄初；又章武二年五月〔二〕，後主即位，改元建興，而通鑑目録舉要是年之首即稱建興：凡若此類，非惟失於事實，而於君臣父子之教，所害尤大。」始知前人已有先我言者。

〔一〕應作「凡例注」。
〔二〕「二年」爲「三年」之誤。綱目凡例注原文不誤。

但綱目雖多所改正，而於中歲改元，無關事義者，仍依通鑑之舊。鄙見以爲一書當有定例，今或以前爲主，或以後爲主，似乎紊亂。故於古今通史年表概以前統後〔一〕，而分注其後來之年號於下，固與温公大左，然不敢以大儒之書，苟附和也。春秋定公以六月即位，而正月即已紀元，則以昭公在去年已逝，預紀無所戾，非後世之比也。先生以爲可否？

〔一〕應用露尾藏頭法。

新舊五代史本末寄趙谷林〔一〕

梁、唐、晉、漢、周之書，薛居正所纂者，當時謂之新編五代史，見於宋太祖本紀〔二〕。歐陽兖公書出，則謂薛本爲五代史，而歐公爲新五代史，見於洪景盧、馬端臨所稱。近讀永樂大典，則凡其引用五代史者，皆歐公本，而引薛本者，曰新修五代史〔三〕，蓋沿最初之名也。

〔一〕趙昱。

〔二〕宋史三，開寶七年閏十月，薛居正等上新編五代史，非名新編五代史。

〔三〕此語不確。

薛本在國初，梨洲先生尚有之，仁和吴志伊檢討著十國春秋，曾借之而未得。南雷一水一火之後，遺籍不存百一，予從其後人求之，不可得矣。近有捃摭册府元龜、資治通鑑中語成一編，託言南雷故物，是麻沙坊市書賈之習氣也。因吾友趙五谷林來問，書其本末以貽之。

答臨川先生問湯氏宋史帖子〔一〕

明季重修宋史者三家：臨川湯禮部若士，祥符王侍郎損仲，崑山顧樞部寧人也〔二〕。

〔一〕李紱。

〔二〕湯顯祖、王惟儉、顧炎武。

臨川宋史，手自丹黃塗乙，尚未脱稿。長興潘侍郎昭度撫贛得之，延諸名人足成其書，東鄉艾千子、晉江曾弗人、新建徐巨源皆預焉〔一〕。網羅宋代野史至十餘簏，功既不就，其後攜歸吳興，則是書不特閣下西江之文獻也，亦於吾鄉有臭味焉。是時祥符所修亦歸昭度，然兩家皆多排纂之功，而臨川爲佳。其書自本紀、志、表皆有更定，而列傳體例之最善者，如合道學於儒林，梨洲先生論明史不當分立道學傳，本此。歸嘉定誤國諸臣於姦佞，列濮、秀、榮三嗣王獨爲一卷以别羣宗，宋史不爲榮王立傳。皆屬百世不易之論。至五閏禪代遺臣之碌碌者多芟，建炎以後名臣多補，庶幾宋史之善本焉。甲申以後，石門吕及甫〔二〕壻於潘氏，是書遂歸及甫。姚江黃梨洲徵君以講學往來浙西，及甫請徵君爲之卒業，徵君欣然許之。及甫因取其中所改曆志請正，並約盡出其十餘簏之野史。成言未果，及甫下世，其從子無黨〔三〕攜入京師，將即據其草本開雕。無黨又逝，新城王尚書阮亭僅得鈔其目録。故嘗謂是書若經黄徵君之手，則可以竟成一代之史，即得無黨刊其草本，則流傳亦易，而無如天皆有以敗之。花山馬氏者，無黨姻家，故是書旋歸花山。未幾時，花山之書散佚四出，海寧沈氏得之。歲在卯、辰之間〔四〕，某在杭，聞沈氏以是書求售於仁和趙上舍谷林，亟往閲其大概，力勸收之而不果。壬子〔五〕之冬，晤沈氏諸郎於京師，叩以是書存亡，則言已歸太倉金氏矣。然是書累易其主，所存僅本紀、列傳，而其十餘簏之野史則不知流落何所，可爲長歎息者也。是書在吴下，多誤以爲祥符之本〔六〕，以昔所聞，則自石門而花山者，確然係臨川底稿，黄徵君之言可按也。某少讀宋史，歎其自建炎南遷，荒謬滿紙，欲得臨川書以爲藍本，或更爲拾遺補闕於其間，荏苒風塵，此志未遂，今倘得遺人向太倉求鈔副本，則尤斯文之幸也。

〔一〕參曝書亭集四十五書宋史新編後。

〔二〕吕留良。

〔三〕吕葆中。

〔四〕雍元、二。

〔五〕雍十。

〔六〕王氏書名宋史記，二百五十卷。曝書亭鈔本，今歸北平圖書館。

寧人改修宋史，聞其草本已有九十餘册，乃其晚年之作，身後歸徐尚書健庵，今亦不可問矣。著書難，傳之尤難，言之曷禁惘然。

答臨川先生論慶元黨籍鄭湜帖

昨歲荷賜問，以慶元黨籍之第七人鄭湜〔一〕，宋史無傳，令愚考其顛末。行篋中無多書，衹得覓福建通志，合之舊史，旁參以朱子語録，得其大概〔二〕。

〔一〕學案九七。

〔二〕勞格讀書雜識一考鄭湜，引館閣續録八、會稽續志二、宋史三九一留正傳、景定建康志廿六、攻媿集卅九、容齋三筆十二、書録解題五及十八。

志云：「湜字溥之，一字補之。閩縣人也。乾道中〔一〕成進士，光宗時官祕書郎，所陳皆讜論。慶元初以起居郎權直學士院。趙忠定公罷相，湜草制，有『持危定傾，任忠竭節』語，韓侂胄以其爲褒詞，大怒，出知本州。後爲刑部侍郎，隸名黨籍，卒謚文肅。」按李枅嘗問朱子曰：「溥之草趙丞相罷相詞固佳，以某觀之，若當時不作，便乞出，尤爲奇特。」朱子以爲不必如此，但後來既遷之後便出，亦自善。溥之卻不肯出，所以可疑。若不作而遽出，亦無此例。枅曰：「如富鄭公繳遂國夫人之封，以前亦曾有此。」朱子笑而不答。然則溥之草制之後，當遷一官，其後始被外轉耳。溥之又有與朱子論戢盜法，亦載語録。

〔一〕乾道二年丙戌。

宋史寧宗本紀：「紹熙五年七月，遣鄭湜至金告禪位。」金史交聘表：「明昌五年閏十月，宋翰林學士鄭湜來。」考之宋制，翰林學士承旨之下爲翰林學士，學士之下爲直學士院。承旨不常置，以學士久次者爲之。他官入院，未除學士，謂之直院。溥之本直院，使金時暫假學士銜以行耳〔一〕。若陸文安公之卒，溥之祭文，以江淮總領署銜。然則以祕書出爲總領，以總領入爲直院也。忠定罷相，在慶元元年三月，次年即有僞學之禁。溥之既斥知外郡，何以得遽入爲侍郎？既召用，何以又遭禁錮？愚意或即草制時所遷之官，而後人誤記之者。溥之於黨籍列在高等，其生平歷官之詳必尚有見於他書，宋史自荒陋耳。尚容陸續考索，奉正函丈，不備。

〔一〕參中興學士院題名，藕香本。

答陳時夏先生論鄂忠武王從祀帖

賜讀鄂忠武王從祀説，考據精博，無以復過。兼之位置井井，次第間無一參差，想見先生惓惓忠烈遺事，雖千百年前人，無不留意。假得位秩宗太常間，必能爲聖朝釐正祀典，夙夜寅清，以奉天子表章禮樂之旨。（下略）

若銀瓶小姐附享祠祀已非一日，但此是一大疑案。來集之樵書曰：「孝宗時，訪求岳氏子孫，繦褓以上皆官之。女少者，候嫁則官其夫。武穆有女安娘，女夫高祚，補承信郎；岳雲女大娘，岳雷女三娘，候出嫁日，各補其夫進武校尉；並載金陀粹編。」則銀瓶殉孝，寧不經御旨追贈？且岳珂爲武穆孫，而編中曾不一及之。夫歷代以來既有舉之，誰敢廢焉，然其疑有不可不存也〔一〕。今於寢宫既欲以東廂列五子，而孫珂附之；西廂列五婦，而銀瓶附之；則安娘之明見譜系，顯膺恩命者，其不得不附，又可知也。

〔一〕銀瓶小姐，見癸辛雜識及王逢梧溪集。

他如門左欲設闉卒張寶之位，則此見傳奇妄語，恐不足信。況是編全據史傳，即稗官亦未敢輕録，何問傳奇？某頓首奉復，不既。

奉浙東孫觀察論南宋六陵遺事帖子〔一〕

昨謁幕府，蒙以南宋六陵遺事下問，卒卒未竟其語〔二〕。「冬青」之舉，爲世人所艷稱，然祇唐玉潛、林白石耳。同時預其事者，雖不能一一著姓氏，如王修竹、鄭宗仁，鑿鑿可考。謝皋父則陰移冥轉其間。草窗紀陵使羅誂〔三〕事，雖與諸公不相謀，要亦先後奔走是役者也。獨匡山志所云余則亮，尚當闕之以俟考。

〔一〕孫詔。

〔二〕前集卅三有冬青義士祠祭議三首。

〔三〕亦作「羅銑」。

明初既返穆陵遺骼，建雙義祠於鄉大夫祠之左，以祀唐、林，已而移之陵右，凡有事於六陵，即并及之。夫其祠之，是也，而惜其於同義諸公有未盡者。某嘗走攢宮山下，摩挲宋學士碑文。所有享殿周垣，雖已摧殘殆盡，尚有約略可尋之跡，而遍問樵夫牧豎，獨失祠址所在，爲之茫然。當時江南舊臣官上都者不少，曾不能出一言以保橋山弓劍，至使楊髠縱其滔天之惡，玉匣珠襦，狼籍殆盡〔一〕。諸君子以朝不坐燕不與之身，爲故君護龍髓，恒星晝隕，七度山南，踰垣折足，幾陷虎口，百世而下，即分麥飯一盂，以酬明德，其亦誰忍替之。

〔一〕林霽山詩：「橋山弓劍未成灰，玉匣珠襦一夜開。」

乃更有大不平者：楊髠西番謬種，原屬豺虎不食之餘，而同惡泰寧寺僧，則攢宮首禍所啓也。玆者西泠道上，雖至五尺之童，爭毀楊髠遺跡，鑿飛來峯之塔，折六一泉之像，甚者貽禍地藏，波累天女，而泰寧殿宇近在陵寢之側，巋然獨存，佛燈魚鼓，不隨麟、辟邪、石馬並泯，茂陵秋風，猶餘磨劍之輩，豈特冬青靈鳥，將共杜鵑泣血，山鬼有知，亦應髮指。夫祠祭載在有司，今唐、林祠宇，鞠爲茂草，則興廢舉墜，是明使君之所以修典禮也。逆僧故址，犂其地而瀦之，抑亦厲風教之一端也。合當日扶義之羣，使共食於一堂，正明使君之所以表幽潛也。

滄桑岸谷，又歷數百祀而遥，四山風雨之地，一望蒼茫。然而向蘭亭以嗚咽，索真帖於誰家〔一〕？諸君子之魂魄猶在此間，其奈何過而莫之問也。敢以告之執事，幸勿以其迂而棄之。

〔一〕林霽山詩：「水到蘭亭更嗚咽，不知真帖落誰家。」

再奉觀察孫公帖

某前此致帖幕府，欲毁攢宫山之泰寧寺，聞者笑之，以爲是殆丁零盜蘇武牛羊，使曹公按其事也。不知其所以當毁者，不僅以其當日預於楊髡之惡而已，蓋所謂泰寧寺者，何地乎？乃即永茂陵〔一〕之故址也。方寧宗之崩也，吏部侍郎楊華奏曰：「泰寧寺山岡偉特，五峯在前，直以上皇青山之雄，上皇，村名。翼以紫金白鹿之秀，以此知先帝弓劍之藏，當在於此。」詔遷其寺，而以其基定卜仁烈皇后楊氏祔，是泰寧寺所以改爲永茂陵也。至元二十二年，楊髡言：「會稽有泰寧寺，宋以之建攢宫；錢唐有龍華寺，宋以之建郊壇：皆係勝地，宜復爲寺，以爲皇上東宫祈壽。」時攢宫已改爲寺，并勅毁郊壇，是永茂陵所以復爲泰寧寺也。

〔一〕寧宗陵。

嗟乎！吾聞攢宮之建，趙清獻公〔一〕、陸楚公二家先塋皆包入焉。朝廷許其歲時墓祭，通道如故，天子錫類之仁且然，而寺僧之悖一至於此。然愚竊怪明洪武間之遺官審視也，浙江行省繪圖以進，僅孝、理二陵，尚有殿垣，其餘祇存封樹，於是置守衛之户，嚴芻蕘之禁。而寧宗兆域，早已犂平，安得尚有封樹之可言？禁山之中，居然有侵龍穴以爲道場者，是有司特以漫言奉行，未嘗確爲清覈也。正統、弘治兩朝，亦嘗再行檢勘，欲復民間所占。豈知是寺本屬諸陵之一，非隙地所可比，而反縱而不治，其爲樵牧，孰有過於此者。

〔一〕趙抃。

方今雖再屬易代之餘，然故國之陵寢，皆爲令甲所加意。明使君誠以此諭有司，使其清而出之，則有功於金粟之堆〔一〕，豈淺鮮乎？嗚呼！一抔未築，雙匣親傳〔二〕，當時義士之力不能勝逆僧，而今何有矣。愚意以爲當盡毁寺室，大題曰「宋永茂陵故址」，而爲周垣以藩之。至若冬青古樹，開花無日，近已梵宇雜糅，湮没莫可蹤跡。若以整緝攢宮餘力，并及天章，是乃白衣之靈所深望於後世之志士者，敢復爲執事瀆言之。

〔一〕冬青樹引：「山南金粟見離離」，梨洲注云：霽山詩有「金粟堆前松柏裏」，謂明皇泰陵在金粟山，故即以金粟堆爲陵寢名。

〔二〕林霽山詩：「一抔未築珠宮土，雙匣親傳竺國經。」

答史雪汀問六陵遺事書〔一〕

會稽縣攢宮山舊名寶山，紹興元年，哲宗昭慈皇后崩，遺詔：「殮以常服，不得用金玉寶具，權宜就近吉地殯殯，候軍事寧息，歸葬園陵。所製梓宮，取周吾身，勿拘舊制，以爲他日遷奉之便。」朝議欲加陵寢名號，曾紓奏曰：「帝后陵寢，今存伊、洛，不日歸中原，即祔合矣。宜以『攢宮』爲名。」從之。「攢宮」之名自此始。

〔一〕史榮。

是年徽宗顯肅皇后鄭氏崩於漠北。五年徽宗亦崩。七年，何蘚還，始聞訃音，先上陵名曰永固。九年，高宗懿節皇后邢氏崩於漠北。十二年，金人以三梓宮來還，其時選人楊偉貽書執政，乞奏聞。命大臣取神櫬之最下者斵而視之，既而禮官請用安陵故事，梓宮入境，即承之以槨，仍納衮冕翬衣於槨中，不改殮，詔可。是年，合攢徽宗、鄭后於昭慈太后攢宮西北，改陵名曰永祐；攢邢后於昭慈之西。二十九年，高宗母顯仁皇后韋氏崩，攢永祐陵西。三十一年，淵聖皇帝訃聞，遥上陵名曰永獻。乾道中朝廷遣使求陵寢地，而不言及欽宗梓宫，金人自葬之鞏縣。欽宗后朱氏從北狩，不知崩所及歲月。高宗陵名永思，慈烈皇后吴氏祔。孝宗攢永思陵西，成肅皇后謝氏祔，名永阜。光宗陵名永崇。寧宗陵名永茂，仁烈皇后楊氏祔。其孝宗成穆皇后郭氏、成恭皇后夏氏、光宗慈懿皇后李氏、寧宗恭淑皇后韓氏，以攢宫在山陵之前，神靈既安，並不遷祔。理宗陵名永穆，度宗陵名永紹。此六陵大略也〔一〕。

〔一〕高、孝、光、寧、理、度六陵。

元世祖至元十四年，續綱目在十五年。謝皋羽詩：「知君種年星在尾。」是十四年戊寅也〔一〕。羅雲卿〔二〕、張孟兼並主之。若十五年乃己卯〔三〕，元史又别以爲甲申〔四〕。他如唐玉潛詩謂「犬之年，羊之月」，係甲戌六月。林霽山詩謂「羊之年，馬之月」，則癸未五月。孔希魯述霽山詩，又以爲「丙之年，子之月」，則丙子十一月〔五〕。唐、林皆身爲其事者，而相參錯。希魯所述一詩，又有異同。周公謹癸辛雜志别曰乙酉。陳善依綱目，貝瓊依元史，宋濂書穆陵遺骼依癸辛志。元史亦濂所總裁，而所書又先一年，今從謝詩。番僧楊璉真珈爲江南總統〔六〕，與丞相桑哥表裏爲姦。會稽有天長寺，故宋魏憲靖王墳院也，有閩僧聞號西山者，媚髡，遂獻其寺。因發魏王冢得金玉甚多，以此啓發陵之意。剡僧澤號雲夢者贊之。而前此永茂陵本泰寧寺故基，楊髡先令寺僧宗愷、宗允詐稱楊侍郎、汪安撫侵占寺地，呈告於官〔七〕。旋㖸妖僧嗣古、妙高上言南宋諸陵當毀，桑哥從中可之。十五年，大興人夫並番僧及諸兇隸發掘〔八〕。時有中使羅銑〔九〕者，守陵不去，與之竭力爭執，爲僧澤痛箠之，且脅之以刃，銑大哭而去。先發寧宗、理宗、度宗、楊后四陵，嗣啓高宗、孝宗、光宗暨孟、韋、吴、謝諸后攢宮，所取寶玩無算。徽宗陵得玉走馬，烏玉筆箱，銅掠撥，繡管；高宗陵得真珠戲馬鞍；光宗陵得交加白齒梳，香骨案；理宗陵得伏虎枕，穿雲琴，金貓睛爲徽，龍肝石爲軫，又緑玉磬一枚，係楊太真物；度宗陵得五色籐絲盤，映魚黄瓊扇柄；其餘金珠萬計，爲屍氣所蝕，如銅鐵然，或有棄之不收者。理宗藏中尤多，開棺之際，有白氣亘天，蓋寶氣也。惟徽宗棺中無尸，僅朽木一段而已。蓋和議成時，金人祇以空櫬給宋，而道君梓宮在五國城者自若。雲谷卧餘録、全遼志皆云：五國城頭有徽宗墓。癸辛雜志作徽、欽二陵，徽宗止一朽木，欽宗止一燈檠。野獲編謂欽宗遺柩未還，安得燈檠？黄宋史以爲高宗后邢氏之訛，事或然也。理宗之尸如生，其下皆藉以錦，錦之下承以竹絲細簟。或攫取之，擲地鏗然有聲，則金絲所成也；有告以含珠乃夜明者，遂倒懸其尸林間，瀝取水銀，若此者三日，遂失其首。蓋西番之俗，以爲帝王髑髏可以厭勝致富，因盜去。是夜西山有哭聲，凡諸番所發園陵與大臣墓，通一百有一所，他攘盜詐掠諸贜共十一萬六千三百錠，占田三萬三千畝〔十〕，他物稱是。

〔一〕戊寅，十五年；己卯，十六年。此誤。

〔二〕羅雲溪，名靈卿。

〔三〕十六年己卯。

〔四〕元史卷十三，甲申廿一年。

〔五〕甲戌十一年，癸未廿年，丙子十三年。「希魯」應作「希普」。

〔六〕「珈」當作「伽」，下同。癸辛雜識續集上、别集上凡二段。張伯淳辯僞録謂楊大師自至元廿二春至廿四春。此採癸辛雜識别集上。

〔七〕恢復佛寺三十餘所。

〔八〕以益憐真加爲江南總攝，在至元十四年丁丑二月，見元史九。以江南總攝楊璉真加發宋陵冢所收金銀寶器修天衣寺，見元史十三至元廿一年九月。

〔九〕應作「羅銑」，下同。

〔十〕「三百」應作「二百」，「三萬」應作「二萬」，照元史卷十七及二〇二校改。

其時有故宋將作監主監〔一〕王英孫者，字才翁，别號修竹，會稽人也，富而好客。諸遺民，如吏部架閣平陽林德暘、國子學正平陽鄭樸翁、布衣山陰唐珏，並集其家，相與合謀。乃具酒醴，市羊豕，邀里中少年享之。酒酣告之以事，皆曰「諾」。一少年曰：「事發奈何？」珏曰：「今四野多暴骨，可竄而易也。」乃造爲石函六，刻紀年一字爲號，自思陵以下，隨號收之。德暘作丐者裝，背竹籮，手竹夾，遇物即投籮中。先鑄小銀牌百十在腰間，遇番僧之隸即賄之，遂得高、孝兩陵骨。樸翁等或謬爲采藥者，負草囊入陵上，見有棄草莽間者，輒拾焉；或乘夜潛入山，取野間骨相易。既恐事覺，至有踰垣折足者，遂盡得諸陵骨。時或傳理宗顱骨爲北兵投湖水中，購漁人網之，竟不能得。匡山志以此爲俞則亮事。踰七日，諸僧下令哀陵骨，雜諸牛馬骼，築鎮南塔於臨安舊内，以爲厭勝，杭人悲戚，不能仰視。

時羅誂方懼害，亡匿民間。聞諸陵盡發，乃具衣冠求遺蜕，無所得，得孝宗頂骨小片，及諸后骨之未收者，大化之。諸遺民則潛瘞所拾於蘭亭山南天章寺前，每一陵爲一穴，上植冬青樹六本以識。

至元二十八年，諸僧事覺，詔遣脱脱、塔喇海、忽辛三人追究僧官江南總統〔一〕楊璉真

〔一〕「監」應作「簿」。

珈盜用官物。尋宣諭江淮民恃總統力不輸田租者，依例征輸。臺省諸臣請治楊璉真珈擅發陵寢之罪，明正典刑〔二〕。有旨貸死，僅給還人口田地之爲僧踞者。

〔一〕元史十六作「江淮總攝」。

〔二〕元史十七。

明太祖洪武二年，上與學士危素論史，素因具道發陵顛末，暨楊璉真珈截理宗顱骨爲飲器，後事敗入官，以賜西番僧之爲帝師者。上悽然曰：「南宋諸君無大失德，與元又非世讎，既乘其弱取之，何乃縱奸人肆酷如此！」即日御札丞相宣國公李善長，遣工部主事谷秉彝移北平大都督府及守臣吴勉，訪飲器所在。西僧汝訥、監藏深惠奉詔獻至，詔付應天府官夏守忠，是年瘞諸南門高座寺之西北。次年，浙江行省以宋諸陵圖進，命禮部尚書崔亮復瘞諸舊穴。九年，詔浙江守臣，令諸陵五百步之内，禁人樵采，置守陵户二人，每三年一傳制，遣道士齎香帛致祭，登極則遣官祭告。理宗頂骨有碑亭，亭側有義士祠。

方諸僧發掘時，澤以足蹴理宗首，以示無懼。隨得足疾，不數年潰爛死。聞既得志，復倚楊髠勢，豪奪人田産，爲鄉夫二十人伺道間屠臠立盡。愷亦以他事受杖。凡得金玉之家，非死即病，鮮幸免者。而唐珏無子，於己卯〔一〕上元夜夢黄袍人引一兒與之，後生子珙，卒爲名儒。

〔一〕至元十六。

嗚呼！北宋諸陵，始爲金人所啓，而其後劉豫遂置河南淘沙官，遍取山陵中物。詳見劉豫事跡。南渡後足以監矣，猶且窮奢極巧，以貽身後之禍，可謂不智。雖然，豫本草竊之徒，即前代如漢之赤眉，唐之温韜，并係盗賊。元世祖以混一天下之主，其臣如廉希憲、伯顔等布列滿朝，而使妖僧得以恣所欲爲，天地爲之震動，日月爲之晦蝕，固宜其國祚之不永也。

謹備述其事，以復座右，外有考異數條附呈，不既。

與史雪汀論行朝録書〔一〕

明末紀述，自甲申以後螢光爝火，其時著述者，捉影捕風，爲失益多。兼之各家秉筆，不無所左右袒，雖正人君子，或亦有不免者。後學讀之，如棼絲之不可理。夏彝仲幸存録出，黄梨洲著汰存録以訂之。以彝仲身仕歷朝，耳聞目見，寧有謬妄，而不免餘論，史事之難，一至於此。乃梨洲所著行朝録，則亦頗有遺錯，請得援汰存例，略加考索：

〔一〕參卷廿九行朝録跋。

方以智從亡梧江，曾晉大學士銜，乃丁亥年事〔一〕。是年從梧江遷武岡，以智扈從不及，入天雷苗〔二〕，然未嘗爲僧，爲僧乃庚寅冬〔三〕兩粤再破時。今録云「丁亥三月，方以智棄妻子入山爲僧」，誤也。

〔一〕順四。

〔二〕「苗」應作「庵」。

〔三〕順七。

是年，劉承胤以武岡北附，桂藩踉蹌疾馳，遇雨，宫眷衣食俱乏絶，古坭口總兵侯性遠來迎駕，供給勑辦一切，三宫服御及宫人衣被皆備。三宫德之，遂口授商邱伯。是後侯性遂無所見，未聞有進封事。今録云「商邱伯侯性入衛，晉祥符侯」，誤也。

明行朝曆，與國朝新曆，晦朔閏餘，大有不同。國朝於辛卯二月置閏，而明曆於庚寅閏十一月。大學士瞿式耜以十一月初六日被執，以閏十一月十七日正命〔一〕，今録云「被執，明日遇害」；戊子四月丙寅朔〔二〕，其閏月乙未朔，今録云「四月乙未朔」〔三〕，誤也。

〔一〕大統曆。

〔二〕清曆。

〔三〕大統曆戊子閏三月丙寅朔，四月乙未朔，行朝録實不誤。

湖州諸生潘駿觀以己丑春入覲，行朝詔授兵部主事。庚寅冬，以陳邦傅之難，死於扈駕。録云「戊子，潘駿觀爲兵部主事」，誤也。

何吾騶以己丑三月始至，詔令入閣，未久即去。去後黄士俊始至，與嚴起恒共事。庚寅，蹕遷梧州，始以老乞休而去。録云「己丑正月二十八日，起舊輔黄士俊、何吾騶入直」，誤也。

焦璉駐平樂，在兩粤武臣中最爲恭順，與陳邦傅不睦，卒爲邦傅所誘，取其首降孔有德。今録中所及璉語，似全與跋扈者等，而於死節則不書。

嚴起恒力阻孫可望秦封，其後可望挾駕南寧，有張護衛者上起恒船，問王封畢竟是秦，是他？起恒曰：「將軍遠來迎駕，其功甚巨，若問此事，是挾封也。」張奮拳亂毆之，起恒赴水死。一夕，虎負其屍出水。今録中無一語。

凡如此等，尚屬崖略，不能盡舉。行朝録共十餘種，其最疏略者滇黔紀年，當以所知録、也是録諸書對之。餘不既。

答陸聚緱編修論三藩紀事帖子〔一〕

三藩紀事本末〔二〕盡屬不經之語，其中人地之譌，時日之舛，不能更僕數也。適見執事所輯江西通志，間或引之，故昨曾微及其説，而辱賜下問，以其詳未盡，謹批一册，奉到函丈。

〔一〕陸奎勳。

〔二〕楊陸榮。

其中謬之大者，莫如監國魯王死於鄭氏一案。鄭氏之不奉魯王也，以隆武頒詔之隙也，故當時自丁亥至辛卯，海上原有二朔。成功在金門援天復、天祐例，仍稱隆武三年，而奉淮王爲監國，其所頒曰東武四先曆。錢忠介公在長垣則頒魯二年曆。己丑粤中使至，成功奉朔，淮王去監國號，舟山仍奉魯。辛卯以後，魯王盡失其地。壬辰次中左所，尋次金門，癸巳亦去監國號，通表滇中。於是海上之曆始合。已而舟山舊臣日益消落，魯王竟依鄭氏爲寄公，丁酉次南澳。己亥，陳光禄士京卒，遣人祭之。蓋成功雖不奉王，而其致餼，仍以宗藩之禮，未嘗相陵。辛丑成功入臺灣，壬寅緬甸赴至，成功亦卒，海上遺臣復奉王監國。然成功子經亦不奉王，徒然而已。甲辰，王薨〔一〕。是不特成功無背逆事，即其子亦無之，特相傳其致饋少衰於父。而紀事謂魯王在南澳，成功沈之海中，不亦謬歟？（下略）

〔一〕監國紀年：成功以壬寅五月卒，魯王以是年九月十七日薨，年四十五。

柬萬丈孺廬問徐巨源事實書〔一〕

昨趨侍高齋，欲以新建巨源徵士〔二〕之死爲問，而座有他客不及言。

〔一〕萬承蒼，康熙五二進士。

〔二〕徐世溥，撰江變紀略，卷廿九有三跋。

巨源之死，世多言其通家一先達〔一〕素爲巨源所薄，夜遣人刺殺之，其實非劫幣賊也。敬亭沈高士耕巖之孫樗崖〔二〕，述其先世之言，亦以爲然。然愚竊有疑者，使巨源死於同里之怨家，不應牧齋誄中〔三〕竟不爲微及之。

〔一〕先達或謂李太虛，名明睿，天啓二年進士。

〔二〕沈壽民、沈廷瑞。
〔三〕有學集卅七。

況以所聞於夫己氏〔一〕之爲人，雖有媿於不事二姓之言，而尚非顯然滅裂行檢者。是時江西雲擾，前有楊、萬之師，後有金、王之難〔二〕。巨源以前代貴公子，嶄嶄持風節，足側焦原，手搏彫虎〔三〕，其瀕死者數矣。其僅而免於死者，非巨源計之所及也。使夫己氏欲殺巨源，即稍一舉手間，當已無可漏之網。顧乃計不出此，遲之又久，直至承平以後，翹車束帛賁於其門〔四〕，而方爲剸刃之舉，何其拙也。

〔一〕夫己氏，左文十四。
〔二〕楊廷麟、萬元吉，金聲桓、王得仁。
〔三〕「焦原」二句，見後漢書及文選張衡思玄賦注引尸子。
〔四〕順治九，陳名夏柄政，徵辟之。

故竊意以夫己氏〔一〕之於巨源，其相惡不必言，及其死也，哀巨源者遂以弓影之疑加之。桑海之際，志士之危如朝露，如世所傳，固多有之，而以巨源之蹤跡言之，則似有未盡然者。當是時長洲徐隱君昭法〔二〕亦遭此劫，幾殞其生，巨源之死〔三〕，乃夫己氏之不幸也。執事於桑梓文獻之傳，其見聞必有獨覈者，未審以爲然否？

〔一〕樵隱昔寱六，或以夫己氏爲熊文舉，新建人，崇四進士。

〔二〕徐枋。

〔三〕類徵 隱逸二引吴德旋聞見録，以爲順治九年壬辰被盜死。

鮚埼亭集批注　外編卷四十四

簡帖四

奉臨川先生帖子四〔一〕

讀陸子學譜至趙與𥲅、袁韶傳，心有疑焉。

「四先生」之講學吾甬，勾東無不從之游者，故其中不無非種之苗。慈湖弟子則有史丞相彌遠及與𥲅，絜齋弟子則有袁參政韶，即史嵩之亦嘗與和仲講學。（下略）至袁韶〔一〕，本傳不詳其過，而卷末總論以爲時相私人，其見於諸家奏疏者，皆指以爲彌遠之黨，似皆不當爲之諱者也。且大儒之門下，不必竟無不肖，前之則有朱子之傅伯

〔一〕李紱。

壽〔二〕，又前之則有楊文靖公〔三〕之陸棠〔四〕，又前之則有程子之邢恕〔五〕。與其進，不與其退，斯亦聖賢之所無如何也。閣下以其爲慈湖之徒而爲之辭，可以無庸矣。

〔一〕宋史四一五。
〔二〕宋史翼四十。
〔三〕楊時。
〔四〕陸棠，斐然集卅有傳，千七百言。朱子語類一三三論陸棠事頗詳。棠爲龜山次女夫，西山先生李郁爲龜山三女夫。
〔五〕宋史三七一。

宋史於陸子之學，推尊未嘗不至，「四先生」後，如融堂、蒙齋輩，皆追溯其淵源而稱美之，豈獨於與簒、韶而周内焉。況與簒、韶乃吾四明先正，寧敢故爲深刻之論，然公議不可泯也。與簒之謚，見於本紀，故傳略之，亦非宋史之闕文也。

答臨川先生問淳熙四君子世系帖子

楊、袁、舒、沈四公之學，皆出於陸子，而楊、沈則兼得之庭訓爲多〔一〕。（下略）

〔一〕楊簡、袁燮、舒璘、沈煥。卷十四有四先生祠登碑陰文。

與鄭南谿論明儒學案事目

明儒學案間有需商榷者，愚意欲附注之元傳之尾，不擅動本文也。其有須補入者，各以其學派綴之。謹先具數則如左：（中略）鏡川學案：楊文懿公〔一〕講學，不專主朱，亦不專主陸，深造躬行，以求自得。其所著五經四書私鈔，皆不苟同前儒，其大略見愚所作鏡川書院記中〔二〕。鄞之儒者，前則南山，後則甬川，文懿之行，與之鼎足，而著書更富，宜爲立一學案。（下略）

〔一〕楊守陳。

〔二〕卷十六。

答諸生問南雷學術帖子

南雷自是魁儒，其受業念臺時，尚未見深造，國難後所得日進，念臺之學得以發明者，皆其功也。兼通九流百家，則又軼出念臺之藩，而窺漳海之室。然皆能不詭於純儒，所謂雜而不越者是也。故以其學言之，有明三百年無此人，非夸誕也。

惟是先生之不免餘議者，則有二：其一，則黨人之習氣未盡，蓋少年即入社會，門户之見深入而不可猝去，便非無我之學。其一，則文人之習氣未盡，不免以正誼、明道之餘技，猶留連於枝葉，亦其病也。斯二者，先生殆亦不自知，時時流露。然其實爲德性心術之累不少，苟起先生而問之，亦必不以吾言爲謬〔一〕。過此以往，世之謗先生者，皆屬妄語，否則出於仇口也。

〔一〕嚴修能謂梨洲晚年頹唐潦倒，至海寧有公憤文字以相痛詆。又集中如魯栗，降賊而回籍者；魏學濂，降賊不得志而自縊者：皆竭力諛墓，復委蛇時責，以爲此固出於不得已。

當湖謂夏峯與先生自是君子，惜其教學者不甚清楚。此蓋有朱、陸之見存，故云。然當湖之弟子，其卓然可傳者安在？並未見有萬公擇、董吴仲其人者，以是知輕議前輩之難也。

若謂先生以故國遺老，不應尚與時人交接，以是爲風節之玷，則又不然。先生集中，蓋累及此：一見之余若水志，有曰：「斯人生天地之間，不能一無干涉。身非道開，難吞白石；體類王微，嘗資藥裹。以是歎活埋土室之難也。」一見之鄭平子序，有曰：「王炎午生祭文丞相，其風裁峻矣。然讀其與姚牧庵書，殷殷求其酬答。蓋士之報國，各有分限，正亦未可刻求也。」是可以知先生之所以自處，固有大不得已者〔一〕。蓋先生老而有母，豈得盡廢甘旨之奉。但使大節無虧，固不能竟避世以爲潔。及觀其送萬季野北行詩，戒以勿上河汾太平之策，則先生之不可奪者，又確如矣。是固論世者所當周詳考覈，而無容以一偏之詞定之者也。

〔一〕明詩綜入晦木而置梨洲，其去取甚審云。

先生始末，見於予所作墓碑已盡矣〔一〕，惟是所以備他山之石者，則本不應見之碑文，故因明問而詳及之。

〔一〕前集十一。

答諸生問榕村學術帖子

榕村〔一〕在聖祖、世宗實録中，應有傳〔二〕，外間未之得見。然實録亦不甚詳於學術也。榕村之學術，即其相業可以想見，倘謂其能推崇朱子，足接墜緒，則檮昧無知之言也已。（下略）

〔一〕李光地。

〔二〕清實録根本無人臣傳。

奉萬九沙先生問任士林松鄉集書〔一〕

九沙先生閣下：大駕兩問枌榆，而鄙人羈栖荒嶺，願見之誠，何日一慰。夏中兩世臺至，聞近履以違和靜攝，懸念之至，以不得常致問訊爲媿。某今年從寒食後，日讀衛湜禮記集説一卷，近已得七十卷，乃知草廬禮記纂言純以是書爲藍本，但去其繁蕪者，因追記先生謂「草廬所引注疏，疑多取衛氏删本」之語爲不誣。

〔一〕萬經。

近日從陳外翰〔一〕所得見西湖七家詩，爲沈樂城、吴尺鳧輩著〔二〕，前有先生序例一篇。其詩亦不甚成家，而所引用書目甚繁且夥，間有宋、元文集爲某所未見者。每思一渡漸江，從諸君子訪諸書，得爲一瓻地步，俗務掣違，逡巡未果。然某所急欲問者，莫如任士林松鄉集。（下略）

〔一〕陳常。

〔二〕沈嘉轍、吴焯。即南宋雜事詩。

奉萬西郭問魏白衣息賢堂集書〔一〕

聞近得魏白衣〔二〕息賢堂集，不勝狂躍。滄桑搶攘，文獻凋落，至有并姓氏不得傳者，何況著述。先生惓惓忠孝，出茶鐺藥竈間物，親加拂拭，萇弘碧血不至盪爲冷風野馬，即此足扶宇宙一重元氣。兼聞白衣有從孫子良，能以表揚先世爲念，但以遺事湮没，莫可考索稱恨。是亦金陀居士流亞，塵世中所不多得。記前此陶四律天言，渠里中有白衣集，即再拜託以訪購，蹉跎許久，未得消息，何幸先生已慊我求。（下略）

〔一〕「奉」當作「答」。西郭，萬承勳，集廿二有墓表。

〔二〕魏耕，集八有壙版文。

是時與白衣最善者，始寧錢霍〔一〕，當世所稱魏、錢者也。其集僕曾見之，古詩亦摹太白，顧近體頗不佳。爲人風概，彷佛白衣，其後以事相繼死。前此陶四言，其里中本已刊就，乃諱其名而以他姓填之，合魏、錢爲一集。「邏舟有過，託祭魯公；月表特書，借名季漢」〔二〕，是亦情理之常，不足致怪。特是黎邱幻影，或遭魚目之混，此則我兩人之所同慮者。當俟覓至，取先生書讐對爲一定本，以付子良。先生其存僕此札，以當白衣小傳也可。

〔一〕曝書亭集四附上虞錢霍詩兩首。
〔二〕西臺慟哭記。

與盧玉溪請借鈔續表忠記書〔一〕

玉溪先生函丈：不晤四閱月矣，邗江遼闊，遥望懸懸。每從李元音家信中，詢道履消息，知近日興居佳暢，天祐靈光，爲鄞江護碩果，幸甚。

〔一〕盧遠，名見前集十二毛檢討傳。

某前者再四敦請，欲爲弗庵先生〔一〕續表忠記三集鈔一副墨，蒙先生亦以見許，而終未拜賜。某知先生所以遲疑者，一則名山祕乘，或多嫌諱；一則都尉史編，非其人不可妄傳，所當遲遲以俟桓譚、侯芭者流：斯二者，皆是也。

〔一〕弗庵，盧宜。

雖然，某竊有一説於此。嘗聞諸毛西河曰：「天地間奇物，久抑鬱而不彰，必爲物怪。」故勿謂好書可必傳也，當其始或未必流布，迨遲之久，光芒掩於牙籤緗軸之中而莫之展，則其怒氣或能召風雷，致水火，遂爲大造收還，以爲化工之用。彼鄭所南井底鐵函，浸以三百年之枯泥而不朽；明遜國記之傳，得之蕭寺承塵者，此天幸耳。不然者，則以陸君實之海上日記、鄧光薦之填海録、吴立夫之桑海録而或不傳。不特此也，以謝承、華嶠諸公之漢書，以何彦鸞、孫盛諸公之晉志〔一〕，裴子野、魏澹諸公之南北史，而或不傳。夫其不傳，乃是書之不幸也。其以日星河岳之書，而聽其浮沈湮没，至與草木俱腐，則後死者之咎也。以某之不才，自分何足傳前輩之書，其爲先生所嗤固宜，然終願先生之勿深閟也。（下略）

〔一〕孫盛晉陽秋，檀道鸞續晉陽秋。

鲒埼亭集批注　外編卷四十五

簡帖五

答張石癡徵士問四大書院帖子〔一〕

尊諭所及四大書院，考據未覈，以愚觀之，當以王厚齋玉海所定爲是，蓋嵩陽、睢陽、嶽麓、白鹿也〔二〕。

〔一〕張懋建，鶴徵後録四七頁。

〔二〕説一。

然予嘗考其始終盛衰興廢之詳，有北宋之四大書院，有南宋之四大書院，而北宋之四大書院，諸家紀載互有不同。嵩陽書院，建自五代周時，及宋王沂公請額於朝，至道二年賜額及經。戚同文講學睢陽，生徒即其居爲肄業之地，祥符三年賜額〔一〕，晏元獻公延范希文掌教焉。白鹿洞者，唐李渤與其弟涉讀書精舍，南唐即其故宇建爲國庠，而宋初太平興國二年賜額者也。嶽麓者，宋太守朱洞所建，而山長周式講學之地，祥符八年賜額。馬端臨職官考與厚齋同，而其學校考則取石鼓而去嵩陽〔一〕，一人之言，前後相舛。

〔一〕睢陽，據通考四六、六三，祥符二年賜額應天府書院。
〔二〕說二。

范石湖衡山記：「始諸郡未命教時，天下有書院四：徂徠、金山、石鼓、嶽麓。」又一說也〔一〕。衡陽圖志亦取石鼓而去睢陽〔二〕。愚考石鼓者，李寬之精舍也，宋景祐中賜額，未幾改爲州學，則其爲書院不久。石守道與孫明復相師友，講學力行，魯人宗之，稱爲徂徠先生，然較之睢陽、白鹿、嵩陽，則稍晚出。金山當是茅山，在江寧，天聖二年所賜額，其後無聞。自慶曆修舉學校，而書院之盛，日出未已。大略北方所置則仿嵩陽、睢陽，南方則仿白鹿、嶽麓，莫之與京，是之謂四大書院〔三〕。

〔一〕說三。
〔二〕說四。

〔三〕以上北宋。以下南宋：嶽麓、白鹿、麗澤、象山。

然自金源南牧，中原板蕩，二陽鞠爲茂草，故厚齋謂嶽麓、白鹿以張宣公、朱子而盛，而東萊之麗澤、陸氏之象山並起齊名，四家之徒遍天下，則又南宋之四大書院也。足下以爲是否？

答萬九沙編修問史參政遺事帖子〔一〕

承問南宋史參政〔二〕軼事。吾鄉自南渡紹興而後，方有登政府者，而史氏一門五人〔三〕，相終始焉。史氏宰執自參政始，吾鄉宰執亦即自參政始。然參政在宋史既不立傳，而乾道、開慶、寶慶〔四〕、延祐四志，皆未詳其顛末。惟宋會要言其爲右諫議大夫時，上言：「浙西民田最廣，而平時無甚害者，大湖之利也。近年瀕湖之地多爲軍士侵據，累土增高，長堤彌望，名曰壩田。旱則據之以溉，而民田不沾其利；水則遠近泛濫，不得入湖，而民田盡没。望詔有司究治，盡復太湖舊跡，使軍民各安。」從之。今載入宋史河渠志。參政之可傳者，衹此而已。（下略）

〔一〕萬經。
〔二〕史才，高宗。
〔三〕史浩，孝；史彌遠，寧、理；史嵩之，理；史宅之，理。
〔四〕寶慶在開慶前。

答九沙先生問史樞密兄弟遺事帖子

地志之佳者，正以其能爲舊史拾遺。況南宋一百五十年中事，史册斷爛，尤當博採舊聞，以使後學有所考據者也。史樞密兄弟〔一〕事，在宋史祇見於理宗本紀紹定六年忠獻〔二〕臨終時所賜出身、官爵而已。其後樞密入政府，則有宰相拜罷表可稽，而觀文以散僚，遂不概見。考樞密左右其父最早。寧宗大漸之夕，忠獻定策禁中，得與聞其謀者，祇鄭清之與樞密。見安晚集。及忠獻爲師相，一切詔誥，詞臣必先呈稿；或不愜，則令樞密竄改，陳貿窗〔三〕坐是解直院不肯爲。見吴氏〔四〕木筆雜鈔。樞密之長都司，方行履畝之政，多用貪暴爲耳目，文移所及，田里騷然，或以一家之田追及數家。湖、秀之民歌曰：「無田一身輕，有錢萬事足。」見太學生裘埜疏。括浙右虛籍田幾百萬，後按其田，皆諸道舊隸，始罷征，而田籍不去。宋亡，民猶以爲累。延祐志。忠獻既卒，鄭清之陽與相結，而陰排之，見黄氏日鈔。然理宗終以其父定策之功，下詔保全之，賜第湖上，引入西府，且有意相之，會以疾卒。見史氏家傳。其官：三爲侍郎，四爲尚書，知平江府者三，知紹興府者再，知嘉興、隆興各一，皆以殿閣學士兼安撫發運銜，遂由樞密簽書進同知，贈太師，初謚恭惠，改謚忠清，是樞密之大略也。

〔一〕史宅之，樞密；史宇之，觀文。

〔二〕史彌遠。

〔三〕陳耆卿。

〔四〕吴子良。

觀文爲忠獻愛妾林氏子，紹定賜官時年尚少，以其婦洪氏不得於林而出之。杜範在給舍，言朝廷當戒諭史氏，弗使醜聲有聞。理宗不問。見杜丞相集。改尚郡主。見家傳。林氏卒，觀文請恩澤，卹典極盛。見鄭氏四明文獻。賈氏當國，惡其諸舅，不復用。見王深寧集。其官亦三爲侍郎，四爲尚書，歷知處、嚴、温、婺四州，紹興、建寧、寧國三府，奉祠洞霄。此觀文之大略也。忠獻二子大抵皆不理於人口，然就其生平，則亦有可采：淳熙四先生之没，廟堂賜謚，祇及楊、袁、沈而未及舒，樞密始與本道節使言之，令其上請，而力贊於朝，廣平得謚文靖。又回授己子恩澤以與族子。見四明文獻。其所爲雲麓稿亦有時名。見家傳。觀文頗謙儉，不事紈綺，冬日猶葛幬。見延祐志〔一〕。其守括蒼、會稽皆有惠政。見後村集。後村最惡史氏，此言乃公論也。國亡，杜門養疾，人罕得見。見深寧集。此皆先正所節取者。執事倘爲分別書之，各不相掩，是春秋之史法，而亦吾鄉校之定論也。敢因下問而陳之。

〔一〕延祐志五。

答九沙先生問史學士諸公遺事帖子

史文惠〔一〕教諸子孫從遊於楊、袁二先生〔二〕之門，又延沈先生之弟季文〔三〕於家，故其諸子孫雖有大墮家聲者，然亦多以不附宗衮有聲者。宋史罣漏，漫無考索，故如固叔、南叔、定叔〔四〕風節一例而不能備録，爲可惜也。

〔一〕史浩。

〔二〕楊簡、袁燮。

〔三〕沈焕、沈炳。

〔四〕固叔，史彌堅；南叔，史彌鞏；定叔，史彌應。

固叔於同叔〔一〕爲共産，吴鶴林〔二〕草其閣學告身，有曰：「在熙寧則如安國之於安石，在元祐如大臨之於大防。」其帥潭州也，平土寇，興義倉，蔚爲能吏。以勸其兄辭政不見聽，遂奉祠禄以老，幾二十年。而宋史略焉，然四明志中尚載之。

〔一〕同叔，史彌遠。

〔二〕吴泳。

定叔爲文惠從子，最不爲同叔所喜。交游之來言時事者，輒退之。釋褐寧海縣尉，罷歸不出。陳和仲〔一〕曰：「予外家赫奕寵榮，蟬鼎相望，獨舅氏嘗罹讒退，閉門求志，行吟空山，有詩數卷，宣患難之所志。」則定叔一尉寧海，即以貝錦受困者也。其自樂山吟，則宋梅磵所開雕，稱以爲耿介拔俗之語，瀟灑出塵之作。其人如此，宋史或以其官小略之，而四明志亦無傳焉，然鄭千之〔二〕文獻集中尚有之。

〔一〕陳塤。

〔二〕鄭真。

朝奉大夫守之〔一〕，字子仁，則文惠長孫也，方叔〔二〕之子。心非叔父所爲，主管紹興府千秋鴻禧觀，中年避勢遠嫌，退居月湖之松島，著升聞録以寓規諫。詔書累起之，力辭不出，杜門講學，又學古文於樓攻媿。同叔每有所爲，必曰：「弗使十二郎知否？」寧宗御書「碧沚」二字賜之，斯則僅見於清河書畫舫及史氏家傳而已。故愚以爲苟有作者，改撰宋史，則此三公者〔三〕，豈在南叔之下，而可略之？

〔一〕史守之，彌大子，行十二。
〔二〕史彌大。
〔三〕彌堅、彌應、守之。

然此特不附同叔之子弟也。其後嵩之爲相，則固叔少子賓之，方以敷文待制轉運湖北，未老遽乞休，歸老滄洲。滄洲，固叔引身時所居，亦寧宗御書也。是當附之固叔之後者。

南叔之孫蒙卿，以傳朱子之學，宋史入之附傳。而蒙卿弟芳卿，博學著書，仕至司户參軍，元人改授不赴。其時尚有世卿，損之〔一〕子也，亦不仕元，皆當附之蒙卿之後者。

〔一〕鄭損之。

璟卿死於嵩之，宋史見之嵩之傳中。璟卿無子，從子綜伯爲後。宋亡，歎曰：「時事如此，修身齊家以俟太平可也。」綜伯從弟彦伯亦遯跡不出，皆當附之璟卿之後者。

嗚呼！固叔以下諸公，當日不能不爲宗衮所抑，而今則反以此而使人推求其軼事，則甚矣顯晦之不足爲重輕也。

與沈徵君彤論沈氏家傳書

清門世澤之盛，中吴世家所不易得。辱示家傳，不禁肅然起畏也。獨葉星期〔一〕作君庸先生傳〔二〕，則多誣者，不敢不告之足下，速爲改正。

〔一〕葉燮。

〔二〕沈自徵。

傳謂袁督師崇焕擁兵不朝，中樞募人入其營探之，先生應募，予以兵騎，卻之，隻身前往説督師曰：「公前殺毛帥，人言籍籍，當亟入朝。」督師許之曰：「明日即請覲。」先生又言：「城中人恐懼，當俟宣詔而後入。」督師又許之。先生復命中樞，次日宣督師入，賜貂玉，再見，即縛下獄。以此爲先生之功，何其悖也。大兵以己巳〔一〕之十月分道入京，所經自龍井關大安口，其地原非督師所轄，而聞警赴援，千里勤事，此固有功無過者也。其抵京也，即時召見，奉有温旨。其時督師與滿桂分禦大兵。廣渠門之戰，督師親執桴鼓，斬獲千人，六王子傷焉。而督師亦集矢肋下，於是以夷傷多，請移營入城休息。而是時中官素不與督師相能，毛帥之客從而煽之，以圖復仇。輔臣錢公龍錫則督師之内主，而中官尤深恨之者。相聚而謀，欲以傾督師者及輔臣，而大兵亦忌督師之能，思以反間去之，於是縱降卒歸，謂督師將爲内應。中官實其言曰：「此入城休士之奏所由至也。」莊愍大驚，而督師罹重辟矣。曹公能始〔二〕謂關口遣師助禦，在敵未入口之先，迎敵克捷，在已迫畿之後，其所以雪督師者甚至。夏公彝仲〔三〕言亦略同。鄺舍人湛若於粤中追理督師死事〔四〕，復官賜謚。而本朝檔案出，備書反間之語，於是督師之冤大白。夫督師以求入城被讃，而今謂其擁兵不朝，異矣。且督師抵京即入見，又何有於中樞之探乎？滿武愍亦嘗入城小休，特不以所部入耳。亡國之後，稗史雜出，有漫以不經之語爲案者，此正墮吾鄙門客之術中。星期亦薄有名，不期史學荒陋如此。君庸先生好兵任俠，原屬同甫、稼軒一流人物，其逆知天下有事，造漁船千艘以防未然，卒使舍人兄弟得資之以舉義師，即此足以傳矣。後人不必妄爲烏有之事以誣之也。

〔一〕崇二。
〔二〕曹學佺。
〔三〕夏允彝。
〔四〕嶠雅曾述其事，非鄭主其事。

至於崇禎賢良辟召之舉在乙亥〔一〕，而庚辰〔二〕特用又是一事，先生之薦而不就，係乙亥，非庚辰也。蓋無一不誤者。敢敬陳之，而弗我罪焉否？

〔一〕乙亥，崇八。
〔二〕庚辰，崇十三。

答董愚亭兄弟論董氏宗譜書〔一〕

辱以高門宗譜見示，此乃四百年文獻所係，不可不慎也。世家支系，至今日而紊亂殆盡，亦更無博物如劉向、宋忠者，出而爲天下扶此局，遂使家家户户，皆以謬本流傳，悲夫！

〔一〕董弦。卷廿五有董氏重修族譜序。

吾鄉董氏蓋數宗，大抵皆祖徵君，而派别各分：其最先著，莫如奉化泉溪一支。建炎航海之難，布衣董之邵與李佾、任戩起義兵，金人旁徇屬縣至奉化，三戰三卻之，故是時甬上諸縣塗炭，而奉化晏然者，之邵三人之力也。然是時張俊棄明州而走，抑三人之功不上聞，而三人亦不自言功，身後蔡文懿公始言於朝，皆追贈修武郎而已〔一〕。之邵之孫曰仁澤、仁聲、仁森，相繼以進士官至殿閣侍從；曰子焱，亦進士。（下略）

〔一〕參卷四十董徵君墓考，卷卅九改高橋張俊廟議。

鮚埼亭集批注　外編卷四十六

簡帖六

與唐丈南軒論漢隸書〔一〕（文略）

〔一〕唐建中，康五二進士，湖廣景陵人。并見詩集卷一嶰谷招同復齋孺廬洴汀南軒登平山堂、卷四哭唐著作丈赤子。

與厲樊榭論機神廟祀書〔一〕

（上略）昔人嘗誤以天駟爲先蠶，不知天駟司蠶之氣則有之，然非始蠶之人也，稱之爲先蠶，舛矣〔二〕。近年織造之局，特蠶事之一，則但以始機之人配之先蠶，於禮已足。然考之周禮，有典絲，有㡛氏，有職染諸官，非僅蠶事之所能盡也。后稷之外，别有先農、先嗇，則先蠶之外别有機神，比例以觀，亦未爲不可。樊榭引淮南子爲證，以黄帝之臣伯余爲機之始，是已。而又引唐六典織染署曾有七月七日祭杼之文，而疑今所祀與唐異，則不知織女

之爲杍神在天者也。（下略）

〔一〕厲鶚。
〔二〕參卷卅九祀先蠶議。

答陳南皋論太守稱明府帖〔一〕

昨承枉過，僕以奉中憲孫公辭保舉帖呈覽，蒙賜教以明府之稱不宜加之郡守。

〔一〕陳汝登。

竊謂明府本郡守之稱，其以之加縣令者，乃通用耳。請於兩漢史傳略舉數條爲例：渤海太守龔遂被召議曹，王生從至京師，會遂引入宫，王生醉，從後呼曰：「明府且止，願有所白。」東郡太守韓延壽常出，欲罰騎吏之後至者。門卒請曰：「今早明府早駕，久駐未出，騎吏父來出謁，適會明府登車，以敬父受罰。」潁川太守嚴翊被召，官屬爲設祖道，翊伏地哭。掾史曰：「明府吉徵，不宜有此。」後漢李郃謂漢中太守曰：「竇將軍椒房之親，願明府一心王室，勿與交通。」張綱爲廣陵太守，喻郡中賊張嬰，嬰泣下曰：「今聞明府之言，乃嬰等更生之辰。」鍾皓爲郡功曹，辟司徒府，太守問誰可代者。皓曰：「明府欲必得其人，西門亭長陳寔可。」蓋無不指郡守言者。

至若西漢之京兆尹，東漢之河南尹，皆位在郡守之上，然而孫寶爲京兆尹，老吏侯文謂曰：「明府素著威名。」梁不疑爲河南尹，尚書張陵謂曰：「明府不以陵不肖。」然則雖尊於郡守者，尚且稱之〔一〕。惟搜神記：由拳縣，秦時長水縣，有大水欲没縣，主簿令幹入白令，令曰：「何忽作魚？」幹曰：「明府亦作魚。」遂淪爲湖。益都耆舊傳：閻憲爲綿竹令，有男子杜成夜得遺裝，明早送吏曰：「縣有明府君，犯此則慙。」太平御覽：北齊魏州刺史元暉爲衛國令，郎茂曰：「長史言衛國人不敢申訴者，畏明府耳。」是則縣令稱明府之始。於是唐人據之，遂成通稱：如杜少陵集中所贈崔明府、蕭明府、王明府、郭明府、嚴明府、終明府、狄明府、趙明府詩，皆縣令也。沿至今日，遂無敢以明府稱郡守者，斯前輩所以有觚不觚之録也。

〔一〕參後漢書九四吴祐傳。

漢時太守亦呼府君：如張邈爲陳留太守，高柔稱張府君。孫堅爲長沙太守，王叡稱孫府君。王朗爲會稽太守，虞翻稱王府君。臧洪呼廣陵太守張超爲府君，孫策呼豫章太守華歆爲府君。其見諸金石者：晉孫楚有雁門太守牽府君碑，孫綽有潁川太守□府君碑，宋傅亮有安城太守傅府君碑，不一而足〔一〕。即刺史亦或稱府君：北周庾信有幽州刺史豆盧府君碑。若以是行之近世，其有不駭愕者幾希。

〔一〕前集廿五堂邑知縣張興宗行狀亦稱「府君」。

其在一家稱尊者爲府君，古焦仲卿妻詩：「媒人下牀去，諾諾復爾爾。還部向府君，下官奉使命，言談大有緣。府君得聞之，心中大歡喜。」後漢孔融造李膺門，語門者曰：「我是府君通家子弟。」豈若唐、宋以後，專以府君爲先祖之稱乎？俗尚相承，習焉不察，非敢怙過，亦求以明其是耳。

與趙谷林兄弟書〔一〕

久不得君家伯仲消息，昨於董浦寓寮長跪接一紙，備悉起居清吉。下走春闈一戰〔二〕，正在悼亡傷逝之餘，蕉萃心情，分宜折北。時已戒期返棹，會疾動不果，歲月如駛，又復匆匆度歲，學不增長，文不加充，無可爲故人道者。乃者天子鼓吹休明，特開大科，將求非常之士用之，東南竹箭之叢，其燕躍鵠踴而出者，諒非可以更僕盡也。而萼花競爽，如谷林兄弟，則恐未可多得。

〔一〕趙昱。

〔二〕雍十一。

嘗讀宋紹聖以後詞學題名，其預選者百有七人，景定壬戌以後未考。深寧先生兄弟以寶祐丙辰、開慶己未繼起，詔書褒美，以爲學者之勸。顧前此亦尚有吴兹、吴幵，滕康、滕庾，李正民、李長民，袁植、袁正功，莫沖、莫濟，陳貴謙、陳貴誼，特文采不大著於後世。惟洪文安、洪文惠〔一〕，同榜中於紹興壬戌，而文敏〔二〕以乙丑繼之，其詞學之盛，爲二百年中所未有。相傳深寧少時，讀洪氏試帖而艷之，卒能偕其弟追驅而與之齊，有志者事竟成也。夫塤篪協應，固科名之佳話，然非如洪、王家學，要何足爲國家重哉？（下略）

〔一〕文安，洪遵，弟；文惠，洪适，兄。文惠應在前。

〔二〕洪邁。

與友人絶交書〔一〕（文略）

〔一〕參卷卅九請復服内生子律議。

鮚埼亭集批注　外編卷四十七

雜問目

答杭堇浦石經雜問 八條

問：宋儒多稱成都石刻，不及西安，豈西安本遜成都歟？〔一〕

西安本遜成都，果然。觀容齋、深寧皆博物君子，亟稱成都本之精謹，故朱子所引石經，成都本也；昭德書庫所藏，成都本也；即當時諸路學宫所貯石經，亦成都本。予家有宋本四明舊志，其中書目，石經皆蜀刻也。蓋不比西安本有蕪累之誚，而惜其無一存者。〔二〕

〔一〕超案：此爲第五條。

〔二〕南宋後唐本不易得，故多據蜀刻。

答李朝陽唐書雜問　六條

問：玄宗之崩，新、舊本紀皆云李輔國逼遷以後，怏怏不懌，以棄天下。而南雷引晏元獻語謂輔國實弒逆，且有「腦骨成玉」之語，不知史家何以失之。〔一〕

是時肅宗已疾亟，而輔國忽與張后有隙，宮闈之中，彼此鮠𩈹，弒逆之事，蓋或有之。故代宗之誅輔國，投首溷中，取其一臂以祭泰陵，報其毒也。然謂玄宗曾受葉法善藥，腦中有丹，骨作磬聲，刺客因抉骨取丹，則稍誕矣〔二〕。温公考異摭拾極博，亦未嘗及此，殆以其怪也。

〔一〕超案：此爲第二條。

〔二〕參王銍默記。

問：平淮西碑，或謂係李涼公夫人爲唐安公主女，得訴其事於禁中。然則石孝忠有所恃而爲之，乃小人耳，唐人竟爲之傳，不亦過乎？〔一〕

此事吾直謂傳聞之妄。以涼公櫜鞬見宰相之虛懷，肯使其夫人訴功，而故吏仆石，甚於王濬所爲乎？即云故吏自以所見爲之，涼公亦必辭於朝，以安裴、韓諸公之意，不應嘿爾而已也。況憲宗英主也，涼公請判官、大將以下百五十員，輒嫌其過多，使其所爲如此，必上累涼公矣。況果如此，又何以安李光顔輩。是殆憲宗胸中未盡以韓作爲愜，而改命段作，原未嘗以韓作上石也〔二〕。好事者妄造其事以實之，甚有碑石流汗成泥之説，則妄之尤者。世固有憑空捏造，流傳爲真者，此類是也。其後知蔡州陳晌，仍磨段作，勒韓作。

〔一〕超案：此爲第四條。

〔二〕據玉谿生有韓碑詩。

答臨川先生雜問 五條

問：臨川王順伯厚之，往來朱、陸之間，有盛名於乾、淳間，未知是荆公之裔否？〔一〕

是也〔二〕。順伯乃魏公和甫之裔，見陳直齋書録。尤長碑碣之學，今傳於世者有復齋碑目。宋人言金石之學者，歐、劉、趙、洪四家而外，首數順伯。歷官侍從，出爲監司，以剛正稱於時。

〔一〕超案：此爲第二條。

〔二〕王厚之，宋史翼二八，南宋館閣續録八。

問：永樂大典所引李濡水集，愚意即李信仲，而閣下以爲不然，乞示之。〔一〕

濡水，是關中之李復〔二〕，在元祐、紹聖時，極稱博學，關中之有文名者也，字履中。信仲與之同名，時之相去則甚遠。執事欲置之江西文乘，誤矣。濡水議論，容齋采之，晦翁辨之。其集見於書録解題。信仲僅見於水心集耳。

〔一〕超案：此爲第四條。

〔二〕李復，馬通考二三七，宋史翼八。

答沈東甫徵君文體雜問 六條〔一〕

問：潛邱譏南雷不當以行狀、行述預碑版中，其説甚是。然南雷何以不及别白？〔二〕

魏、晉人所著先賢行狀，是傳類耳。其後唐人則有太史之狀以上國史，有太常之狀以請謚，有求碑志之狀，原非金石文字也。然尹河南集自十二卷以下，首狀，次碑，次表，次碣，次述，次志，竟以狀、述雜碑版中〔三〕。初嘗疑其例之未合，其後乃知古人之爲狀與述者，雖不盡刻石，而石刻亦有之。輿地碑記目：廬州有唐旌表萬敬儒孝行狀碑，化州譙國夫人洗氏廟有行狀碑。故潘蒼厓金石例多本昌黎，而亦以行狀入金石，乃知行狀固屬碑版文字之一，而高僧尤多以行述刻碑，或直謂之墓狀。然則南雷所據，未可非也。

〔一〕沈炳震。

〔二〕潛邱，閻若璩。超案：此爲第六條。

〔三〕文選，行狀列碑誌後。

答厲樊榭宋詩人問目 四條

問：孤山社全泉翁，足下先世，其系本、家傳，尚有存否？乞詳示。

先侍御公以宋太平興國中由錢塘遷甬上。而侍御公弟遷山陰，已而無子，侍御以次子後之。七傳爲太保唐公安民，先太傅越王份；份長子爲太保申王大中；次子爲太師徐公大節。徐公，即宋史所謂「保長」者也。大中無子，以從兄思正子爲後，是爲太師和王昭孫，女爲度宗后。泉翁於和王爲再從兄弟，宋時嘗官侍從。國變後，徙居孤山，剡源先生至杭，嘗與相贈答云。

問：高疏寮爲開禧間詩人，其居姚江，或曰居甬上，孰確？〔一〕

疏寮乃憲敏少師之從孫，翰林學士文虎之子，居甬上，晚年始遷姚江。而諸弟如尚書衡孫，仍居甬上。至今甬上之南湖，有長春院、桂芳橋，皆高氏物也。

〔一〕高似孫。

問：劉叔贛者何名？有與坡、谷倡和詩。

仲原父者，公是也〔一〕；叔贛父者，公非也〔二〕。二公皆以三言爲字，晚年人止呼原父、贛父，叔贛即贛父耳。

〔一〕劉敞。

〔二〕劉攽。

問：陳西麓爲咸、淳間詩宿，其遺事無徵，未知尚有可考否？

西麓〔一〕曾爲制置使參議官。臨安亡後，或告變於元人，謂慶元與海上接應，西麓爲内主，被拘得免。見袁清容集。

〔一〕陳允平，參下文陳吴二詞家條。

奉答萬九沙編修寧波府志雜問 八條

問：陳太博本堂〔一〕世系，存吾黄氏〔二〕嘗疑之，足下方考正諸家世譜，以爲何如？

據本堂之子作綱目〔三〕，則三尚書皆直臣：户部論蔡京而罷，吏部爭韓侂胄黨禍并諫開禧兵事而罷，工部論濟邸而罷〔四〕，本堂劾賈似道而罷。然其事但見綱目，存吾謂作綱目序者歐陽圭齋，修宋史者亦圭齋，而不采綱目之文，況延祐志亦未見，良可疑已。愚今考之，直恐其無是事。蓋史志雖未必無漏，然清容作陳觀墓誌，謂陳氏自居奉化以來，最著者爲本堂，則本堂以前，三尚書雖達官，其不著可知，安得風節稜稜如此。

〔一〕陳著，本堂集九四卷，四庫 別集十七。

〔二〕黄溥，元人。 撰簡籍遺聞。

〔三〕「子」爲「孫」之誤。 著孫陳桱撰通鑑續編廿四卷，參提要 編年類五一頁。

〔四〕顯、伸、德綱。

答葛巽亭日湖故事問目 六條〔一〕

問：薛氏「義門」久矣，嘉靖府志何以云「始於提舉明道」，豈明道之前，不居湖上耶？

薛氏有宅在張村，有園在新莊，然其湖上之城居，則衡州以來，業已有之，特明道重修「義門」耳。樓宣獻「瑞堂」二字，本在張村，其後失火，而「瑞堂」二字無恙，移入城中。

〔一〕葛繩先。

問：蔣金紫巷之蔣氏，有可考耶？湖上有坊曰連桂，爲蔣璿、蔣琉立〔一〕，未知即此蔣氏否？考二蔣皆籍奉化，坊在湖上，則當居鄞。

是也。慈湖先生作蔣存誠墓誌曰：「蔣氏世居小湖之西南。」所云「金紫」，蓋即二蔣之父浚明，以子累贈至金紫光禄大夫，今奉化縣北三嶺山尚有浚明之墓，而左朝議大夫璿、宣奉大夫琉附焉。蔣氏世籍奉化，而居鄞最早，清容所云「吾鄞士族之先，莫如樓、袁、楊、蔣」是也。蓋唐末已居鄞，其自丹陽來之蔣，乃宣和學士猷之後，另爲一宗。建炎降臣蔣安義自剡來，又一宗。浚明在奉化志中有傳，蓋豐清敏所薦士。而清容作蔣曉墓誌有云「忠肅陳公，謫明絶朋；俾子允師，連桂以登」，則朝議兄弟皆尊堯弟子，金紫之世學可知矣。中奉有三江亭詩，亦佳。存誠則與慈湖講學。蔣氏科名之盛，在宋亞於樓、史諸家，諫議峴，將作曉，皆名人也。

〔一〕蔣璿、蔣琉，學案卅五，前集廿三。

問：湖曲袁學士橋，其名最古，然未知其爲正獻耶？爲正肅耶？爲文清耶〔一〕？乞示之。

正獻居在長春門外二里。正肅移居城中鑒橋。其居日湖者，文清也。文清家自越公以來即居此，特是橋以文清名耳。然文清集中，於湖上景物甚略，其所謂南園者，反在城外，不知其何意也。

〔一〕袁燮、袁甫、袁桷。

問：成化志湖上有蔣園，不詳其地。今予家巷北有茹園，不詳其人。願聞其略。

蔣園即金紫所築，在採蓮橋。王亘陪明州户部遊蔣園詩有云「採蓮橋下路，皁蓋拂雲來」是也。成化志以爲將作所築，蓋考之未詳。茹園則不見於掌故。吾鄉世家之中無茹氏。

問：東發先生〔一〕避地寶幢，見於謝皋羽晞髮集，而尊教以爲嘗寓湖上，果何所據？

延祐志云：「東發歸寶幢山中，誓不入城府，所居日湖，圖書、器籍，掠取亦不問。」考東發又嘗避地桓溪，自號杖錫山居士，見剡源集。又嘗居定海之澤山，見汪翔龍詩。而湖上，則宋未亡時所居。

〔一〕黄震。

問：鄞江廟神，東沙以爲即鄞江王公〔一〕也，其説果有所徵否？

四休居士周鍔，亦稱鄞江先生，見定海瑞巖山石刻，則未可定其爲王也。是地以鄞江名門，又以鄞江名橋，則舊謂因地得名者，亦未可遽非。倘即其司土之神，而必以王當之，不亦鑿乎？

〔一〕王致。

鮚埼亭集批注　外編卷四十八

雜著一

辨宋祁漢書校本

景文漢書校本，今不得見其全，監本引入寥寥。杭堇浦從勵文恭家見宋槧漢書，則其中引之甚備，喜而鈔之，予亦以得所未見。及細閲之，乃知非景文之書，南渡末年麻沙坊中不學之徒，依托爲之〔一〕。何以知其然也？崇文總目：「景祐二年，祕書丞余靖上書，國子監所收史、漢本訛誤極多，請行校正。詔翰林學士張觀，知制誥李淑、宋祁與靖，洎直講王洙讎對。靖等悉取三館諸本及先儒注解、訓傳、説文、字林之類，數百家之書，以相參校，凡所是正增損者數千言。逾年上之，稱爲新校史記前後漢書。靖等又自録其讎校之説，别爲三史刊誤四十五卷。」是諸公固共有刊誤之作，而非景文一人之書也。

〔一〕越縵堂日記廿二册六五頁，言錢氏不能辨漢書宋景文校本之誤。

而是本實頻引景祐刊誤本，則或者景文晚年别爲一書以行，亦未可定。然使景文果别有是書，則晁、陳、趙〔一〕簿録中必載之，馬竹村通考亦必載之，而絶無有。

〔一〕趙希弁。

況景文既身預於刊誤之役，而其引之，儼如易代前輩之書，何也？是其可疑者一也。又其頻引陽夏公之言，陽夏公者，謝希深也。景文爲歐公前輩；希深，歐公之友；景文即引其語，何至尊而稱之若此。是其可疑者二也。三劉漢書雖發之自原父，直至仲馮始卒業，觀劉跋所跋尾，則出行於世甚晚。景文卒於嘉祐六年，於原父亦前輩，乃頻引而駁之。是其可疑者三也。司馬公生前衹封河内郡公，身後乃贈温公，今以景文引其語，而亦稱曰温公。景文安得至哲宗時？其可疑者四也。朱子文者，陋儒也，其論漢書最可惡，雖不知其時代，然出於南渡以後，景文安得引之。其可疑者五也。

景文之學極博，倘出於其所校正，必有可觀，今鹵莽庸劣之甚，至不知漸江之爲浙江，而疑以爲誤字，則是水經注尚未寓目者，曾謂景文而有此？其他可發笑者，蓋更僕數之而未能盡也。然則其中所引南本、浙本、越本、邵本，安知其非信口捏造者乎？堇浦方爲疏證，故以此書之大略告之。

辨鄞江先生墓誌〔一〕

鄞江先生極爲荆公所重，其墓誌係荆公作，然不載於集中，惟舊志引其語曰「四明立言之士自先生始」而已。至聞蘗泉作鄞縣志，始盡録其全文。予疑其冗蔓不類荆公文體，及觀其所記門下弟子，自豐稷、袁轂、周師厚諸人外，又稱遊學者有張機、張邵、張郯、張祁〔二〕。考郯、祁皆邵之弟。邵係徽宗宣和三年進士，建炎初假禮部使金，補其弟祁爲明州觀察推官，遂家焉。邵於紹興十三年歸自金，二十五年卒於廣德。而鄞江先生卒於至和二年，邵兄弟能遊學其門，最少亦不下弱冠，而自至和以及宣和，凡六十七年始登第，又八年始使金，留十四年乃歸，又十二年始卒，抑何其長年也。以豐尚書之輩行，相去幾三世，而謂其同門，不亦謬乎？

〔一〕王致，學案六。
〔二〕張祁，字晉彦，號總得居士，子孝祥。

此蓋王氏後人之不學者僞爲此文，載之家乘，而藥泉修志遂録入焉。或曰桃源先生〔一〕爲鄞江之猶子，邵兄弟或嘗經受業，而誤以爲鄞江。此於時代尚不甚遠，然即如此說，而誌文之出於依托，亦可知也。

〔一〕王説。

辨李國楨事

明甲申以後死事諸臣傳，傳聞異詞，多不可信，然無若李國楨之妄者。先是懷宗念寇禍亟，用人屢不效，思委任勳衛，曰：「畢竟是吾家世臣。」於是使魏國徐弘基、成國朱純臣、襄城伯李國楨，分掌兩都兵柄，而國楨得京營總督。國楨不曉軍務，京營兵數十萬，舊例每一堞守兵五人，戰兵列近畿要地。國楨省軍費，每五堞寘一人，其餘散遣居鄉，戰兵反居城内。事亟，九門晝閉，守兵不得入，戰兵不得出，國楨遂束手無措。賊入城，遽降於賊帥張能。能索金繒數萬，國楨唯唯。歸寓而所居已爲他帥入踞，一無可得。賊怒，搒掠之，兩脛俱折，以荆籠擡之。國楨不勝痛楚，夜解帶自縊死。或盛以柳棺，置道旁，血淋漓於地，見者指曰：「此李總督也。」北平王錦衣世德嘗親見其事而記之〔一〕。

〔一〕王源王或庵集犖都尉傳內載國楨事略同此。

弘光定六等逆案，尚書解學龍〔一〕秉筆，國楨在降賊諸臣之列。及阮大鋮更定，南京諸勳衛爲之請，謬稱殉義，儼然贈爵賜謚矣。

〔一〕解學龍，明史二七五。

前此京城未破時，都院李邦華請南遷，實爲國楨所阻，見南都姜閣學曰廣疏中。野史不知，反謂國楨力請南遷，又云帝后葬日，自縊其旁〔一〕。考左侍郎懋第北使密鈔及趙吏目一桂紀事二書，載帝后之葬甚詳，初不及國楨一字。然世猶以當日謚議與野史所載爲疑，予故爲按其實而歷辨之。

〔一〕竹半閣詩話載李國楨衰麻一見李闖，請喪帝后，既葬，自縊其旁云。

原命

（上略）曰：然則八柄安在？曰：天亦但能操其常，而不能操其變，故天亦有時而窮。然而其變也，究亦未嘗不合乎常。彼儒者福善禍淫之説，時亦有不驗者矣，而不知無不驗也。回而夭，跖而壽，回若劣於跖矣；夷、齊而餓，景公而有千駟，夷、齊若屈於景公矣；文、謝而死，留、王〔一〕而顯，文、謝若拙於留、王矣，此一時之禍福也。千百世之是非昭然，華衮斧鉞施於蓋棺以後，此一定之禍福也。彼據目前易過之跡，如朝露，如冰山者，而以是爲天之八柄，淺之乎言天矣。（下略）

〔一〕留夢炎、王積翁。

釋奥

古者原有奥神，禮器所謂「燔柴於奥」者也。蓋老婦之祭，歷世奉以爲先炊，中夏則祭竈，而以奥配之。又有專祭，則禮器所云是也〔一〕。太史公封禪書亦記先炊，是漢時尚傳其祭。奥之司火令，雖同於竈，但當時以爲卑者之祭，禮文一切簡殺。故祭竈必用特牲，二醴三黍，又制心肺肝爲俎，先設主，後迎尸。祭奥僅盛於盆、尊於瓶而已。（下略）

〔一〕越縵堂日記四十七册六十五葉曾及此文。

先聖前母祀典或問

乾隆二年，副都御史海寧陳公〔一〕疏請崇祀先聖前母施氏，事下廷臣集議，舉朝不以爲然。禮部侍郎桐城方公〔二〕獨爭之，衆莫聽。御史桂林謝公初亦以爲宜祀，而次日以疾不至，遂更無爭者。

〔一〕陳世倌。

〔二〕方苞，乾二年六月至十二月禮右侍郎。

客或以問予，予曰：吾聞諸公之阻斯議也，據奏先聖前母見家語，而今家語無其文，則不足信也。夫小司馬所引誠不見今家語，然今家語出於王肅，顔師古注漢書以爲非復劉向所定，則小司馬尚及見劉向之書也。今因王肅之書所無，遂據之折劉向，何也？（下略）

客曰：凡國家典禮，定於大宗伯，今尚書張公〔一〕取羣議而折衷焉。子以詞館新進，曉曉置辨，是爲出位。予曰：漢時有大議，雖太學生亦得預聞。宋則三館兩制，並在集議之列。今固無此例，而子辱以下問，姑陳其所見耳。且吾見尚書之議祀典矣，近者方侍郎請湯文正公從祀聖廟，此天下之人皆以爲當從祀者，尚書有憾於侍郎，謂文正公行誼節概雖無愧儒者，而平生未嘗著語録，不得與陸清獻比。首揆從中主其議，遂格不行〔二〕。今者因侍郎之爭而力排之，猶前事也。

〔一〕張廷璐，侍郎非尚書。
〔二〕湯至道光三年始從祀。

客變色逡巡而去，因詮次其語，以質後世議禮之君子。

鮚埼亭集批注　外編卷四十九

雜著二

記項燕事補注六國年表後

史記始皇本紀云：「王翦虜楚王，楚將項燕〔一〕立昌平君爲楚王，以江南距秦。次年王翦擊破之，昌平君死，項燕自殺。」而六國年表、楚世家、王翦列傳皆云始皇二十三年王翦擊破楚軍，殺其大將項燕，遂虜楚王。不言立昌平君事。予謂當從本紀。蓋項燕於國亡之後，扶義立君，力竭而殉，國人哀之，故陳勝猶假其名，以爲收集人心之計。即後此項梁一呼而八千子弟響應，亦燕之餘烈耳。若戰敗遽死，雖不失爲忠，感人不若是甚也。

〔一〕項燕者，項梁之父而項羽之祖也。梁則羽之季父也。

竊歎秦滅六國，其世臣無能與國同患者〔一〕。收餘燼以相抗，止楚之項燕；狙擊諸博浪沙中以報故國之讎者，止韓之張良。究觀秦所以亡，陳勝假之以發難，項籍因之以成事，而張良卒收其功。世臣爲故國重，於此見之。當取以補六國年表之闕。

〔一〕謝山有感於明季之事。

拾漢豫章太守賈萌事〔一〕

新莽篡命，首舉兵南陽討之者，安衆侯劉崇也。次年舉兵東郡討之者，翟義、劉信也。其謀劫殺莽，立漢宗室者，期門郎張充等也。俱在莽即真之前。既即真，舉兵東膠討之者，徐鄉侯劉快也。班氏不能特表之，合爲忠義列傳〔二〕，故其事之詳，不可得聞。然其名俱得見於通鑑。獨酈善長水經注載豫章守賈萌殉節，與翟義同，其爲安成侯張普所賣，與張竦同〔三〕。亦見太平御覽〔四〕，而班書并其名不列於史〔五〕，故通鑑亦失載。世之熟於酈注者寡矣，因記之〔六〕。

〔一〕參前集卅一西漢節義傳題詞。

〔二〕魏書始有節義傳，晉書改名忠義。

〔三〕水經注卅九贛水條：「贛水又逕郡北爲津步，步有故守賈萌廟。萌與安侯張普爭地，爲普所害。即日靈見津渚，故民爲立廟焉。」張竦，敞孫，紹從兄，賣紹，見莽傳上，附莽封侯。

〔四〕御覽九五〇蜂字條引謝承書，言萌討莽，未言爲張普所賣。太平御覽爲太平寰宇記之譌。寰宇記一〇六南昌縣龍沙廟條，又一〇九安福縣新茨山及廢安福縣條言此事。

〔五〕賈萌名見漢書九九下王莽傳末。

〔六〕超案：參援庵書全謝山論漢豫章太守賈萌事後。

記先少師事〔一〕

宋穆陵嗣統，吾宗會稽全氏自太師申王〔二〕而下，皆以戚畹承恩澤。其由進士出身者，則少師府君諱清夫也。少師爲越公次子〔三〕，一門貂蟬相望，獨習詞賦，取科第。已而屢遷至少師，判湖州，頗以盛滿爲懼，未老乞休。

〔一〕全清夫。

〔二〕全大中。參前集三六先世告身。

〔三〕「越公」爲「徐公」之誤，全大節。

會稽唐氏者亦舊家，其遠祖通議公神道在山陰縣旌善鄉故城山中。先是寶祐時，唐氏之裔以券求售，少師以閒壤畜之而已，不知其爲先塋也。久而知之，瞿然曰：「梓里先正，雖其孫支零落，然得無有議我者乎？」乃命守者禁其樵牧，而通唐氏之灑掃如故。越二紀而少師致政歸，唐氏有名班者，謀於宗老，引古誼，致書來請，少師謝而諾之。再至，即歸其券，且爲標其山徑之廣袤，繪圖致唐氏。唐氏感少師之德，特勒石墓旁，而剡源戴帥初爲之記〔一〕。

〔一〕剡源集五會稽唐氏墓記。

夫以少師當時之力，於此空山固無足愛，揮而還之，直敝屣耳。顧吾以觀世之有力者，雖以一畝之區，甚或數弓之地，必竭其智計以爭。抑思陵谷推移，吾家所强據而有之者，能保其如帶如礪，永弗失乎？以視少師春然雅量，廣錫類之思，即以沛及枯之惠，相去何如也。

適仁和張秀才誠然以祖墓爲勢家所奪，力爭之，幾致奇禍，其後幸而得直，請予書其事。予因有感於剡源所記，歎世風之日下，并以告吾宗人，載之譜乘，補家傳之所未備焉。

記許都事

許都之禍，交口稱其誣屈，而陳公大樽、何公慤人、徐公闇公〔一〕言之尤甚。大樽身在行間，至以殺都爲負，辭給事之擢，棄官去〔二〕。闇公尚責大樽不能力爭。而慤人爲職方，薦都知兵，俞旨之下，在都死後數日。南都史公〔三〕時亦以檄召之。故黄南雷、吴梅村、毛西河所言，皆祖諸公之説。獨吴徵君慶伯〔四〕以爲不然，言都本無奇才，特以喜結市井無賴，得人心，健兒俠客暨方外之不逞者皆歸焉。都所結多不能給，遂肆劫奪，至宣平之官庫亦爲所掠。又假中貴之符召兵，事發，自知不免，遂反。果如此，則都不容誅矣。

〔一〕陳子龍、何剛、徐孚遠。徐卷十二有傳。
〔二〕參陳忠裕年譜。
〔三〕史可法。
〔四〕吴農祥。

竊疑華亭諸君子，以立功自喜，誤信都或有之。史公更歷事多，豈不審其才行，而遽爲檄召之理。慶伯之父中允〔一〕，預於討都，官司聲罪之詞，容有過實，而慶伯亦遂詆之已甚。

總之，都既揭竿爲賊，則下流蒙謗，終難洗雪。但尚讓、張元洵非端士，設得如史公者駕馭之，亦或可收其用，而有司復爲激變。此紛紛之論，所以尚爲之惜者也。

〔一〕吴太沖。

拾中丞高公鄖陽舊卒事〔一〕

流賊之攻鄖陽，吾鄉高公以疲兵扼之，賊屢至屢挫而去〔二〕。思陵用公爲陜撫，南中又用公爲湖撫，時大兵已下陜，公至，不得前，還鄖則亦内附矣。時尚有老父在堂，公乃間行歸家，齎志而卒。

〔一〕高斗樞，明史二六〇有傳。類徵隱逸十，續甬詩九，小腆紀傳五七。

〔二〕本集廿九有題高中丞存漢録，即守鄖紀略，千鶴齋本。

方公守鄖，有四卒最勇，專任劫營事，賊至，輒令出劫之。四卒分啖生牛一隻，火酒各一樽，夜去，竟入賊營，但操一鐵鞭，所擊立碎。賊以刃禦，爲鞭所格，或折或墜，皆不支。又往來倏忽，諸營爲之驚擾。四卒及旦而還，無傷者。賊乃終夕嚴備，不得休息，而四卒出入自如，非邏者所能遏。其歸城也，手中鞭皆牢不可開，瞑坐移時，既而張目大呼，齊擲之。公既歸，亦不知四卒流落何所。其後有族弟故孝廉斗階以計車北行〔一〕，宿酒肆中。主人翁老矣，問知爲公族，大不以其應試爲然。斗階叩之，不肯道姓氏，固問，則曰：「吾昔從公鄖陽，即所謂四卒之一也。」因言公事甚悉，且出鐵鞭示之。

〔一〕漢武紀，元光五年「計偕」注：計者上計簿使也。

嗚呼！方公自鄖歸，天下猶多事，以四卒之技，何難改投以圖進用，而埋身恐後。觀其責斗階之言，諤諤有古人風節，斯不當僅以健兒相目者矣。因記其事，附之公傳後。

記方翼明事

鄒氏〔一〕明季遺聞穢誣不堪，其爲張縉彦、李明睿、王爕各曲筆增飾，是思以隻手掩天下目也。然其中亦有一事可採，謂南都翻逆案時，奉化方翼明上疏諫發刑部擬罪。此事他野史不載，獨見鄒氏之書。予初不甚信，近始訪得其諫疏，又知其爲李梅岑先生〔二〕弟子。梅岑，故遺民風節之高者也。當更博考翼明之平生而傳之。

〔一〕鄒漪流。
〔二〕李國標。

記石齋先生批錢蟄庵詩

石齋先生〔一〕在南都，學人稱爲誠明先生，蓋用昔人以加之橫渠者也。吾鄉錢蟄庵〔二〕尚少年，以通家子請業，取所作詩求先生點定。先生批其卷首曰：「詩甚可觀，然其中有贈女校書作，近來此等習氣，皆元規之塵也。」錢氏至今藏之。

〔一〕黄道周。
〔二〕錢光繡。

明人放浪舊院，名士多陷没其間，雖以范質公、吴次尾、方密之、姜如須、馮躋仲、黄太沖亦不免焉。王玄趾爲蕺山先生門下，尤狎於此。又狎伶人梁小碧，小碧以此名重一時。諸公賴有後來所造，不至終爲此累耳。讀方望溪記先生拒顧媚事，真可謂峨嵋天半，敻然獨絶者矣。予選甬上耆舊集，就錢氏求蟄庵詩，獲見先生手批之語，爲肅然再拜而記之。

鮚埼亭集外編卷五十

雜文

祝萬九沙前輩七秩序〔一〕

節逢獻歲，正星野之北還；序在履端，方斗杓之東指。慶初元而撤荔，家傳太乙之占；撫令節而傳柑，户作紫姑之卜。乃有天生碩果，恰逢杖國耆年；神祐靈光，適值傳家初度。詢皇覽庚寅之日，當攝提娵訾之垣。時則河渚梅開，湖陰柳緑。普天門舊，爭逐神鐙佛火而來；一介書生，亦隨明月暗塵以至。請諸君之並坐，聽賤子之一言：（下略）

〔一〕萬經。駢文。雍正六，謝山廿四歲。

李甘谷五十序〔一〕（文略）

〔一〕李世法。前集廿二有墓版，不著卒年。

董鈍軒六十序〔一〕

董氏於余家，在前代並稱朱輪華轂之望，其中師友之淵源，科名之譜系，姻眷之締連，不可以指屈也。年來甬上喬木消沈，新秦子弟，日以狓猖，而甲第之淩夷，至於莫來莫往，亦不獨董氏爲然。予罷官歸，諸董耆舊如晨星，其昕夕過從者，衹鈍軒兄弟三四人。鈍軒之少子秉純，年甫踰冠，頗有志於稽古，來問學。

〔一〕董弦，雱子，秉純父。

今年七夕，鈍軒之六十也〔一〕，秉純先期郵書至杭，乞予言以奉觴。（下略）

〔一〕乾十三。

剡源二哀 有序

予嘗窮六詔諸山水之勝，各爲詞以侈之。然皆宋、元以前語爲多。載思因國之季，陸觀察周明〔一〕募兵寨在榆林，周貞靖囊雲〔二〕草瓢在小盤谷。是二跡者，皆足爲剡源稱重，而又皆鄞産也。乃補述之，以爲他日圖經之據。（下略）

〔一〕陸宇爔，卷六有墓碑。

〔二〕周齊曾。

端溪講堂策問一

掌教敬問諸生：蓋聞講堂之立，學統最重。古禮所謂必釋奠於先師，否則必有合。蓋先師者，其一邦之宿德，嘗有功於道者也。有合，則以其國無足當此統者，而近而合之隣封之祀也。

粤中先師如唐之趙，如宋之梁與陳，蓽路藍縷，以啓山林，尚未登大儒之壇也。白沙陳文恭公者出，超然自得，其學雖出於吴康齋，而别爲一家，粤中學統，殆莫之或先也。白沙授之甘泉，其門户益盛，受業著録四千餘人，當時稱爲「廣宗」。同時與陽明分講席，當時稱爲「浙宗」。終明之世，學統未有盛於二宗者，而河汾一輩之學，幾至遏而不行。然浙宗與廣宗，亦極有異同，互相可否。以廣人而爲浙學者，薛中離、楊復所，其魁也。浙宗至是始並行於廣中。掌教，浙人也；諸生，廣人也；溝澮本通，宗支可合，其家數倘得而詳之歟？

白沙之學，非可輕議，而甘泉，則後人不能無疑之者，謂其到處建立書院，門庭雜沓，實啓隆、萬以後講學之弊，若鈐山堂文集一序，似不可謂非晚節之玷〔一〕。因謂白沙弟子，特以位望先甘泉而能得白沙之傳者，當推林緝熙，或曰當推張東所、李子長、謝天錫。諸生能述其人之淵源乎？（下略）

〔一〕甘泉八十六歲撰鈐山堂集序，有「再拜再拜復再再拜」之語。

鮚埼亭集批注　詩集卷一

祥琴集〔一〕

〔一〕乾六，辛酉，卅七歲。

攝山懷古

徵君淡蕩人，弓車詎可招？笑視蕭老公，慁我空嘵嘵。百年御碑自孱主，亦復不足揚孤標。至今雙老鶴，猶從白雲巢。右明徵君〔一〕。（下略）

〔一〕明僧紹，南齊書五四。

白下投止承恩寺見壁上蕺山先生〔一〕題字知爲其舊寓也正襟覽之

草莽孤臣劇可憐，先生乙酉封事所自稱。僧寮一榻坐淒然。中樞學禁方封進，淮帥彈章又至前。空有精誠感刺客，誰將血淚達穹天？百年末學重過此，肅拜如聞謦欬傳。

〔一〕劉宗周。

過石齋先生〔一〕正命處詩以弔之

漳海精忠薄九霄，我來三弔大中橋。降臣蒙面終無賴，義士同心不可撓。閩嶠山川增卓犖，孝陵風雨已蕭寥。（絶命詩中語。）洞璣絶學誰窺見，天挺應推百世豪。

〔一〕黃道周。

秦淮河房追懷復社諸公

橫議多緣世道衰，黨人亦自蹈危災。賓寮豔説四公子，芒角猶傳三茂材。（耕巖、次尾、崑銅也〔一〕。）歷詆太牢原過激，得沉白馬有餘哀。秦淮水畔行遊地，嗚咽寒潮帶雨來。

〔一〕沈壽民、吴應箕、沈士柱。

笪橋有百歲老人爲予指海岸先生〔一〕正命處

倔强儀曹一散郎，不隨崩角拜名王。南天半壁憑孤掌，西竺三忠共耿光。謂蔡忠襄公暨金公正希〔二〕，皆先生禪友，而先後正命。先世淵源餘舊墨，吾鄉俎豆志甘棠。先生嘗爲吾鄉節推，於先世最厚。金剛面目應長在，鍾阜神靈助激昂。

〔一〕黄端伯。

〔二〕蔡懋德、金聲。

燕子磯蘭若尋蒼翁〔一〕題字

江東王氣已全枯，豈有重興赤伏符！半夜秋風出靈谷，千船軍火竄焦湖。孤生逐日空三足，碧血沉淵尚一壺。此日彌甥輯遺事，可憐題字竟模糊。

〔一〕張煌言。

舊院

澹心居士〔一〕真耆舊，頭白操觚話板橋。豈以平康忘廟社，正從子夜哭宗祧。唐天祐中進士遊平康詩，有云：「博取嫦娥扳取桂，便隨陵谷一時遷。」論者以爲無復人心。葛姬大節成鸞鳳，頓老遊魂寄黍苗。名士美人雙寂寞，荒江斜日逐漁樵。

〔一〕余懷。

循城而行偶話樞曹錢丈事〔一〕

崑山寓客小籛君，忠介家風總不羣。踴躍來尋殘石碣，佯狂死報璧將軍。謂甘輝。婺垣有婦成雙節，桑海何人録舊聞？爲對故城生感慨，沖天一鳳溯奇勳。

〔一〕錢肅遴，行七。外集卷五。

坊中買千頃樓舊書〔一〕

風流比部住籬門，六萬牙籤四庫分。曾與淡園稱繼霸，至今藜閣藉雄文。明史藝文志稿出俞部手。故雍殘刻成飛絮，徵士遺鈐亦斷紋。誰道卿雲長擁護，震川語也。由來過眼盡浮雲。

〔一〕黄虞稷。

阮懷寧〔一〕居今爲揚商寓所

圓海居停尚有存，當年道路目凶門。蝗蝻録就誅餘孽，燕子箋成上至尊。東澗〔二〕老來重納拜，幸存録謂錢尚書以門生禮見圓海，今本多删去此語。崑銅〔三〕痛定亦招魂。今逢潦盡潭清日，敗瓦殘扉落月昏。

〔一〕阮大鋮。
〔二〕錢謙益。
〔三〕沈士柱。

臨川先生〔一〕主試江南中途得疾入闈少愈而并日閱文失於調攝未及畢事神明頓索不可收矣予渡江視之先生以三年别緒絮語諄諄莫非關注深切之言而瞀亂無復詮次爲之悽愴先生素康强不料其至此也舟中得詩三首

滿眼秋光唤奈何，天根一夜涸洪河。據鞍馬上雄心在，曳足壺頭恨事多。猶爲吴儂慰蕉萃，誰知老子已婆娑。萬夫稟植今如此，阮亭王公〔二〕嘗稱先生以萬夫之稟，見分甘餘話中。始信人生易折磨。

追思適館賦緇衣，倒庋傾筐世所稀。互舉遺經攻墨守，每論佳士致神飛。參差苫塊三年别，潦倒春明昨夢違。天爲一陽扶碩果，肯教黄葉共摧飛。副主考官金君德瑛爲予言，先生途中日日念予不置。

廿年前度幾掄才，桃李都歸帳下栽。具眼不愁方叔屈，雄文爭望兖公來。神龍際會真難得，老鳳菁華忽驟衰。那得重占七日復，元神爲攝舊丹胎。

〔一〕李紱。

〔二〕王士禎。

臨川先生病中猶商古人出處之義漫呈絶句五首兼柬胡撫軍復齋〔一〕（詩略）

〔一〕胡期恒。

敬亭沈耕巖先生〔一〕卒後七十年而未葬予將謀之臨川閣學檄下有司助之而臨川病甚弗能及也爲之慨然

嵳峩列廟故徵君，潦倒南都一黨人。猶喜清流完白首，竟無抔土貯青燐。枯心早已填窮海，殘骨還堪贖百身。五角六張多厄運，敬亭草木亦傷神。

〔一〕沈壽民，外集六有續志。

嶰谷〔一〕招同復齋孺廬汧江南軒〔二〕登平山堂

地以歐劉重，情緣僑札殷。風流推夙老，濩落感同羣。謂南軒。楊柳春風杳，芙蓉夕照曛。

一堂賓主勝，三沐誦雄文。是日讀孺廬題嶰谷燕堂小記。姿地原無輩，家風好共夸。孺廬三郎霽山。石蓮花接葉，萬光禄思嘿講易地。玉茗樹駢葩。孺廬言其家園玉茗之盛。良會思前哲，高才賦落霞。吾衰期掉首，歸理舊魚槎。

〔一〕馬曰琯。

〔二〕胡期恒；萬承蒼；程夢星；唐建中，康五二進士。

朱上舍自天〔一〕讀予悼耕巖未葬詩而蹙然請以明年任之喜而有作

徵君未死日，破戒受兼金。爲葬鍾山骨，餘投瀨水陰。耕巖不受達人之餽，以葬故人，乃收一令百金，用其半，而所餘者投之蕪湖水中。清芬猶未泯，高誼更誰尋。一諾來孤鳳，微生慰素心。

〔一〕朱祐，重慶。

牧齋〔一〕本與茶村〔二〕相契及國初竟陵譚侍講〔三〕主試江寧致敬於茶村如燕太子所以事荆卿者茶村叩之則長跪流涕曰欲先生爲吾家報世仇也茶村嘿然是日餞别侍講詩有云海内於今極可憐江南遍唱李龜年指牧齋也而是後操戈於初有學集者實由之始矣唐丈南軒〔四〕語及因紀以詩

門户紛綸禍未休，可憐文字亦戈矛。當年宿老先挑釁，易世兒曹繼復仇。彼我相觀均一笑，古今歧視實同邱。須知根柢皆疏薄，誰是江河萬古流？牧齋與伯敬〔五〕以同年有隙。

〔一〕錢謙益。

〔二〕杜濬。

〔三〕譚篆。

〔四〕唐建中。

〔五〕鍾惺，萬曆三八進士。

小山堂賦荔枝酒〔一〕

一甕離支酒，迢迢自粵中。誰憐成粹白，幾費擘輕紅。味以淡彌旨，香緣清若空。「清若空」，禾中酒名也。乍疑錯着水，坡公稱「羅家白」爲「錯着水」。牽率譜詩筒。聞道三年後，芳膏變墨香。風塵感緇素，物態反蒼黄。守白應難久，通玄别有方。勞君且封閉，莫漫倒樽嘗。

〔一〕趙昱。

胡京兆鹿亭〔一〕製墨最精近日散亡殆盡鈍軒〔二〕貽予一丸因賦二律

敬義堂中五鬣精，取材百和莫能京。望雲夢入黄山近，染翰香同赤水清。京兆歙人而居鄞。柏府嚴霜留點漆，蕉窗寒露發光瑩。昔賢撰構誰能繼，磨墨磨人愧後生。

餘事猶能擅墨精，畫眉雅韻重神京。五雲筆札紋而婉，十笏齋房明且清。清閟誰人長護惜，寒芒竟夜尚昭瑩。矊矊查浦〔三〕題楹字，猶共芳煙百媚生。查浦學士爲京兆作墨桃符。

〔一〕胡德邁，續甬詩百七，外集七有神道碑。

〔二〕董弦。

〔三〕查嗣瑮。

蘅圃先生齋中研皆有班次其第一研今歸趙六意林〔一〕索詩爲銘

蘅圃先生第一研，手校春秋唐三傳，餘閒或點玉田詞，經術文章雙著案。意林洋州之文孫，其談春秋醇乎醇，偶成小令亦清妙，謝山慶爾研得人。

〔一〕趙信。

吾鄉自鹿亭京兆〔一〕後張大令蕚山李太學東門〔二〕製墨皆良品也而今多不可問賦之以爲墨苑中留故事焉

當年共鬬黑松精，方邵諸公不足京。眉閣老人賦三絶，蝸廬跛叟擅雙清。魂歸碧落還同譜，力與青瓊共比瑩。過眼雲煙紛感慨，摩挲故物話三生。

〔一〕胡德邁。

〔二〕張起宗，續甬詩百七。李暾，集廿一有墓表。

陳丈南皋〔一〕以興化鄭居仲〔二〕所著諸種見示追憶去年里中有爲興化守者予貽書令其訪居仲遺書杳然無耗詩以博笑

夾漈好孫子，平生喜著書。桑田志虎豹，漳海紀蟲魚；居仲遂志録〔三〕，予曾見之。虎、豹，謂鄭芝虎、芝豹也。以此消春晝，兼之慰索居。沈周是何物？俗吏足軒渠。昔蘇州守有問吏人者曰：「沈周是何物？」

〔一〕陳汝登。

〔二〕鄭亦鄒。

〔三〕明季遂志録。

海若〔一〕累許惠漳茶未見踐約是日見其齋中已放徑取其佳者以歸詩以釋言

殷紅粹白成連理，天巧人功各到頭。宿諾未應長見款，責言亦復更誰尤。曹柯返地知何術，楚客忘弓且莫愁。從此漳茶添典故，巧偷豪奪總風流。

〔一〕李昌泉。

方侍郎靈皋〔一〕得請南歸

正色立朝原不易，乞休得請更何求？早知積悃終難遂，從此餘生且自由。碩果固應邀護惜，晨星誰爲解勾留。歸家葺得平生業，文苑儒林志可酬。

〔一〕方苞。

哭萬編修丈九沙〔一〕

日昨吴回厄，非關隱慝招。痛心遂莫挽，老淚竟難消。宿德嗟淪喪，知音歎寂寥。秦亭古梅下，風雨泣蕭蕭。去年九沙家大火，盡焚其尊人充宗先生〔二〕經學未刊之書。九沙援夷伯廟震故事，以爲己咎，朝夕涕洟，遂以不起，亦可傷也。

〔一〕萬經，斯大子，乾六卒，年八三。

〔二〕萬斯大。

題柳堂〔一〕姬人劉氏王香圖 劉氏崑白，名璧，閩人。

深柳堂中彦，蕭疏最絶塵，苦心啖薇蕨，高致擬松筠。一束鼠鬚筆，數枝閩嶠春，王香不着地，郎主亦傷神。

〔一〕朱鈦，續甬上詩六二。

句餘唱和集

訪南谿〔一〕入鶴浦坐雨即賦南谿家園

書帶草堂 故都督施公二華〔二〕題額

吾家先宫詹，湖上集羣公。峩峩施都督，裘帶參芳踪。將軍不好武，雅歌酬詩筒。書法尤入神，滇海紅雲紅。都督爲沐黔公題「紅雲」二字最馳名。佳郎殉亳社，良不負阿翁。可憐故里第，書畫隨飄蓬。猶餘殘竹林，彷彿溯清風。都督有竹中精舍，清風閣，在湖東，今已累易主矣。所幸佳宅相，尚貯墨妙濃。階前老書帶，蔥翠一百弓。于今已三世，春秋享祀豐。吁嗟此書帶，故國遺臣封。莫視作小草，行與喬木同。

〔一〕鄭性。

〔二〕施翰，見續甬詩百十一萬承勳傳注。

二老閣〔一〕

奎芒萃黄竹，篤生有魁儒。一陽在黍谷，出自九死餘。膺滂陪黨籍，文陸共簡書。晚歸雙瀑院，殘經理蠹魚。招邀遍江東，鸛浦尤其渠。秦川故觀察，同聲和于于。扁舟時過從，素心不可渝。江村擬漢陰，龐馬足並驅。高州〔二〕紹墜緒，報本時瞿瞿。有子〔三〕承先志，傑閣淩太虛。春秋仲丁日，少牢薦香醑。百年噓薪火，二老降履絢。試看午夜分，五緯臨階除。

〔一〕黄宗羲、鄭溱。

〔二〕鄭梁，字寒村。

〔三〕鄭性。

半生亭

嶧陽孤桐根，垂老枯其半。生意猶融融，清音不可亂。吾懷寒村老，彩毫淩霄漢。遠承蕺山傳，先登南雷岸。高州投紱歸，一臂忽以絆。蠏螯尚可持，所失銜杯便。閒情寫雲煙，左筆資清玩。益復自欿然，望道如未見。高州臨終自謂全無是處。斯人不可作，舊德傷汗漫。江潮滾滾流，斜陽入絳幔。賸餘東天竺，繞亭白華粲。（下略）

雪嶠和尚〔一〕雙瓣香行

雪嶠弟子極盛，而傳香者，一爲黄公端伯，一爲徐公啟睿，並死國難。

南湖侍御之諸孫，偶然墮落浮屠門。雖然墮落浮屠門，依舊忠孝光大倫。請看龍象紛蹴踏，座下何止三千人。上瓣香終莫有分，以待海岸居士大善根，囅然一悟傳衹薪。比之妙喜得橫浦，峨嵋天半倍覺軍持尊。敬致一瓣香，上紹龍池君。是誰足稱後來秀，莫令海岸孤零傷寡羣。里中徐郎其殆庶，顛狂之中蘊道真，俯視餘子碌碌如秋蚊。再寄一瓣香，以接西江雲。忽然不周山崩天柱折，恒河之沙亦狂奔。海岸一瓣香，金剛洗出刀山痕，南都半壁足慰鍾山魂。徐郎一瓣香，鶡冠闖入蒼頭軍，會稽甲盾足陪胥江神。重泉相逢定一笑，徑山雙虹貫日輪。

〔一〕釋圓信。

羊山吟

爲蒼水尚書〔一〕作也。昌國大洋有羊山，多羊，然不可烹，蓋神物也。尚書泊軍山下，軍士不知而烹之，未熟而風濤大起，軍士溺者無算，義陽王豫其禍。今世人謂以羊府君廟得名羊山者，謬。

殽函失鹿鹿有歸，芒碭斬蛇蛇弗違。赤烏白魚歸新命，陳倉雌雄寶雞雙雙飛。孤臣徒搏雕虎將何爲？爾羊來思角戢戢，馴擾直似鷗忘機。鵶兒軍士偶不戒，誰知忽震天狼威。鞭龍龍鬚墮，駕鼉鼉梁疲，騎鯨鯨尾赤，跨鼇鼇背危。神鰌出没封豕隨，水犀百萬聲如雷。鶺乎鵝乎一網盡，爾羊助天爲虐是耶非？孤臣獨抱啼鵑悲。吁嗟乎！孤臣獨抱啼鵑悲。

〔一〕張煌言。

鷗波道人漢書歎

牧齋宋本漢書，有鷗波道人〔一〕小影在其上，後以兼金歸吾鄞之謝氏〔二〕，鄮山徵士〔三〕作記，謂道人不應以元裝加之漢書，蓋有所諷。

絳雲樓中十萬卷，鷗波道人漢書稱最奇。晚以兼金歸甬上，擬之江南國主揮淚别故姬。即錢氏跋尾中語，見有學集。周郎展卷三嗟咨，漢書卷首何無漢官儀？周郎斯言豈獨悼鷗波，身世百感蓋紛披。一歸虞山再甬上，名節遞降難言之。平康故院爭柳妓，謝與錢爭柳妓，幾于操刀。晚來賣國同符契。新鄉侍郎亦其類，謝氏此書後歸張坦公侍郎〔四〕以貢内府，不可復見矣。不獨衣冠慚司隸。周郎掩卷封羊祭，何不補寫平陵之歌弔翟義。

〔一〕趙孟頫。
〔二〕謝三賓。
〔三〕周容。
〔四〕張縉彦。

東鈍軒〔一〕

蓬廬墓版出梨洲，名德由來甲甬句。誰與使君振清白？應憐公子最風流。滇黔秦楚題名遍，水墨煙雲禿筆收。祇有一端成缺憾，醉鄉茅土不封侯。

〔一〕董弦。

雙湖竹枝詞

（上略）東樓萬卷架渠渠，知是樓三學士書。郎若不辭勤汲古，一瓻妾願供雙魚。樓宣獻公〔一〕

當時稱爲樓三學士，其東樓書史最富。汲古堂則王厚齋〔二〕書庫也。「雙魚」，甬上名酒。

〔一〕樓鑰。

〔二〕王應麟。

再疊雙湖竹枝詞

雙湖清景是神皋，綠野芳塘繞七橋。何處登臨都在望，舒官人巷露臺高。舒官人巷，即懶堂〔一〕，中有露臺。（下略）

〔一〕舒亶。

鮚埼亭集批注　詩集卷二

虬骨集

同人以予今年四十生辰〔一〕共謀稱祝予謂古無慶年之禮況荼苦餘生乎詩以謝之

禮經從未著生辰，況我連年憂患頻。種種二毛傷老大，悤悤轉眼失青春。影堂莫斷闌干淚，丙舍長憐孤另身。卻笑故人偏好事，欲將宏獎散酸辛。南皋〔二〕詩來，盛有過情之語。宜曰悲吟愬我辰，三閭哀怨志庚寅。祇應孤孽充談助，那得觥籌遍世人。此顧徵君亭林之言也。聊葺舊聞詩梓里，時方訂正句餘土音。敢將塵夢溯楓宸。加年倘遂平生願，學易從今庶有因。

〔一〕乾八，實卅九。

〔二〕陳汝登。

用前韻懷石林〔一〕

黍谷新傳解凍辰，何堪萬里泣纍臣。望雲代作臯陶祭，緩頰誰爲慈母陳？料得真鋼無變色，空教夜雨獨傷神。洞庭春水新生漲，耿耿楓林入夢頻。

〔一〕謝濟世。

寒食前十日展謁先司空公〔一〕墓夜宿山莊

青天白日先臣節，長水高山故國恩。太倉王文肅公〔二〕題司空墓柱句也。猶有賜田環丙舍，敢將薄植玷清門。虚堂幾憶瞻雲淚，老樹深栖歸鶴魂。瞻雲、歸鶴皆莊名。永夕豈徒霜露感，碭磯手澤至今存。公題「碭磯神祠」四大字，先和州公於萬曆中官江上奉歸。

〔一〕全元立。

〔二〕王錫爵。

三先生昔著書地，習庵、厚齋、東發也〔一〕。公嘗欲搆三先生書院爲講學之地，而不果。合以前光接後輝。

春木年年菴古幹，孫枝葉葉溯遺徽。千秋尚有宮牆在，一綫還憂薪火微。暮雨空濛寒食罷，茫茫百感集柴扉。

五雲佳氣護重皋，八葉清班世所豪。積雨蒼苔生石馬，及時春韭薦香羔。螭趺文字南金重，謂申文定公〔二〕所撰墓碑。箕尾英靈北斗高。午夜輕寒振衣起，竚看天半降神旄。

〔一〕陳塤、王應麟、黃震。

〔二〕申時行。

明司天湯若望日晷歌 得之南雷黃氏

測天量日真古學，九章五曹遠可尋；姬公商高志成法，墜緒茫茫胡陸沈？自從鮮于洛下後，累朝聚訟成商參；春秋三十六日食，衛朴沈括謬扯撏。豈期禮失求之野，歐羅巴洲有遺音。明初兼採三曆説，疏通早已開蹄涔。謂中原、泰西、回紇三曆。吾聞五洲之説頗荒誕，芋區瓜疇界莫侵。亞細亞洲居第一，神州赤縣細弗任。淵源將無出騶衍，存而不論戒狂淫。何物耶穌老教長，西行夸大傳天心。觀光厥有大里利，龐熊畢艾龍鄧俱同岑。九萬里餘來上國，星官角藝俯首空沉吟。泰西絶學乃驟貴，輸與直上靈臺罔不欽。就中大臣徐與李〔一〕，心醉謂足空古今。司天大監湯匭使，若望以通政使掌監事。日晷精妙泯嵯嵾。想當制器尚象時，不傳祕術寶南金。天子臨軒百僚集，敬授特勅誇思深。爲憶利生初戾止，一枝託迹擬微禽。香山旅舍聽夜雨，北平暮樹泣秋霖。如何所學頓昌大，不脛而走且駸駸。誰識周髀舊經在，蛛絲馬綫待神鍼。汶陽之田本吾土，廣陵之散非亡琴。坐教唐子纂大宗，重黎有知定弗歆。峩峩南雷子黄子，九流兼綜振百瘖。古松流水算籔籔，乃悟北鮓即南鱘。可惜唐邢諸先輩，扶中抑西力不禁。容圓測圓割圓歷歷在，底須三角八線矩度別自畀釜鬵。貫穿微言得緣起，有如皎日出層陰。吴王梅氏嗣之出，廓清之功良有壬。始知中原才不乏，爝火之光都歸我照臨。昨過南雷搜故物，片石瞥見委書林；依然二十八宿捫可拾，四游九道昭森森。大荒有此亦奇兒，摩挲置我堂之襟。吴志伊、王寅旭、梅定九，皆與先生言曆相合。

〔一〕徐光啟、李之藻。

杭堇浦編修以言獲譴〔一〕詩以訊之

南人作宰相，唐世三陸公；繼以鍾張姜，勳德各可宗。必欲擯南人，王寇〔二〕良未通。王魏公、寇萊公力持北局，不過以王欽若、丁謂爲南人而扼之耳。其人良可扼，其說則未公也。考南人爲宰相，自唐之陸元方父子及宣公〔三〕最爲南相生色。而並以南人作相者，曰鍾紹京、張曲江〔四〕、姜公輔，皆名臣，即宋後來之杜祁公、李忠定公〔五〕，非南人耶？然則今之持南局者，亦猶此失矣。後來地氣易，逵路多南鴻，遂欲擯北人，其說將無同。有明昔中葉，左袒亦成風，王彭暨謝焦，邪正不相蒙。南北互用舍，褒譏宜折衷。彭時以王翺左袒北人而調劑之，斯爲大臣秉公之道。若焦芳則真小人也。川岳應苞符，剛柔各有鍾。代馬與越禽，應運迭污隆。乃若宗國胄，多以喬木雄。翼則幸附鳳，鱗則幸攀龍。日月之所近，風雲於焉從。不見豐沛人，屠販咸奮庸。至尊御皇極，平衡歸大中，黨部何所樹，我見何所容。吾友杭編修，古今羅心胸；經術經世務，綽有賈董風。發言一不中，愆尤集厥躬。惜哉朝陽鳳，而不叶絲桐。

〔一〕杭世駿，乾八癸亥獲譴。

〔二〕王旦、寇準。

〔三〕陸元方、陸象先、陸贄。

〔四〕張九齡。

〔五〕杜衍、李綱。

予以乙卯爲重四之集於京師次年置閏適在四月〔一〕因與李侍郎穆堂萬翰林孺廬作閏重四詩去年爲重四之集於甬上今年置閏復在四月〔二〕感歎逝波率爾有作

一章一蔀恩恩過，又報歸奇四月來。嘉會莫寒前度約，芳樽重爲閏餘開。欲消夏日詩千首，爲入楓林夢幾回。屈指九年逢再扐，誰將霜鬢促吾衰。侍郎沈疾先投芾，太史龍鍾累乞休。料得隻輪傷寂寞，共誰展日溯風流。分襟已自如萍梗，積閏何緣又麥秋。我欲從今步長曆，幾時蓂莢報三周。

〔一〕「乙卯」應作「甲寅」。雍十三乙卯閏四月。

〔二〕乾八癸亥閏四月。

即　事〔一〕

手翦共兜報至尊，柏臺風概更誰倫。多言畢竟能招咎，不密由來便失身。圜土剛腸非所耐，重泉碧血有餘辛。故人一慟君知否，天末荒江野祭辰。

聖世風霆亦易過，竚看轉眼降陽和。朝端正聽金雞唱，獄吏先傳蒿里歌；夢繞黄沙共於咽，魂留白簡尚嵯峨。遺言衹爲君恩重，結草重來抗佞鮀。
聞道靈輀出大都，素車猶賴有生徒。歸魂無復家門計，高誼應勞賢哲扶；史筆君當書獨行，束芻我尚媿遺孤。滔滔東下洪河濁，此是中流不墜壺。

〔一〕仲永檀，山東濟寧人，乾元進士，類徵卿貳四十一。

五月十三日〔一〕舉一子

先公七秩後，旦旦望抱孫。蘭芽不我茁，何以慰瞑魂？三復柳州語，每祭爲聲吞。晨起聞喤喤，亟向先廟陳。潸然轉出涕，已不逮吾親。
釋子語輪回，聞之輒加嗔。有客妄附會，謂我具宿根：琅江老督相〔二〕，於我乃前身。一笑妄應之，燕説漫云云。昨聞正氣堂，豫告將雞辰。在我終弗信，傳之頗驚人。聊以充談助，用語湯餅賓。正氣即琅江堂名。
時過而後學，辛苦且難成。古人重胎教，所以豫兢兢。兒今已墮地，知覺漸以萌。荆妻其慎諸，蒙養在穉齡。

〔一〕乾八。
〔二〕錢肅樂。

甘谷〔一〕約以七月初二日過我届期不至訊之則曰以租船將到也詩以諧之

魏其夜治具，苗藿亦殷然。豈有催租客，能回訪戴船？秋雲暗荒逕，淫潦淡遥天。爲想蝸廬下，連甍三百廛。蝸廬，甘谷齋名。浹歲吾門巷，無君曳履聲。既驅雙豎去，合作四窗行。來日須憐少，秋光正放清。人生幾兩屐，一切且忘情。時甘谷久病初愈，而又有遊剡源之約。

〔一〕李世法。

十六日甘谷以所藏囊雲先生〔一〕雲樹贈我謝以七律

桑田已自無喬木，盤谷猶餘未劫灰。小盤谷，囊雲所居也。流轉應憐成斷梗，離奇誰忍委荒萊。生前不爲軍持縛，身後甯同玉樹哀。何以報君青玉案，晨烹雙韭薦清醅。

〔一〕周齊曾。

甘谷以七月二十七日始出門過予是日予齋中秋蕙忽放蕊一枝即去年甘谷所移置也秋蕙之放率在重九以後今先期早發又適當甘谷病後出門之日其爲瑞審矣即席呼畫師繪圖得七律三章

昨年秋蕙到吾家，爲爾沈疴嬾放花。隔歲晴光臨黍谷，一枝瘦影度蘭芽。草知念舊芳先茁，人亦乘時飯有加。聽屨渾忘吾倒屣，迎門紫氣護河車。

展七曾聞乞巧賒，應憐鹿鹿度年華。去年是日，予作展重七之會，時甘谷已病。重尋舊雨渾如夢，細看新莖未及瓜。天教國香呈瑞種，我矜地主有靈葩。從今畫院添佳話，鄭趙風流未足夸。謂所南、子固〔一〕。

南皋〔二〕老態最清嘉，望眼空穿帶水涯。輸與孤根成獨賞，翻疑當户或周遮。同岑竚待寒香至，接葉誰將良晤差。永日呼童聽剥啄，兩人脈脈盼殘霞。是日遲南皋不至。

〔一〕鄭思肖、趙孟堅。

〔二〕陳汝登。

八月初二日南皋〔一〕病愈胡四君山招同鈍軒甘谷〔二〕看桂限韻

五嶽昨溘逝，宿德悵其亡。淒凉魚子蘭，有淚濕蒼茫。義門〔三〕最愛粟蘭。句餘老耆宿，誰爲魯靈光？巋然南皋子，忽告病匡床。憖遺廝一老，何堪三尸戕。晨起聞西鄰，置酒酹天香。天香老愈健，金粟發寒芒；春容飽春露，磅礴凌秋霜。人生但如此，百歲長昂藏。俄傳曳杖聲，矍鑠猶故常；須眉稍清瘦，神爽倍飛揚。讀我南雷碑，意氣不可當。是日予重改定梨洲墓文。西瞻長庚星，熒熒照此堂。莫聽山陽笛，且傾嗑嗑觴。

〔一〕陳汝登。

〔二〕胡銘嶧、董弦、李世法。

〔三〕鄭性，字義門，鄭梁子。

予約同人每歲爲蒼水先生〔一〕設祭今年將有渡江之行先期舉之 初七日

此行定自過南屏，爲道寒山片石成。時新爲公撰墓碑。故社莫虚黄犢唱，同人豫擬白鳩聲。神傷土室袁閎淚，謂先儀部〔二〕也，以公親家共事，其後盲瘖者二十年，得免。腸斷礀州杜滸兵；謂先侍御〔三〕也，早公死一年。香火敢忘先子命，先王父贈公遺命，以公祀事爲屬。殷勤雞黍展微忱。

〔一〕張煌言。

〔二〕全美樟，外集八有墓誌。

〔三〕全美閑，續甬詩十四。

桂事已闌而雙桐齋三本獨未放海若〔一〕置酒催之兼爲予話别限韻

送别易消魂，催花在鼓氣；莫唱陽關聲，且寫小山意。小山用招隱，笑我理征屣。老兔駐西天，老蟾臨無地，老香隱雲中，下界空遐企。羯鼓響鼕鼕，王母驚午睡。嗟我亦戀家，欲行頻留滯。倘來遍地金，參以粟櫛比。便擬老此齋，長作灌花吏。一甕酹花間，雙羽傳急遞。

〔一〕李昌泉。

巾子山歌弔宋故太傅樞使越國張公祠 有序〔一〕

太傅礫降臣卞彪於是山，始浮海入甌、閩，故是山有太傅祠。厓山三大忠臣祠，反出吾鄉之後。然吾鄉成化以前志乘，不載此祠，蓋袁清容之父爲元降臣〔二〕，清容作慶元路志不載，其後諸志因失之。至張東沙寧波府志始補入。今祠已圮矣。予擬重建，先約南皋、鈍軒、甘谷〔三〕，共弔以詩。

羅刹江頭潮不至，范文虎入臨安市。范陽將軍氣如虹，背城請戰遭乖刺。臣妾僉名謝道清，太皇太后。誰忍連署迎北使？家參政鉉翁。慶元都府亦雄藩，孟傳昌元那足恃！慶元制置大使趙孟傳與寓公謝昌元迎降，上四明圖籍。空餘巾子山頭一片石，聊駐殘軍麾赤幟。嗟哉天之所廢莫能興，摶土逐日成何事？只有孤忠一腔血，天亦無能奪我志。誰家幺麽卞豎子，甘言來説蛟闢瀣。將軍錯認作從王，不惜庖丁陳膾㦸。牡礪灘頭白浪高，金鼇背上哀雲漬。酒闌方爲哭神州，投袂而嗔驚犀兕。爾舌尚存真維厲，爾肉不食應投畀。此是刀山大道場，爾戴劍光模糊，刀痕拂戾，雞山之雞爭哀鳴，虎山之虎羣忿詈。將軍笑撫豎子尸，所恨爾帥遠莫致。謂石國英。俄傳除地乃更飲，諸公爲我同心濟。國家運祚正靈長，一汴二杭猶未替。况有文陳兩相公，大聲印須扶正義。茫茫溟海，落日暉斜，重爲此牛此酒出頭地。揚帆而前即東甌，蔥蔥天水雙龍有佳氣。

〔一〕張世傑。

〔二〕袁桷、袁洪。

〔三〕陳汝登、董弦、李世法。

杪秋江行集

舟次半浦再哭五嶽遊人〔一〕兼柬兩嗣君

薤露淒涼江上來，壽寧堂下幾徘徊。大椿倐已隨朝露，遊人逝後，西園大椿忽折，予嘗著其事於哀詞中。帶草依然染緑苔。爲幸荆花重合秀，不教菌蠹得成災。夜臺此足怡先志，純孝原非僅致哀。時有間兩君兄弟之好者，其事敗露，故及之。

〔一〕鄭性，乾八卒，年七九，見集廿一。

五嶽遊人欲刊予所作梨洲先生墓碑未及而卒臨之〔一〕成先志鳩工詩以美之

此志高州恨未成，尊公諈諉最傷情。墓門長作嗚呼字，宰木誰傳慟哭聲？再世證人寧墜地，百年報本克尋盟。祇愁東國人倫重，慚愧中郎任麗牲。

〔一〕鄭大節。

九靈山房

吾懷九靈翁〔一〕，大節如孤鸞；浮海未得遂，輾轉九洞天。如何變姓名，尚爲弋者彈？九靈變姓名曰方雲林，自作祭文，見文集中。高皇不能屈，餘生終自殘。未聞翹車士，及以牢獄填。諸公不强諫，史册足長歎。黄竹夜淚落，白龍亦神寒。至今永樂寺，悽愴雲林煙。永樂寺爲九靈寓，有黃竹浦、白龍堆夾其地。嵳峩君臣義，不以夷夏遷。高皇提日月，赤手洗幽燕。九靈所遭遇，尚與余蔡懸。疑或可無死，巽辭得生還。不見東維子〔二〕，平定巾欒欒；暫下讀書臺，卒返三泖間。重淵見李黼，完節要無愆。而士各有志，不忘喪其元。楊、戴一死一生，楊之所以得放還者，由於「四方平定巾」一語得當帝意，然戴之倔强則過之矣。高皇亦色動，辰星黯長干。滔滔江河下，大節良所難。爲我寓公重，山房永勿諼。

〔一〕戴良。
〔二〕楊維楨。

返棹慈湖先生〔一〕墓下守潮

晨起望早潮，茫茫霧如海；墨雲遍蘆中，朝爽失真宰。四明北諸峰，翠碣擅晴靄。胡忽眩我睛，三歎生感慨。誰謂平旦氣，定足見精采。長夜亦梏亡，疇爲洗荒穢。竚需旭日光，祛茲周遭累。靈臺頓瞿然，石窗共瀟灑。

〔一〕楊簡。

意林〔一〕問予甬上膏蠏入暮春何以遽殞戲答

膏蠏之夙世，殆是漢侏儒。年年上巳後，鼓脹氅海隅。但得以飽死，臣朔所不如。謝山先生長清臞，力與臣朔足並驅。近來更失大官粟，又復恥曳諸侯裾。撫兹蠏一笑，何恃濟飢軀。祇應學蜑户，醬汝爲冬儲；封以謝山雲，日下酒一杴。

〔一〕趙信，趙昱弟。

吴敦復〔一〕之京師得其尊公繡谷〔二〕手校宋槧許郢州集以歸同樊榭谷林作

當年繡谷翁，詩思凌風騷，瓶花作法供，酒器分郎曹，時呼珠槃客，閒染猩猩豪。我來玲瓏簾，如過丁卯橋；渾疑許郢州，前身或可招。聚書逾萬卷，露纂兼霜鈔，老眼細審定，校讐徹寒宵，鈐以凍乳印，不啻青瓊瑶。一瓻借復還，户外屨則殽。忽失郢州本，極望心忉忉。餘皇已佚去，長鬛不可邀；魚腸已飛去，歐冶空自勞。妖徵辰巳夢，其歲在玄枵。身騎白鶴去，書與白雲韜。私心竊耿耿，舊雨憂蕭寥。佳郎真健者，不愧虎子驍，坐笑奢産括，願學固紹彪。十年廣故業，插架增岧嶢，餘事作小詩，秀色映蘭茗。昨歲遊燕市，輭紅厭塵囂。何來青氈故，得之非意遭。乍見足狂喜，掩卷還號咷。一卮望影堂，手澤薦蘋羔。再爵酹郢州，荒雲天末澆。摩挲甲乙部，追溯墨痕遥。吁嗟斯世間，聚散如蓬飄。不見東澗叟，絳雲與天高，百卷舊漢書，臨别何嗷嗷。晚年復遇之，昭慶老僧寮，刲羊祭松雪，清淚如河滔，一去不復返，拂水亦魂消。有子乃不死，先德完球刀。酉陽諸清閟，重光燭神霄。

〔一〕吴城。
〔二〕吴焯。

題瓶花齋酒器譜 器凡一百有八種

釀王孰與野王雄，七十二城盡附庸。滿樹相思秋色好，漏卮三十六玲瓏。萬丈九沙〔一〕嘗爲予言，繡谷〔二〕一百八種酒器，惟長洲顧丈俠君飲其大者三十六種。是日齋中紅豆一林，其數適與相符。

一百五日至七日，莫定梨花暮雨期。日飲無何猶不盡，一卮留供借書瓻。

福地星羅接洞天，終朝泥飲即遊仙。爲笑南華趙仲子，魂驚棧閣與雲連。意林〔三〕真小户，其題是譜有「如上南陵百八盤」之句。

〔一〕萬經。
〔二〕吴焯。
〔三〕趙信。

題趙松雪〔一〕賣桑買山卷子後

王國黍離且漫傷，宗臣家事在園桑。未知亳社輸人價，孰與殘山估值昂。

〔一〕趙孟頫。

題管夫人〔一〕漁父詞卷子後

悔逐王孫到上都，苕娘清夢日蕭疏，當年白馬朝周日，曾否牽衣勸遂初？

〔一〕管道昇。

李易安〔一〕蘭亭歎 有序

前有龍眠〔二〕所作右軍小影，毫髮無損。易安流寓奉化，遂歸史氏。宋亡，流轉入燕。是吾鄉蘭亭掌故也。京邸曾見之於宗室貝子齋中，谷林〔三〕勸予以詩記之。

金童玉女天下稀，一編金石互籤題，后山之甥文叔女，珊瑚筆架雙雙齊。析疑如占策射覆，賞心或傾茶沾衣。見金石録序。宣和書畫遭浩劫，宰相家珍何所依？蘭摧芝焚亦天孽，孤鸞飄泊剡源栖。剡源山光雖然好，孰爲夫人慰累唏？篋中何物甲萬卷，内史禊帖良絶奇。六詔祠宫香火近，展卷薦以秋江蘺。奉化六詔山中有右軍祠。桑榆晚節嫁駔獪，此物幸未玷塵翳。風流雲麓諸公子，力與淄州足並馳。史丞相子雲麓兄弟〔四〕，亦精書畫。天水俄隨白雁碧，穆陵十集亦披離。雲煙過眼聊一歎，祇有剡源草色長淒迷。

〔一〕李清照。
〔二〕李公麟。
〔三〕趙昱。
〔四〕史彌遠子宅之、宇之，延祐志五。

夜與谷林〔一〕坐天目山房看月談及倪文正公〔二〕築露臺以種竹及以徽墨塗壁谷林欣然思效之率爾有作

衣雲閣外萬竿竹，絶地累土高十尋。尚書於此著兒易，黄芽競茁蒼精吟。夢吞三爻美東箭，老人猶自有童心。童心太古玄又玄，兒易序中引太玄童烏爲説。黝墨餘波四壁淋。坐教三天都中賢太守，兼車十笏貢南金。歙谿石液愁竭澤，黄山松鬣嗟焚林。方、程夜共山鬼泣，風篁颯颯傳哀音。通人好事成奇癖，而今但有荒邱岑。竹耶墨耶雙消沈，我過始寧淚滿襟。昨宵山房看新月，庖羲一畫正在參。危坡絶頂更如砥，古墻八面都成陰。龍飛鳳舞遠峰至，蒼茫茸薄傳寒砧。酒闌爲話平泉舊，主人不覺懷古深。頓擬高置此君座，空中卧聽磨戛球琅琳。研田殘膏足挹注，黑雲垂天清不淫。更須我撰大招詞，追招尚書聽素琴。祇戞天目天光遮不見，老蟾漆黑空蕭森。

〔一〕趙昱。

〔二〕倪元璐。

漳浦黄忠烈公〔一〕夫人蔡氏寫生畫卷詩 有序

石齋先生在獄中寫孝經百卷，蔡夫人寫心經百卷以配之，取置石齋書中，不能别也。石齋之書，幾於不鉤之鋼，大類其人，不料夫人以閨閣似之。及觀石齋乙酉蒙難，夫人勵以致命遂志之節，則夫人不鉤之鋼居然石齋，宜其書之相肖也。乃夫人之書則然矣，而畫則反是，一花一葉，蓬蓬然氣韻生動，又何其嫵媚也。因是思石齋家庭之際，其風流遠矣。然諦觀夫人題語，一花一葉，忠孝廉節之旨無不在焉，斯其爲石齋家庭之風流也。山谷曰：「士必臨大節而不可奪，然後謂之不俗。」石齋之謂耶？蔡夫人之謂耶？往者同館前輩蔡文勤公梁村〔二〕書甚工，蓋夫人之犂姓，故其書由夫人以摹石齋。予嘗叩以夫人之畫而未得，仁和小山堂趙氏〔三〕有葉子一册，其末題曰：「石道人命蔡氏石潤寫雜花凡十種，時崇禎丙子。」鈐以「玉卿私印」，夫人之字也；「石耕」則石齋先生之章也。自丙子以往，石齋洊遭困阨，逮於江，戍於粤，賜環未久，國步已去，夫人所題，多有豫兆之者。嗚呼！豈偶然哉。予乃肅拜紀之，而各綴以詞，以擬橘頌之意。其詞曰：（詩略）

〔一〕黄道周。

〔二〕蔡世遠，康四八進士。

〔三〕趙昱。

意林〔一〕購得先非堂侍御〔二〕與馮元陵太史手札一卷見贈賦謝

先人風格如同甫，結契元陵擬稼軒。長吉詩篇多劫火，子雲筆札亦清言。廢興悵觸恨千古，聚散魂消書十翻。多謝小山施墨妙，衰門寵荷百璵璠。

〔一〕趙信。
〔二〕全大震，外集八有墓碣。

胡都督宗武字憲伯杭人故張尚書部將也江督郎公〔一〕曾招之入幕固辭而止予至杭其子來見叩以其詳不能了了但言嘗與田雄大戰鄞之太白山下亦失其年矣

填海録已失，誰憐蘇寶章？蘇劉義之子曰蘇寶章，見黄晉卿集。清關橋下水，清關，太白山下隘口也。碧血尚茫茫。

〔一〕郎廷佐，順治十三至康熙七年任。

方丈靈皋〔一〕至杭有人見之靈隱山中予遣使遍覓其寓而不可得

看山良自好，避客一何深，紅葉斜陽路，茫茫亂我心。

〔一〕方苞。

鮚埼亭集批注　詩集卷三

七峰草堂唱和集〔一〕

〔一〕乾八年十月。

哭惠學士丈半農〔一〕

戊子三前輩，先生晚得從。謂李閣學穆堂、謝副使石林及先生也。戊子三解頭之名，聞於天下。清談真似鶴，重聽有如龍。百粵懷文教，千秋重禮宗。先生所著禮說最佳。憐予去國日，握手淚淙淙。

〔一〕惠士奇。

漢竟寧首山宮銅雁足鐙歌爲馬半查〔一〕（詩略）

〔一〕馬曰璐。

明洪熙古刺水歌爲馬嶰谷〔一〕有序（詩略）

〔一〕馬曰琯。

七峰草堂〔一〕移梅歌

大江以北少梅花，相傳降作杏六命。我疑陶山語未然，難緣橘户爲左證。稜稜百花頭上姿，肯逐黄塵易素性。遷之無道種無術，坐教嘉植困殘殘。馬郎兄弟〔二〕雙玉雪，魂與梅花同清淨。有莊明瑟如藍田，有客看花滿蔣逕。暗香入夢意無厭，覓遍古歡窮絶嶝。秦淮大有槎牙種，十里江行足吟興。園官小試移山手，飛度七峰疑不脛。寂寥小雪霜葉凋，峥嶸幾點春牙勁。新寒未消九九期，微風已動番番勝。鄉心猶爲石頭懸，羈貫已隨瓜步更。花王之富數花對，恰與今年梧葉稱。所移共十三本。昨聞連舟度東關，榷吏驚訝紛相逌。好事敢辭花税哆，佳話應爲官閣詠。招邀更喜值同聲，叩鉢齊催詩思競。我家句餘東復東，寶巖千樹蒼雲映。當歸振觸鷦鷯枝，叉手樽前醉眼瞪。

〔一〕汪士慎？

〔二〕馬曰琯、馬曰璐。

姜白石〔一〕詩詞全集刻成即效白石體落之

巨區水茫茫，天目山蒼蒼。中有白石仙，老筆生寒芒。寒芒久晦塞，閲年過五百。鑄金酹南村，紅梨生玉色。是本出陶南村〔二〕手鈔。

〔一〕姜夔，宋史無傳。

〔二〕陶宗儀。

半查〔一〕索賦烘梅詩

山中方傲雪，日下已催香。我愛冰心凍，誰夸陽燧良？春應隨臘轉，人更較天忙。從此唐花墅，迎暄次第芳。

〔一〕又作半槎，馬曰璐，曰琯弟。

揚州石刻文信公〔一〕畫像歌 有序

明正德十年，壽光劉侍御徵甫所勒。其序云：「得之揚州文江，公苗裔也。」乾隆八年，揚人陸君鍾輝乞予作歌。（詩略）

〔一〕文天祥。

明杏園雅集圖 有序。今歸嶰谷。

是圖爲楊文貞公、楊文敏公、楊文定公、東王、西王、李公時勉，周公叙、錢公習禮及陳循〔一〕。寫此圖者錦衣千户謝某也。

有明開國後，宣廟始陽春。春容太平樂，元氣洽八垠。廟堂多唱和，禁網無邅屯。三楊最鎮靜，鼎足調大鈞；二王長六官，耆德尤嶙峋；忠文真人師，正學長成均；吉水負史才，宋、金細討論。有如阿閣鳳，和聲清不渾。薰風護玉燭，祥光生五雲。試讀杏園詩，丰采想垂紳。燕閒寫清娱，亦復念斯民。回憶錢侍郎，旁皇靖難辰。滿朝重足立，誰人不杜門。遭逢黨禁解，白髮光絲綸。諸公韓、富流，社稷之寶臣。牽連及詞苑，同爲東閣賓。泰階德星聚，餘事光斯文。其時已易世，履霜占初坤。宣、仁將謝政，潛伏有寺人。老成繼淪喪，杏園俱蒙氛。乃知日中昃，消息如轉輪。彼哉其泰和，陳循。叨玷舊德羣。一幅好東絹，莫逃忠佞魂。翻羨錦衣子，亦以驥尾存。

〔一〕楊士奇、楊榮、楊溥，明史一四八；王直，一六九；王英，一五二；李時勉，一六三；周叙，一五二；錢習禮，一五二；

陳循，一六八。

吴越武肅王〔一〕校射圖歌

仇實父〔二〕作。馬嶰谷藏。（詩略）

〔一〕錢鏐。

〔二〕仇英。

明陳待詔老蓮〔一〕畫 有序

卷首題曰：「丁君梅孫以酒資爲予致妓，乞畫，予即令以資改葬文長先生〔二〕，而畫此貽之。」其畫爲枯木，附以水仙。嗚呼！老蓮好色之徒，然其實有大節，試觀此卷，古人哉！嶰谷乞予作歌。（詩略）

〔一〕陳洪綬。

〔二〕徐渭，外集十九。

左寧南〔一〕像 即牧齋所題卷，今歸江都李氏。

平賊將軍賊未平，擁兵坐殺楊武陵。集師竟負侯歸德，賜玉賜蟒空充盈。可憐狀貌良魁傑，咳唾猶能震雷霆。謂應談笑除殘寇，誰道遷延釀禍成。晉陽甲豈人臣事，黨人曲説吾勿聽。一敗頓隕狼伉魄，百年猶傳虎踞形。只有白頭柳敬亭，紙背猶聞抵掌聲。區區不負寧南意，惜未移贈寧南報有明！

〔一〕左良玉。

遊故水部鄭君〔一〕休園用嶰谷舊韻

閣道空中度，山蹊洞外深。樹穿危石裂，水定白雲臨。蕭瑟寒冬狀，清流舊雨吟。杉關埋碧久，何處覓遺簪？謂故侍御天玉先生〔二〕，水部兄也。

爲問符卿墅，荒荒落日昏。名花天上去，喬木道南存。謂尚寶超宗影園。塵夢消江市，林巒近野村。風高雲倍迴，詩思滿籬門。

〔一〕鄭俠如。

〔二〕鄭爲虹。

斑竹園

小朝廷已墜南躔，一夢三生空自憐。太夫人夢文丞相生公〔一〕。鹽豉神傷除夕酒，牙齋魂怯四更天。幕中英雋都南八，身後聲靈重項燕。斑竹亦應同墮淚，不須梅嶺泣荒阡。靖公忠烈更誰京，可惜荒朝厄運并。若以苦心原督相，肯將宿忿棄興平。此梅村祭酒〔二〕之言也，最爲平允，故全用之。板磯空自勞埋血，東壩何緣得背城。南都陷後，靖公議欲開東壩以入浙。只有西泠都督好，素車白馬伴神旌。尚書舊德重庭槐，不願生從褚彦回。况有同心前茂宰，相期共殉大行臺。故鄉喬木齊生色，覆幕孤禽並隕胎。一卷青燐紛涕泗，我思合傳志三哀。王監軍纘爵、周江都志畏、應參軍庭吉〔三〕，皆吾鄉人。

〔一〕史可法，明史二七四。

〔二〕吴偉業。

〔三〕王纘爵、周志畏，續甬上詩十四；應庭吉，小腆紀傳十。

法雲寺銀杏 有序

謝文靖〔一〕所植雙檜，亡於宋建炎之難，而銀杏甚古，其亦宋物與？自來弔兹寺者，不過美文靖之名德而已。予所惜者，是時中原大亂，進取甚易，而文靖此來，以被讒出，不克有功，爲可恨，乃古人所未及也。適賦銀杏，因及此意，即用劉連州詠檜韻。

太傅堂前樾蔭奇，遥臨江樹影參差。飛柯未展長驅志，老幹猶疑左次旗。魂逐八公山上草，恨留召伯埭前枝。佛燈黯淡留餘惘，不異桓伊奏笛時。

〔一〕謝安。

讀宋陳丞相宜中〔一〕占城道上詩 末有「異日北歸」之語，爲之潸然。

當時大有吴門客，目斷天南奉使槎，謂鄭所南〔二〕。厓海黑風吹夢散，冬青到底不開花。用謝皋羽詩。

〔一〕陳宜中，宋史四一八。

〔二〕鄭思肖。

題晁无咎〔一〕芳儀曲後

淝上英雄事已遥，永寧宫眷久蕭寥，小周后正號咷甚，又報王姬入大遼。

〔一〕晁補之。

過蓄釐觀坐冬青樹下得一律

宋人真不道，拜杖到瓊花。詎敢懟君父，居然殉國家。李、姜〔一〕同血淚，章、蔡〔二〕已蟲沙。只有冬青樹，長榮度歲華。今觀中植冬青一本於花之故址。

〔一〕李庭芝，宋史四二一；姜才，宋史四五一。
〔二〕章惇、蔡京。

嶰谷齋壁懸范文穆公〔一〕重復灘山水月洞銘拓本同人共題其後

山館寶刻多，四壁足清供。瞥見石湖文，雅爲灘山重。緩帶思高軒，驂鸞溯逸鞚。刀兵泯憂虞，水月互生動。湍流石闕通，圓魄天門扛。赤鯉遊碧霄，古蟾墮深洞。虹梁似捲篷，引我遊仙夢。阿誰來傖父，易名竟妄貢。時有士人易洞名曰朝陽。考證有詞人，次山足伯仲。同來亦文雄，艾軒洵老鳳。肇錫取舊聞，穆清如古頌。想見揮筆時，雲壑紛横縱。妙搨何蒼蒼，鑑題良友共。桂林渺何處，遥天落霜淞。

〔一〕范成大。

樊榭〔一〕賦菽乳詩五章索和

寒山瀟灑姿，鼎食厭名鯖；偶談蔬筍味，曾作菽乳評。賜勑兼拜表，鴻筆震鯨鏗。乃知此微物，豪門亦致精。更聞有緜津，兼珍都合并。旁搜山與海，歸之明且澄。和以菽少許，頓覺乳怒瓶。薈萃萬精華，餘瀝紛難盛。滯遺利寡婦，尚足充妙烹。茲乃郇公製，莫以腐子名。花乳凍雲版，鍾乳白石生。曾聞玉食譜，日隨太官行。吾儕種一頃，長哦豆田清。秋風吹客夢，時物到燕城。車螯正盈市，下之亦嫣娸。若以校寒山，用物則已贏。半菽過所望，連吟有同聲。食經鬬物力，暴殄非所營。原唱搜索已盡，獨未及陳木叔宗伯〔二〕故事，而漫堂太宰〔三〕「菽乳新方」，乃紀載所未及也，故志之。

〔一〕厲鶚。
〔二〕陳函煇。
〔三〕宋犖。

五甲集

即事

十旬猶見彗，浹月累驚雷。更訝風偏烈，休言雹不災。天心方告警，帝德定無猜〔一〕，辛苦陳丞相〔二〕，封章出上台。

〔一〕乾八年十二月廿四日癸酉諭。
〔二〕陳世倌。

題前漢王章傳後〔一〕

漫載牛衣刺刺詞，男兒報國定忘私。班生長託將軍幕，亦有陳尸獄户時。

〔一〕王章，前漢七六。

同人集蝸廬〔一〕坐桐花下主人方選定族祖戒庵先生〔二〕詩即賦得集中梧密晝常陰之句并用其韻（詩略）

〔一〕李世法，蝸廬齋名見二卷八頁。

〔二〕李文純，續甬詩四六。

姚江贈同年施明府蘗齋〔一〕施爲愚山先生曾孫，由廣東新會來。

與君惜別且八年，一旦牽絲蕙江滸。千里棠陰東粤移，令我豁然消煩暑。浙東列城雖褊小，風俗由來擬鄒魯〔二〕。姚州更鍾光嶽靈，峑峩三儒踵接武。燭湖先生〔三〕楊、袁流，本心〔四〕之傳開系譜。光光文成〔五〕真天人，拈出斗杓掃榛蕪。梨洲克紹蕺山緒，九流百家互參伍。此外人物尚如林，前光後輝難悉數。吏斯邦者豈偶然，漫容俗物恣莽鹵。適從何來得有君，經術世務妙茹吐。君家世德重宛陵，舊與浙學同門户。我生瓣香愚山集，願爲執鞭慚惰窳。當年大用雖未竟，至今遺愛留江、楚。發抒固應在後人，此日牛刀寧小補。昨過衙齋窺插架，萬軸牙籤羣玉府。公餘正不廢討論，仕學何曾相齟齬。更聞下車麾雙旌，先賢祠下首弔古。愾然歎息文成後，欲爲重光舊樽俎。祇愁此意知者誰，聞聲或鶩塗毒鼓。

祝君政成廣所部，波餘倘得遍吾土。

〔一〕施念曾。道光新會志，乾隆八年任新會令，拔貢生，無傳。

〔二〕今任姚江令，後又爲禹州牧。

〔三〕孫應時。

〔四〕全晉孫，學案七四。

〔五〕王守仁。

蘗齋〔一〕來鄞謁監司飯予雙韭山房惓惓萬八先生〔二〕遺書可感也

揚雄已老死，誰爲問遺經？石篋漸以散，藜光猶然青。故人扶大雅，古誼照晨星。一甕玉醅酒，殘編細細聆。

〔一〕施念曾，墓誌見卷廿。

〔二〕萬斯同。

沈篙師編修〔一〕不見十年遇之杭西湖上喜而有作

與君一分手，忽忽白駒過。舊學知加邃，顛毛亦並多。相逢真意外，率爾共商歌，且向湖干去，臨風醉芰荷。

〔一〕沈德潛，乾四進士。

堇浦〔一〕移居吴山之麓索詩爲贈

舊屬都宫地，新稱高士坊。幽居忘出處，遺事感興亡。山上炎雲紫，牀頭夜雨涼。明朝登絶頂，一覽盡錢唐。

〔一〕杭世駿，乾元丙辰鴻博。

鮚埼亭集批注　詩集卷四

鈔詩集〔一〕

〔一〕乾十。

題杲堂〔一〕内稿後時其仲孫世法方擬開雕

碧血恨猶舊，蒼宫怨未荒。百年埋井渫，此日朗星芒。佚事徵山海，廋詞託漢、唐。重泉應一笑，魂魄慶重光。

〔一〕李鄴嗣。

題李文昭武〔一〕殘集後 有序

甘谷〔二〕向予索昭武先生遺文，當年此老大有西臺、冬青之作，而今散佚殆盡。予就其家求得殘集，選得三百篇與之，亦足見其大節矣。題五律一首索和。

讀盡梅邊稿，無如生祭文。豪芒要足重，流落又何云。繾綣鮫人淚，蕭寥鯷壑雲。苦心有羣從，聊以慰殷殷。

〔一〕李文纘。
〔二〕李世法。

中秋前一日得林評事荔堂〔一〕朋鶴草堂集正氣録二書狂喜從湖上戴月歸得詩一首（詩略）

〔一〕林時躍。

哭姚江邵徵士昂霄〔一〕

三黄淪喪後，姚水久蕭寥。絶學不終替，夫君胡早凋。古松餘曆算，白眼罵文妖。十載別離恨，芳魂何處招？

〔一〕邵昂霄，字麗寰。

秋日之浮石周氏訪立之韞公殷靖〔一〕諸先生遺文多散佚者其殘斷篇帙後人又閟之不肯盡出即賦七律四首曉之

志士雄文重兩朝，睠懷舊德我心勞。鷺湖遺獻光前史，彭澤哀音祖屈騷。奕葉未消埋井鐵，熙時不諱背陽桃。故家尚有賢孫子，莫使青箱緘固牢。

三和尚暨兩監軍，謂通城、思南、順德〔二〕，及立之、石公〔三〕。故國遺民最軼羣。並有清吟成變徵，衹愁閟篋泯前聞。百年星火歸喬木，一卷霜聲徹暮雲。立之與順德合刻霜聲集。笑我癡心長繾綣，挑燈絮索不嫌頻。

華貫追思先秩宗，兩家倡和最春容。先侍郎與文穆公〔四〕同爲湖社盟主，先舍人與光禄嗣之。朅來並罹桑田痛，此日重尋錦里蹤。埋碧定憐十世厄，殺青誰發舊時封？南湖詩老遭牽帥，慷慨同聽午夜鐘。謂緘翁〔五〕。

一棹匆匆出郭來，尚餘殘菊傍籬開。滿湖秋色排三逕，十里西風動八哀。洛社耆英多聚散，浦江人物幾興衰。隔鄰歌吹喧清夢，我獨長吟酹玉醅。

〔一〕周元初，續甬詩廿七；周昌時，續甬詩卅一；周志嘉。
〔二〕周昌會、周元懋、周齊曾。
〔三〕周元越，集廿七周監軍傳。
〔四〕周應賓。
〔五〕范核，續甬詩百十七。

南皋〔一〕見予甬上耆舊集中所録錢侍御〔二〕帝里篇而歎賞不置即和其作（詩略）

〔一〕陳汝登。
〔二〕錢肅圖，續甬上詩四三。

芍庭〔一〕爲予至青山求元人葉編修家乘鈔其遺文歸而乏舟部帙甚巨芍庭負之行東錢湖上四十里始至亦韻事也贈以七古（詩略）

〔一〕錢中盛。

仲春仲丁之鶴浦陪祭梨洲先生

黄竹門墻尺五天，瓣香此日尚依然。千金兀自綿薪火，三逕勞君盼渡船。主人正在岸上迓予舟。酌酒消寒欣永日，挑燈講學憶當年。宋元儒案多宗旨，肯令遺書歎失傳。時臨之〔一〕屬予續成先生宋元學案。

〔一〕鄭大節。

甘谷〔一〕以重三日過我亭午不能作一飯内子以糕進漫賦一律索笑

先生失德定難言，瑣瑣乾餱已召愆。斗酒隻雞良不易，葱湯麥飯亦蕭然。空教日影匆匆度，賸得花容欵欵妍。底事重三作重九，題糕忽上買餳箋。

〔一〕李世法。

送錢二池〔一〕之黄蘗山 用前韻

太保〔二〕當年戀淨土，古田一區避風雨。至今猶傳神旗行，山中父老習不驚。東村有子埋土室，杜鵑之淚何時絶。夜夜魂浮一葉輕，來往幾度榕江青。葬録一編那忍讀，歲歲山僧墓下哭。淒風涼月兩茫茫，豈不懷歸非所望。孤兒今年辭故里，海風送楫如電駛。第二碑成擬大書，發揚潛德無賸餘。此行佳話落人口，豈以窮愁成掣肘。白頭纔得展墓門，一慟仰視箕横昏。而今始畢孤兒事，重泉聞之一笑起。江頭潮落風信催，寒食家家飛紙灰。精誠呵護有神物，老蛟爲君助泣血。

〔一〕錢濬恭。
〔二〕錢肅樂。

薄暮過愚亭〔一〕見其少子五郎〔二〕讀罷灌園甚有古意爲賦吴體二律

郎君説經長兀兀，聊爾荷鋤道則通。采蘭佳句本束氏，剥棗新説嗤荆公。夏苣冬葵在曲禮，早菘晚韭饒清風。阿翁有子致足樂，切莫落萁荒厥功。

高門羣從半紈絝，那得清況供清吟。種橐駝樹悟王道，賣青門瓜識天心。誰言孺仲兒寒素，爲笑南郡家慆淫。春園春草多生意，與爾觀物一披襟。

〔一〕董弦。

〔二〕董秉純。

董遜齋〔一〕招集同人賞可亭牡丹先過令兄〔二〕樂窩齋頭看雪毬席上予誦高武部〔三〕宮山賦林太常藹庵〔四〕宅牡丹詩即用其韻同人相率和之

時同作者爲南皋陳汝登、映泉董元聰、芍庭錢中盛、愚亭董弦、甘谷李世法、君山胡銘嶧、遜齋董敏暨愚亭之次子秉緼、少子秉純，而愚亭復繪圖以紀其事。

留補堂前句，宮山〔五〕最有聞。留補，太常堂名。是集荔堂、不巖、霜皋、廢翁、杲堂、季野〔六〕皆有詩，而宮山爲第一。花分都勝種，香染細湖雲。心曲先民古，風光汐社醺。到今傳盛事，可許續遺文。

此月陽春好，異乎彼一時。花王添羽衛，毬踘有軍儀。世值清平運，人傳燕樂詩。祗應文字飲，確鬬試偏師。

可亭饒木石，落落水雲流。大有洛陽勝，兼爲道北遊。清吟成白雪，吾道在滄洲。花萼方爭秀，連枝共唱酬。

三月春將去，斗杓不復東。淋漓杜鵑雨，泛濫菜花風。前輩忽焉没，吾儕誰與同。奪標鷩健手，妬殺白頭公。是日南臯觴政累勝。

〔一〕董敏。

〔二〕董弦。

〔三〕高宇泰。

〔四〕林時對。

〔五〕林時對。

〔六〕林時躍；林必達，續甬詩三六；徐鳳垣；高斗權；李鄴嗣；萬斯同。

古井歎爲程尚書〔一〕配金夫人作　女瓊

尚書大儒子，不死非所期。尚書且不死，而反得之妻。妻挈女俱死，古井生香泥。長虹夜半覆古井，光與余闕、李黼祠堂齊。吁嗟乎！尚書不死非所期。尚書究竟死，東市發歎噫。失身早不決，應悔負扊扅。國史既舛謬，地志復漏遺，我歌古井神淒迷。明史作尚書傳，謂其病卒，謬也。尚書以不良死，見閑中今古録。至夫人殉國，府志闕然，益爲可歎。

〔一〕程徐，端學子。元史二百一，明史一三九。

晦木先生〔一〕集藏鸖浦鄭氏予欲録其詩入甬上寓公集而求之書閣未得雨窗寂坐大覺無賴率賦長句索主人和之

鷓鴣山人金石心，鷓鴣山人冰蘗吟。九十年前甬江上，曾顧日影彈清琴。廣陵散幸不終絶，殘喘踉蹌虎口尋。憂患以來饒著述，三易六書何森森。化安哀瀑存聲響，猶疑劍出重泉深。妄人之口不足信，附會謬語誣曠林。誰言哥哥行不得，我應一洗萁豆音〔二〕。埸來江村索遺集，二老閣前寒芒臨。白雲千重封四庫，但聞驟雨聲淫淫。登樓叉手空咄咄，書帶蕭寥苦霧侵。

〔一〕黄宗炎。

〔二〕指晦木不滿梨洲事。

宣城邛在大師〔一〕以亡國後來姚江披緇予求其蟄茶經十年未得施蘖齋令姚江因屬其訪之

竹橋老浮屠，系出姑山胄。耕巖佳子弟，裘冶良不疚。生天義熙前，成佛咸淳後。哀音和鶗鴂，雙雙稱詩叟。晦木。時或過吾鄉，九老相邂逅；亦或駐寶峰，一曲清商奏。沈埋六十年，舊井荒泥厚。料得九地中，尚作老蛟吼。爾家尊先公，愚山。宛雅搜羅舊。爾今有續編，即以當肯構。願言亟旁求，用補谷音漏。東睇白龍堆，離離蔓草茂。

〔一〕沈麟生，僧名大瓠，繼起嗣，續甬詩四九。

哭鄭侍講丈筠谷〔一〕

廿載忘年友，相知此寸心。談經多妙契，覓句有清吟。自我成萍梗，勞君念竹林。茫茫天壤大，落落幾知音。

〔一〕鄭江，康五七進士。

谷林兄弟〔一〕來索洛伽蓮種予以去年仲冬遣人致之深以苦寒爲慮意其未必得活也今年谷林兄弟以詩來告花放喜而有作

泊花池上妙蓮開，可憶明山辛苦來。健步踰江踰海去，孤根和雪和冰栽。波澄猶帶秋潮色，薏苦還存西竺胎。似此策勳宜十賚，問君何以報花媒？

〔一〕趙昱、趙信。

張靚淵示所藏李樛仙觀察故扇其陽爲倪文正公書其陰爲張遺民〔一〕畫文正書固足重而遺民畫亦罕矣靚淵索賦七古燈下率筆應之

榆林尚書李公子，廿載愚公爲國死，元公之後有貞臣，碧血淋漓光世史。即用高辰四〔二〕哭觀察句。米家船散故物空，腰扇蕭寥出塵滓。清河舫中多貯藏，籤軸紛綸難屈指。雨窗爲我資古歡，亳社劫灰宛在此。峩峩始寧撥鐙書，寒芒尚共衣雲紫。文正閣名衣雲。當年椽筆玄又玄，童烏妙悟在兒齒。文正著兒易。三爻吞罷論三案，鵂鶹膽落不可止。餘事風流寄六書，亦復崛奇難意擬。何來更有張三畫，秋甫真傳風雪裏。亡國之讖在命名，陵冬之節善傳髓。摩挲私印亦自佳，不教聖思獨擅美。是時私印，推徐錦衣聖思與遺民。可惜三絕盡無存，殘山賸水僅爾爾。予求遺民詩不可得。從來書畫重以人，苟非其人適堪鄙。此書既屬魯公徒，此畫還應所南比。又況樛仙手澤餘，如彼岑鼎連其趾。同心臭味託蘭蓀，故國雲煙重桑梓。主人寶之揚清風，庾元規塵隔千里。先贈公嘗諧遺民曰：「君生德祐以前，而早署遺民，其爲不祥孰甚？坐令我輩同此茶苦。」滿座大笑。

〔一〕張逸，續甬詩七五。
〔二〕高斗權，續甬詩四一。

星齋〔一〕速我出山且盛誇我用世之才以相歆動其意爲我貧也率賦答之（詩略）

〔一〕陳兆侖。

題黄澤望〔一〕縮齋集後（詩略）

〔一〕黄宗會。

哭唐著作丈赤子〔一〕

鳳泊鸞飄後，行蹤類賈胡。浮生長偃仰，百事總荒蕪。老竟成羈鬼，居空卜左徒。故人寢門哭，能到夜臺無！

〔一〕唐建中，康五二，詞林輯略作字志子，號南軒。

客自江上來者爲予言臨川先生〔一〕心疾如故健忘更甚獨有昕夕不置者予之近況也因與蘗齋〔二〕共爲憮然

當年接席談經地，廿載升沈恨有餘。祇爲嗜痂成痼疾，不須入夢動欷歔。衰殘空寄相思子，零落誰成未竟書！此意旁人猶感歎，我心戚戚更何如。

〔一〕李紱。

〔二〕施念曾。

除夕得徐丈霜皋〔一〕別集二册挑燈守歲選取五十餘首即題卷後（詩略）

〔一〕徐鳳桓，續甬詩卅四。

李氏笑讀居題額乃江夏賀文忠公〔一〕隸筆也甘谷搨之見貽敬賦五古以當跋尾（詩略）

〔一〕賀逢聖，明史二六四。

甬上耆舊諸公詩集摭拾略具獨王丈麟友以流寓江都求之未得因以長句奉託嶰谷諸君

四明瀟灑王公子，野死雷塘亦可憐。宗國神傷苗稷句，門生腸斷蓼莪篇。殘山賸水真無賴，破帽青衫孰與傳？安得清江杜清碧〔一〕，爲余驀地發遺編。

〔一〕杜本。

題唐明皇與楊貴妃並笛圖

不知何人所作，其上有楊東維〔一〕詩最工，玉笥〔二〕而下不及也。

開元天子愛長嘯，旦旦寧王來應詔。晚來花蕚漸凋殘，醉擁美人爲同調。抱遺老子才筆奇，玉笥諸生遠莫幾。頹唐老筆三四行，當年魂魄猶依稀。我欲更礬好東絹，旁寫小臣元魯縣。微吟一曲于蔿于，喚醒華清春夢倦。

〔一〕楊維楨。
〔二〕張國維。

巽亭〔一〕以家藏進賢傳文烈公〔二〕遺箑見示并索題句

龐里先生守撫州，進賢相公當詞頭。泥金一箑易代留，墨妙蕭散如銀鉤。我聞相公雅風流，朋童百輩恣冶遊。中書退食五紽裘，十萬俸錢散不留。豪士未必皆清修，以此枋政宜招尤。一死乃克光斗牛，南冠縶處士一抔。熱血迸穿重泉幽，至今天陰鬼啾啾。上與廬陵少保侔，東隅之失西崦收，掩卷我亦淚盈眸。噫嘻吁！十五完人墨跡何處求，相公其一足千秋。巽亭嗜古誰與儔，寶茲宗器如琳球。

〔一〕葛繩先，續甬詩卷首考略。

〔二〕傅冠，明史二六四。

百五春光集

寶巖看梅同靚淵

（上略）侵曉山雨過，漸見東熒熒。諸公俱熟睡，而我已獨醒。熹微看南枝，嫩濕增娉婷。披衣出上方，曳笻尋古亭。荼甘不可作，寒碧委蔓荊。廢翁亦仙去，梅花失主盟。寒碧亭爲宋儒荼甘高公元之〔一〕遊息之地，故荼甘像供寺中，今已亡矣。廢翁〔二〕爲荼甘後人，嘗自號寒碧亭長。（下略）西村諸宿老，好句留餘鏗。將無即梅花，現此宰官靈？平生論詩法，雅不喜竟陵；獨愛此一卷，莫以楚語聽。謂正庵、曉山、殷靖〔三〕看梅山中之作。我詩慚高寄，薄奏下里聲。歸舟按玉笛，晚霞滿江城。

〔一〕高元之，乾府志文苑。

〔二〕高斗權，續甬詩四一。

〔三〕宗誼、董劍謌、周志嘉。

海若〔一〕招賞其家園梅花即和予寶巖詩韻再索同作（詩略）

〔一〕李昌泉。

展重三日從先公墓下歸道出仲夏李花盛開

省墓餕已畢，放棹沿流泉。聊以補上巳，兼之訪隱仙。巖名。何來瑶光星，散落億萬千。朗然自高潔，白雲巢其巔。桃花如妖女，特以濃見憐；李花如靜女，乃以淡更妍。是中分雅俗，不爲肉眼傳。溯昔長谿屐，蹉跎且廿年。故人化異物，春露委荒阡。義門〔一〕嘗約爲長谿看李之遊而不果。浩歌感禊事，碧水生寒煙。

〔一〕鄭性。

安晚鄭忠定王〔一〕集世不可得仁和趙氏近購其詩七卷陳解元坊本也喜而鈔之

夢谿師相本清才，可惜端平晚節乖。縱使勳名慚涑水，肯教薪火墜迂齋？西山以司馬文正推安晚，宜其爲東發所誚。梅花詩思猶餘墨，槐木園林已伐柴。安晚墨字韻梅花詩累叠最工，其先世稱槐木鄭氏。便擬釀成「安晚酥」，借來還往一甀皆。鄭氏酒名「安晚酥」。

〔一〕鄭清之，宋史四一四。

鷺洲侍御〔一〕服闋還朝集餞分韻

藤陰對酒夕陽低，南浦離襟珍重題。魏闕江湖紛聚散，沙蟲猿鶴各東西。花迎轂雨悤悤放，馬戀湖光故故嘶。努力匡時公等在，漫郎只合醉如泥。

〔一〕張湄，雍十一進士。

杭二堇浦〔一〕以閏重三日爲禊事之會於湖上太守鄂鈍夫〔二〕而下至者四十二人蓋自劉仁本續行此舉於姚江在元至正中今四百餘年矣

運邁永和，一洗塵圠。春以閏長〔三〕，蓴因雨茁。睠我朋好，理我筆札。我醒而狂，莫投我轄。今日良宴會，羣彦相景從。緬懷洛水迹，卻聽南屏鐘。曠懷寄我真，鴻去忘前蹤。熙時無不祥，流泉清溶溶。

〔一〕杭世駿。

〔二〕鄂敏，鑲黄旗人，六卷三頁、十七頁。雍八進士。乾九任杭守至十三年。後名鄂樂舜，一字筠亭，累官安徽巡撫，見熙朝雅頌集四十。

〔三〕乾十一，閏三月。

題文待詔〔一〕風木圖 有序

待詔爲其先人温州小祥後作也。其題句云：「肝腸層裂恨終天，已抱深悲過一年。門户漸乖非復舊，兒身善病只如前。春風手澤庭前樹，夜雨精魂陌上阡。做了清明寒食節，又垂雙淚看新煙。」詞旨悽愴。今歸杭人趙君谷林兄弟，以懸其先人遺掛之庵，各和待詔原韻，予亦有作。（詩略）

〔一〕文徵明。

題宋樓楚公墨莊〔一〕太室二十四峰詩卷後

「一聲雷碾青山過，萬捲風驅白雨來。」珍重參寥舊吟卷，不隨汴洛共飛灰。墨莊嵩、少諸詩，皆參寥所書也。首二句即墨莊與參寥山中喜雨詩。

〔一〕樓异，集卅八有三十六峰賦碑跋。

蘖齋出示愚山先生〔一〕秋林讀易卷子敬題

敬亭山色九秋寒，中有仙人獨弄丸。一代風流零落盡，賸餘無恙舊林巒。

〔一〕施閏章。

追哭林晴江太常〔一〕有序

晴江敦篤古道，不類吴淞間人。其官翰林，授經和碩怡親王邸中，予不甚往還也。晴江對客過情見許之詞，有爲予皇恐不敢受者，然予尚未之敢信。及陶四稺中〔二〕使蜀，晴江送以詩，陳義慷慨，直指近來撫臣厲政，言之凛然，予始驚服，以爲此今日館閣中朝陽之鳳，而同人無甚知之者。予去官，晴江謂稺中曰：「謝山竟出國門，令人不可爲懷。」聞者感歎。日來晴江漸致通顯，官至列卿，此足爲槐棘間稱慶，而遽以隕落，可悲也。予病中忽忽，期年後始哭之，負故人矣。

感君意氣最真醇，不獨交情泣鬼神。直道抗言當世弊，孤根恥傍要人津。談禪王縉應揮座，顧曲周瑜肯共茵？一出修門成死别，荒荒長恨竟誰陳。

〔一〕林令旭。
〔二〕陶正靖。

鮚埼亭集批注　詩集卷五

吴船集〔一〕

〔一〕乾十一。

追哭陶穉中太常〔一〕

五湖音問久寥寥，渴欲相逢話久要。一夜怪風吹夢冷，廿年舊雨泣魂消。直言去國良無媿，醇酒傷生豈所料。從此故人狂簡性，更誰散髮共招邀。穆堂先生嘗曰：「謝山之疏放極矣，而穉中又過之。」然予嘗謂穉中若與時俯仰，固不至左遷，即左遷亦尚可回翔光禄、鴻臚之間，以求再振。而穉中飄然歸田，竟以貧死，是則其不可及者。時穆堂已病，予見之白下，歎曰：「穉中乃能如此！」

〔一〕陶正靖，碑見集十八。

過澗上徐高士昭法〔一〕草堂

爲問徐高士，流傳尚有居。蕨薇長遍野，書卷更誰儲？大雅消沈後，殘山涕泗餘。曾聞湯憲使〔二〕，徒步此躊躇。

〔一〕徐枋。
〔二〕湯斌。

弔念祖臺

一卷酸心録，書亡堂亦遷。鶴澗先生〔一〕著酸心録二十卷，志前代事，爲盜所去。事曾聞舊史，地應溯平泉。怪石枯藤繞，荒塘亂藻纏。百年遺獻盡，相對足淒然。

此間兩仲子，俱不媿先人。死去猶埋血，生前肯折巾！流泉共嗚咽，喬木亦酸辛。所喜清門裔，貞心尚食貧。文公次子應符〔二〕被逮於此。

最憐生壙碣，有婦隔幽墟。未忍恝吾母，何嘗忘故廬。山攜敬亭色，篋祕石梁書。舊燕還無恙，巢痕半已除。

〔一〕姜實節，採子。

〔二〕文乘。

果堂〔一〕挈其從子再過予舟中僕夫失足幾墮水

急雨飛湍裏，勞君滑滑來。猶攜木瀆霧，兼致竹林材。莫使蛟龍得，幾爲蛩蟨哀。驚魂重絕倒，破例一詼哈。果堂自言生平不作俳語，今日見君，乃一盡之。

〔一〕沈彤，墓版見集廿。

題文先生啟美〔一〕手跡後

舍人稱泛愛，偶爾狎懷寧。亦有番江彥，同調焦尾聲。謂鄺湛若〔二〕也。啟美與湛若皆以聲伎交圓海〔三〕，而啟美尤狎之。抗詞漳海獄，泣血下江兵。到底歧緇素，何曾混渭涇。

〔一〕文震亨，明詩綜七十。

〔二〕鄺露。

〔三〕阮大鋮。

南枝先生〔一〕賣字歌

始興之錢江州酒，彭澤當年亦姑受。秦餘山人更絶奇，一粟寸絲都不苟。商邱開府〔二〕真雅人，兼金治櫝意良厚。豈期遺戒有前知，肯令幽宫翻失守。生平賣畫聊易米，今日雲煙已烏有。滸關何處來寓公，數載積錢賣字久。老生貯此不時需，原爲山人謀身後。同此非力不食心，畫耶字耶特轉手。開府雖非盜跖金，未若清風來好友。山人葬罷寓公歸，依舊深藏餓隸手。

〔一〕戴易，道古堂十六有傳。

〔二〕宋犖。

蘇人造爲所南心史舊本索高價不一而足然即係舊本亦屬海鹽姚叔祥〔一〕之筆並非所南故物也閣丈百詩蓋嘗辨之而吾友厲二徵士〔二〕獨以爲真則嗜奇之過矣是用作歌以曉蘇人兼寄徵士（詩略）

〔一〕姚士粦。
〔二〕厲鶚。

泊舟吴門訪得姜貞文先生〔一〕遺集其孫本渭即屬予編次因寄聲谷林父子

此行無足供清娱，喜購梁鴻殉葬書。小艇孤燈排月表，墨痕猶和淚痕儲。

敬亭遺稿得連珠，殘瀋蒼涼張、杜、余〔二〕。他日東歸足飽看，一瓻還侑百璠璵。舊載稺恭、茶村、澹心三序。

〔一〕姜垓。

〔二〕張恂、杜濬、余懷。

以書屬太倉州牧求宋丈菊齋〔一〕春秋及遺集

崇沙宋公古君子，一言一動歸正始。病狂豈果是真狂，只求牡蠣灘頭死。六年窮島血淚枯，求死不死爲保孤。鯢淵相國藐一綫，百死不死逃囚俘。藐孤既免且賣藥，不死刀鋸死窮約。尊攘之辨何皇皇，恥道苻秦王景略。使君新命牧名州，圖經舊德應旁搜。崇沙潮汐鯉魚便，莫令阿儂穿雙眸。

〔一〕宋龍，續甬詩卅二，外集十二有傳。

題楊商賢〔一〕手跡後 有序

商賢爲副都維垣之子，嘗避地至吾甬上。予少時頻見故家中有其唱和詩，然以其爲副都子，不甚留意也。及讀愚山先生所作墓誌，而後知其人蓋邢居實、趙德夫〔二〕之流，不以家世累其賢者，乃自悔前此不收拾其詩。去年録甬上耆舊，頗及寓公，而商賢詩已散亡不可得矣。今年於吴中書肆見其手札，爲題詩於後，以志吾過。商賢名彭齡，嘗與金忠烈公鉉同講學，後卜居舊都桃葉渡。

中丞一死事難詳，補過還資雛鳳良。桃葉渡頭長恨在，清流洗出碧梧香。副都之死不覈，梨洲先生辨之，然商賢之志節固可哀也。

〔一〕楊彭齡。

〔二〕邢居實，恕子；趙明誠。

前大理雍公熙日字辰生一字耐广徽人而居蘇最爲萊陽二姜〔一〕死友貞毅避地浙東辰生同之貞文勤王西陵辰生同之及貞毅兄弟北歸省覲託妻子于其家其卒也諸遺民上私謚焉辰生嘗至甬上予向蘇人訪之罕有知其姓氏者姜氏後人雖知之而亦無從求其遺文矣

百年尚未有篁墩〔二〕，誰索黃山故老魂？猶仗敬亭兄弟力，得從狐貉口中存。

〔一〕姜埰、姜垓。

〔二〕程敏政。

謁湯文正公祠〔一〕

經術原經世，如公曠代希。百泉承學統，中嶽有光輝。建節甫數載，移風已庶幾。伯淳施未竟，吾道豈終非。

屈指諸前輩，終無第二人。尚存吴苑祀，未薦頖宫茵。道以躬行重，人從述作論。甘棠猶百世，盥手酹青蘋。近日方侍郎靈皋請公從祀，禮臣以公少著書，遂格其請。

〔一〕湯斌。

滄浪亭

一畝行吟地，風流尚未寒。棄材良可惜，召謗不無端。放浪需山水，摧殘感鳳鸞。漫堂〔一〕今亦少，誰足供清歡。

〔一〕宋犖。

沈寶研〔一〕以其子不肯習舉業爲虞詩以解之

此是朝陽鳳，今從何處來？他年學成後，一決震風雷。老子真多事，郎君慎别裁。荒田埋八識，從此障雲開。

〔一〕沈李巖。

題姜如農侍郎〔一〕荷戈圖

七尺疑金鑄，須眉尚儼然。茫茫亡國戚，忽忽荷戈年。甬上曾弭節，先人辱贈箋。一軍驚失守，連趼各殊天。珍重山居誓，蒼涼野哭篇。哲昺棠蔭在，賜廟海隅懸。飦飦詩無敵，蟛蜞話足傳。先生至吾鄉，見鮚埼諸海錯，遲疑不下箸。歸東聊墮馬，哭弟幾摧絃。族未零王、葛，居胡變海田？清高肅遺像，感慨望遥阡。式里重思舊，披圖願執鞭。可憐廿四氣，早已化雲煙。

〔一〕姜埰。

題靈巖儲公〔一〕騎牛圖

三月十九是何日？騎牛野哭荒山巔。乃公耿耿攀龍意，廋語登堂孰與傳。儲公嘗登座説法，忽問曰：「今日山河大地，更是幾番？」皆愕然不能對，儲公潸然而下。南州高士清不染，獨許乃公餽蕨薇。居易齋前蒿逕熟，牯牛還往總如飛。謂俟齋〔二〕。

〔一〕釋弘儲。
〔二〕徐枋。

故太僕陳皇士〔一〕木瀆別業今歸桐鄉汪氏

太僕園如昔，于今幾歲寒。鈔詩禆國史，選佛挂儒冠。太僕有啟禎詩選，又嘗賦歲寒詩，和者遍海内，今園旁尼庵，其香火也。梧竹留餘蔭，池臺溯古歡。靈巖在何處？清籟出雲端。

〔一〕陳濟生，字定齋，長洲人，亭林姊夫，小腆紀傳五六。

題秦餘山人〔一〕畫芝卷

莫憂淨土稀，尚有吾廬在。采采神芝生，附以石磊磊。畫蘭不畫地，翻笑所南隘。即用山人語。

〔一〕徐枋。

家居十載故人誚讓蝟集獨彭侍郎芝庭〔一〕曰吾觀同館諸公蕉萃已極安得如謝山之春容自便不禁有感於其言

鮚埼亭下對蒼蒹，讀易忙時且下簾。敢道玉堂天上客，不如漁父澤中黔。八甎筆札誰雄長，一研菑畬我薄餍。祇爲向來無遠志，守雌守黑更何嫌。

〔一〕彭啟冬。

道南祠下雜作

梁谿泚泚惠泉清，流出龜山木鐸聲。怪殺荆、舒猶未盡，至今茅葦竊科名。

楊門學派盈天下，我愛堂堂喻子才。一語六龍安穩渡，豐公手掖魏公回。喻公晚自嚴陵寓梁谿。

文簡文孫木石賢，文章載道亦巍然。如何史禍消沈後，流落豪芒總不傳。

河津尚自費鍼砭，此義秋霜夏日嚴。不媿兩公惟吏部，到頭一死比飴甜。蕺山與高忠憲公也〔一〕。

老成逝後失儀型，二曲西來更講經。誰復風流如駱守，匡時要務據觚聽。

〔一〕劉宗周、高攀龍。

有懷少保吴公穉山〔一〕時行篋中適攜少保海外遺詩

老臣久仗波爲國，厲鬼還教火浣衣。尚有指南殘集在，詩魂環繞故宫飛。

〔一〕吴鍾巒，外集廿四有集序。

追哭謝古梅閣學 有序〔一〕（詩略）

〔一〕謝道承。

辛浦〔一〕以入覲歸先過京口一日不得相見

馬尋舊路君行速，風滯征帆我到遲。相遇甚艱相念苦，新詩幾許槖中攜。

〔一〕鮑鈖。

韓江唱和第二集

復齋撫軍〔一〕卧病予至扶掖出見爲之悵然

當年開府鎮呼韓，顧盼能教敵膽寒。幾度風饕兼雪酷，三彭豎子得摧殘。
當年上殿薦甘盤，夾日功成奏治安。今日江湖茅屋裏，瓜棚豆畤病中看。
一飯三遺亦可歎，誰教報國夢魂闌。祇應漫興消岑寂，閒對楊枝弄藥丸。

〔一〕胡期恒，墓碑見集十八。

半查〔一〕有子五歲能誦唐宋人詩琅琅可聽

此是君家事，垂髫已足徵。他年吟社裏，拭目鳳雛登。姿地白眉秀，薪傳絳帳承。祇愁丈丈句，幾許費糾繩。

〔一〕馬曰璐。

客有詢及故相陽城公〔一〕遺事者答以七言

相君勳業應誰同？曰杜祁公文潞公〔二〕。斷斷休休元老度，渾渾穆穆德人風。乞身豈爲蓴鱸戀，上殿長懷布粟恫。此事誰人成補狀，莫教綸閣泯孤忠。

〔一〕田從典，山西人。類徵宰輔十二，穆堂類稿卅五。

〔二〕杜衍、文彦博。

薏田〔一〕問予東武四先歷顛末以詩代札

鷺島波濤裏，曾頒此一編。白頭餘二相，墨制志殘年。謂路公振飛、曾公櫻也。五指難傳信，長垣競着鞭；時海上有二朔。我尤憐亞子，壯志亦軒然。

〔一〕姚世鈺。

題方浮山先生〔一〕畫

白石不可爛，殘山尚自開。攜歸嶺嶠色，都作畫師才。蕭散通神悟，嵯峩鎮劫灰。西崦話遺事，蟬蜕有餘哀。

〔一〕方以智。

唐堂〔一〕爲予言其同里故吏部張君忠震之賢予素未識吏部不料其植節如是也

殿上更無胡侍講，天邊遍唱李龜年。婁江江水應貽穢，猶喜雙清挽逝川。

〔一〕黄之雋，華亭人。

南圻〔一〕訂爲環溪草堂看荷之行甫至程氏篠園雨甚即坐其亭上看荷柬諸子之先至環溪者

甚雨阻前路，況已有荷花。兼兩空延竚，得半亦自嘉。妙香出水面，清籟浮林椏。且作碧筒飲，渺矣溪上槎。

〔一〕陸鍾輝，見卷三揚州石刻文信公畫像歌。

哭萬學士孺廬〔一〕（詩略）

〔一〕萬承蒼。

東城作小秦淮道古詩來索佚事答以五絶

蜀岡一帶紛抔土，中有陳公窆石銘。試向白楊林下聽，猶聞瞋目詈三經。陳了翁墓〔一〕。

仲郎遊冶亦微疵，天語皇皇責降詞。聞道年來崇洛學，風流口過莫爲之。謂仲浮山〔二〕。

檗庵博物良無匹，手記僧騰客事來。誰教東行尋舍利，至今入定未曾回。謂李德邵。

絶學空傳秦曉山，弄丸貫穿古今間。可憐直自西周後，男女交親未轉環。

時會堂前茶話遥，甘棠埭上長蓬蒿。而今誰肯揚州死，禪智山光總寂寥。

〔一〕陳瓘。

〔二〕仲并。

嶰谷〔一〕招集行庵見黄葉滿庭偶然有作

我亦同黄落，何堪置此間。天心釀風雪，客況阻河山。瑟瑟瓦溝掩，蕭蕭庭院閒。亂雲封貯處，棖觸感衰孱。

〔一〕馬曰琯。

嘯齋招集同人賦寒色〔一〕

高穹都縮瑟，不獨我蕭然。玄酒淡無力，孤雲闇自憐。箇中參太古，象外識枯禪。安得騶生律，晴光忽滿前。

〔一〕參樊榭續集七。

茶塢〔一〕以于酒餽嶰谷同人集賦

有客從吴苑，提醪到廣陵。名夸京口重，色帶漫塘澄。駟馬猶連姓，頭鵝並擅稱。古香傳吏部，清德溯中丞。謂玉立、九瀛〔二〕二先生也。玉立尚有鵝炙法，最佳。桑海紛多感，悲歌定不勝。而今成往事，聊爾集吟朋。入務嚴流品，分曹記獻徵。夷然笑苦露，何以署清渑？氣稟金沙冽，泉從地肺蒸。杪冬香雪貴，相傳是酒以雪水和泉水爲之。故國舊聞增。卧甕君休捉，哺糟我尚能。東南無此釀，滄酒或同登。

〔一〕陸錫疇。
〔二〕于潁，集廿六有事略。

題薏田夜雨圖

君家羣季俊人多，玉折蘭摧喚奈何。我更披圖增一慟，藝香山下弔棺和。謂王立甫〔一〕。

〔一〕王豫，集二十有壙志。

周忠介公〔一〕墨城詩爲沈寶研〔二〕作

此研猶餘碧血痕，蓼州手澤重瑤琨。虎瞟地脈紛横縱，胥浦潮聲共吐吞。黨部已隨城社化，墨池賸有水雲存。風流更憶寒山叟，一卷長箋應細論。研爲寒山〔三〕所用，後以贈忠介。

〔一〕周順昌。
〔二〕沈李巖。
〔三〕趙宧光。

宣窰脂粉合子

姜鶴澗〔一〕家物也，余板橋、陳迦陵、毛西河俱有長歌。然舊呼爲箱則未覈。予視之，乃合也。今歸桐鄉汪氏。

宣箋細寫故宫詞，更爇宣鑪炙手時。珍重西江新合子，六宫爭揀貯焉支。

太平天子富共球，陶正承恩供奉周。汝、定、官、哥齊下拜，殘膏曾漲潞河流。

姜郎瀟灑佳公子，蓆帽行吟感慨深。閒對緑窗陳素素，一編題識幾酸心。陳素素，鶴澗姬人也，酸心録多其手鈔。

〔一〕姜實節。

岦山宫允〔一〕邂逅吴中退谓茶塢曰此公豈能長置邱壑中者笑而答之

故人相逢木瀆上，陽春滿座忘窮冬。白華堪羡循陔樂，絳帳且作傳經宗。久矣心情諧猿鶴，是誰骨相符夔龍。升沈枯菀莫須問，相於泥飲傾新醲。

〔一〕宋楠，墓誌見卷十九。

鮚埼亭集批注　詩集卷六

偷兒棄餘集〔一〕

〔一〕乾十二。

萊陽姜忠肅公〔一〕祠神絃曲 有序

祠在象山。初，忠肅死節，其次公貞毅先生〔二〕以建言攖烈帝怒，不予卹。南渡始有贈謚祠祭，而山左道梗，赧王亦遽亡。東江之役，長公如圃先生〔三〕方知象山，於是監國遣大理評事王公石雁〔四〕即縣建祠致祭，并祔其一子、三婦、一女之同死者。貞毅、貞文〔五〕之至吾鄉，蓋以此也。不旋踵而甬句又内附，萇宏之血未消，尹鐸之城已隳。百年以來，祠爲廣文博士寓舍，海隅僻陋，幾莫知忠肅爲何如人也。近有姜生炳璋者，象山後起之秀，來問余曰：「忠肅何以得祠象山？」予以顛末告之。生乃拂拭其栗主，且言於廣文，分學田以修祀事，并將新其祠宇，可謂匡扶世教者也。予既銘其麗牲之石〔六〕，復譜神絃以貽之。

神之降兮海東，羽旗飄飖兮光曈曈。誰使神無家兮良可恫。白版帝子兮憐孤忠，招遊魂兮爲寄公。有兒墨衰兮正從戎。保兹香火兮賴兹提封，神其來兮駐我蒼宫。

神之來兮海右，謝嘉命兮稽首。天使拜前兮賓僚拜後。可憐薄命兮殊恩難久，五日京兆兮西陵失守，六宫野哭兮孤臣何有。嗟甲乙之客兮誰某，蒿萊長兮狐兔走。

神之來兮不歸。謂是吾王之賜兮百世其依，典禮皇皇兮詎賦式微，朝遊石浦兮暮宿天門之陲。佳兒佳婦兮追隨，時有發鳩兮薦以蕨薇。吴門雖廟祀兮非神所棲。

神之居兮寂寞。乃有好事兮出空谷，訪舊聞兮補殘録。謂國雖亡兮禮可續，明祀淪胥兮斯文之辱。上下旁皇兮遇之冥漠。野田雖瘠兮意不薄，春有蘭兮秋有菊，選明粢兮釀新醁。甘棠已枯兮重濯濯，以教忠兮礪俗。神其歆之兮不須巫祝。

〔一〕姜瀉里。
〔二〕姜埰。
〔三〕姜圻。
〔四〕王家勤。
〔五〕姜埰。

〔六〕集廿三。

繡谷山房〔一〕藤花下小集分韻（詩略）

〔一〕吴焯。

鈍夫觀察〔一〕巡視浙東海隄次日爲元巳屏去車從修禊蘭亭真韻事也寄以二律

雙旌瀟灑度東州，令節閒爲蘭上遊。句踐社荒小草在，永和春老羽觴留。山僧能指冬青穴，河女猶傳夏統舟。記得明湖修閏事，曾陪高座比羊、劉。謂去年南屏之集。

萬壑春流迓使君，湘湖蓴菜碧於雲。一帆已盡濤江勝，十集還摹禊帖文。高致詎慚王内史，同行惜少鮑參軍。時海防通守鮑辛浦〔二〕，以目眚不豫爲恨。此遊定有詩成録，越絶新編續舊聞。

〔一〕鄂敏，卷四杭二堇浦、本卷質亭憲使。

〔二〕鮑鈖。

胥江夜泊有感淮張舊事

中山砲火下襄陽，王、蔡諸兒尚處堂。一夜玉峰收霸氣，隔江鹵海墮凶芒。幅巾不爲興朝屈，銀椅終隨愛弟戕。始悔連鷄無遠略，上流失計聽陳亡。中山王以襄陽砲破吴軍。

且莫論人成敗中，鄭君終不負重瞳。是誰浮海祈王帥，有客臨江弔楚公。謂九靈、夷白也〔一〕。應怪荒朝偏得士，翻嫌新主未憐忠。更聞一掌柯陳地，三百年來道未通。友諒之暴，而有累世効忠者，異矣。

君王百戰定姑蘇，逆命原非黔首辜。不爲一方紓積困，更讐遺孽有加租。序書何必煩多誥，筮易先聞罪後夫。近日累傳寬大詔，三吴始得免流逋。予嘗謂明祖之虐民，於吴爲最甚。

〔一〕戴良、陳基。

以十洲春餽茶塢〔一〕

〔一〕酒名。宋時甬上嘗以入貢，今其法尚存於慈谿，略與潯酒伯仲。

十洲春色好，沖淡在神明。坐笑濁醪濁，來投清聖清。翩翩六從事，遠到闔廬城。風浴歸來後，陶然移我情。

〔一〕陸錫疇。

信宿水木明瑟園東茶塢

湜湜上沙水，靄靄靈巖雲。雲從西山下，水自東江分。積翠望中落，妙香空際聞。以野乃更秀，以淡乃更文。嬋娟遺世立，脂粉不足羣。賦才輸甌舫，跋語推義門。諸公不可作，空餘醉墨痕。而我但搓手，蒼然對晚曛。

介翁昔經始，一榻來松陵。太湖感落日，是亦百六徵。草堂成汐社，高節凛明冰。故園雖改姓，空亭未易名。主人瀟灑姿，足以嗣典型。流泉不改碧，喬木有餘清。春來舊燕子，繞梁還屏營。可憐澗上居，彌望已蒿艿。吴江徐高士介白〔一〕築此園，高士嘗賦太湖落日，見賞於臥子先生〔二〕。今園中有介白亭，不忘所自也。隔岸爲昭法〔三〕澗上草堂，僅餘數椽。

清才如吾子，蕭散絶風塵。生世偶不偶，抱山作詩人。聊復與我曹，泥飲消昕昏。泥飲亦自佳，麯部無垢氛。五湖好池館，足餉上皇民。嗟我尚鹿鹿，衣食困蹶輪。何時得息機，葆兹淡蕩魂。願爲君灌園，研北老耕耘。

〔一〕徐白。

〔二〕陳子龍。

〔三〕徐枋。

水木明瑟園古藤歌

昔我遊京華，及見三古藤。其一尚書省，猶傳文定舊都廳；俄而吴回降，譆譆出出寒灰零。其一海波街，尚署金風老子名；俄而富媪震，横裂活埋歸杳冥。其一合肥邸，五傳槐棘相因仍；臨川侍郎下我榻，喁喁于于和詩百輩贏。湘北相公邸第，以師生相授受，長洲韓尚書、嘉善曹侍郎、韓城張尚書以至臨川先生〔一〕，皆官至九列，稱盛事。甲寅、乙卯間〔二〕，予假館焉，同人詠古藤幾百家。十年落拓湖海上，良朋存没百感增。驚見天平谷口雙崢嶸，古根詰屈穿山出，醞釀洞庭七十二峰之精靈。踞地先成偃臥形，老羆當道羣貉屏。欲上不上意磅礴，忽然蹶起勢騫騰。百轉千蟠故作態，低頭下瞰紛長纓。其心時復吐雲氣，其幹將無閩銅腥。其杪迎風舞拂拂，大垂小垂都瓏玲。就中倏生數直幹，岸然如絃復如繩。空所依傍冉冉升，此尤怪絶得未曾。浙中繡谷亭前一本差相亞，細校猶疑殊尹邢。主人選佳木，插架三十楹。蜿蜒循蒿逕，亦以曲折成。入門未窺諸塢緑，蔽天已見十丈青。頻年三過此，所惜未與花期丁。是藤不花亦復佳，磥砢高節誰抗衡，老我感舊空怔營。

〔一〕韓菼，康十二；曹鑑倫，康十八；張廷樞，康廿一；李紱，康四八。

〔二〕雍十二、十三。

法螺庵采蓴東茶塢

在昔黄夫子，未嘗吴下蓴。誰知千里種，留得五湖春。有客來堇國，前身亦晉人。偶過蘭若裏，一笑擷芳津。澤望先生〔一〕嘗疑近日吴下蓴菜無聞，謂其種已絶。不知尚有存者，但校浙中稍晚出耳。

〔一〕黄宗會。

果堂〔一〕纂吴江縣志索予所作蘇寅侯傳因需其潤筆以戲之

辛苦蘇儀部，埋魂天盡頭。雪交亭下淚，長共怒濤浮。吾友揚秋筆，圖經仗闡幽。講堂一束脯，餉我亦風流。

〔一〕沈彤。

觀音門夜眺

覆洲喧鳥遍平沙，尚有鰣魚上酒家。畢竟江南風景好，渡淮無復此清嘉。梅朗三〔一〕曰：選詩「喧鳥覆春洲」，吾于燕子磯晚泊見之，烹魚一醉，致足樂也。

〔一〕梅朗中。

湄園謁方丈望谿〔一〕

平原放生址，禽鳥猶清遐。小山生白雲，寒泉流紫霞。毿毿高柳蔭，熠熠新葵花。侍郎此著書，門外絶軒車。

荆公論中壘，强聒良苦多。杜門謝世事，聊足養天和。寂寞兹一區，遺經供研摩。猶餘韋、孟夢，定不召風波。

叢殘古六藝，千秋雲霧深。束髮事討論，篤老猶沈吟。揖讓昔人間，曠然抉其心。此外可弗問，郢書任如林。

廿年荷陶鑄，十年惜別離；六年遭荼苦，餘生患阻飢。以此成慚負，著書杳無期。猶喜素絲在，未爲緇所移。侍郎今年八十，方七治儀禮。自言加我數年，當更有進處，且戒予不當爲汗漫之遊，坐消日力。

〔一〕方苞，康十四卒，年八二。

湛園先生〔一〕爲睢州湯文正公〔二〕發義憤事予已載於其行狀中望谿侍郎偶及之予謂如彼人者猶屬天良之不盡澌滅者也侍郎笑而然之

一言惱殺沈梔林，尚見斯人未死心。若使怡然甘笑駡，將無放膽混人禽。梔林，沈維祖字也。

〔一〕姜宸英。

〔二〕湯斌。

晤寶應王太守孟亭於白門因乞其購梁公狄先生兄弟〔一〕遺集

葭湖有寄公，鷴林好兄弟。我求五噫文，廿載縈夢寐。莫道羊叔子，不如銅雀妓。

〔一〕梁以樟，續甬詩卅二。兄以柟。

江聲觀察〔一〕見過

羨爾清臞甚，蕭然似布衣。偶然談世事，依舊掩柴扉。祇愛微吟好，深憂進奉非。家山新著録，媿我見聞希。江聲方輯鳳山小誌，旁徵文獻甚博。

〔一〕金志章。

題唐山夫人房中樂後

元城劉忠定公〔一〕極稱夫人樂章之工，而惜后妃傳中之見遺。予謂夫人之詩足不朽矣，亦何必廁之娥姁之末也。（詩略）

〔一〕劉安世。

吴山消夏集

謁褚文忠公〔一〕祠和蔎林〔二〕

故居尚表忠清里，舊恨休歌娬媚娘。天子一朝忘顧命，孤臣萬里殉炎荒。浪聞節惠名曾易，直到咸通葬可傷。唐會要載公賜謚，而史失之。其歸葬事，亦僅見唐彦謙集。三復梁郎祠下句，我來斂衽媿顏行。葠林原唱有曰「佳兒佳婦言猶在，元舅元勳事總虚」，可謂絶對。

〔一〕褚遂良。

〔二〕梁啓心。

得穆堂先生〔一〕信

年來喜報沈疴減，近履皆傳眠食安。荆國文章猶有託，槐堂薪火未曾寒。雅知自任非遺世，誰道佯狂爲棄官。竊恐夢爭到王室，依然倔强似神完。望谿侍郎頗疑先生以乞休故託病，不知先生用世之心尚惓惓也。

〔一〕李紱，乾十五卒，年七八。

題史閣部〔一〕傳後

當時若聽諸生策，又費天兵再下車。社稷終輸民命重，江淮千里免爲魚。禮賢館徵士有獻策者，欲決高沙湖水以當背城之借，閣部不可，真大有功於江淮也，而閣部傳中失之。

〔一〕史可法。

篙師編修〔一〕近忽佞佛至誠且篤貽六絶句以諧之想發一軒渠也

又被旁門去一雄，居然提唱振宗風。直探祕密天花藏，不信温公與蜀公。

先生經術更無儕，不是元城即了齋。莫似屏山鼓狂舌，生姜樹上妄安排。屏山，謂李純甫。

打鐘掃地差堪信，割水吹光恐未然。我是鈍根無宿果，輸君獨上竺西天。

隔鄰老卒詠諧惡，一卷楞嚴拱讀勤。試向鷄鳴參要義，東方晴色定氤氳。范東叔告葉正則語。

〔二〕句甬禪枝遍四方，密公香火尚堂堂。明年可整東遊屐，牙笏宫袍拜育王。

詩人學佛最相宜，切玉刀成遊刃嬉。從此相逢須退舍，速營藕孔去登陴。「禪是詩人切玉刀」，遺山句也。

〔一〕沈德潛。

〔二〕葉適。

谷林〔一〕爲梅里祁氏彌甥每見夷度先生〔二〕諸藏書尤寶愛不惜重價購之嘗索予所有范正獻公集孫學士春秋解方淙山易〔三〕至再四以其皆淡生堂物也予靳之未致谷林下世予始悔之乃以付東潛〔四〕使供之殯前而告之

東白先生〔五〕親迎時，東書堂前賦結縭。太君解頌青箱本，郎壻能歌黄絹辭。爾時諸祁已衰落，殘籤賸帙紛嗟咨。中丞止水血久化，公子逐日魂無歸。零落都緣佞佛叟，屏當猶飽估書兒。梨洲先生曰：「祁氏藏書，自季超〔六〕學佛，一切視爲土苴，多半爲雲門沙彌持去賣錢。」轉盼曠園竟榛莽，先生憑弔淚如絲。風流宅相真健者，代興蔚爲諸侯師。小山插架十萬卷，以視外家有過之。凱風寒泉孝子慕，青氊故物先君思。每逢淡生舊手澤，購之不翅珊瑚枝。擬將一卷別著録，屬予爲序陳慈幃。白華之養在帶草，一笑何必斑斕衣。更有王郎擘窠字，東書堂前歷劫遺。王百穀〔七〕書「曠亭」二大字，谷林以置園中。旁搜未竟騎鶴去，令我愁過泊花池。徐君所志在挂劍，孺子不須陳隻鷄。郎君試置兩楹上，定有中宵降植藜。

〔一〕趙昱，集十九有誄。

〔二〕祁承㸁。

〔三〕范祖禹，四庫別集六；孫覺，四庫春秋一；方實孫，四庫易二。

〔四〕趙一清，昱子。

〔五〕趙汝旭，昱父。

〔六〕祁彪佳。

〔七〕王穉登。

東潛〔一〕論水心先生〔二〕多所不滿予謂是宋史之誤也當以其開禧上殿劄子正之

水心大功在王室，左右餘干成夾日。同心但有一平陽，幸挽宗祊免瓦裂。平陽謂徐忠文公子宜。論賞超然謝殊遷，被錮怡然甘三黜。斯人斯學真有用，豈獨文章稱卓絶。開禧晚用詎苟同，力陳疲兵莫輕率。浪試曾聞笑魏公，輕言幾自憐龍窟。且營堡塢壯金湯，更緩征求到蚌鮚。爲不可勝待可勝，報仇有道戰有術。固辭草詔〔三〕感慨多，乃有癡人如易祓。水心辭草詔，山齋勸之，蓋不知其意不欲用兵也。俄而淮漢果土崩，救敗終須勞一出。斫營小試在沿江，竟退封狐得安集。朝局再更論再翻，營營者流妄周內。及之由竄幸逃誅〔四〕，孝友磨碑偶見脱。改頭換面紛重來，掊擊正人咨唐突。許及之即「由竇尚書」也。雷孝友立陳自强碑，見其敗而磨之。斯二人者論水心耳，其言寧足信乎？陋哉宋史何冥蒙，緇素糊塗不可詰。誰人榷史洞觀火，一爲前賢洗誣屈。永嘉世嫡在君家，南塘經術紫芝筆。但莫放言貶曾、孟，斯案還須重審覈。水心説學多偉論，但貶曾子、孟子，則真賢知之過矣。

〔一〕趙一清。
〔二〕葉適。
〔三〕辭草詔，見朝野雜記乙集九。
〔四〕許及之，宋史三九四。侂胄生辰，及之後至，門閉，由竇而入。

始寧陳憲使明時奉使交州攜其牡丹以歸至今猶盛甌亭〔一〕爲之索賦

海桑社柏幾推遷，尚有名花域外傳。萬里軺車思舊德，暮春風信動南天。居鄰嬀氏耕畬野，事憶郟王翦伐年。珍重故家光故國，不隨姚靳委荒煙。

〔一〕吴城，吴焯子。

寄懷茶塢〔一〕

義公始終高弟，穉季生死故人。結客已嗟金盡，含杯不道家貧。義公謂義門學士，穉季謂穉中太常〔二〕。

剛腸大類中散，綺語又肖西崑。賢者固不可測，悠悠此意誰論。

〔一〕陸錫疇。

〔二〕何焯、陶正靖。

篔亭憲使〔一〕海昌署齋池館雜咏〔二〕

其北有濃陰，其南有微吟。主人無俗韻，此君亦虛心。右竹南詩屋。

海波喜寧靜，使君合高閒。時聞桃花氣，生香硯席閒。右晏閒亭。

漫天下飛白，落地都微茫。三春午睡醒，詩思同清揚。右絮影軒。

東西更南北，妙蓮葉茸茸。遊魚樂莫樂，濠上正空濛。右魚戲闌。

吴淞若可招，得半亦已饒。所愁夜半去，堤揵得無勞。右翦淞堰。

〔一〕鄂敏，四卷杭二堇浦。

〔二〕墨跡見書道全集廿一卷，稱箕亭世長前輩海昌署齋山詠。墨跡有異字。「白」作「雪」，「影」作「景」，「莫」作「復」，「正」作「遜」，「所」作「祇」。

中秋前一夕薆林〔一〕招登吳山不果移尊篁庵

天氣頗未佳，諸君將安之。老夫蘭若好，三徑待新詩。

淮南叢桂下，招隱是吾心。有客咏遠志，愁聞夜鶴吟。謂樊榭。

明月微濛下，清酤曷再陳。匆匆歸棹急，定爲捧心人。謂堇浦。

王生遭虐謔，下箸幾遲回。虎既帥以聽，恣君一飽來。謂茨簷。

〔一〕梁啟心。

薆林勸予移居於杭雪舫蘖齋二使君〔一〕亦云然而甌亭〔二〕和之獨堇浦〔三〕有以知予之難於遷也

此間良足樂，思蜀還瞿然。既戀善和書，亦念原氏阡。以兹幾躊躇，孤負卜居篇。我家舊吟社，近在孤山前。連、劉諸高士，清風定有傳。重荷諸君意，爲續城東緣。先泉翁結孤山社，寓居城東。他時倘幾幸，得買陽羨田。不妨一歲中，來往三江間。所憂二使君，速飛不我延。

〔一〕周宣猷、施念曾。

〔二〕吴城。

〔三〕杭世駿。

蕿林柳漁甌亭竹田〔一〕小集篁庵分韻

客與秋俱老，花偏晚放春。涼風排旅闥，爽氣集詩人。何處聞長笛，齊來墊角巾。嘉名重九近，白社有閒民。

〔一〕梁啟心、張湄、吴城、施安。

莓厓周都御史〔一〕先司空公石友也其從孫副使汝觀〔二〕先宗伯公姻家也今其後人已盡偶與穆門徵君〔三〕詢其世次則莓厓之裔遷杭四世矣爲之驚喜因勸其東歸展墓以存故鄉之遺

城南韋杜舊通家，喬木消湛亦可嗟。尚識中丞埋玉地，石人横裂石碑斜。

〔一〕周相，嘉靖二進士。
〔二〕周汝觀，續甬詩一。
〔三〕周京，墓誌見十九。

東潛以予修學案購得直閣游公景叔〔一〕墓誌見示張公芸叟〔二〕之文邵公龢之書章公楶〔三〕之篆而安民所鐫也題詩於後

關陝淪亡後，横渠學統湮。呂蘇僅著録，潘薛更誰陳？石墨何從購，遺文大可珍。邵公亦五鬼，鴻筆壯安民。

〔一〕游師雄。

〔二〕張舜民。
〔三〕應作「章粢」，宋史三二八。

讀方子留〔一〕詩

不波航口水茫茫，東丹山頭雲漠漠。百年哀怨未消殘，一卷遺音疑可作。布衣何事與國家，志士不忘在溝壑。平生許劍愛句餘，墓樹西靡應如昨。我歌大招詞，足感横江鶴。所惜夜悲歌，十九已淪落。

〔一〕方授，續甬詩五八。

南湖觀張功父〔一〕像

張郎真將種，不獨數詩宗。一擲事幸濟，終身願未從。象臺消壯志，蕭寺撫遺容。寂寞南湖上，風流宛可逢。

〔一〕張鎡。

觀潮同鈍軒〔一〕

揚波相國伍，重水大夫文，白馬新來者，遥知顧令君。見董户部德偁〔二〕集。

〔一〕董弦。

〔二〕董德偁，續甬詩廿三。

鮚埼亭集批注　詩集卷七

漫興初集〔一〕

〔一〕乾十二。

茶塢〔一〕約與余同渡江訪嶰谷〔二〕中途聞其爲蔣山之行且將東下由洞庭七十二峰至西湖於是茶塢停橈吴市以待之而予先發訪半查〔三〕

五岳初心未易酬，江東巖壑且清遊。人生能著幾兩屐，此樂堪輕萬户侯。莫御孤鴻追後乘，還尋一鳳到西頭。初冬天氣初春似，到處題詩定滿郵。

〔一〕陸錫疇，墓誌見卷廿。

〔二〕馬曰琯。
〔三〕馬曰璐。

沈君飲谷〔一〕有一研作蓮花相其北波濤甚雄湧上題梵字故倪高士物後歸文待詔者而莫知摹本所自出予謂此潙洲洛伽山景物也因名之曰小白華研而系以詩

寶陀十丈妙蓮花，花外洪濤湧海霞。人向蛟宫參瑞相，君從鳳咮據清華。風流知自停雲館，津逮須憑犯斗查。肇錫嘉名今日始，東林東老亦堪誇。

〔一〕沈李巖，名見前集卅蔣文穆端研記末。

張文貞公〔一〕青山莊

相公投老地，魂魄戀平泉。昔我經過日，猶當克世年。曲池原不改，高閣故依然。獨有巢中燕，驚心夜未眠。

〔一〕張玉書。

明梁谿邵文莊公〔一〕温研歌

道南薪火長熊熊，魁儒研席生春風。鄒、胡、王、尤世所宗，清泉流出墨瀋濃。歷三百年誰嗣蹤？曰故尚書二泉翁。士夫道學罔朦朧，以日格子震羣蒙，重光麗澤大有功，黍谷一夜玄雲封。講堂清供出三冬，巧裁紫玉架青銅，坎離互宅凍可融，不須吹律聽黄鐘，緹室居然元氣充，將無橐籥本參同。墨林安郎藝事工，風流舊著弘正中，勒名銘尾志所從。東林茂草今茸茸，顧、高、錢、華不可逢，寒灰孰然涸孰通。飄零故物如轉蓬，撫兹遺器宜敬恭。「願爲真士夫，莫爲僞道學」，文莊訓學者語也。研爲安國所製。

〔一〕邵寶。

喆士〔一〕聞予將至揚留所購滄酒見待

十年不接麻姑釀，横海春光夢寐餘。好事更誰千里致，多情爲我一尊儲。舊聞幾憶長洲老，絶品宜魁曲洧書。正值江村黄葉滿，旅人乘醉滌塵裾。慕廬先生〔二〕論酒遍天下，每以滄爲第一。

〔一〕張四科，號漁川。

〔二〕韓萊。

嶰谷生辰爲其先太恭人下世之日每歲必哭墓下今年六十薏田〔一〕約同人以詩慰之

祝歲原非禮，兼之抱恨多。寒泉彫齒髪，老淚寄蒿莪。子卯猶爲忌，庚寅更若何。我辰亦荼苦，於邑不成歌。

〔一〕姚世鈺，壙志見卷廿。

明高邑趙忠毅公〔一〕鐵如意歌

不如意事常八九，安得袖鐵長在手！黑雲蔽天夜沈沈，神龍孤嘯怒蛟吼。高邑先生望斗杓，熹廟之初長六曹，四凶縮頸甘鼠伏，同心同德憲府高。其奈鴟鴞在宮府，翼以乾兒稱五虎；可憐詔獄産神芝，坐視清流色慘沮。鄭革空勞厲刃須，朱游那得賜劍誅？酒酣一擊唾壺裂，太尉之笏同欷歔。彼喪心者喬氏子，國狗之瘈頽不泚；玦未及玦環未環，老臣竟以荷殳死。潦水既盡見清潭，忠魂箕尾分左驂；寒芒正色足千占，一枝手澤落江南。我猶記讀先生集，洪河千頃波起立。是物曾陪函丈間，昕夕或歌還或泣。嶰谷山房清玩多，重陳舊史同摩挲。茂陵玉盌人間出，未若孤忠故物長嵯峨。

〔一〕趙南星。

南圻〔一〕遊攝山得宋儒游文清公嘿齋〔二〕題名於苔蘚中洗而搨之

乾、淳薪火紹湖湘，白下登樓有漫塘。多少遺書都泯滅，誰尋心畫到荒岡。嘿齋從宣公於長沙，及官秣陵，得漫塘〔三〕爲高弟。

〔一〕陸鍾輝。
〔二〕游九言。
〔三〕劉宰。

吴興趙文敏公〔一〕番馬軸子 丹陽李氏所藏

當年十國覲東都，王會曾傳天馬圖。竟聽西樓醲封豕，馴教南燼困雄狐。角觽忽爲新朝出，振鷺誰憐舊社蕪。愁絶淮東老龔勝，揮毫兒背淚先枯。

〔一〕趙孟頫。

彈指閣小集胡都御史復齋〔一〕喜予之至而念嶰谷遊洞庭未歸各賦七言

芒鞋猶帶石窗雲，隔歲離悰話倍殷。蛩蟨心原千里合，馬牛風訝隔江分。南州榻在還重止，北海樽開正晚曛。此夕漁洋山下客，題襟誰與共論文？

〔一〕胡期恒。

寧守杜君〔一〕過揚來詢里社近狀（詩略）

〔一〕杜甲。

連夜不能成寐竹町〔一〕以爲虐用其心之過當靜攝以治之予是其言而未能從也

故人憐困悴，密授試心齋：莫以感脢感，而令艮背乖。槁梧良可羡，野馬未能諧。昨夜鯨鐘動，瞿然繫我懷。

〔一〕陳章。

汫江編修〔一〕以病後謝客浹旬不赴詩集然竊聞其有納姬之喜非疾也

誰傳玉臂貫銅青，閒侍維摩夜講經。莫向劉楨長作誑，須防排闥到中庭。

〔一〕程夢星，康五一進士。

題顔公茅山玄靖先生碣後 臨潼張喆士〔一〕所藏

江都老道士，姓字佚圖經。一卷太師碣，千年句曲銘。高文寵地肺，結習在仙靈。辛苦雪溪客，長留墨妙馨。碑已仆，苕人沈君扶而出之。

〔一〕張四科。

半查子振伯〔一〕入塾

類我類我阿翁祝，可兒可兒執友期。叢書樓中萬籤軸，供養崑山玉一枝。

〔一〕馬曰璐子振伯，爲曰琯後。

方丈望谿〔一〕嘗言以萬八徵君〔二〕之學而惜不得如梅勿庵〔三〕受日月之光以顯於時予謂是不知萬氏之心者矣因表而出之以論其世

四明上溯滁陽胄，風虎雲龍三百年。一出祇緣爲庀史，終身安敢望朝天。誰將客婦行吟苦，漫作枯魚望澤憐。試讀秣陵遺事句，杜鵑心迹尚昭然。崑山、京江兩相公〔四〕薦疏已具，先生以死力辭。

〔一〕方苞。

〔二〕萬斯同。

〔三〕梅文鼎。

〔四〕徐元文、張玉書。

陳仲醇〔一〕小像李是庵所繡也爲半查賦

是庵圖繪好，繡絲乃更精。恍然三江上，見兹老鯫生。槁項一布衣，不脛馳高名。萬古黄漳海，嚴事與心傾。得此定非易，乃公未可輕。翻多所著書，身後受詈聲。馬郎真好事，高閣懷孤清。風流感妙黹，珍重爲多情。閒將玉露酒，相對酹南榮。一枝早梅花，潔供在膽瓶。

〔一〕陳繼儒。

次風學士〔一〕去年索詩未及致也客中寄之

十年相逢一握手，燕城惜别援清琴。日飲醇酒諒無益，獨抱遺經空有心。應憐倔强還猶昔，不道沈吟直到今。聞説承明邀盼睞，匡時何以溉魚鬵。

〔一〕齊召南。

偶與南漪〔一〕語及科舉之害

百世遺經重，誰人敢代言！妄思作囈語，何以溯淵源？蹇淺精神敝，揣摩心術諼。活埋天下士，昏塾不堪援。

〔一〕張熷，墓誌見卷廿。

除夕梅圃〔一〕以吴于蕃管聖一二丈〔二〕殘集至挑燈讀之爲補入耆舊録〔三〕

萬歲名，何寂寞！一片心，未瞑目。幸得之，是亦足。歲寒人，挑蕡燭。

〔一〕董宿，即映泉。
〔二〕吴岳生、管道復。
〔三〕卷三十。

漫興二集〔一〕

〔一〕乾十三。

戊辰元夕芍庭〔一〕以其世父忠介公〔二〕生辰爲蒼水先生〔三〕祭即用蒼水過忠介瑯江殯宮韻

浹旬春色碧於油，崧嶽神靈在上頭。丞相尚傳弧矢怒，中樞誰寫蕨薇愁？冰槎客散重修祀，芍沚堂高續紀遊。落落通家幾子弟，隻雞猶克溯弓裘。

故國當年事未灰，五千甲盾傍江開。臥龍伏鳳成羣出，鯷壑蛟宫取次陪。一自遺民湛絶島，更無過客上西臺。瑯江死别吞聲後，重見南屏白馬來。

〔一〕錢中盛。

〔二〕錢肅樂。

〔三〕張煌言。

山陰求韓蕺山〔一〕家傳不得

魏王好孫枝，葉葉長儒林。如何喬木盡，世本都消湛。猶餘帶草緑，喟然傷我心。

〔一〕韓度，宋學案五九。先念臺而稱蕺山者也。

寒食日至行省過葠林〔一〕爲予盛言甘墩看桃之樂而惜予至之晚因讀其紀遊詩

我家細湖上，桃根夾岸栽。日昨解維時，正及滿堤開。一爲飢火驅，勝遊動輒乖。嬌兒惜我別，花下幾徘徊。連朝惡風雨，萬紅總塵埋。故人喜我至，輭腳斟新醅。方知是寒食，禁煙凍厨齋。爲言甘墩遊，惜未吾子偕。有詩宛如花，春思與墨諧。人生曾幾何，陸陸困黄埃。明朝定晴霽，新緑尚可懷。且共扁舟去，扶醉六橋來。

〔一〕梁啟心。

鹿田太守〔一〕問予不出之意何其決也笑而答之

野人家住鄞江上，但見山清而水寒。一行作吏少佳趣，十年讀書多古歡。也識敵貧如敵寇，其奈愛睡不愛官。况復頭顱早頒白，那堪逐隊爭金幱。

〔一〕朱樟。

健忘日甚柬東潛〔一〕

有書不借乃一癡，借書不還亦一癡；誰翻千古癡人案，此言吾得之劉祁。老生曠囊頗强記，十行並下無留遺。君家牙籤三萬軸，更還迭借奚童疲。此中樂處真不少，飢可忘食寒忘衣。秦火以來亂穿穴，譆譆出出遊心脾。誰其爲我營複壁，留此焚餘存幾希。與君曾笑西人妄，玄珠腦後珍重攜。豈期未老遽衰索，收視返聽恐已遲。冥心從此竟坐忘，還耶借耶都支離。

〔一〕趙一清。

東幸詩〔一〕

七百餘年玉檢出，五十八盤石磴雄。太皞連朝召雲雨，恭迎翠輦入神宫。撫臣榿山開道，得宋真宗時玉檢進呈。

帝出乎震長六索，人生乎寅昭三微。先皇奎墨映星斗，元氣淋漓露未晞。「出震生寅」，聖祖題泰山祠中語也。

梁父亢父貢方物，日主月主朝明堂。一遊一豫膏澤沛，大東小東勞可忘。

和風旭日護慈寧，夾道春暉效百靈。七十二君圖籙盡，更添嫄姒寵山庭。

葱葱佳氣集聖林，蓍莖楷幹長十尋。四氏諸生齊入覲，是誰來獻孔融琴。甲子仁皇東巡〔二〕，衍聖公進孔融琴、右軍樂毅論墨跡、唐揭聖教序、文同墨竹及周簋。

周廬如櫛次青齊，華蓋連天日觀低。不道帝車東指近，相星翻落浙江西。時二相讞獄於浙。

大明湖頭黄幄駐，飛瀑泉邊朱芾來。海右驚傳浴龍地，當年邊叟讀書臺。

直沽春色浩無涯，漕楫呼嵩次第排。一路牙檣飄錦纜，不須六月過長淮。

〔一〕乾十三年二月東巡。

〔二〕康廿三，第一次南巡。

會葬谷林〔一〕

故人投骨南山隈，風篁颯颯傷我懷。當年蠟屐同遊地，一慟今隨白馬來。卜鄰喜得近詩材，句曲山人齒髮偕。懸知朗月明星夜，連臂清歌接券臺。

〔一〕趙昱。

偶成

紅藥當階百媚生，幽窗相對共神清。平頭奴子忽趨告，故撫〔一〕鋃鐺被逮行。

〔一〕常安，浙撫，見八卷寄訊故撫軍常履坦。

端午前一日遊北山葰林處泉甌亭竹田〔一〕分韻

頻泛晴湖棹，南山又北山。天中思益智，人外足消閒。灌木連雲緑，殘陽逐水彎。支公聞客至，一笑啟禪關。

〔一〕吳城、施安。

都城正陽門西大士祠予向嘗遊焉近乃知爲故明洪督師〔一〕祠也

當年諭祭十三壇，東向招魂淚未乾。歲晚遼陽訝歸鶴，須眉猶是髮膚殘。
松杏淪亡罪豈輕！纍臣分應死危城。偷生視息非無爲，欲報吾皇香火情。
頭顱業已付歐刀，誰料風雲自此邀。十月功宗酹元老，叢祠只合化僧寮。

〔一〕洪承疇。

杜守〔一〕調任越中（詩略）

〔一〕杜甲，補堂。

蒼水先生〔一〕墓道漸湮道士吳乾陽謀修復之和鈍軒〔二〕韻

一區發鳩巢，千年夸父宅。豈期世外人，而念此窀穸。在昔正氣歌，三分席自擇。紀、朱、張、萬、沈，相與成勝迹。峩峩南雷銘，光照長虹白。久久未開雕，貞珉眠荒陌。我續第二碑，遺事吐格格。一從小跛亡，莫問南屏魄。何家新貴塋，祁連肖層碧。應憐寒谷中，隻輪獨運策。編詩録許劍，諒屬我之責。紀九峰〔三〕、朱穆生〔四〕兄弟、張文嘉、萬充宗父子、沈横書、吕東莊〔五〕、浮屠超遯。

我聞形家言，兹邱真吉宅。渺渺流泉流，藹藹夕陽夕。天定妥忠魂，楊癩不及擇。他年萬香火，鄂王共靈迹。冬青花未開，我亦已頒白。中爲鼯鼪居，旁爲狐兔陌。翩翩有羽衣，高情見風格。朽骨尚關心，何況此毅魄。吴君方埋枯骨於南屏。當年雪竇翁，兹山先埋碧。丸土不可尋，誰爲問故策。行當更訪求，與君共此責。謂魏山人耕也。

〔一〕張煌言。
〔二〕董弦。
〔三〕紀五昌。
〔四〕朱錫九。
〔五〕吕留良，有東莊書存。

道墟舟中望偁山

越州之水如鏡清，宵分偶爲道墟行。中田歷亂飛流螢，不聞人聲聞蛙聲。新芙蕖葉大於蓋，扣舷而歌何泠泠。舟人遥指倆山近，喬木十丈參蒼冥。侍郎講堂高尺五，少宰格庵先生〔一〕。重席曾傳念臺經。星移物换此事輟，異軍化爲蒼頭營。火攻都督亦健者，少宰族子欽臣〔二〕，字朝憲，死於戊子。愚公那得與山爭。沙蟲猿鶴共一歎，不知幾度驚山靈。侍郎飄然蜚遯去，首陽故址傷我情。年來四海爲家久，高陵宿莽連雲平。但見稱心寺宇遥突兀，暮鐘徐動梵火明。何來寒芒赤於電，將無大金夫人之神燈。即朝憲夫人也，詳余若水傳〔三〕。

〔一〕章正宸，明史二五八。

〔二〕章欽臣，見三不朽圖贊，妻金夫人。

〔三〕余若水所撰傳也。余若水，名增遠，明史無傳。

東浦舟中

平生慕賀監，老欲住山陰。高尚夫何有？清狂或嗣音。曾聞曲水地，向是少師林。故物祊田在，幾時遂此心。先少師公〔一〕嘗以蘭亭爲别業，見剡源集，然非今之蘭亭也。

〔一〕全清夫。

秋塍〔一〕處泉以予至各有宿留之約予謝未能也

白髮青衫有素心，相逢一笑共披襟。浙東耆舊晨星少，吾輩交情碧海深。正欲對牀消昨夢，其如畏暑廢清吟。諸公及早成蓮社，待我重來話竹林。時處泉欲舉詩集。

〔一〕魯曾煜。

同年姚君述祖〔一〕出示家傳因屬重撰墓碑

峩峩少保〔二〕昔專征，坐嘯能招橫海鯨。仗劍近臨歐冶地，受降遠度荷蘭城。勞臣報國天誰障，功狗攘封衆未平。勳策到今留祕篋，文孫何以振家聲。少保招來之績，實在施將軍之上，後竟爲所掩，是非予一家之私言，閩人皆言之。

七鯤身畔紀穹碑，楊僕樓船未足推。樵牧不貽賜姓媿，千旌頻爲幼安馳。孫枝如爾真梧竹，光烈歸天壯尾箕。試向石渠諮信史，平淮莫用段家詞。故太僕斯庵沈公〔三〕居臺二十餘年，少保欲送之歸甬上而不果，後竟卒於臺。

曾聞跋扈少年場，家具曾無擔石藏。玄霧一朝傳豹變，炎雲萬里破龍荒。澎湖毒浪先歸命，越絶神山並有光。爲卜高門終復始，請看喬木蔚生香。

〔一〕姚述祖，乾元進士，會稽人。

〔二〕姚啟聖，碑見集十五。

〔三〕沈光文，集廿七有傳，卅一有詩集序。

鮚埼亭集批注　詩集卷八

望歲集〔一〕

〔一〕乾十三。

望谿侍郎〔一〕以舊冬辱寄文鈔兼令覈審未及復也度夏於越乃條上數紙附之以詩

一編幾洛誦，高蹈更誰京。經術老逾篤，文詞明且清。低頭拜腐史，放眼笑班生。尚有葑菲采，他山礪錯情。侍郎不喜班史及柳儀曹集〔二〕，聞者多以爲過當。至以馬遷爲聞道，亦似浮於其分，而侍郎守之彌堅，莫能奪。

謬種橫流甚，何時得廓如？試鳴塗毒鼓，更指越裳車；斗柄依然揭，榛蕪定可除；羣兒愚不揣，毒霧尚狂噓。

昔年萬夫子，一見輒知音。我亦四明客，同懷千載心。蹉跎憐病驥，蕭瑟歎焦琴。湜籍方僵走，何能效砭鍼。吾鄉萬八先生季野，首識侍郎於少年，勸以從事經學，勿爲無益之文。

〔一〕方苞。
〔二〕柳宗元。

寄訊故撫軍常履坦〔一〕時方遲秋於西曹

當君開府日，我最罕經過。爲避猪肝累，兼之箕口多。高牙今已矣，舊雨近如何？牘有山中客，神傷春夢婆。撫軍待予甚厚，浙東屬吏因爭下石，撫軍不之信，嘗私以告草塘通守鮑辛浦〔二〕，令予知之。

浙水膏腴地，頻驚貫索臨。方知難寡過，恨不早投簪。被謫應蒙垢，操戈亦負心。請看掃門者，告密去如林。撫軍爲故吏所告，雖不盡誣，亦不盡實。至反噬之風，似亦不可漸長。

聖主恩如海，容當宥纍臣。他年終結草，此日望生春。幸或充城旦，寧辭贖鬼薪。金雞如有唱，白髮拜深仁。

〔一〕常安，乾六撫浙，乾十二免。外編廿六有受宜堂集序。
〔二〕鮑鈖，集十九有墓誌，作杭州海防草塘通判。超按：抄本作「草堂」。

雪舫分司同年〔一〕獄中有詩成集其送萬生幼揚還甬上寄懷甚殷未及答也至杭答以三首即送之東行

萬氏吾通家，襟襶十世遥；其暨九沙翁，尤稱忘年交。道山騎鶴去，零落嗟小喬。周郎真健者，詩格如青瑶。翩翩衡嶽秀，來看浙江潮。坦腹知佳壻，分符得劇曹。西華正苦貧，藉以資蘭膏。才大應得屯，一跌遂飄摇。夷羊既觸藩，旅鳥旋焚巢。反噬一何毒，捫心非所招。菰蘆幾故人，聞之共魂消。之子乃閒暇，旦旦拈詩瓢。縱復慚柳下，不肯祭臯陶。囅然笑髯翁，湯火浪悲號。五月萬生歸，來訪蔣逕蒿。爲言對簿者，相念每連宵。我方愧櫜饘，何以報木桃。感之不成寐，中夜空蕭騷。

初秋我渡江，與君重相見。痛定幾低回，噩夢甯須唁。投杼應遭疑，祝網終蒙眷。竟逃人鮓甕，且挽沙場綦。披讀近日詩，一過一稱善。渾忘左徒憂，不作宵雅怨。更喜有哲昆，在原遠急難。詩力雅相當，强兵迭挑戰。豈期對床約，飄泊在狴犴。采采躑忩花，連枝何婉孌。乃知真性情，多得之憂患。我亦罷鬱陶，重理舊詩研。

關東沙磧地，從軍定可矜。雖然困遠役，所喜在更生。況復近豐鎬，咫尺瞻舊京。邊塞互蟠結，山川有神靈。尤聞富物産，碩大不可名。寒則擁狼裘，飢則啖駝羹，渴即飲涼酪，暑即踏層冰。逐臣省愆暇，足以發詩情。故人謝侍御〔二〕，荷殳曾此行。貽我書一編，他年補圖經。石林。儒者所流寓，文獻於焉徵。窮荒列戍卒，撫循責匪輕。但能卹薪楚，即以報聖明。賜環諒不遠，著録尚早成。

〔一〕周宣猷。

〔二〕謝濟世。

病中突接辛浦通守〔一〕彌留之書爲之一慟

來書：「此番一病，竟入膏肓，從此長辭左右，化爲異物，非所料也。畢生偃蹇，無可紀録，惟操履粗堪自信，吟咏聊以自娱。寂寞身後，幸惟先生是賴，伏枕哀鳴，泫然絶筆。」

魂斷何能哭寢門，開緘未竟已聲吞。孤燈夜雨雙凄絶，細看模糊病墨痕。

悲秋我已化龍鍾〔二〕，眠食支離百感攻。不料爲君添涕淚，夜窗於邑和寒蛩。

冰霜節操千夫特，玉雪才華萬首盈。二語早堪作自志，了然撒手盡生平。

廿載交情澹暮雲，豫州知我最殷殷。東平墓樹休西靡，已撰穿中石柱文。

〔一〕鮑鈴，墓誌見集十九。

〔二〕病聾。

訪秋分得玉谿〔一〕詩中吹字韻

吾意正蕭瑟，況逢秋半時。誰家臨水處，定有拒霜枝。日落煙光淡，風涼衣帶吹。東城多野色，病叟亦忘疲。

〔一〕李商隱。

中秋約與蕿林〔一〕爲小集雨甚不果辱有酒饌之貽賦謝

積雨阻良覿，多情有故人。挑燈招晦魄，叩户到兼珍。夙解觀頤繇，新知動指因。差堪傲杜老，杯炙怨酸辛。

〔一〕梁啟心。

采蕺齋集

將赴蕺山講席杭之同社諸君集餞南香草堂得東字

安陽世學山齋重，五百年餘屬起東〔一〕。試向清江覓寒火，更參新會溯流風。日來帖括司儒苑，誰是真師震瞽矇。珍重諸公尊酒別，何時蘭上共詩筒。韓貫道父子〔二〕五世講學山中，清江劉子澄〔三〕高弟也，而近人無知者，專屬之念臺先生。

〔一〕劉宗周，字起東。

〔二〕韓冠卿，字貫道，學案五九；韓度，冠卿姪，亦號蕺山。韓文，亦字貫道，亦琦後，明史一八六，謝山非指此人也。

〔三〕劉清之。

臥龍山與蕺山一東一西稱越城八山之最府署在臥龍書院在蕺

偶柬補堂〔一〕

臥龍山色化興龍，領袖千巖棠蔭濃。我亦寒氈飫西爽，與君分據一奇峰。聖祖南巡，勅改臥龍爲興龍。

〔一〕杜甲。

故太守湯公篤齋〔一〕有大功於越中而專祠已圮今祀於書院中同補堂〔二〕賦

經術經世務，方可見施行。在昔胡安定，治事標齋名。湯公涖於越，如梁西門豹秦李冰。城西三江口，洪流時震驚，朝潮夕汐恣憑陵，菑畬耕穫歲不寧。五馬翩然來，下車蒿雙睛，俯察地理仰天星，妖鱔絶命狂瀾清。東眺有它山，梅龍或與京，斯民左饘右粥到今仍豐盈。三百年來祠宫傾，聊從講舍薦明馨，黄蕉丹荔依諸生。諸生讀書貴有用，豈徒佔畢誇精能。天何以平，地何以成？六府七政資講明，我詩譜神絃，雅歌諒爲神所聽。

〔一〕湯紹恩。

〔二〕杜甲。

朱綿之〔一〕解吟軒當蕺山之左念臺先生主講地也今爲比邱所居

百年帶草化茅蹊，長夜孤燈對老尼。到底寒芒猶未泯，奎文時照佛幢西。

〔一〕朱昌祚。

補堂謁六陵補祀謝臯羽王修竹鄭樸翁〔一〕於唐林〔二〕之次予告以尚有羅陵使〔三〕不可遺也

啄粟靈禽志尾年，中涓大節獨無傳。願君分取冬青淚，併弔同聲一杜鵑。

〔一〕謝翺、王英孫、鄭思肖。

〔二〕唐鈺、林景熙。

〔三〕羅銑。參集卅三祠祭議。

訪購子劉子〔一〕亡書

蕢夫不作無休死，試問遺書半不存。倘許鑿楹無恙在，定留貞孝涕洟痕。公子貞孝先生伯繩〔二〕，山居，手輯畢生，今僅存十之五。

〔一〕劉宗周。

〔二〕劉汋，南雷文案六有墓誌。

敬題念臺先生〔一〕手書 先生官司空時墨跡也。以當暑，須借金爲塾師製紵衣，告其家。

少師希聖學，不廑在安貧。一節見全體，清風識古人。尚傳手澤舊，足爲講堂珍。我亦鶉衣客，門牆倘不嗔。

〔一〕劉宗周。

始寧倪文正公〔一〕新祠神絃曲（詩略）

〔一〕倪元璐。

聞補堂遊寓山因祭祁忠敏公〔一〕

落日曠園冷，寒芒止水尊。百年傳勝地，五馬式清門。尚有藏書架，爲尋埋碧痕。我尤念公子，誰酹未招魂？

〔一〕祁彪佳。

姚江吕漢惝先生叔倫〔一〕漳海黄公〔二〕高弟也求其遺文五年而未得里人亦無知之者

漳海正命後，大滌山房空高深。太傅之後有賢者，獨抱遺經不絶吟。誰其爲老伴？何子稱同心。餘杭何先生羲兆〔三〕。我曾遊洞霄，猶見帶草環帷林，吁嗟杞宋文獻日消沈！

〔一〕吕叔倫，參前集卅三大滌山房祠石齋先生議。

〔二〕黄道周。

〔三〕何瑞圖。

過戴高士南枝〔一〕宅

南枝先生蕉萃後，誰爲列名汐社中？題詩桐江祭嚴子，賣字滸關葬徐公。固知正氣返天上，長共殘山表越東。學録定慚吾罣漏，偶來三逕弔蒿蓬。稼堂〔二〕所作先生傳，本末不甚詳。予擬搜其遺事，另爲一通而未成。先生亦嘗從事念臺，頃議劉祠配享弟子，偶失之，當補入。

〔一〕戴易，遂初堂集十八有傳。

〔二〕潘耒。

聞故甘撫胡復齋〔一〕之赴

老友日淪喪，凋年涕淚多。蜀岡應罷社，楚些不成歌。復齋本武陵人，僑江都。舊德先朝重，餘生衰病過。昨冬臨別語，魂斷我如何。時已在病榻，握予手，歎曰：「明年此際，恐不再見。」累葉清華胄，兼之幹濟才。所因非有染，驟貴竟爲災。帝德弘三宥，朋悰感八哀。故人隔江介，絮酒待春來。時予將至吴門，欲渡江一哭之而不克。辱有忘年契，登壇共説詩。最憐拓落者，「閒卻聖明時」。復齋每誦此句以惜予，故用之。隨會不可作，虞翻誰見知。寂寥身後事，賸得幾楊枝。

〔一〕胡期恒，集十八有墓碑。

故理刑陳公卧子〔一〕有大功於吾甌粵而祀典未備以嫌忌也秋塍〔二〕偶商及之予請援太守湯公〔三〕之例祠之書院中

東陽許都難，幾社與之相始終。不有賢司李，漫天禍且遍浙東。功成辭賞去，欲以此意謝閩公。孤忠踐妖夢，二千年上感殷通。竟殉華亭鶴，上覲思陵攀墮弓。可憐故部民，尚撫甘棠生餘恫。何地薦谿毛？春猿秋鶴飛吟中。聖朝已不諱，亡國之恨如冰融。蕺山有精舍，聊分一座志報功。請看三犀石，太守祠祀將無同。長哦禊水詩，定有靈旗颯颯來吴淞。

〔一〕陳子龍。
〔二〕魯曾煜，康六十進士，會稽人。
〔三〕湯紹恩。

穎谷〔一〕索題米海嶽五星研三年矣今臘過吴重出研觀之奉呈七言

當年慶曆瑞同宫，關洛先登道岸通。餘事總超百代上，寒芒又落五州中。研山未泯蟾蜍淚，墨苑長憐鸜鵒工。爾亦少微垣裏客，風流遥繼石田翁〔二〕。其蓋有石翁銘詞。

〔一〕沈李巖。上卷作「欽谷」。

〔二〕沈周。

題楳莊拾得研趙寒山〔一〕物也亦爲穎谷

寒山一片石，孤格挂晴霓。想其箋説文，曾共陪青藜。可惜多謬誤，願君潞研細論之。

〔一〕趙宧光。

西笑集

郝仲輿〔一〕九經稿今藏吾鄉張氏

湘東老子傳故紙，塗乙長留妙墨香。想當講堂孤坐日，膏肓廢疾細商量。於今述朱遍天下，經師心氣鬨不揚。誰知瑣瑣黄門筆，尚落鄞江蠹鼠旁。京山讀史、漢諸種，皆曰「瑣瑣」。

〔一〕郝敬。外集廿七有題後。

宜田〔一〕欲開雕蕺山先生遺書屬予讎正而予已辭講席因以書歸之劉氏并柬補堂

當年伊洛發遺書，鄭重張朱校勘餘。束髮有心傳墜緒，白頭把卷竟躊躇。

少師香火最嬰情，三月俄慚輟講行。祇爲白駒蕉萃甚，塲苗別自費經營。

〔一〕方觀承。

過桐齋弔廢翁鼓峰隱學三先生〔一〕

證人裘冶到東句，磊落三君最上頭。九死尚傳絶學重，不徒甲子義熙留。三先生首招南雷爲講學之侶，是齋其所倡也。甬上後起之盛，實自三先生導之。

〔一〕高斗權、高斗魁、高宇泰，續甬詩四一、四二。

同谷覓深寧先生〔一〕墓不得

逝者如可作，先生吾所歸。空吟遂初賦，莫覓浚儀碑。荒山斜日杜鵑飛。

〔一〕王應麟。

佛隴題高夫人〔一〕墓 即在佛隴庵旁。桂林留守瞿夫人嘗訪夫人來此庵。

巖疆百戰已成灰，有子焦原接迹來。合與夫人人外去，禪花歲歲墓門開。

〔一〕高斗樞夫人徐氏，字泰母，續甬詩九。

寒食微雨欲展先宗伯公〔一〕墓不果

東風打梨花，病夫意瑟瑟。西山隔重湖，徘徊前復輟。横塘鼓吹喧，知是諸郎船。

〔一〕全天叙。

信宿姚江舟中偶作三哀詩

張先生客卿、蘇先生存方、邵先生得魯也〔一〕。張本鄞廣文，丙戌後隱雪竇。邵亦隱雪竇最久。而蘇曾入鄞，參密老。皆於吾鄉爲寓公。嗚呼！三先生之大節，予豈以寓公故私之，而所歎者，姚人或反莫之知也。

天上客星人經師，湖學風規差似之？冷官蒿目際陽九，赤手安得匡危時。恢復人心第一檄，傳者竊笑聞者嘻。豈知天地遽崩裂，竟坐此故成陵夷。乃信巖疆在方寸，不恃高城與深池。差喜臣心尚無恙，未須討貳勤濟師。妙高臺上乾淨土，殘山足與寸心依。吁嗟世道日淪陷，莫卜此心來復期。大招廣招不可返，茫茫憂患何人知？臨風遥遡足三歎，重泉應與我同唏。

海門〔二〕弟子誰先傳？石梁〔三〕鏗鏗儒而禪。有客從之得妙諦，亂後靈光尚巋然。四明山中茅一把，醒即讀書倦即眠。腥風血瀑遍下界，而我神遊炎黃間。偶然小詩鳴自得，擺脱籬落追天鳶。律以學統或未粹，要其風格良孤騫。百年浙學久墜地，石梁薪火亦荒煙。樵牧安能認帶草，蘇園寂寂無故氈。太沖先生〔四〕不甚可存方之學，謂與史子虛、沈求如一例〔五〕，而澤望先生〔六〕極稱之。予謂存方風格自是義熙以前人物，未易及也。

東陵一生真狷者，苦節凛冽吐寒芒。祥麟降生偏不偶，天實厄之當滄桑。桃源何處避何所，一洗頭顱歸竺王。豈以軍持謝世事，翻從魚鼓擔綱常。可憐潭上一畝居，欲扶九鼎則已狂。十年雪竇混姓氏，晚竄福巖竟淪亡。慈雲不足消冤怨，祈死得死何堂堂。曰故遺民非衲子，死返初服朝毅皇。謝翱方鳳不終泯，山水爲之留耿光。三哀賦罷山鬼嘯，春潮夜漲天蒼蒼。

〔一〕張客卿，廷賓；蘇存方；邵得魯，以貫，集廿六有事略。

〔二〕周汝登。

〔三〕陶奭齡。

〔四〕黄宗羲。

〔五〕史孝咸、沈國模，參集十一梨洲神道碑。

〔六〕黄宗會。

寄懷穆堂閣學〔一〕

三朝遺舊德，一病竟侵尋。孤負佐王略，空餘衛道心。息機消噩夢，觀物寄清吟。何日浮彭蠡，重陳昔與今。

孺廬仙去後，歡會孰追尋。試挂徐公劍，應傷向子心。暮雲已索莫，新雨費沈吟。脈脈瓣香在，相要亘古今。

冉冉蹉跎老，王黄緒莫尋。已知鄰暮氣，所愧負初心。懷舊紛多感，憂時亦輟吟。自從邗上别，荒落到於今。先生謬許予爲深寧、東發以後一人，慚媿屬望之殷。今未五十而衰，永懷知己，不禁憮然。

〔一〕李紱。

即　事〔一〕

中天玉燭正當陽，聞道番酋悔陸梁。須信止戈方是武，不關辟土始爲疆。黑頭上相〔二〕脂車返，白髪元戎〔三〕看劍長。此日西垂多樂事，羌髳無復有塵揚。

〔一〕乾十四年平定金川。

〔二〕傅恒。

〔三〕岳鍾琪。

夜讀石齋先生〔一〕駢枝集

先生經術粹無疵，少作流傳玩世詞。我讀洞璣希領會，挑燈聊爾擬駢枝。

〔一〕黄道周。

太白山中弔二公子

西炤，爲故尚書龍泉郭忠烈公維經子；可立，爲故侍郎休寧金文毅公聲子；今寺中無復有知此二師者矣。予仍稱之爲公子，存其真也。

太宰諸郎君，次第殉國難；既以慰先公，亦有光楊萬。憖遺此殘生，東竄餘一綫。司馬祇孤兒，曾參績谿戰。幸逃笪橋死，亦得保餘喘。投身玲瓏巖，受役伊蒲飯。世系既沈埋，頭角甘漫漶。相看各相訝，有淚不敢濺。郭公長子應銓，字甄孟；次子應衡，字仲平；從子應煜，字扶生；皆以樞部郎從戎而死。而西炤之名不可考，其浮屠名曰興徹〔一〕。金公志其先墓，祇載一子，名敦涵，不知即可立否？其浮屠名曰□□〔二〕，一女爲尼於吴，師事蘖庵，曰超遯〔三〕。

從來鸞鳳種，所在有寒芒。雖然經百罹，其精未消亡。清關魚鼓下，雜沓混否臧。豈期來精衛，繞寺爲徬徨。山靈大驚咤，此是誰上堂？中司一朝來，老眼終無荒。謂彼二少年，顛末宜致詳。眉間有兵氣，頬上尤凌霜。扣之堅不語，乃相與連牀。中宵竟餂得，一慟血玄黄。請看新裓衣，猶隱舊劍鋩。山靈大歡喜，呵護有仁王。二公子執爨且數年，都御史高公元若〔四〕來寺中物色得之，一院皆驚。

密公高弟子，少亦不碌碌。所以兹山中，接踵來耆宿。記得甲申年，曾賦新蒲緑〔五〕。一朝荷徵書，夜猿厭空谷。欲稱大薙師，新著朝天録。痛絶諸葛兒，隨車遭迫促。白圭險被污，素絲危見辱。高厚所照臨，誓難負幽獨。幸得脱身還，有淚已萬斛。終身西向戒，豈以長齋贖。空門亦易腥，殆哉此孤躅。方歎中司言，前知良以卓。高公贈西炤詩曰：「應歎空門裏，腥塵亦易干」，至是幾爲詩讖。

吁嗟桑海間，志士競沈冥。荒山萬招提，殊不少駱丞。年運與俱往，誰爲留名稱？我來過凰谿，雲外聞蘭馨。將無二公子，魂魄所式憑。獨憐采風者，谷音久飄零。我詩雖不工，聊足補獻徵。擊碎竹如意，空中聲登登。時道忞之徒不欲隨行者，二公子之外尚有沙門雪樵，名真樸，亦高節〔六〕。

〔一〕五燈全書七三作「犀照本澈」。

〔二〕五燈全書七三作「江右明經」。年譜次子敦滋，崇禎十二年生。

〔三〕西河合集碑記十蘗庵塔記，金公女名道超，據金先生年譜，女名道炤。濟宗世譜蘗庵法嗣無道超，亦無道炤。

〔四〕高斗樞，續甬詩九。

〔五〕新蒲緑見布水臺集一，百城集删。

〔六〕北遊録即題真樸編次。

薄暮巽亭〔一〕見過

相逢新緑下，暝色滿湖濆。漁火參差出，天星旁午分。故人偶遊息，而我正微醺。何處鯨鐘動，南藍夜講殷。

〔一〕葛繩先。

碣石行

故都御史華亭徐公孚遠乘桴廿年，從亡道梗，由安南入覲。安南要以臣禮，不屈而歸，所傳交行集者也。歸而同延平〔一〕入臺。延平亡，臺軍漸削，乃復入中土，栖遑無所就，至碣石，依宮保總戎吴君六奇，竟以完髮終。其野死爲可悲，其得保顛毛，則亦僅有之事也。吾獨壯吴君之出自賤微，自草竊而能爲天下留貞臣之命，使得以無恙威儀入地，是亦絶世之奇矣。世人但舉查職方一事，以爲佳話，豈足以盡之哉？宜其克享功名，歿邀順恪之謚也。若田間先生〔二〕謂徐公歸自交趾，即留碣石，則謬矣。抑國史吴君傳中，亦應大書者也。

孑遺孤臣頭雪白，不死東寧死碣石。吾戴吾頭吾知免，一枝幸藉將軍力。冥鴻何處覓安宅？老羆帳中堪避弋。鴟鴞不敢加彈射，幾社故人最生色。夏公感歎何公喜，更有陳公同太息，相與驚魂且動魄。謂斯人者從何來，古心所照天地碧。碣石風雷生畫戟，誰知中有柳車客。海王爲之司眠食，朝看揚潮夕重汐。在昔韓王亦無輩，竟賣鍾離足長唄！

〔一〕鄭成功。
〔二〕錢澄之。

臨桂伯〔一〕錦歸曲 事見所知録

臨桂相公何精忠，側身蠻瘴矢匪躬。漢家九鼎自岌岌，孤臣浩氣自熊熊。殘疆累蹶亦累振，其奈天廢無成功。幸逃九死竟一死，誰知都在前定中。真人珍重説錦衣，翻成馬革亦已奇。應思此言有精義，堪歎世人知者希。真人定是赤松儕，不逢赤劉盛，偏逢赤劉衰。祕計空陳赤伏災。赤伏雖遘災，其在相公不爲災。堂堂錦衣神歸來，正命而終天所諧。相公竟錦歸，從者爲阿誰？副樞張公緩帶陪，大將焦公鞅跗隨；緋袍公子參旄麾，箕尾光照虞山陲。改冠易服誰氏子？褐寬博者視有泚，乃知錦衣不在此。我讀浩氣吟，指南而後有遺音。真人密授獨未及，幾令佚事憂消沉。將無貞臣不語怪，恥逐啼鵑返故林。試歌錦歸曲，懸知陟降神所臨。赤松仙人諒不死，苕霅之閒光尚紫。何當尋之話舊史。

〔一〕瞿式耜。

鈍軒〔一〕謂瓜子蛤未有賦者因同作

海王副瓜遺其仁，飛入新蒲得化身。紅藥風翻初上市，黄梅雨過尤宜人。芳鮮聊爲薄醉下，大嚼未堪老饕陳。不知許事且作達，掌故長貽合氏珍。

〔一〕董弦。

鮚埼亭集批注　詩集卷九

雙韭山房夏課〔一〕

〔一〕乾十四年四月。

五令君詩

乙丙之間，甬句百六，生民莫保殘喘，猶幸五令君者，皆仁人也。五令君：曰職方兼知鄞縣濟人秋水袁侯州佐；曰兵科兼知慈谿縣揚人螺山王侯玉藻；曰職方兼知定海縣南陵弋江朱侯懋華；曰御史兼知奉化縣吴人虚谷顧侯之俊；曰職方兼知象山縣萊人如圃姜侯圻。王、朱、顧皆甲申以前所授官，圖經尚存其姓氏，袁、姜則出東江之版授，遂無知之者。是豈部民之所可恝然已耶？乃各繫以詩。

二靈雲蒼蒼，嘉澤祀皇皇。至今錢湖葑，居然召伯棠。詳見曾大父太常公〔一〕乙丙之際存湖録。

大義絶賊臣，私恩寧足紀。斯意關綱常，保障其細耳。螺山〔二〕拒其房師之從逆者，當時甲乙科中人，多以爲非，不知君臣分義先於師生，是乃所以扶持正氣也。

朱侯真幹才，坐嘯鎮海澨。笑謂王武寧，高牙空虎視。

瓜里仗聲援，同仇首剡源。崎嶇嶺嶠魂，未忘茲彈丸。虛谷〔三〕從亡入閩，閩亡，入粵，間關盡瘁而死。姜郎〔四〕忠臣兒，一官竟齎志。我作先祠銘，尚亦光義幟。予方爲其先忠肅公祠堂碑銘。

〔一〕全大程，續甬詩廿四。

〔二〕王玉藻。

〔三〕顧之俊。

〔四〕姜圻。

巽亭〔一〕約爲密巖一帶之遊予謝未能也是日偶和故太常莊公〔二〕九月二日詩

亳社當年萬古愁，城門軍散弔延秋。灰心已分孤臣死，續命還因宗國留。不道微行遭婦口，定傷多事戴吾頭。明朝正有溪船約，腸斷休爲二皎遊。

〔一〕葛繩先。

〔二〕莊元辰。

再和漢曉太常〔一〕詩

空山循髮訴牢愁，爲道秋今非我秋。夏肄更誰完百粤，周遺枉自愧雙留。不堪東望長垂翼，祇合西歸亟掉頭。三復林生大還句，居然騷些共神遊。

〔一〕莊元辰，崇十進士，續甬詩八。

楊氏儵園

太僕佳公子〔一〕，風流别墅開。神鴉猶護樹，怪石已爲灰。楊園中花神祠，今爲里社，香火極盛。地據雙湖勝，人稱一代才。誰傳猘兒語，吟眺幾徘徊。嘉則先生每呼伯翼爲「猘兒，難與爭鋒」。

〔一〕楊美益。

沈氏暢園

尚寶好兄弟〔一〕，超然謝黨論。嘉名分禊帖，小築傍空門。文恭〔二〕諸子當天啟時，俱能自拔於浙人衣鉢之外，不求進取，其放懷詩酒，亦可尚也。園中題署，皆取禊帖中語。尚有懷寧墨，能污貞士魂。風騷今雨散，蔓草滿城根。阮尚書大鋮與文舍人啟美，嘗偕寓茲園唱和。阮、文臭味不同，而以絲竹之好相連綴，詳見暢園志中。

〔一〕沈延賞，續甬詩二；沈光融，續甬詩六。

〔二〕沈一貫。

陸氏意園

在昔浚儀長，幽居肖輞川。花連堤上錦，雲接洞中天。南岸爲先宗伯桃花堤，西岸即史文惠王〔一〕之真隱洞天也。鳩據因多難，鴻冥遂杳然。我來覓陳迹，重説義熙年。武城〔二〕以國難故，播遷不返，是園遂爲降臣所有。

〔一〕史浩。

〔二〕陸起元，續甬詩五二。

七夕鈍軒〔一〕集同人祭蒼翁〔二〕於隱學山房

今夕是何夕，良辰好祭忠。秋江潮汐壯，銀漢女牛通。耿耿扶韓志，堂堂礫卞功。我歌降神曲，天半吐長虹。蒼翁正命之辰，重九前二日也。同人聚散無常，故不能盡同此日。

爲歎五君子，天中畢命時。共姜宣母教，樞使有孫枝。姻婭清門重，賓寮合食宜。多情仗羣從，聊以慰陵夷。是日配食爲若思先生〔三〕，共姜，若思母周太安人也。大節詳予所傳，姻婭即見蒼水哭若思詩。

正翁洵舊德，扉屨幾傾家。掉首辭塵劫，低眉誦法華。薇應清似粟，梅亦大於瓜。此日陪靈馭，寧慚博望槎。鈍軒曾祖正先大行〔四〕，晚受戒於大梅法幢禪師〔五〕，與桐城方子留〔六〕輩並稱上座，是日別設伊蒲食以配之。

招魂如可作，移榜不須嫌。故國無星火，伊人在水蒹。欲推瓣香力，遍爲國殤拈。竚待禮成日，新題樂府鹽。時予方議合祭甲乙以後二十八忠，爲之立祠。

〔一〕董弦。
〔二〕張煌言。
〔三〕董德欽，續甬詩十一。
〔四〕董應遵。
〔五〕法幢行幟。
〔六〕方授。

寶墨齋看蕙

臭以同心合，香叨東壁分。秋來倍爽潔，病後易沈醺。倘許幽人佩，休令王者聞。爲君鼓一曲，珍重十年薰。君山〔一〕謝選部之籍，已十五年。

〔一〕胡銘嶧。

萬竹山中訪故少參夢章羅公避地寓

剡源清絶處，傳是使君居。辛苦晝江後，章皇蹈海餘；周黎猶被蔭，蜀道竟何如？合有甘棠祀，同招海岸車。吾鄉節推之應祀者，海岸黃忠潔公〔一〕，而少參之有功於東江，生死雖異，其忠一也。萬履安〔二〕云：少參丙戌後，衣冠不改，尚能爲諸遺民之寄居剡中者所仗庇，尤不可及。海岸大節登於明史，至少參則泯然矣，爲之三歎。

〔一〕黃端伯。

〔二〕萬泰。

偶示諸生

十年未得去矜心，把卷誰爲上蔡箴。亦有差强人意處，硜硜不作導諛音。

沈郎曾有膏肓語，爲讀君詩長傲多。幾度沈吟難自克，江河滿目正頹波。吴江沈果堂徵士〔一〕謂予，讀鮚埼亭集能令人傲，然亦能令人壯，得失相半。予甚佩其言。

拓落泥塗我自甘，斯民蕉萃是誰慚。羣公定有經綸在，可許低頭子細參。

〔一〕沈彤。

榆林村中弔戴帥初〔一〕

剡源老子師傳盛，曾從巽齋復厚齋。洞天福地釀清氣，殘山賸水傷老懷。咸淳百年遺民貴，至元一出晚節乖。而今文統將誰寄，紅樹黃泥漫滿崖。帥初祇得爲文學，今圖經承李氏宋遺民廣録之誤，改入隱逸，甚不合，當以舊志爲是。

〔一〕戴表元。

新得袁伯長學士〔一〕研試筆賦之兼示配京沖一〔二〕兩茂才

珍重清容研，留遺延祐餘。曾調靜寄墨，及侍友恭書。樞使門庭古，南湖池榭虚。一區今屬我，奚翅百璠璵。

此地溯文獻，陽源最長雄。史存梅磵窖，經發竹林筒。呵護欣無恙，煙雲尚不窮。故應靈淑氣，長吐石田中。

聞昔新河啟，高才遂挺生。天心愍磽确，地肺應文明。日送花磚麗，山披石質瑩。猶傳頻扈從，橐研度開平。相傳端平以後，堪輿家言慶元城西若開新河一道，當生大文人，及河開，清容生。

前輩淵源盡，誰其足嗣音。菑畬如不怠，阡陌豈難尋？忽忽中衰恨，茫茫後死心。同疇期二妙，一振式微吟。

〔一〕袁桷。

〔二〕盧鎬、范鵬。

老友董映泉〔一〕挽詩

與君共和太常詩，爭羡崢嶸老鶴姿。危腦忽傳妖夢踐，匆匆又作挽君詞。清門兄弟俱僑札，醇德終當數長公。最是斷腸身後事，墮樵遺秉亦成空。老去精思審六書，直探皇極鋭何如。而今撒手空行去，脈望翩然返太虛。君老而好學，欲從予講求祝氏皇極數學，因探聲韻諸圖之藴，予逡巡未果，而君逝矣。

〔一〕董元聰。

鸛浦鄭氏秋丁祭黄子

黄子〔一〕澤五世，於今已一絲。閣下木樨花，秋來放幾枝。嗟我僅私淑，未得揖讓於其時。

〔一〕黄宗羲。

帖經餘事集

田宏遇〔一〕謁曲阜挾妓楊宛以行其碑今尚存未有宛詩駴而志之

田郎寵靈仗一女，乃敢呵詈及盈廷。其時盈廷或可詈，不知田郎何所能？碑文盛指百官之庸，科舉取士之誤國。循碑雒誦得妓句，自古妄人得未曾。九原如遇孔中丞，一殛定洗林廟腥。

〔一〕田弘遇，莊烈田貴妃父。

瓶花齋雨集天台寺僧適以鹿銜草至甌亭〔一〕索賦分韻（詩略）

〔一〕吴城。

題陳秋濤相國〔一〕墨跡

公昔張空拳，思以振赤符。赤符讖不驗，滄海爲之枯。天廢誰能興，志士枉受屠。唯是桂林燼，仗此稍支吾。畢竟延一綫，東僵西則蘇。連衡張陳霍，旁暨韓麥徒。張公家玉、陳公邦彦、霍公師連、韓公如璜、麥公而炫。以致惠國公，翻然成改圖。孤忠天所鑒，讖亦未盡誣。卷中詩云「世事予多讖，浮生亦有天」，當是公甲申後作。南極竟渾一，百年拱車書。尚有妙墨寶，流落漸江隅。相國所作詩名秋痕。寒芒而正色，英爽與之俱。番禺耆老盡，文獻誰爲儲。秋痕隨秋去，賸此灰劫餘。連呼玉晝叉，收之緘中厨。

〔一〕陳子壯。

望谿侍郎〔一〕輓詩

前年我過湄園中，先生留我開經筒。七治儀禮老未竟，上糾康成下繼公。惜我投閒空咄咄，戒我浪遊徒匆匆。速我著書漫忽忽，倚杖而歎神熊熊。東西宿老淪落盡，巋然靈光世所宗。其秋示我新雕集，寄聲他山錯可攻。長箋亦聊貢一得，謂以寸莛叩巨鐘。謙光一一盡刊削，再索直言資折衷。三江迢迢未盡達，豈期妖夢告蛇龍！昨秋予以先生集中商榷如干條，託朴山先生〔二〕寄之，不料其不達，擬再寄不果。遺書行世僅十五，尚有祕篋干長虹。由來舊德爲時重，雖復不用亦有功。試看浮玉山頭色，一夜愁雲冥濛濛。江東有客近悔過，欲齎絮酒哭幽宮。尉佗拜表去黄屋，「孰與漢大」敢怙終。我詩寄聲到蒿里，先生一笑降虚空。堇浦向不得見於先生，頗操異議，及聞赴，歎曰：「吾方欲之秣陵，一拜床下，不料願竟不遂，長負此愧。」乃以文哭之，自道疇昔。

〔一〕方苞。乾十四卒。

〔二〕方棨如。

題張丈亟齋〔一〕手校漢隸釋源後贈施六上舍北亭〔二〕

讀書識字今所希，施郎兀兀忘其疲。六藝妙處足不朽，上函雅故通精微。符山堂上大布衣，渺然古心追籀斯；七載寒窗校漢隸，欲以赤手報婁機。卯柳桃菜紛謬誤，我昔泛覽多闕疑；二首六身豈易曉，一束二縫亦難稽。五日之門曆所誚，三豖之渡史莫釐。馬尾虎穴充談助，落筆茫茫空累唏。吁嗟小學已廢絶，我亦有目如霧迷。昔者襄陽近臨川，署名猶爲世所譏。亟齋謂米顛錯寫「芾」字，而北亭亦笑臨川先生名，不當用俗體「紱」字。施郎何處得此本，老眼恍然逢珠璣。符山遺書已四散，淮浦帶草空離離。神呵鬼護幸存此，一朝靈物得所歸。巧偷豪奪世不少，尚其寶之防速飛。北亭以予之愛之也，乃以贈予，即爲其尊先人墓銘潤筆，予詩遂成佳話。

〔一〕張弨，集卅一有序。

〔二〕施廷樞，耆獻類聚藝文十三。

長至日展蒼公墓同江聲〔一〕用離合格

九沙仙去後，瓣香過者希。觀察真多情，偕我踏山蹊。謝山致江聲。今日正南至，一陽氣霏霏。太史多雅懷，來看朱鳥飛。江聲答謝山。墓前麟辟邪，亦是故國儀。一枝借孤忠，星火以爲依。謝山。承聞豐狐筆，已草黄絹碑。明年速上石，長作山中輝。江聲。

〔一〕金志章。

病中三首

疇昔負壯志，寧當遽就衰。二毛嗟早見，一病盼春回。自舊年沈疾後，蕉萃遂不可振。哀樂偏多感，升沈不待推。尸居慕姑射，何以絶塵埃。用止齋先生〔一〕語。（下略）

〔一〕陳傅良。

庚午〔一〕歲朝

吠日吠雪犬譁然，嗥南嗥北客不前。老夫所憂在無年。穉兒不解事，應門索紅箋。

〔一〕乾十五。

逸田以人日祭蒼翁得三絶句

春來猶自怯霜風，人日題詩酹信公。畢竟擘蘭家法在，細挑七種菜叢叢。

最憐民部遊仙日，正是元樞授命年。地下雙雙埋碧血，人間久久發陳編。

華屋山邱一望中，誰來城北弔遺忠？張徐楊葉都零落，賸有平陵松柏桐。張遺民、徐石耕、楊竹畝、葉天益〔一〕皆居城北，附近尚書里第，今其後人俱亡矣。

〔一〕張逸，續甬詩七五；徐位、楊渭，名見續甬詩七一；葉謙，續甬詩五七。

配京〔一〕書齋故寒厓先生〔二〕居也不可無詩

聞君焚膏地，舊是寒厓廬。將無承塵上，或有戊子紀事書。吁嗟小江一抔土，嘿農〔三〕諸公陟降俱。

〔一〕盧鎬。

〔二〕駱國挺，續甬詩六四。

〔三〕華夏。

病甚有作

老夫春病太咄咄，無處告訴但支離。偶然欠申不自覺，盲風間道窺心脾。

昨宵舌本赤熛怒，流血驚怖雙牙關。或者涣去惕亦出，天心俯憐賀若頑。舌間無故湧血。

昔人欲心如槁木，今我已槁乃愈危。乍疑方寸已皸裂，安得膚寸春雲垂。心氣忽忽告盡，異事也。

仲翔骨節原生硬，病裏猶添觸迕多。幸未折腰已若此，倘教束帶更如何。

湘東一目已郎當，何堪更晦半面妝。從今合眼亦自好，更莫奪我靈府光。

三千丈髮且半白，忽然作楚難按摩。絲絲細擢罪莫悉，一握任爾棼婆娑。髮痛甚怪。

世間萬事我何豫，其奈百感偏嬰心。此病天痼不可療，扁佗束手空沈吟。亡友姚薏田〔一〕嘗言予病在不善持志，理會古人事不了，又理會今人事，安得不病。

諸生未了傳經業，幾許關情在替人。莫似老夫中暴棄，桑榆潦倒媿先民。

〔一〕姚世鈺。

徐錦衣〔一〕花乳石印譜

彎弓没石志未遂，揮刀切玉藝亦奇。此是萇宏未埋血，雪泥鴻爪尚離離。

〔一〕徐啟睿，集八有墓銘。

明宗室隱頭陀寫文信公像故民部董次公先生〔一〕物也

南嶽諸劉歎道窮，重摹王蠋感孤忠。懸知燕市光明相，跨鶴東來聽匪風。次公有匪風集詩。

〔一〕董守諭。

病目集

八赤舟中柬薌林〔一〕

天子親裁錫類詩，華堂爭誦錦歸時。椎牛我自知難逮，只合空江理釣絲。
木雁遭逢豈可班，羞居材與不材間。故人爲我關情處，莫學瓊山强定山。
鮚埼亭下户長扃，未死心猶在六經。但使稍能窺墜緒，餘生不敢歎沈冥。
駒隙難將歲序留，相看霜鬢各盈頭。益公爲待明農日，重約誠齋共唱酬。

〔一〕梁詩正。

慶湖課耕圖爲秋塍〔一〕作

朝過梅墅午麻谿，别製秧歌被耦犂。我亦來分餘餕好，湯公祠下啖豚蹏。

〔一〕魯曾煜。

蓮宇先生〔一〕再入政府

清德人無間，孤根帝所知。重膺左席召，不待大廷推。民力方憂敝，天災孰與支。望公調玉燭，晚節在斯時。

〔一〕陳世倌。

雨中江聲菽林堇浦竹田雪舫雲亭〔一〕過飲篁庵

叢桂香隨暮雨沈，旅人獨坐正蕭森。相逢舊雨皆華髮，並奏清商寫素心。米價未平愁歲歉，江潮大上識秋深。精藍喜與塵氛隔，且擘鱸魚供醉吟。

〔一〕金志章、梁啟心、杭世駿、施安、周宣猷、舒瞻。

嶰谷〔一〕北行同人分賦行裝予得油衣

客裏難教用瓦精，偏逢雨雪送長征。襟分薜荔牆頭色，袖作芭蕉窗外聲。渴日若升應棄置，漏天未塞足孤行。故人此日齊東道，愁聽簷花落五更。

〔一〕馬曰琯。

穆堂先生下世〔一〕欲作挽章不能盡所欲言援筆輒泫然而止冉冉一載邗上寓中得三首亦竟未足抒予痛也

坡潁好兄弟，終身酹兗公。後來陳正字，没齒感南豐。薄植寧堪比，深恩實所同。重江素車隔，何日拜玄宫。

我有籲天語，蒼蒼遠不聞。終難遺一老，殆欲喪斯文。大鳥臨江介，妖星入楚分。最憐用世志，百折尚殷殷。

淮上分襟後，長愁十載多。心期已孤負，音問亦蹉跎。絶學知難紹，雄文定不磨。墓門雖寂寂，正氣表山河。

〔一〕李紱，乾十五卒。

鮚埼亭集批注　詩集卷十

度嶺集

東粤制撫〔一〕以天章精舍山長相邀辭謝不得齒髮日衰乃爲五千里之行非予志也

忽忽暮春日，茫茫五嶠行。庭前書帶草，遠別最關情。張生瑶暉頗不欲予遠行。

此去特謀食，投荒作遠遊。解嘲姑漫語，好爲訪羅浮。

衰病畏行役，屏營足不前。杭生真邁往，先我已揚鞭。時堇浦〔二〕有粤秀山長之聘，先行。

〔一〕乾十七，兩廣總督阿里袞，巡撫蘇昌。

〔二〕杭世駿。

嚴灘

在昔紫薇翁，説詩白雲原。紫薇已先去，白雲滿江村。荒江撫木末，尚有魯公魂。我亦酹巵酒，一弔謝生〔一〕墳。

〔一〕謝翺。

豫章小泊欲過哭孺廬學士〔一〕墓下不得

弭節望東埂，西州涕泗多。素車吾有負，玄冕或來過。莫報恩如海，應憐鬢亦皤。恖恖感鄰笛，落月滿江沱。東埂，學士村居所在。

〔一〕萬承蒼。

天章精舍釋奠禮成示諸生

魁儒疇昔降神時，紫水黄雲天命之。世遠山川長寂寂，投壺誰唱代興詩。雲水爲白沙〔一〕之瑞。

瓌奇多學數瓊臺，底事三原忽見猜。力毀石翁尤可詫，瓣香姑舍莫相推。時多以瓊山〔二〕不豫祠中爲疑。

泰泉〔三〕高弟稱盧子，尚有遺書歷劫存。怪殺圖經遂滅没，我來重爲薦芳蓀。盧太守冠巖所著獻子偶存，深造自得之言，南海志乘竟無爲立傳者，予始表而出之。

清瀾〔四〕雅自居朱學，學蔀成編世所傳。此是當年執政意，真儒定論豈其然。泰泉不喜陳、王之學，出於意見不合。清瀾則投政府之所惡而攻之，醜矣。

江洲極口排貞復，不以枌榆事黨同。方信石翁真世嫡，肯將葱嶺玷宗風。

由來報本重先河，此席功應首見羅。曾以講堂爭去就，蕭寥香火竟如何。端州精舍始於李公〔五〕，分守嶺西所作，其後以督府殷正茂不喜講學，拂衣去官，今粵人無知之者。予近討論先師，但列粵中諸儒，而未及于湴斯士者，然見羅斷不可恝然也，當補行之。

〔一〕陳獻章。

〔二〕丘濬。

〔三〕黃佐。

〔四〕陳建。

〔五〕李材。

送耜堂〔一〕掌教新會

沂水春風自在天，白沙密授更誰傳？張林湛李都零落，木鐸消沈三百年。
年來絶學已榛蕪，大雅危輪好共扶。目送君舟自厓返，端溪涼月夜牀孤。
木蘭花下共論文，曾爲諸生討論殷。此去正逢冬日好，霜橙露菊薦黄雲。
越公墓下信公祠，填海遺編試問之。淒絶鷓鴣清夜淚，一樽爲我酹南枝。
江東粤秀講堂開，定有雄文足起衰。不道一時齊度嶺，浙宗和會廣宗來。陽明、甘泉同講學，時稱爲二宗。
蓬萊香吏正鳴琴，主客遭逢定賞心。倘有唱酬成别集，老夫乘興更相尋。謂張愓庵〔二〕。

〔一〕吕伊。

〔二〕張甄陶。

七星巖

天帝當年啟大樽，七星羅列似兒孫。洞門尚有歌鐘在，石室將無祕籙存？自昔湖山煙水闊，於今阡陌草萊焚。何當反復謡黄鵠，用瀉灘江春漲痕。謂瀝湖也，説見屈氏〔一〕新語。白日伊誰巧琢成，離奇變幻有神明。乳泉上接天漿落，斗枋遥疑石筍擎。山鬼空中驚爆竹，詩人傍午作題名。老夫蹇足徒惆悵，病後探幽不勝情。

〔一〕屈大均。

新會張明府惕庵〔一〕以予將去粤有諸生無福之歎予皇恐不敢當也

泰山不作文昭逝，方信人師絶世無。自分衰殘天所廢，敢耽棧豆誤生徒。

孤負賢侯屬望奢，幾時帶草盡開花？鯫生量力知無補，只合焚香祀白沙。院中舊無先賢栗主，予始創祀白沙先生以下二十一人。

一年鼓動終無術，因病逃閒亦見機。誰變秀才爲學究，此中罪責有攸歸。

梁父主生亢父死，泰山祕册定難詳。故人愛我將無過，欲卜天心恐渺茫。時君謂予必不死，以所蘊未盡暴於世也。

〔一〕張甄陶，乾十進士。

肇慶訪故宮

當年草草構荒朝，五虎猶然鬭口囂。一夜桂花零落盡，沙蟲猿鶴總魂消。

辛苦何來笑澹翁〔一〕，遍行堂集玷宗風。丹霞精舍成年譜，又在平南珠履中。丹霞精舍在南雄，予嘗謂澹歸在「五虎」中本非端士，不待爲平南作年譜〔二〕而始一敗塗地也。

〔一〕金堡，澹歸今釋。

〔二〕今釋撰平南王元功垂範，見遍行堂集及徐乾學所撰墓誌。自今釋著述被禁後，此譜始改題尹源進編。

天湖慶雲寺 有序

天湖本名頂湖，相傳有湖在山頂。今山頂無湖，但平地耳。或者桑海之變耶？翁山〔一〕則以瀑潭爲湖，亦近之。村夫子不知，乃以爲鼎湖，而引黄帝弓劍之迹以附會之，妄矣。予病後將去粤，諸生請入山，因再宿，漫成古詩三十二韻。（詩略）

〔一〕屈大均。

天湖之稱不知所出近從獨漉〔一〕詩方知以桂王得名也

當日小朝廷，湖山别署名。尚傳亡國痛，敢爲望藍榮。浩劫幸垂盡，慈雲慶永清。遺民詩史在，莫罄籲天情。

〔一〕陳恭尹。

灃川訪海目先生〔一〕故居

江洲〔二〕好兄弟，宫相以詩鳴。侍郎江洲先生，講明白沙之學。爲過灃川宅，水雲明且清。風騷今道喪，池榭亦塵冥。太息斯人逝，誰爲發地靈。粤中詩人如五家、三家，多出東州，其自端而西，唯海目父子一門。

〔一〕區大相。
〔二〕區大倫，廣通志列傳卅。

馮生元才家順德屬之訪李抱真先生〔一〕畫猫然殊恐其難得也

李公學道人，閒情作畫師。相傳小廬山，沙翁曾賞之。吾家繙蕫鼠，四出不敢支。乞靈得一卷，潛伏倘有時。購之不敢用吴鹽，李公之畫直百縑。吴中以鹽易猫。

〔一〕李孔修，明學案六。

增城荔子

新州香荔已堪推，掛緑東來更絶佳。況有嘉名以人重，當年曾入尚書懷。以甘泉翁〔一〕故有「尚書懷」之名。

〔一〕湛若水。

江門謁陳文恭公〔一〕祠因訪文恭服玩遺器各賦一首

碧玉老人太古心，碧玉老人太古音。老人去我三百載，許我登堂撫石琴。碧玉，文恭樓名，右石琴。

玉臺巾製已無存，湛子猶傳葵笠尊。有客切雲冠冪兀，白頭訪古到江門。右玉臺巾。文恭詩曰「唯有白頭谿裹影，至今猶戴玉臺巾」是也。甘泉以葵笠授弼唐爲傳衣，即所云「心性冠」是也。

石翁曾繡自然裳，付授甘泉永勿忘。我亦荷衣更芰製，摩挲襟襶浥餘芳。右自然裳。

圭峰石上三茅君，曾爲講堂供奉殷。今日陽春私淑者，何當分策管城勳。右茅筆。

蘭橈桂楫亦已遠，玉色金聲倘可從。如聞先生扣舷和，春水汩汩雲淙淙。右光風艇，文恭及門伍君光宇所作也。

〔一〕陳獻章。

慈元陵

高曹向孟〔一〕均賢后，尚有芳魂殉落暉。一洗簽名臣妾媿〔二〕，虞淵雙抱二王歸。

〔一〕應云「曹高向孟」，爲仁、英、神、哲后。

〔二〕元史類編二引湖山類稿二宋降表僉謝后名詩曰：「侍臣已寫歸降表，臣妾僉名謝道清。」

張新會〔一〕惠葵扇

江門葵田遍阡陌，員葉扶疏幾四尺。長夏能噓長養風，涼不傷人在温克。江門工師剪裁精，祓暴兼資水火力。居然大雅成柔嘉，蠲煩解躁有令德。由來葵産異百材，入火不焦最雄特。天蠶之絲紉以精，椶竹之枝惠且直。青銅爲扣玉爲板，鸛耶鵝耶都減色。南方赤帝赤熛怒，一遇此君都冰釋。此物流遺自幾時，相傳典午陪巾幘。物經王謝總風流，況在炎洲尤任職。老夫久病熱惱侵，安得臥冰揮素琴。江門使君愛我深，貺以雙扇清塵襟。願君推此甘棠陰，陰火陽冰互酌斟，大洗癥伏慰我心。

〔一〕張甄陶。

〔一九四三年起，援庵以全祖望鮚埼亭集作爲『史源學實習』課教材。在此前後，他在集上作了大量批注，并寫了多篇範文。原擬作鮚埼亭集考釋，因工作量太大而未果。現將他的批注過録在每段之後。批注所用底本爲四部叢刊本（影印姚江借樹山房刊本）。援庵只作了點句，現加標點符號。標點及分段參考了朱鑄禹先生全祖望集彙校集注一書。〕